文藝復興並不美

那個蒙娜麗莎
只好微笑的荒淫與名畫年代

THE UGLY RENAISSANCE

SEX, DISEASE AND EXCESS
IN AN AGE OF BEAUTY

ALEXANDER LEE

亞歷山大·李——著　林楸燕·廖亭雲——譯

BRIEFING PRESS
大寫

循著文藝復興時期
知名畫作重返古佛羅倫斯
進行一趟令人驚嘆
又充滿意外的歷史藝術之旅

fig.1

1 《聖彼得的影子治癒病患》*St. Peter Healing the Sick with His Shadow*，馬薩喬（Masaccio）。

fig.2

fig.3

2 《理想城市》*The Ideal City*，無名氏。
此圖呈現對於城市生活的烏托邦式願景，但事實上與當時都會現況相差甚遠。

3 《聖母子與聖人們》*Madonna del Carmine*，菲利皮諾·利皮（Filippino Lippi）。
瑪利亞身後是典型的奧爾特拉諾街景。

4 《三博士來朝》*Adoration of the Magi*，桑德羅·波提切利（Sandro Botticelli）。
野心勃勃的銀行家加斯帕雷·曾諾比·德爾·拉瑪（Gaspare di Zanobi del Lama）為了展現他與佛羅倫斯實際統治者們的「親密關係」，將自己加入這幅虛構場景的畫作，畫中還有麥地奇家族成員與麥地奇親近的圈內人。

fig.4

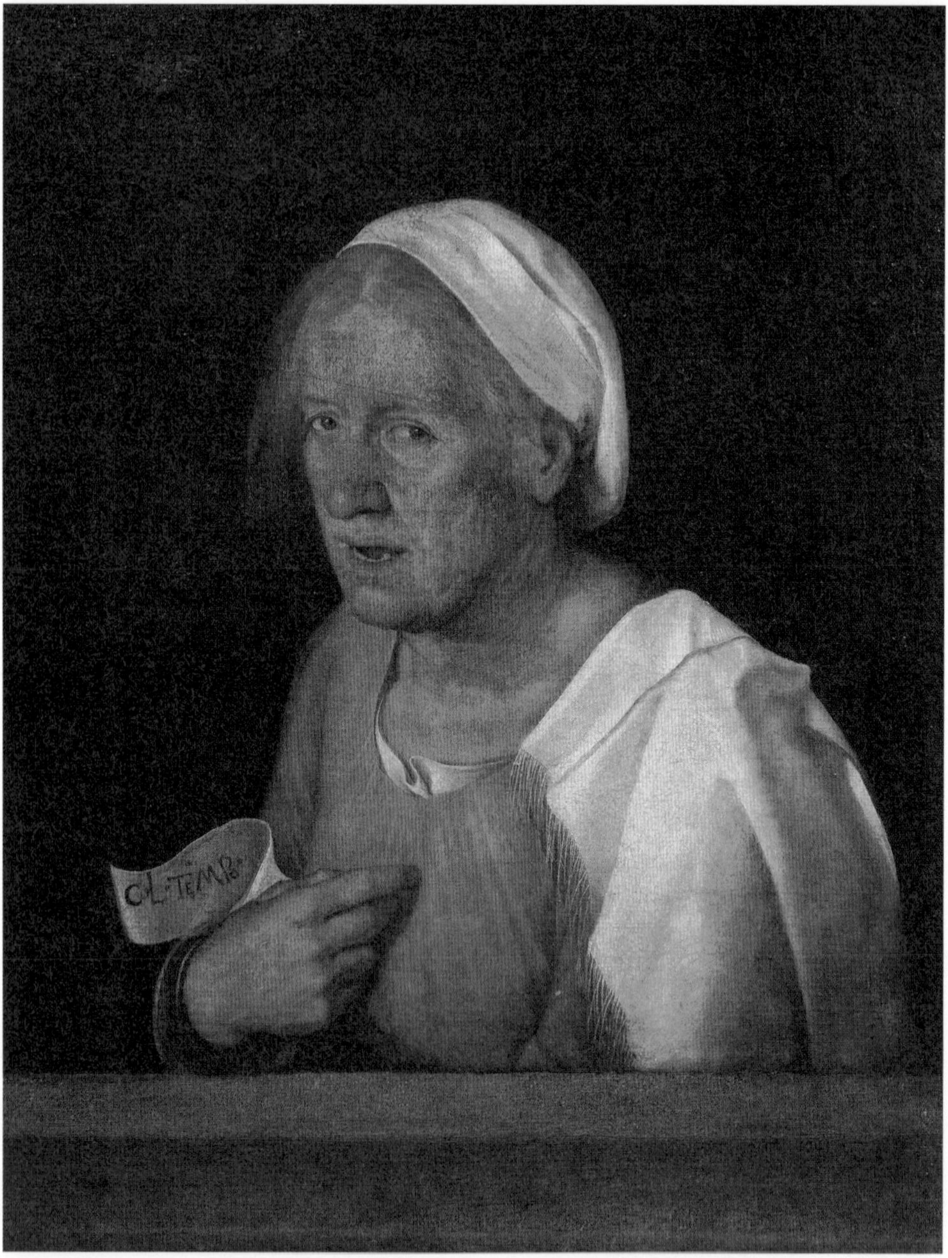

fig.5

5 《老婦人的畫像》*The Old Woman*，喬久內（Giorgione）。
紙捲上寫著「隨著時間」（col tempo），提醒文藝復興時期的女人們日後將面臨到的狀況。

fig.6

6　《西蒙內塔・韋斯普奇的肖像》*Portrait of Simonetta Vespucci*，皮耶羅・迪・科西莫（Piero di Cosimo）。

fig.8 | fig.7

7 《一個年輕女人的肖像》*Portrait of a Young Woman*，桑德羅·波提切利。

8 《朱蒂絲的歸來》*Return of Judith*，桑德羅·波提切利。
原為聖經故事轉變成宣揚女性的獨立自主。

fig.10

fig.11

fig.9

9 《聖母的誕生》*The Birth of Mary*，多米尼哥·基蘭戴奧（Domenico Ghirlandaio）。
一棟文藝復興時期的宮殿通常由幾十間可住人的房間組成，每間都相當寬敞。

10 《年輕男子畫像》*Portrait of a Young Man*，桑德羅·波提切利。
畫中坐著的人不尋常的手勢暗示男子可能有關節炎早期症狀。

11 《四月》*April*，弗朗切斯科·德拉·科薩（Francesco della Cossa）。
妓女不僅是性伴侶，也是朋友和靈感來源。

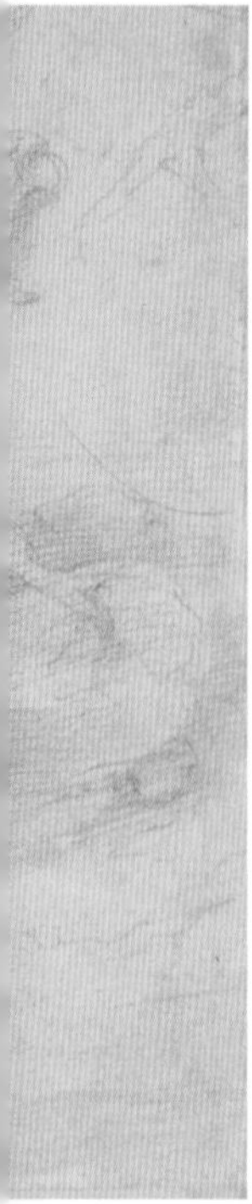

fig.12

fig.13

12 《法厄同的墜落》*Fall of Phaethon*，米開朗基羅（Michelangelo）。
以神話意象，象徵自己對於托馬索·迪·卡瓦列利懷抱著受盡折磨的情感。

13 《提提俄斯的懲罰》*Punishment of Tityus*，米開朗基羅。

fig.14

14 《阿波羅與黛芙尼》*Apollo and Daphne*，安東尼奧·德爾·波雷奧洛（Antonio del Pollaiuolo）。
如同阿波羅，佩脫拉克所愛慕之人也急欲逃離他的強烈情感。

fig.15

15 《愛與貞潔的爭鬥》*The Combat of Love and Chasity*，格拉爾多迪·喬凡尼·德爾·弗拉（Gherardodi Giovanni del Fora）。
描繪慾望之劍射穿靈魂的貞潔之盾。

16《劫持蓋尼米得》*The Rape of Ganymede*，米開朗基羅。
米開朗基羅將自己同時視為宙斯與蓋尼米得，被一陣熱烈情感沖昏了頭，為了享受永恆的愉悅，渴望將托馬索帶走。

fig.16

fig.17

17 《賢士伯利恆之旅》*Journey of the Magi to Bethlehem* 東牆，貝諾佐·戈佐利（Benozzo Gozzoli）。畫中羅倫佐·德·麥地奇（Lorenzo de' Medici）有如天使巴薩扎（Balthazar）的化身位於隊伍前方，身後則依序為其父親皮耶羅（Piero）以及祖父科西莫（Cosimo）。在三人後方，戈佐利描繪出多名文化與政治圈要角，意在彰顯麥地奇家族的勢力：畫面最左方為雇傭軍指揮官西吉斯蒙多·潘多爾弗·馬拉泰斯塔（Sigismondo Pandolfo Malatesta）的騎馬肖像，右邊則為米蘭公爵繼承人加萊亞佐·馬利亞·斯福爾扎（Galeazzo Maria Sforza）；而人群第三排中，戈佐利自畫像的上方，表情陰鬱的人物是恩尼亞·席維歐·皮可洛米尼（Aeneas Sylvius Piccolomini），亦即後來的教宗庇護二世。

18《外匯兌換商人與他的妻子》*The Moneychanger and his Wife*，莫瑞納斯·范·雷默斯威瑞（Marinus van Reymerswaele）。
阿爾迪諾·德·麥地奇（Ardigo de' Medici）和手足共同創立的貨幣兌換事業，應該和畫中情景相去不遠。

fig.18

fig.19
—
fig.20

fig.21

19 《西奧菲勒斯之子復活與聖彼得登基》*Raising the Son of Theophilus and St. Peter Enthroned*，菲利皮諾．利皮（Filippino Lippi）。
名符其實的十五世紀初佛羅倫斯政治圈名人錄。

20 《驅逐約阿希姆》*Expulsion of Joachim*，多米尼哥．基蘭戴奧（Domenico Ghirlandaio）。
在畫面左方，羅倫佐．托納波尼（Lorenzo Tornabuoni）站在親戚皮耶羅二世．德．麥地奇（Piero de' Medici）身旁，另外兩名則是麥地奇家族的支持者。

21 《天使對撒迦利亞示現》*Apparition of the Angel to Zechariah*，多米尼哥．基蘭戴奧。
托納波尼家族的男性成員身旁圍繞著與麥迪奇家族相關的著名人物，左側前方的肖像為馬爾西利奧．費奇諾（Marsilio Ficino）、克里斯多福羅．蘭迪諾（Cristoforo Landino）、安傑洛．波利齊亞諾（Angelo Poliziano）、以及德美特里．卡爾孔狄利斯（Demetrius Chalcondyles）。

fig.22

fig.23

22《聖羅馬諾戰場中的尼克羅·達·特倫提諾》*Niccolò Maurizi da Tolentino at the Battle of San Romano*，保羅·烏切洛（Paolo Uccello）。

23《貝爾納爾迪諾·德拉·卡爾達落馬》*Niccolò Maurizi da Tolentino unseats Bernardino della Ciarda at the Battle of San Romano*，保羅·烏切洛。

24《聖羅馬諾之戰米凱萊托的反擊》*The Counterattack of Michelotto da Cotignola at the Battle of San Romano*，保羅·烏切洛。

fig.24

fig.25

25《約翰·霍克伍德爵士騎馬像紀念畫》*Funerary Monument to Sir John Hawkwood*，保羅·烏切洛。

fig.26

26 《費德里科公爵與其子圭多巴爾多肖像》*Portrait of Duke Federico and his son Guidobaldo*，佩德羅·貝魯格特（Pedro Berruguete）。

fig.28 | fig.27

27 《蒙特費爾特羅祭壇畫》*Montefeltro Altarpiece*，皮耶羅·德拉·弗朗切斯卡。

28 《西吉斯蒙多·潘多爾弗·馬拉泰斯塔向聖西吉斯蒙德跪下禱告》*Sigismondo Pandolfo Malatesta Praying in Front of St. Sigismund*，皮耶羅·德拉·弗朗切斯卡（Piero della Francesca）。

29 《思道四世提名巴托洛梅奧・普拉提納為梵蒂岡圖書館首任館長》*Sixtus IV nominates Bartolomeo Platina prefect of the Vatican Library*，美洛佐・達・弗利（Melozzo da Forlì）。
教宗身旁圍繞四名姪甥，其中兩名已是樞機主教。

fig.29

fig.30

30《利奧十世與其表兄弟朱利奧·迪·朱利亞諾·德·麥地奇和路易吉·德·羅西肖像畫》*Portrait of Pope Leo X and his Cousins, Cardinals Giulio de' Medici and Luigi de' Rossi*，拉菲爾（Raphael）。當時偏好以肖像畫展現「家族統治」在教廷內部的權力。

fig.31
—
fig.32

31 《巴巴多里祭壇畫》*Barbadori Altarpiece*，菲利普·利皮（Filippo Lippi）。
此作品於一四三九年完成，反映出畫家可能在北非哈夫斯王國淪為奴隸的經歷。

32 聖母瑪利亞的披風飾邊上繡偽阿拉伯字母，顯示當時對外的視野更加寬廣，但也暴露出對阿拉伯文化的理解僅止於粗淺仿造。

fig.33

33 《聖殿奉獻》*Presentation at the Temple*，安布羅焦·洛倫采蒂（Ambrogio Lorenzetti）。
聖母瑪利亞配戴耳環暗示其猶太人身分，這類作畫細節有刺激反猶太思想的效果。

fig.34

34 《褻瀆聖體》*Miracle of the Profaned Host*，保羅·烏切洛。
當時透過誣指猶太人褻瀆聖餅，鼓吹反猶太的迫害行動。

35 《聖馬可於亞歷山大港傳道》*St. Mark Preaching in Alexandria*，真蒂萊與喬凡尼·貝利尼（Gentile and Giovanni Bellini）。
畫家根據在鄂圖曼宮廷的第一手觀察，在作品中展現出對穆斯林習俗與傳統的精準了解，不過畫作中的場景很明顯是威尼斯的城市風光。

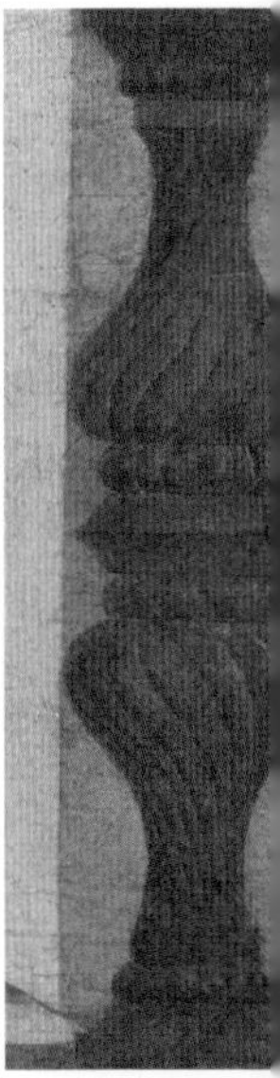

fig.35

fig.36
—
fig.37

36 《三博士來朝》*Adoration of the Magi*，安德烈亞·曼特尼亞（Andrea Mantegna）。
三博士之一巴爾達沙（Balthasar）跪下的形象，顯示出文藝復興時期，願意將非洲黑人視為「上帝之子」。

37 《站立的鄂圖曼人》*Standing Ottoman*，康斯坦佐·德·費拉拉（Costanzo da Ferrara）。
君士坦丁堡淪陷後，藝術家與人文學家蜂擁而至，只為深入了解穆斯林東方。

給

詹姆斯與羅賓・歐康納

和

彼特・派波爾德與瑪麗安・范・德爾・穆倫

為他們攜手同行的未來，獻上愛與最誠摯的祝福

目錄 CONTENTS

PART 3

文藝復興和世界

佛羅倫斯1491年市街圖

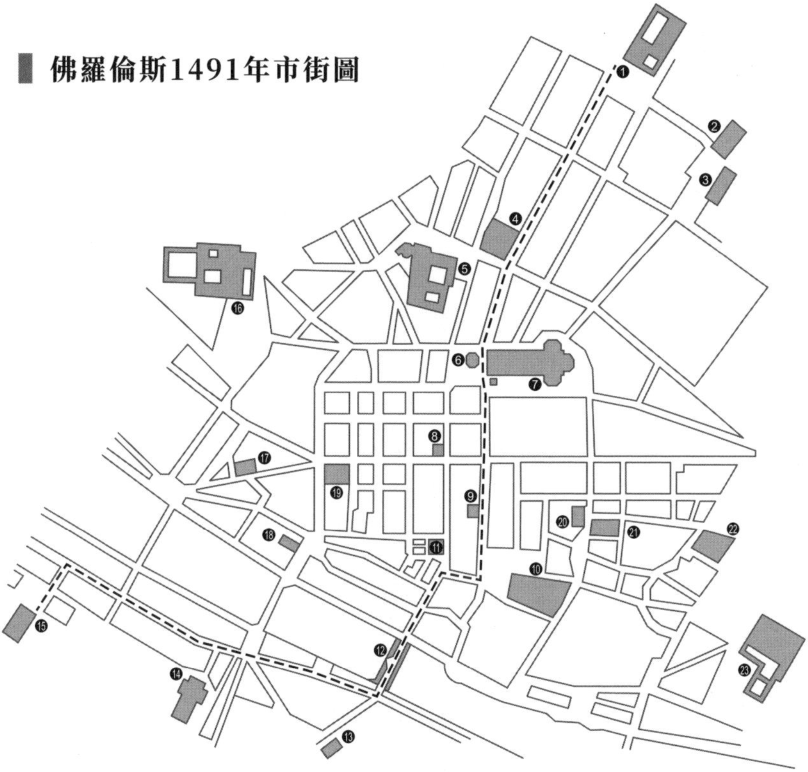

1 聖馬可教堂
2 聖母領報聖殿
3 布魯內萊斯基所建之孤兒院
4 麥地奇里卡迪宮
5 聖羅倫佐教堂
6 聖若望洗禮堂
7 聖母百花大教堂
8 老市場
9 聖彌額爾教堂
10 舊宮
11 新市場涼廊
12 老橋
13 彼提宮
14 聖靈教堂
15 聖母聖衣聖殿
16 新聖母大殿
17 魯切萊宮
18 天主聖三聖殿
19 斯特羅齊宮
20 修道院
21 巴傑羅美術館
22 史汀可監獄
23 聖十字聖殿

★米開朗基羅的行走路徑以虛線標明。

天堂與人世之間

喬凡尼・皮克・德拉・米蘭多拉（Giovanni Pico della Mirandola）[1]吸取了生命中所有精華，活得深刻。這世上沒有什麼是他不感到興趣，不覺得新奇的。他在年紀很小的時候已精通拉丁文與希臘文，接著在年輕力盛之時前去帕多瓦[2]學習希伯來文和阿拉伯文。二十多歲時，已成為亞里斯多德哲學、教會法和卡巴拉[3]神祕學的專家。在佛羅倫斯和費拉拉[4]，他被布魯內萊斯基（Filippo Brunelleschi）[5]、多那太羅（Donatello）[6]、皮耶羅・德拉・弗蘭切斯卡（Piero della Francesca）[7]的作品圍繞，並和當時最閃耀的焦點人物們成為親近好友。身為詩人馬泰奧・馬里亞・博亞爾多（Matteo Maria Boiardo）的表弟，皮克熟識極為富有的文學家羅倫佐・德・麥地奇（Lorenzo de' Medici）[8]、古典學者安傑洛・波利齊亞諾（Angelo Poliziano）、新柏拉圖主義的先驅馬爾西利奧・費奇諾（Marsilio Ficino），以及激進傳道者薩吉羅拉莫・薩佛納羅拉（Girolamo Savonarola）[9]。皮克不僅是作家，也是擁有驚人原創性的思想家。除了書寫許多吸引人的詩歌之外，他夢想將不同分支的哲學思想融合成鼓舞人心的一體，並渴望結合世界各地的宗教。

就各方面看來，皮克是典型的文藝復興人。他短暫的一生中，捕捉了約莫西元一三〇〇年至一五五〇年間義大利的歷史精華，這段時期被視為以前所未見源源不絕的文化創新為表徵、由藝術和知識的光輝所主宰。身為一個「通才」（uomo universale），他似乎以無限的好奇心和新鮮感來觀看這世界。他對於古典時期的藝術與文學充滿熱忱，也用相同的熱忱以尋

---

1 義大利文藝復興時期的貴族與哲學家，二十三歲時提出九百論題反駁宗教、哲學、自然哲學和巫術而出名。其著作《論人的尊嚴》被稱為「文藝復興時代的宣言」。

2 Padua，義大利北部城市。

3 Cabbala，與猶太哲學觀點有關的神祕思想，內容解釋永恆的造物主與有限的宇宙之間的關係。

4 Ferrara，義大利東北部艾米利亞－羅馬涅波河畔的一座城市。

5 文藝復興早期義大利設計師，也是建築界的關鍵人物。被視為是第一個現代工程師、設計師和工程監督者。

6 佛羅倫斯著名雕刻家，對於當代及後期文藝復興藝術發展具有深遠影響。

7 文藝復興早期畫家。

8 義大利政治家，也是文藝復興時期佛羅倫斯共和國的實際統治者。他也是學者、藝術家和詩人的贊助者。當時的佛羅倫斯暱稱他為「偉大的羅倫佐」。

9 義大利道明會修士，以嚴厲的佈道著稱。他素來反對文藝復興藝術和哲學，手段激進包含焚燒不道德的奢侈品和藝術品，極力反對奢侈行為。他的講道時常針對當時的教皇亞歷山大六世以及麥地奇家族。在一四九四到九八年期間，擔任佛羅倫斯的精神和世俗領袖。

求替人類開創一個充滿無限希望與可能性、嶄新、更明亮的未來。他與充滿雄心壯志的藝術家們交談，與有錢有權，為藝術與文化而活的贊助人交往，他也渴望找到關於不同文化與人種的新知。

皮克的巨作《論人的尊嚴》（*Oration on the Dignity of Man*）被視為是對於整體文藝復興時期的非正式代表宣言。簡要地說，皮克哲學計畫的中心思想，對於人的潛能有著無法澆熄的信念。「我曾在阿拉伯人的紀錄中讀到」，他以此開場：

> 撒拉遜人阿布達拉（Abdala the Saracen）[10] 被問到「就當今世界裡，什麼最值得讓人感到驚奇？」他回答說：「沒有比人類更令人驚奇的事物。」同樣的看法也出現在赫密斯・崔利墨吉斯特斯（Hermes Trismegistus）[11] 的話：「阿斯克勒庇厄斯（Asclepius）[12]，人是偉大的奇蹟。」①

皮克相信人類確實是個奇蹟。在他的眼中，人類擁有獨特的能力，能夠超越人世間的限制，並且透過詩、文學、哲學與藝術，昇華到更高、更好、更加超凡的境界。

不論身處於哪個文藝復興時期的重要中心，都很難不認為皮克的人生精確地捕捉這時代的精神。單在佛羅倫斯，與這時緊密相關的藝術作品似乎也證明了人類靈魂不可思議的綻放。像是米開朗基羅（Michelangelo）的《大衛》（*David*）、布魯內萊斯基的圓頂、波提切利（Sandro Botticelli）的《維納斯的誕生》（*Birth of Venus*）、馬薩喬（Masaccio）的《聖三位一體》（*Trinity*），再再顯示當時的生活處處感受得到美麗，贊助人與藝術家追求著某種超越日常瑣事的生命，隨著時間過去，想像力的地平線日益寬廣。的確，這些藝術作品帶來強烈的驚奇感，讓人很難相信這些文藝復興時期的男女只是人類。他們似乎與世俗瑣碎相隔甚遠，這讓他們看起來有點距離感，幾乎像神一樣。提到這時期就會想到「令人驚奇的」這個詞彙。

如果皮克的《論人的尊嚴》大略提供了大眾想像中文藝復興的光彩，那麼他的人生故事也提供些許線索，讓我們看到這令人驚嘆的時期，同時有其他的東西在背後運作。雖然皮克豐富的想像力似乎讓他與世事有距離，他卻是個依直覺衝動行事，喜好人生醜陋面的人。他不僅因為涉入宗教合一主義而被控為異端遭到逮捕，也因激昂的情慾，身陷一連串棘手的情況。初訪佛羅倫斯後不久，皮克誘拐一名已婚婦女，對方是羅倫佐・德・麥地奇親戚的太

10 撒拉遜人意指居住在羅馬帝國行省里的阿拉比亞區（Abrabia），約是今日沙烏地阿拉伯區域的人。中世紀基督教作家常用「撒拉遜人」指稱來自該區域的人，後來延伸代表穆斯林。撒拉遜人阿布達拉為阿拉伯世界裡著名的哲人。

11 傳聞為流傳於西元前三世紀到六世紀的神祕學文本 *Hermetic Corpus* 的作者。因文本裡的例子多來自埃及地區，因此被推測他來自埃及區域或居住在埃及。

12 古希臘宗教裡的英雄，同時也是醫藥之神。

太。愛昏頭的皮克試圖跟女方私奔，因此被打到重傷，關進監牢一陣子。還沒完全復原，又很快地捲入另一樁事件。皮克發現自己與安傑洛．波利齊亞諾有很多共同點，兩人展開了一段熱切的友誼，後來演變為一段隱而不現的性關係。在他們被毒死之後——可能是由皮耶羅二世．德．麥地奇（Piero de' Medici）[13]下令毒死的——儘管教會對於同性戀有著嚴厲禁令，兩人仍並肩葬於佛羅倫斯的聖馬可教堂（the church of S. Marco），以此紀念兩人的連結。

乍看之下，以上的事件似乎與皮克作為驚奇來源的奇蹟形象有所衝突，並損害他「文藝復興人」（Renaissance man）[14]的名聲，但事實並非如此。在《論人的尊嚴》裡，皮克提供見解以解釋（他所有的）如隔世般的詭辯與過分世俗的慾望。雖然自然律法「限制與規範其他生物的天性」，神告訴人類：

> 你，不被任何限制所囿，我們把你交付於你的自由意志；根據你的自由意志，你將為自己規範出天性上的限制。我們將你置於世界的中心，你可以從中心觀看這世界任何的東西。你既不來自天堂、也不來自於人間；你不是肉身也非不死之身。你身為自己的創造者與塑形者，你可以將自己形塑成任何你想要的形象。

正當神似乎要將人類推至高點，皮克的神將自由意志這禮物轉化成矛盾的核心，不將無限榮耀給予文藝復興人。神告知他說：

你會擁有墮落到較低層次、野蠻生命的力量；〔並且〕透過靈魂的評判，你也擁有重生到較高層次、具神性的生命力量。②

雖然人確實有能力，提升到猶如天堂般美麗的高處，皮克似乎也認為人也有能力，墮落到腐敗的醜陋深淵裡。事實上，人性的兩面是緊密相關的。天使與惡魔在人的靈魂裡比鄰而居，困於一種奇特迷人的共生關係裡。要能伸手摘星，你必須有雙泥塑的腳。

以上的敘述裡，皮克不僅解釋了他個性上的矛盾之處，也表達了關於文藝復興的一個重要事實。視文藝復興為文化重生與藝術美的時期，而身處於其中的男男女女，則充滿文化素養與深諳人情世故，人們很容易屈從於這樣誘人的看法，但是，文藝復興時期的成就和黑暗、汙穢、甚至邪惡的實際情況共存。道德敗壞的銀行家、貪婪的政客、沉溺肉慾的教士、宗教紛爭、到處蔓延的疾病，還有揮霍無度、奢侈的生活到處可見。現今旅客看到會驚嘆連

13 羅倫佐．德．麥地奇的長子
14 意指涉獵多個領域，並且表現出色的通才或是博學家。

連的雕像與建築的眼底下，令人咋舌的暴行不斷發生。的確，如同皮克的人生所驗證的，身在文藝復興時期的藝術家、作家、哲學家如果沒有經過各種腐敗、墮落的磨練，這時期最偉大的名勝古蹟就不會出現。文化素養與腐敗、墮落相互依存。如果文藝復興時期充滿了文化的天使，俗世的惡魔也存在其中。

就是因為非常容易被文藝復興時期美麗和優雅的藝術與文學所吸引，使得這時期較醜陋的一面往往很容易被遺忘、忽略掉。也許是因為文化上的成就帶來浪漫的氛圍，藝術家們充滿聲色的私生活、贊助人所關切卑鄙、不道德的事，與大街上隨處可見、難以忍受的厭惡都被刻意隱藏起來，以無可比擬如幻覺般的完美粉飾太平。就史實的層面上來看，這樣只看文化美好的一面，刻意忽略醜陋面的傾向是相當不妥的，因為這讓高雅文化與社會現況有了造作的區別；就人類的角度來看，這樣的傾向也剝奪掉這時期令人興奮、深切刻畫、真切的驚奇。只要能欣賞文藝復興較醜陋、大膽的一面，就能讓文化成就的廣度更加清晰。

本書所做的就是有意識地努力回復平衡。審視文藝復興時期畫作背後的故事，這些故事主導了我們對義大利文藝復興時期的觀點。這本書重新檢視三個文藝復興「故事」裡最重要的特徵，這些特徵都出現在皮克．德拉．米蘭多拉的人生裡，而每個特徵都反映了創造這時代藝術與文化不同的元素。

透過檢視藝術家身處的野蠻社會領域、贊助者們所關切的卑鄙事情、伴隨「發現世界」

而來出乎意料的偏見，指出文藝復興比每個人可能認為的都還要「醜陋」——也正因為如此——它也更加令人印象深刻。相信在這趟旅程之後，文藝復興將不再看起來只有天使與惡魔居住其中，也不再是我們熟知的文藝復興。

作者注解

在更進一步探究之前，我必須先談一下方法的問題。

第一，關於地理位置的注解。這本書只專注於「義大利」的文藝復興，而我也意識到只將探討範圍限於義大利需要釐清一些疑問。首先，西元一八七一年前，基本上是沒有「義大利」這個國家，雖然像佩脫拉克（Petrarch）等人文主義學家的確對於「義大利」有某些概念，但這概念尚未完全成形。另一方面來說，任何一種界線——像是深受現代政治爭議喜愛的硬性規定的國界——基本上不存在，或是當時的人也許對於「義大利人」可能有模糊的概念，但也很快被其他種類的身分認同所掩蓋，特別像那不勒斯（Naples）、特倫托（Trent）、熱那亞（Genoa）等地。再者，就算那些能被定義為「義大利的」領土區域也存在有方言（畢竟，那時還沒有所謂的「義大利語」）、獨立小國、強烈的地方忠誠度等議題，因此任何試圖要將地理區域普遍化的作法顯得有些風險。以義大利南北兩地嚴重的分歧狀況就能驗證，這議題仍是今日義大利政壇爭論的焦點。同樣的南北分歧狀況也能在文藝復興時代早期的托斯卡尼（Tuscany）區域看到。儘管有以上的限制，就某種程度上而言，有意義的談論「義大利」與文藝復興的關係是可能的。學者們已經知道義大利半島（就廣義認定）在西元一三〇〇年到一五五〇年的文化發展確實看起來有共同的特徵，這讓義大利的文化不同於歐洲其他地方，也讓在此背景之下談論「義大利」有所立論。再一次地，雖然沒有科學根據，但我不禁認為跟佩脫拉克同屬一類的文藝復興人文主義學者，至少就感情上可能會認可文藝復興義大利的存在。

已經將我的「義大利」攤子設好，但必須要說明的是，本書集中專注談論二到三個主要城市——像是佛羅倫斯、羅馬、（較少範圍的）烏爾比諾（Urbino）。這不代表其他城市不會出現在本書裡。威尼斯、米蘭、貝加莫（Bergamo）、熱那亞、那不勒斯、費拉拉、曼切華（Mantua），還有其他一系列的城市都會在書中（適當的地方）出現。若認為文藝復興並沒有影響每個義大利城鎮，這樣的想法並不精確。但是，只專注於佛羅倫斯、羅馬、與烏爾比諾——特別是佛羅倫斯——我認為有兩個因素證實這樣做是可行的。首先，整體而言，佛羅倫斯構成文藝復興歷史上和精神上的「家」。當時與現代的史學普遍同意佛羅倫斯為文藝復興發源地與走向成熟發展之處，而羅馬與烏爾比諾這兩個城市則各自構成文藝復興後期主要藝術與文學發展匯集之地。再來，本書不希望呈現任何程度的排他性，但是任何敘述都需要某種秩序，所以沒有偏頗任何城市的全面性研究會非常不精確、難以處理。

第二，關於時間性。只要是對於本書的主題有一點瞭解的人就會知道，要將文藝復興訂下時間是多麼困難的一件事。就定義文藝復興到底是什麼實為相當困難的事，那麼知道何時才是文藝復興的終點，還有它是否應該被視為一個「時期」（就真實意義而言），這兩個問題令歷史學家感到非常苦惱一事就不那麼令人感到意外了。我為這本書選擇的時間範圍大約從西元一三〇〇年到一五五〇年之間，這樣的選擇範圍並不具權威性，也不是相當確切肯定，但是學術界普遍認同的，為的是給予一系列本來就很複雜的現象一個度量的架構。我不否認這樣的模糊是相當醜陋的，但這也是研究文藝復興的學者在某個時間點都會面對到的事，我不禁感覺這也是一個「醜陋」的文藝復興以某種方式與我們同在的例子之一。

1

PART

文藝復興藝術家的世界

THE WORLD OF THE
RENAISSANCE ARTIST

第一章

米開朗基羅的鼻子

西元一四九一年的某個美好夏日午後，十六歲的米開朗基羅．布奧納羅帝正坐在佛羅倫斯的聖母聖衣聖殿（S. Maria del Carmine）裡畫素描。他手握著粉筆、雙膝上放著畫紙，忙著臨摹布蘭卡契小堂（Brancacci Chapel）裡藝術家馬薩喬赫赫有名的濕壁畫，而他的臨摹畫作獲得這般的評論：看過的人都驚奇不已。

米開朗基羅已經習於像這樣的稱讚。雖然還很年輕，他已經享有一定的知名度並且也已獲得相當高的評價。帶著多明尼哥．基蘭達奧（Domenico Ghirlandaio）[1]的推薦信，進入位於聖馬可花園區裡剛成立的藝術學校，成為雕刻家貝爾托多．迪．喬凡尼（Bertoldo di Giovanni）的學徒，甚至受到佛羅倫斯實際上的統治者羅倫佐．德．麥地奇家族的歡迎。羅倫佐相當喜愛米開朗基羅，領著他認識佛羅倫斯城裡最重要的知識分子，包含人文主義學者如：安傑洛．波利齊亞諾、馬爾西利奧．費奇諾、喬凡尼．皮克．德拉．米蘭多拉。米開朗基羅的人生蓬勃發展，在此時培養的技巧都成為之後這時期藝術的特色。他仔細研究解剖學，並琢磨著自然主義風格，這風格自兩個世紀前由喬托・迪・邦多納（Gioto di Bondone）[2]創新以來，一直持續發展。並且，藉由致力於仿塑古典時期的雕刻作品，他因此開啟一條新路徑，被喬爾喬・瓦薩里（Giorgio Vasari）[3]認為他已經「超越並且擊敗古人」①。在這時期，米開朗基羅聽從波利齊亞諾的建議，雕塑了一幅描繪《半人馬之戰》（*Battle of the Centaurs*）的浮雕，這幅浮雕是「如此美麗」，讓人認為「這個作品不是年輕人做的，而是由擁有豐富創作經驗的大師所做的。」②

米開朗基羅的名聲與自信日益漸增，但是，學校同學對他的妒嫉也是如此。米開朗基羅在布蘭卡契小堂作畫的那天，坐在他身旁的是皮埃特羅・托里賈諾（Pietro Torrigiano）。長米開朗基羅三歲的托里賈諾也是貝爾托多的學徒，同時，跟米開朗基羅一樣，他也被視為明日之星，而兩人之間的競爭似乎無可避免。在貝爾托多的教導之下，他們被鼓勵相互競爭，於是兩人各自模仿和超越像是馬薩喬大師的作品，同時在這樣的過程裡也試圖勝過另一方。然

1 文藝復興時期佛羅倫斯畫家。
2 義大利佛羅倫斯畫家與建築師，被認為是促成文藝復興的偉大藝術家之一。
3 義大利文藝復興畫家與建築師。

基羅實在太聰穎也太直言不諱，致使他對人不是很友善。

當他們同在布蘭卡契小堂裡素描時，兩人討論著誰能承接馬薩喬的地位成為佛羅倫斯最厲害的畫家。就他們身處的環境看來，這個主題似乎再適切不過。雖然馬薩喬在世之時被讚譽是天才型的藝術家，但他還來不及完成在布蘭卡契小堂的濕壁畫就過世了，而未完成的濕壁畫由菲利皮諾・利皮（Filippino Lippi）[4]接手完成。米開朗基羅已經花了數個月研究小堂的濕壁畫，並觀察到利皮無法與馬薩喬匹敵，而且他認為縱使無法超越馬薩喬大師，但唯一能與馬薩喬大師水準相較量的就是他自己。可能這時候他就拿托里賈諾的素描開玩笑，而這似乎是他的習慣。不論如何，米開朗基羅成功地激怒他的朋友。雖然有天分，但稱不上聰穎，托里賈諾無法忍受米開朗基羅的戲弄。

「妒嫉他比自己更受尊崇，擁有較優秀的工作能力」③，托里賈諾開始嘲諷米開朗基羅，但米開朗基羅只是一笑置之。憤怒的托里賈諾緊握拳頭，直接往米開朗基羅的臉上揮去，這一擊重到「幾乎撕裂了鼻子的軟骨」④，也讓米開朗基羅倒地陷入昏迷，他的鼻子「斷掉碎裂」，整個身體沾滿了血⑤。

米開朗基羅很快地被送回麥地奇里卡迪宮（Palazzo Medici Riccardi），傳聞當他抵達時看起來「像是死掉了」⑥。羅倫佐・德・麥地奇得知慘劇後，衝進房間，看到這位神童遭受重創，氣得對著像「野獸般的」托里賈諾破口大罵。托里賈諾立刻意識到自己闖下大禍，別無選擇只能離開佛羅倫斯。

幾乎無意識的米開朗基羅所陷入的情境，完美地捕捉文藝復興晚期藝術世界的一個重要面向，同時也完整呈現後來被稱為「藝術家興起」的風潮。雖然只有十六歲，他已經開始磨練當時人們稱為「如神般」的各種天賦的獨特結合。他對於雕刻和繪畫都很在行，是但丁（Dante）忠誠的追隨者，學習義大利古典文學，是一位好詩人，也是最頂尖的人文主義思想家的朋友。他就是我們現在所稱的「文藝復興人」，在當時也被如此認定。儘管年紀尚輕，米開朗基羅已受佛羅倫斯的社會名流與知識菁英青睞有加，獲得贊助與敬重。身為來自於不知名小鎮公僕的兒子⑦，他的藝術技巧讓他獲得佛羅倫斯最有權勢家族的喜愛。「偉大的羅倫佐」（Lorenzo 'the Magnificent'）⑧本身是位有名的詩人、鑑賞家、收藏家，對待米開朗基羅「像自己的兒子」。確實，羅倫佐的兒子喬凡尼[5]和堂弟朱利奧[6]，兩人後來都相繼成為教宗（喬凡尼為教宗利奧十世，而朱利奧為克勉七世），皆稱米開朗基羅為他們的「兄弟」。

4　義大利佛羅倫斯的畫家，其父為知名畫家菲利普·利皮（Fra Filippo' Lippi），本書後面有其相關事蹟。

5　喬凡尼·迪·羅倫佐·德·麥地奇（Giovanni di Lorenzo de' Medici Giovanni）為羅倫佐·德·麥地奇的二兒子，其後成為教宗利奧十世。

6　朱利奧·迪·朱利亞諾·德·麥地奇（Giulio di Giuliano de' Medici），皮耶羅·德·麥地奇的次子於一五二三年成為教宗克勉七世，直到一五三四年。

十三世紀末或十四世紀初時，很難想像藝術家能受到如此的尊重，在當代大多數人的眼裡，藝術家並不是創造者，而是工匠，被視為僅是重複機械性技藝的從業人員，他們被侷限在地方性的工坊，而這些工坊受到工會嚴厲的規定。

不論能力的高低，藝術家的社會地位並不高。即使有些文藝復興藝術家偶爾任職於地方政府或來自於富豪家庭，但這些人是特例，並非常態⑨。大多數的藝術家來自相當貧寒的家庭，從我們對他們的父母親了解甚少可以得知。後來的傳記作家，像是勢利的瓦薩里，時常省略掉這樣的細節，而這樣的沉默透露了木匠、店主、農夫、甚至是非技術性的勞工，都可能是文藝復興偉大藝術家的父親。許多證據也肯定這樣的想法。有些藝術家有著卑微的背景，且來自於從事最底層技術的家庭。例如：喬托・迪・邦多納據說小時候是貧窮的牧羊男孩，但他也可能是一位佛羅倫斯鐵匠的兒子⑩。其他的技藝，像是木工，都是家傳事業。杜喬・迪・博尼塞尼亞（Duccio di Buoninsegna）的兒子們裡，其中有三位是畫家；西蒙尼・馬蒂尼（Simone Martini）的兄長和兩位姻親全都是藝術家⑪。

從十四世紀中期開始，藝術與藝術家的社會經歷一連串巨變。隨著古典主題與自然主義風格愈發受到歡迎，藝術家漸漸被視為擁有學識與技巧的自主創作者，跟技工有所區別⑫。一三三四年喬托獲頒為聖母百花教堂（the Duomo）的「大建築師」（capomastreo），佛羅倫斯的執政官們認可的不僅是他的名聲，還有他的「知識與學識」，而這就是藝術與工匠明顯不同的地方⑬。同樣地，在《佛羅倫斯與其名人的起源》（*De civitatis Florentiae et ejusdem famosis civibus*）裡，佛羅倫斯城的編年史學家菲利波・維拉尼（Filippo Villani）覺得畫家堪比人文學科的大師，而非僅僅與技工比較⑭。

儘管還是得仰賴贊助人的支持，必須遵守合約的約束⑮，在十五世紀中期前，隨著藝術逐漸被視為社會地位的象徵，藝術家的地位也跟著大幅提升。不只那些來自於貧寒工匠家庭的人會成為藝術家，像是安德烈亞・曼特尼亞（Andrea Mantegna），越來越多的藝術家是精明貿易商、富裕商人、公證人的兒子們（極少數女兒們）。甚至那些聲稱有貴族血統的人，像是米開朗基羅，都能夠拿起畫筆或鑿子而不感到羞恥。他們的社會地位不以出生背景來衡量，而是以能力，雖然並非全然平等，卻能在相互尊重的基礎上與贊助人交誼。像瓦薩里等人的成就受到歷史學家的讚揚，在此之前只有政治家享有這樣的稱讚。傳聞藝術家的地位高到讓教宗保羅三世（Pope Paul III）曾說過像本韋努托・切利尼（Benvenuto Cellini）[7]這樣的藝術家「不該被法律所約束」⑯。

米開朗基羅體現的風格轉變和社會改變代表該時期的藝術特色，同時也驗證了文藝復興藝術家生活的另一個面向。雖然「藝術家的興起」提升了對視覺藝術的尊崇和藝術家的社會

7 義大利金匠、雕刻家、工匠、士兵、音樂家與藝術家。

地位，但藝術家本身並無提升到更高、更優雅的境界。像是米開朗基羅等的藝術家仍舊有隱藏的缺點，畢竟他的鼻子才剛因為一場由他人妒忌引起，由自己的傲慢自誇加劇的幼稚爭吵而斷掉。

以下就是米開朗基羅典型的生活。他身在重要人士的接待室裡時很自在，仁慈、敏感、有禮、風趣的；但是，他也是驕傲、易怒、輕視他人、牙尖嘴利的。他是酒館常客，打架鬧事是家常便飯。儘管與教宗與王子們成為朋友，卻不是位優雅的紳士。替他做傳記的保羅・喬維奧（Paolo Giovio）曾寫道，米開朗基羅極度不修邊幅，甚至還很喜歡生活在骯髒污穢的環境裡⑰。他幾乎不換衣服，因為沒洗澡的關係，身邊常伴隨著令人作嘔的臭味，他也不常梳頭髮，鬍子也不太修剪。他是個十分虔誠的人，但天性熱情讓他對於異性與同性的關係都感興趣。儘管後期與來自佩斯卡拉的侯爵夫人維托麗亞・科隆納（Vittoria Colonna）發展出一段長期的浪漫關係，他的詩作裡也提及同性主題。例如給托馬索・迪・卡瓦列利（Tommaso de' Cavalieri）的詩作，就是以令人驚訝、略為褻瀆神聖的韻文開場：

我看到你可愛的臉龐在此，閣下，
這世界沒有文字能描繪；
因為如此，即便外罩著軀體，我的靈魂

卻時常升起到達神的身邊。[18]

他的傲慢如同他的天賦，他也是個骯髒、散漫、心靈受創的人；他能輕易捲入打鬥裡，如同他遵從教宗的心願；他輕易受到新柏拉圖式的同性情慾主義的影響，如同他容易受到教會的安撫與來自充滿文化素養、優雅的仕女的甜言蜜語所影響。

米開朗基羅並不是特例。達文西（Leonardo da Vinci）被指控在一四七六年四月九日雞姦一位大家熟知的男妓雅各布．沙特瑞里（Jacopo Saltarelli）[19]；同樣的罪，本韋努托．切利尼犯了兩次（分別在一五二一年與一五五七年），多虧麥地奇家族的介入，他才免去冗長的牢獄之災[20]。除了以上的事件，切利尼至少還殺了兩個人，並被指控偷竊教宗的珠寶[21]。常被人稱為「人文主義之父」的佩脫拉克也是如此。他在教會支會服務時，至少當了兩個孩子的父親。貴族作曲家卡洛．傑蘇阿爾（Carlo Gesualdo）殺了妻子和妻子的情人，可能還有自己的兒子之後，音樂造詣卻達到崇高境界[22]。

當弦外之音被揭露，米開朗基羅的斷鼻代表著某種挑戰。就表面上來看，身為典範的文藝復興藝術家的他和臭屁、傲慢在教堂鬧事的小屁孩，這兩種形象很難相吻合。無庸置疑的是，這兩種形象代表一個人的兩面性，但問題是我們該如何理解米開朗基羅這奇特又明顯相衝突的個性呢？如何能夠創造出如此這般創新、昇華的藝術，也能沉溺於如此鄙俗的習慣？

到底要怎樣才能將米開朗基羅的斷鼻與我們所熟知的文藝復興概念相吻合呢？

文藝復興的問題

問題不在米開朗基羅和他的鼻子，而在於文藝復興是如何被看待。這起初聽起來似乎出人意料之外。「文藝復興」這個詞彙已經變成是老生常談，它的意義顯得相當清楚，甚至是不言而喻。在想像上，與文化復興和藝術之美的時代相連結，「文藝復興」一詞令人想到西斯廷禮拜堂（Sistine Chapel）、布魯內萊斯基的圓頂、威尼斯運河、《蒙娜麗莎》（*Mona Lisa*）建構出的清高世界，還有像是喬托、達文西、波提切利的藝術家願景。

雖然充滿熟悉感，「文藝復興」一詞實為含糊不清，歷史學家苦惱著該如何理解「重生」的概念，特別是在視覺藝術方面。這些年來有各種不同的詮釋應運而生，而每種詮釋都對於前述所描繪的年輕米開朗基羅的獨特印象有不同面向的討論。

對某些人來說，從喬托到米開朗基羅以來，文藝復興最明確的特徵在於顯著的個人主義。當中世紀被認為是人類意識在「信仰、幻覺、幼稚與偏見織成的共有面紗之下，或是作夢，或是半醒之間」的時期，偉大的瑞士史學家雅各·布克哈特（Jacob Burkhardt）表明他認為文藝復興是有史以來第一次「人類變成精神上的個體」，能以自身擁有的獨特優點來定義自己，而不須被團體或社群所限制[23]。雖然布克哈特的話帶有濃厚的十九世紀浪漫主義精神，縱使這般精神現已不再流行，但這樣的詮釋卻驚人地歷久不衰。跟布克哈特比起來[24]，近來學者們把重點放在藝術生產的社會背景（像是工坊、工會等等），儘管如此，葛林布萊（Steven Greenblatt）最近以文藝復興時期所謂「自我形塑」的能力來重鑄他論點的核心，不僅展現出他持續被布克哈特的觀點吸引，也對所理解的文藝復興藝術家的特色給予新動力[25]。

對其他的學者而言，文藝復興的獨特在於範圍較廣的自然主義於藝術的成就。支持這看法的人只需粗略指出，舉例來說，比較米開朗基羅年輕時的作品《半人馬之戰》裡的人物和沙特爾聖母主教座堂（Chartres Cathedral）的外觀，來強調這定義的吸引力與力量。就這樣詮釋的範圍內，對於線性透視（linear perspective）詳盡闡述的完整理論——由羅倫佐・吉伯第（Lorenzo Ghiberti）和菲利波・布魯內萊斯基提倡的數學性與實務的表達方式——不僅表現在作畫的技巧，還有雕刻方式的重大改變[26]。

還有一些人認為「文藝復興」是由潤飾、點綴、與裝飾的新興趣所構成。對於豐富視覺和過度裝飾突然迸發熱忱，這也成為個人主義與線性透視應運而生的架構[27]。

但是，到目前為止，最重要也最具影響力的學說認為文藝復興是對於「重生」的概念採取更貼近字面上的，甚至是直接明瞭的形式，而所有其他的發展——個人主義、自然主義、豐富——被視為是全面重新發現古典主題、模型、動機的序幕或是必然的結果，可由目前已遺失的《小鹿的頭》（*Head of a Fawn*）驗證，此作品為米開朗基羅年少時期創作的精巧設計。匆匆一瞥米開朗基羅與圍繞在羅倫佐．德．麥地奇身旁的人文主義學者圈的緊密連結，以上的詮釋預先假定視覺藝術與人文主義學者的文學文化有著緊密的關係㉘。

如此的詮釋變得引人注意是因為它與「文藝復興」字面上的意義相連結，看起來包山包海，似乎就是這時期的特色。但是，就米開朗基羅的斷鼻而言，這也是問題的所在。

像一些知名學者們所觀察到的，上述對於文藝復興的詮釋有一個特別的優點，它指出知識分子如何看待當時他們身處的時代。「在十四、十五、十六世紀間，心繫藝術的人文主義者與懷抱人文主義的藝術家」，他們充滿自覺意識的寫作裡，看起來已經與所謂生活在一個明確、沒有矛盾的新時代有所背離，而這個新時代的重心放在復興古典時期的文化㉙。

所謂自覺的文化「復興」源頭可以追溯到十四世紀初。當但丁在《神曲：煉獄》（*Purgatorio*）㉚裡對於契馬布耶（Cimabue）與他的學生喬托讚譽有加，閱讀賀瑞斯（Horace）《詩藝》（*Ars Poetica*）的讀者們變得很常使用「黑暗」和「光明」的詞彙以描繪在繪畫與詩作裡所察覺到的復興㉛。佩脫拉克被認為是第一個創造轉變概念的人，在他的《阿非利加》（*Africa*）㉜裡，這轉變是由中古世紀的「黑暗」過渡到古典時期的「光明」。察覺對於古典拉丁文的復興，他和喬托被薄伽丘（Giovanni Boccaccio）[8]譽為新紀元到來前的兩位先驅。

直到十五世紀時，文藝復興的「自覺意識」成為公眾關注的焦點，我們看到對於生活於古典文化「復興」時代的完整表述。伴隨著此概念的是驕傲感，而我們能在米開朗基羅的朋友費奇諾於一四九二年寫給保羅．米德堡（Paul of Middleburg）的信裡略窺一二：

> 柏拉圖在《理想國》（*The Republic*）裡將許久以前詩人們用鉛、鐵、銀、金描述歷史的四個時代，改依人類的種類區分，而種類的分別是根據人類的智慧……因此如果我們要稱一個時期為黃金時期，那一定是我們這個時代，因為這時代有豐富的黃金知識分子，證據就是這時期的發明。這個世紀，如同黃金時代，讓幾近滅亡的人文學科恢復光明：像是文法、詩文、繪畫、雕刻、建築物、音樂，伴著奧菲克里拉琴傳唱的古老歌曲，而這些都在佛羅倫斯。㉝

費奇諾提到的「黃金知識分子」特別重要。在整個文藝復興時期，「黃金時代」的概念完全倚賴以下的論點：一些「黃金」個體讓古典時期的文化成就「恢復光明」。費奇諾的驕傲感來自於頌揚整個先賢祠裡的偉人們。所以，六十年前，佛羅倫斯的內閣總理李奧納多．

8 文藝復興時期的義大利作家、詩人，以作品《十日談》聞名。

布魯尼（Leonardo Bruni）[9]稱讚佩脫拉克為「第一個有足夠的才能讓早已失傳絕跡的古老優雅風格，重新獲得賞識和恢復其光明」㉞。馬泰奧．帕爾米耶里（Matteo Palmieri）[10]更稱讚布魯尼為被送至世間「擔任文學的潤飾者與父親，為拉丁文優雅的輝煌之光，讓人類重溫拉丁語文的美妙。」在藝術方面，帕爾米耶里也觀察到：

> 喬托之前，繪畫已死，人物畫更是可笑。爾後，他恢復繪畫的往日光彩，他的徒弟們承接，並傳予他人，因此，繪畫成了值得眾人學習的藝術。許久以來都只製造愚蠢的怪異作品的雕刻與建築，已由我們這個年代的大師們將其復興，重回光明，也讓其純粹化，更臻完美。㉟

自覺「重生」的年代和「黃金知識分子」間的緊密關係被十六世紀的喬爾喬．瓦薩里加以精緻化。瓦薩里造了個新詞彙「重生」（*rinascita*），並替那些擔起恢復早已被遺忘的古典上古「質樸形式」的「最優秀的畫家、雕刻家、建築師」彙整一系列的傳記。而且瓦薩里不僅要把創造和定義「重生」年代的偉人們正式經典化，更把藝術家形塑為英雄。雖然他也批評許多藝術家擁有令人感到不快或「如野獸般」的習慣，像是皮耶羅．迪．科西莫（Piero di Cosimo）[11]，卻忘了這位賦予這時期新樣貌，重要的英雄藝術家，他的人生也像個藝術作品。瓦薩里所認識的米開朗基羅就是這樣的人。

這類證據代表的意涵相當重要，但把這些證據當作我們理解文藝復興整體的基礎，並不代表我們得要完全相信它們。像布魯尼、費奇諾、帕爾米耶里、和瓦薩里等，因為他們的評論感情豐富，自覺又自誇，讓我們不禁對任何滿是自尊的歷史學家產生質疑。歐文．潘諾夫斯基（Erwin Panofsky）[12]堅決地替他們辯護，認為他們是替可見的文化變遷做出自覺的肯定，但事實上，如此的言論更可能反映出過於誇張修飾或是過度理想化的傾向，而非點出當代文化事實。

然而，這些對於新的文化重生的宣告不能完全被摒棄，因為它們是我們了解這時期的最佳指南。縱使有些過於樂觀，具過度宣傳性，它們還是提供給歷史學家對於「文藝復興」可行的定義之一，成為日後研究的跳板。舉例來說，佩脫拉克是否如同布魯尼宣稱的一般，讓西賽羅的拉丁語文采復活這件事仍待商榷；即便如此，「重生」的概念仍可被當作檢視和質

9 義大利文藝復興時期的人文主義者和歷史學家，曾出任佛羅倫斯執政官。
10 義大利佛羅倫斯人文主義學者和歷史學家。
11 義大利文藝復興時期的畫家，瓦薩里聲稱他有許多古怪的行為，像是他害怕雷雨與火，因此很少煮熟食物，只吃煮熟的蛋過活。
12 藝術史學家。

疑布魯尼作品的濾鏡。同樣地，喬托的「鐘樓」（campanile）普遍被認為找不到相同的古老建築；即便如此，我們還是可以知道當時的人的確試著讓古典重新復活，並用這個目標當作衡量這時期藝術作品的準繩。

但是，縱使歷史學家已經小心地試著避免相信費奇諾和帕爾米耶里的話，在尋找理解這時期的路上，還是不免持續地沉溺於另一部分重要的文化復興「神話」。過去的一個世紀裡，雖然「重生」的概念已經成為無窮盡批判檢視的主題，文藝復興仍舊被視為根據「偉人」的作品和行為來看。即使瓦薩里的過度稱讚常受到質疑，我們仍臣服於他將文藝復興藝術家視為是純文化人物的想法。儘管關於文藝復興社會與經濟史的研究如雨後春筍般增長，提到這時期，還是不免會想到一連串的「大人物」，像是「黃金男孩」名單，名單上的每個人都被視為主要、甚至是獨特的文化生產行為者。

不難看出這種對於文藝復興的想法的誘人之處，也不難理解它為什麼會變得這般令人熟悉。到了像佛羅倫斯這樣的城市，我們就能理解為什麼很難避免如此的想法。站在領主廣場（Piazza della Signoria），很容易就能想到如布魯尼或是帕爾米耶里所描繪的文藝復興。被傭兵涼廊（Loggia dei Lanzi）、烏菲茲美術館（the gallerie of the Uffizi）、米開朗基羅、多那太羅、切利尼等人的雕刻作品環繞包圍著，我們自然而然就將文藝復興視為由英雄般的藝術家們讓古典文化重生，並建立如同藝術品的城市與社會。

而這就是矛盾之處。所謂文化和藝術「重生」的意涵並非無用或無效，而是試圖將文藝復興以如此方式定義反而會排除更多而非包容兼蓄。向「偉人群」神話屈服，我們熟悉的文藝復興定義傾向於排除每日生活的、衝動的、汙穢的、令人反感的事物；它將文學和視覺藝術抽象化，遠離日常生活，好像能夠存在於一個明顯有區別的領域範圍裡；這樣的定義忽略了即使最偉大的藝術家也是有母親，會陷入困境，會上廁所，有戀情，會買衣服，有時會讓別人感到不太舒服的；還有，它也忽略了米開朗基羅就是因為太過驕傲的緣故，鼻子才會被揍斷。

結果就是把原本豐富、極度「人文」時代，給予片面、不完全的形象。當藝術家的藝術成就顯然與全然樸實的角色相衝突，如此的形象只能扭曲原本一致的人們成為充滿衝突矛盾人物。因此，歷史學家只能急著尋找秩序和意義，而沒有其他的選擇，只能把看起來不太方便的特徵去掉——而去掉的通常是最普通的特徵。換句話說，偏愛關於文藝復興讓人感到舒服的舊概念，我們最終只能接受藝術家米開朗基羅，屏除米開朗基羅這個人。

目前尚沒有給予文藝復興新定義的急迫需求。米開朗基羅的斷鼻告訴我們，必須把文藝復興以整體檢視，包括惡意的爭吵，以及其他所有的，才能更真切地瞭解它。為了更加領會米開朗基羅是如何能將古典和自然元素融合，而在他的雕刻作品中創造出完美的組合，同時又讓自己的鼻子在愚蠢的吵架中被打斷，我們必須知道這兩個相互連結的面相來自於同一個、全然為人的人，而他所身處的時代不僅由高昇的文化成就所組成，也包含不名譽的、粗野的、粗暴的、甚至是令人深深感到不舒服的潮流。簡言之，如果我們要瞭解文藝復興，米開朗基羅必須被放回到他身處的真實社會場域，並且審視孕育了米開朗基羅這個人與成為藝術家的他所身處的風起雲湧的世界。

回到一開始，當托里賈諾一拳打在米開朗基羅的鼻子上的那刻，鼻骨與軟骨喀拉斷裂的瞬間，正是我們要暫停一下來重新思考的時候。當米開朗基羅昏迷在地上之際，也該是丟棄我們熟悉的文藝復興概念的時候，因為探索讓這位青少年登上藝術天才高峰，也讓他陷入公眾鬧事底谷的世界即將開始。為了達到上述目標，我們必須把鏡頭從聖母聖衣聖殿往後退，用新的角度觀看這一刻。首先，要把佛羅倫斯以整體而觀。藉由發現街道、廣場的景觀、聲音、氣味，提供米開朗基羅與托里賈諾爭吵的背景，所謂社交生活的戲劇性將漸漸浮上檯面。再靠近點，我們才能更加深入探進這城市內部。博覽築起文藝復興世界的各個組織的戲劇化歷史之後，諸如商業、政治、宗教，和當代佛羅倫斯的居家世界、每日生活的內部分工將接著被檢視。如此一來，當米開朗基羅開啟藝術家的職涯，那些充斥於他腦中的思維將能被重新建構。最終，米開朗基羅的心思則能被打開，進一步檢視令人眼花撩亂的日常經驗，加上信念、希望、和思想系統，而產生出他的藝術和斷鼻倚賴的知識結構。

第二章

彼得的影子之下

一四九一年夏天，當命中注定的打鬥發生在米開朗基羅身上的那天，他到底身處於怎樣的城市呢？

關於米開朗基羅早年生活的紀錄並不詳盡，但他的一天應該就從位於聖馬可廣場（Piazza S. Marco）花園裡的喬凡尼學校開始。早上一到那裡，米開朗基羅一定會發現學校裡已人聲鼎沸，滿室的活動。在豐富典雅的古老雕像和亂七八糟未雕琢的大理石堆間，他的朋友們坐在其中，或是雕刻作品，或是勤奮地繪畫。他可能開心的跟一生的夥伴，同為畫家的弗朗切斯科·葛蘭奇（Francesco Granacci）①打招呼，然後帶著粉筆和紙去找貝爾托多討論當天的工作。米開朗基羅表明他想要再多花一天在布蘭卡契小堂畫素描，貝爾托多了解這男孩的堅持，但也知道良善引導的好處，於是，他可能會引導米開朗基羅不要太專注於馳名的場景，而是將注意力放在更具構圖挑戰性的情節。這時的貝爾托多已經飽受無名疾病所苦，將於數月後離世②。令人很難相信當他在給予米開朗基羅建議之時，《聖彼得的影子治癒病患》（*St. Peter Healing the Sick with His Shadow*）〔圖 1〕尚不在他心中最重要的位置。米開朗基羅聽從老師的建議，啟程前往聖母聖衣聖殿。

雖然年輕人的行程總是很難預測，米開朗基羅在佛羅倫斯城裡遊走的路徑必定會經過城市裡最著名的地標。從聖馬可廣場出發，離布魯內萊斯基興建的孤兒院（Ospedale degli Innocenti）和麥地奇家族的聖羅倫佐教堂不遠，他會經過他在麥地奇里卡迪宮的家、聖若望洗禮堂（the Baptistery）、和聖母百花大教堂（the cathedral of S. Maria del Fiore），再遠一點就是作為工會教堂的聖彌額爾教堂（the great church of Orsanmichele）和領主廣場。抵達目的地聖母百花大教堂之前，他的路徑必定會穿過舊城區的街道，越過老橋（Ponte Vecchio），進入奧爾特拉諾區（Oltr'arno）內部。

就許多方面看來，米開朗基羅行走的路徑本身就是穿越文藝復興歷史的旅程。他經過的建築物象徵這時期藝術和建築成就。現在它們被當成藝術品，以原始的樣貌被保存和欣賞著，但在米開朗基羅的時代，這些建築物經常被使用，當作宗教、行政、社群的場所，以上的城市與建築就是文藝復興的藝術與文化的背景。一頭栽進佛羅倫斯的中心，米開朗基羅踩踏在這時期文化創新發源的街道上，處處都是促成改變的顯著證據。

隨著十一世紀早期帝國權力的崩解，以獨立州政府的形式興起，城市共和國和北義大利的專制政體孕育了新的文化形式，以搭配頌揚和保存自主的自治政府③。受過高等教育的官員研讀與模仿古典拉丁文的優雅，這些官員忙著處理越來越多的立法、稅務和外交重擔。像佛羅倫斯人科盧喬·薩盧塔蒂（Coluccio Salutati）[1]和布魯尼等公務員從古老經典裡發掘能作為「共和主義」的修辭，相對的另一些獨裁城邦則望向羅馬帝國文學裡，找尋著名的王子們當作典範④。城邦城市為了維持自身獨立於其他城邦的地位，有意識地形塑都會自由感。偉大的公共建築像是佛羅倫斯的舊宮（Palazzo Vecchio），反映了共和國的雄偉與驗證了公共政府的穩定與持久⑤。改造公共空間的藝術是為了彰顯城邦的獨立或是領主們（Signori）的卓越，靠貿易和商業收益而來的財富也有所貢獻。企業般的組織，像是工會和世俗的兄弟會，為了自身行業而建立大型建築物，例如：諸聖教堂（Ognissanti）；也有募款建立的公共設施，例如：布魯內萊斯基受託所建的孤兒院。著急著想彰顯財富，或是為了彌補因獲取財富所犯下的罪，新都會商界菁英熱切地贊助藝術，藉此建立理想公眾形象。處處都是裝飾精美的家族禮拜堂與華美的宮殿。

米開朗基羅的行走也可以比喻為一趟穿越形塑身為藝術家和人一生的社會影響旅程。畢竟，城市是每日生活裡社會劇碼上演的終極舞台，是文藝復興的藝術美夢誕生的搖籃之地；

1　義大利文藝復興時期佛羅倫斯人，是位人文主義者，曾擔任過佛羅倫斯執政官。

它是藝術家生活、工作和死亡的地方，也是社會慣習、品味和習俗形成與重塑之地；它更是生活與藝術重合、互動和互相滋養的地方。穿越構成每日生活舞台之地：教堂、廣場、市集、政府建築和醫院，米開朗基羅行走的路徑反映了形塑他身為畫家和雕刻家職涯的社會、經濟、宗教和政治的關懷，這也定義了他身為人的價值觀和看事情的優先順序。他行走的路徑上會看到的景觀、聽到的聲音、聞到的氣味都是構成他的生活和工作繡帷的部分緯線。米開朗基羅和同時代的人們工作、嬉遊、打鬥都在這個都會地景裡，然而這地景遠比旅程中經過的地標起初所意指的著實醜陋的多。

佛羅倫斯與理想中的幻覺

一四九一年的佛羅倫斯是個朝氣蓬勃的大都會。

大約一三五〇年之際，佛羅倫斯人口約有三萬人，爾後，成長為歐洲最大的城市之一。一三三八年，編年史學家喬凡尼・維拉尼（Giovanni Villani）記載佛羅倫斯的居民每日消耗約七萬夸脫[6]的酒，每年需要宰殺綿羊、山羊、豬隻，總數約十萬頭以迎合城市日益增加的人口[7]。至十六世紀中期，佛羅倫斯的人口據稱約五萬九千人，這樣的人口數僅有巴黎、米蘭、威尼斯和那不勒斯能與之比擬。

一四九一年，佛羅倫斯已成經濟樞紐。儘管表面上看來地理位置不佳——位於內陸和距離主要的貿易路線有點距離——但城市與教宗和那不勒斯王國緊密連結，商業和銀行業，更稱霸歐洲的布料市場。如同維拉尼所解釋，在一三三八年，約有三萬名的工人受雇製造布料，整個布料產業每年總產值約可生產相當價值一百二十萬弗洛林（florin）[2]的布料，而大多數的布料都是外銷。同年，八十家銀行或匯兌業和六百間公證處登錄營運，還有三百名登記為商賈的人在海外工作。雖然危機仍舊陸續出現，像是十四世紀初的饑荒、巴爾底（Bardi）家族、佩魯齊（Peruzzi）家族，和阿喬伊歐利（Acciaiuoli）家族的銀行紛紛倒閉，和一三四八年的黑死病，但佛羅倫斯十分有韌性，仍舊持續擴張新版圖——像是絲綢業——和麥地奇家族與斯特羅齊（Strozzi）家族的銀行持續成長，以上種種皆促成延續這城市的經濟奇蹟⑧。

財富與公民政府組織的成長帶來益處。人文主義的興起與職業化的官吏系統背後，教育和識字達到的水平，一直要到二十世紀才能與之相比，而這水準在現今世上的許多地方看來，仍會被視為卓越不凡。在一三三〇年代中期，維拉尼記錄八千到一萬名男孩和女孩那時

2　源自為佛羅倫斯城，常指的是佛羅倫斯於一二五二年發行的金幣，一枚佛羅倫斯金幣即一弗洛林。

都在城市裡學習閱讀，這個數字代表百分之六十七到八十七的人口受過基本教育。雖然我們可能對維拉尼的估算保持懷疑的態度，但他的說法由稅籍資料證實。例如：一四二七年的稅籍資料記載，住在城市裡的男人約有百分之八十七是識字的，並且能自己完成報稅⑨。當時許多救助慈善機構也紛紛成立，一四九五年由布魯內萊斯基所設計的孤兒院以免稅機構名義建成，照顧孤兒和提供設施給臨盆的婦人。一四九四年，佛羅倫斯城設立了一家給瘟疫受難者的醫院，確保城市能隔絕瘟疫，也能提供病患醫療照護。

金錢與公民自信也改變了佛羅倫斯的都會地景。私人財富投注於建設像是麥地奇里卡迪宮的建築物的同時，另一方面則是刻意模仿古老建築和創造完美城市。維特魯威（Vitruvius）的《建築十書》（*De architectura*）對於建築工法和設計有最完整的經典論述，整本書由佛羅倫斯人波焦・布拉喬利尼（Poggio Bracciolini）在一四一五年重新發掘，引起一陣風潮。建築師實踐古老作家的想法，並將新的方式實驗在設計和管理都會空間。當時確實有一陣把理想物神化的現象。建築師、藝術家和思想家致力創造最烏托邦幻想的城市生活，十五世紀末由不知名作家所畫的《理想城市》（*The Ideal City*）〔圖2〕最能呈現烏托邦城市的想像。

理想物的神化也反映在共同實踐古老建築理論的努力上，並且，隨著城邦國家的信心逐漸增加，例如：佛羅倫斯，古典風格的復興成為公民認同和驕傲最強而有力的表達方式。就很多方面看來，特別對於文藝復興佛羅倫斯人來說，《理想城市》中的烏托邦主義是真實的，且他們的城市確實是完美的。佛羅倫斯內閣大臣薩盧塔蒂在《對安東尼奧洛施奇的謾罵》（*Invective Against Antonio Loschi*）裡，以滿腔熱忱的口吻描述著佛羅倫斯，「哪個城市」，他這樣問道：

> 不僅在義大利，就全世界而言，能夠讓人們更安全地安身於城牆之內，更驕傲於擁有的宮殿，有更多教堂當裝飾，擁有更美的建築，有更雄偉的閘門，有更富裕的廣場，因著寬敞的街道而更加開心，因著人們而更偉大，因著居民而更加輝煌，有無窮盡的財富，擁有更肥沃的田野呢？⑩

的確，佛羅倫斯知識分子的驕傲和興奮感是如此的顯著，後來發展出一整個文類的文學致力於讚揚這城市。約同於薩盧塔蒂寫《對安東尼奧洛施奇的謾罵謾罵》之時，布魯尼的《佛羅倫斯讚歌》（*Panegyric to the City of Florence*）一書充滿稱讚之詞，提供給佛羅倫斯的居民感到驕傲和自信的城市意象。

儘管懷疑自己是否有足夠的口才能描述佛羅倫斯城的華麗，布魯尼用詳盡的細節描繪這城市的美好，並以招搖又誇張的方式，頌讚這城市的居民們來當開場。但是，他最主要強調的是都會環境，藉此提供美好的抒情措辭，用來描繪將文藝復興這塊布料編織出來的城市織布機。布魯尼問「這世界上有什麼能像佛羅倫斯的建築一樣，如此富麗堂皇？」；「不論你走到哪」，他如此讚美道：

> 你會看到漂亮的廣場和貴族的房子所裝飾的門廊，街道上總是到處都是人……群眾聚集進行各自的事，並且自得其樂。真的，沒有什麼比這裡還要更令人感到愉悅的……⑪

排列於街道兩旁的私人房子——「為了奢華、大小、尊敬，特別是為了華麗，而設計、建造和裝飾」——特別令人讚嘆不已。布魯尼聲稱即使他有「一百根舌頭、一百張嘴巴，和鋼鐵般的聲音」，他仍「無法形容這些房子的華麗、財富、裝飾、愉悅和優雅」⑫。超越所有房子和教堂，所有的光彩聚焦於富麗堂皇的舊宮建築物上，而它也是佛羅倫斯政府的中心。對布魯尼來說，舊宮像位海軍上將在旗艦上，矗立於義大利最棒城市的頂端，讚許地往下望著底下平衡、和平和美麗的富饒市景。

隨著時光推移，這樣的情懷日益增強。烏戈利諾・維利諾（Ugolino Verino）於一五三〇年間發表的《佛羅倫斯城的啟示》（*De illustration urbis Florentiae*），提到「到達花之城的每位旅人皆讚賞襯著藍天的大理石房子和教堂，認為世界上再也沒有一個地方比這個城市更美」。

的確，如同布魯尼，維利諾也意識到自己能力不足以勝任描繪這個世上最令人讚嘆城市的任務。「我要如何才能適切地描繪這鋪的平坦、寬敞的街道，」他如此問道：

> 它們的設計讓旅人不會因雨天被泥巴耽擱旅途，也不會被夏天的灰塵所妨礙，因此他的鞋子不會蒙上髒汙呢？我要如何才能夠充分地稱讚由雄偉廊柱支撐著，並且奉獻給聖靈的壯麗廟宇（佛羅倫斯聖靈教堂），或是由虔誠的麥地奇家族建立的聖羅倫佐教堂……？關於科西莫雄偉的宮殿，或是跨越阿諾河的四座橋，這條河進入第勒尼安海之前，穿越佛羅倫斯城，有人能對這些說點什麼嗎？⑬

一點都不令人感到驚訝——正如與維利諾同時代的喬凡尼．魯切萊（Giovanni Rucellai）[3]所述說的——「許多人相信我們這個時代……是佛羅倫斯歷史上最幸運的時期」⑭，或是，像維利諾所聲稱「黃金年代也比不上我們所身處的時代。」⑮

這一切看起來好的太不真實。事實是——好到不是真實的。儘管薩盧塔蒂、布魯尼和維利諾將美好的稱讚堆疊於佛羅倫斯之上，這城市財富的可見標記與另一種環境共存，甚至依

3 文藝復興時期在佛羅倫斯的富有羊毛業商賈家族的成員之一。

賴著它，而另一種環境述說著不一樣的生存型態，且最終促成米開朗基羅的斷鼻。

撇開它的財富不談，佛羅倫斯城持續掙扎著要克服因蓬勃發展的商業交易所帶來的負面影響。城市裡的商賈沉溺於展現財富，成為「恥辱」的標誌，特別對於道明會修士薩佛納羅拉來說，富人的奢華宮殿、華麗服飾，和富麗堂皇的私人禮拜堂，都成為他批判的目標[16]。薩佛納羅拉的話點出大部分佛羅倫斯平民所感受到的生活水準不一致、不公平的部分。隨著商人的財富增加，不具技術的勞工薪水下降[17]，貧窮處處可見，很多人上街乞討，且犯罪猖獗[18]。持續兩個世紀以來，佛羅倫斯城因政治分歧、社會對立而分裂，加上斷斷續續的傳染病而受折磨，還有犯罪行為而受破壞，因著社會邊緣化而受打擊。所有的這一切都在同樣的街道和廣場上演著，也就是薩盧塔蒂、布魯尼和維利諾急著讚美的新理想世界的中心，也是米開朗基羅於一四九一年穿越的區域。

文化、宗教和改革：聖馬可教堂

米開朗基羅就讀學校的位置具體表現以上的矛盾。因著空間寬敞與設備完善，聖馬可修道院和教堂成為日益壯大的道明會修士群的家，此地體現了文藝復興宗教生活被認為應有的樣子——平靜和勤奮虔誠。

如同在附近的道明會教堂新聖母大殿（S. Maria Novella），聖馬可是勤學寺院的原型。一四三七年科西莫・德・麥地奇（Cosimo de' Medici）[4]贊助了三萬六千黃金弗洛林幣，將聖馬可轉變為藝術和學習中心⑲。修道院內部以院內的安傑利科修士（Fra Angelico）[5]所畫的濕壁畫裝飾，還受贈一座由米開羅佐（Michelozzo）[6]設計、雄偉新穎的圖書館，裡面的豐富藏書集都是一時之選。根據維利諾十五世紀晚期所著的《佛羅倫斯城的啟示》，內容提到關於聖馬可擁有「數以千冊由希臘與拉丁神父所寫的書籍，數量多到能被稱為神聖典籍的檔案庫。」加上外面的花園裡，有著由羅倫佐・德・麥地奇建立的藝術學校，豐富的學習寶庫讓聖馬可成為佛羅倫斯知識生活的中心之一。它也成為許多愛書的人文主義學家的主要會面地點，像是米蘭多拉和波利齊亞諾（兩人後來皆葬於此地）；藝術家們渴望從花園裡的雕像身上學習，難怪維利諾會將聖馬可視為「謬思女神們居住」⑳之處。

這座教堂也是虔誠信仰之地。聖馬可眾多最珍貴的收藏之中，最吸引人注意的是「聖誕

4 文藝復興時期知名的佛羅倫斯城實際領導者，本身操持商人銀行業，與各城邦與各國顯耀交好，甚至也承攬教宗的銀行業務。他也被稱為是佛羅倫斯共和國的國父。

5 文藝復興歐洲藝術家，大半都在佛羅倫斯工作，畫主題僅限於宗教題材。

6 文藝復興時期歐洲義大利建築師。其建築生涯參與相當多的教堂建設，在歐陸與義大利本土皆頗有聲譽。

搖籃」（Christmas Cradle），自十五世紀就被展示至今，由數量龐大雕刻精美的人物所組成，捕捉了當代人們的想像，也成為佛羅倫斯城慶祝主顯節（Epiphany）[7]時最主要的展示品之一[21]。這戲劇化的慶典由光明與黑暗交織而成，充滿音樂、裝扮和薰香味。夜幕降臨，修士們扮成三王和天使，領著城市裡最尊貴的高官們，伴隨著熊熊火炬，一同進入教堂裡。嬰孩耶穌雕像被象徵性地帶到搖籃，也就是傳統上「三王」朝晉聖嬰之處，隨後聖嬰像將會被四處傳遞，讓信眾親吻它的腳。主顯節的氣氛顯然相當令人興奮激動，一位在一四九八年目擊遊行的青年觀察說道：「天堂就在這些修士群裡，聖靈降臨地上，每個人都在愛火之中燃燒。」[22]

但是，聖馬可也很快的變成宗教極端主義、政治陰謀和公眾暴力的溫床。一四九一年七月，約是米開朗基羅的鼻子被打斷之時，薩佛納羅拉被選為修道院的院長[23]。本身是位學識豐富又厲害的演講家，外表有些憔悴的他是個節制的人，對於真正簡樸的基督教信仰生活充滿熱忱，因此對於財富的輕浮陷阱充滿輕蔑之感。在當選院長前的耶穌降臨節（The Advent）[8]，他發表一系列激進的講道，譴責篡位、貪婪、經濟詐騙與頌揚財富，而且他最鄙視的就是像麥地奇家族一樣的富人，但也因為富人的奢華，聖馬可才能成為如此重要的文化中心。他反對奢侈、「淫蕩」的畫作、華服，甚至是那些修道院常客的詩詞。在聖馬可的影響之下讀書和工作，米開朗基羅不可避免的會加入群眾，聆聽薩佛納羅拉講道。他的熱忱也許不像波提切利（受到薩佛納羅拉的影響，短暫放棄繪畫生涯㉔）一樣明顯，但想必數年後，他還是能夠記起薩佛納羅拉強而有力的聲音㉕。

米開朗基羅差點就能看到聖馬可最後變成宗教改革的震央。從道德提倡家轉變為政治災難，薩佛納羅拉密謀推翻羅倫佐．德．麥地奇的兒子皮耶羅二世，並主導於修道院建立一個短暫但相當戲劇化的神權為主的寡頭政府，但最終宣告失敗。一四九八年棕枝主日（Palm Sunday）[9]時，正當許多信眾在聖馬可修道院裡祈禱，一群憤怒的暴民包圍修道院，要求處死薩佛納羅拉㉖。教堂的大門被焚燒，暴民衝入修道院，伴隨著瘋狂響個不停的鐘聲，紛紛往牆上爬去。防守修道院的修士與平民一邊將屋頂的磚瓦用力向下拋，一邊揮舞著劍和強弩，浴血奮戰至深夜，一共奪去數十條人命。然而，如同米開朗基羅的鼻子一般，同樣的潮流生成了發生在聖馬可的春日恐怖暴力，也讓聖馬可成為佛羅倫斯學習與崇敬中心。

7 基督教會於一月六日舉行主顯節，藉以紀念耶穌首次與非猶太人接觸。
8 聖誕節前的第四或第六個禮拜天開始，一直到聖誕節前的期間。
9 復活節前一個星期天，因著教會年曆的差異，每年的日期都不同。

街道、廣場與儀式：

穿過拉爾加街（via Larga）到主教座堂廣場（Piazza del Duomo）

混合著優雅和暴力、文化與苦難，隨著米開朗基羅行走的路徑更深入佛羅倫斯城，這樣奇特的混合變得更加明顯。

往拉爾加街走去，他會經過在麥地奇里卡迪宮暫時的家。麥地奇里卡迪宮是米開羅佐替科西莫・德・麥地奇所設計，約莫三十年前完工。它具風格又龐大的建築成了麥地奇家族財富、權力和文化影響力的具體見證，而贊助米開朗基羅的正是麥地奇家族。然而，拉爾加街卻是另外一回事。雖然以當時的標準來看這條街很寬敞，結構比例也很好，但是它的路面不平，而且又髒又臭。

靠近麥地奇里卡迪宮的街道，滿是人們從住家窗戶倒出來的排泄物或是人們就地便溺的糞便，這景象很難讓人忽視。如同米開朗基羅數年後寫的一首詩裡所提到的：

> 在我家門四周，我發現堆疊成山的糞便
> 來自於那些大吃葡萄或是吃瀉藥

卻找不到好地方清空腸胃的人。[27]

儘管排泄物很臭，整條街滿滿都是來自社會各個階層的人，空氣中充滿著城市生活的嘈雜喧鬧聲。馬匹和手拉車載著成匹的布料、一桶又一桶的酒或是滿車的穀物沿路嘎嘎聲響不停，富商名流穿著精美的黑紅色交錯長袍，聚集著討論商業或是政治；年輕男子穿著鬆垮的上衣和緊身褲站在一旁閒聊八卦一番；店主人忙著與客人爭論；而牧師、僧侶和修士從旁低著頭走過。乞丐手持簡樸的碗或僅是伸出手來，急著叫路人捐獻，而生病和瘸腿的人則躺在地上哀求路過民眾。

人滿為患的拉爾加街盡頭，道路變得寬敞，映入眼簾的就是主教座堂廣場。廣場之上就是聖母百花大教堂的圓頂，這圓頂是上古以來同類型建築中最大的，還有雄偉的喬托鐘樓[28]。廣場的正前方就是聖若望洗禮堂，這教堂被誤以為上古時代是一座羅馬寺廟，而它的東門有一扇由羅倫佐・吉伯帝所鑄造的巨大銅門。這扇門被米開朗基羅敬稱「來自天堂」，因而意外獲得「天堂之門」的暱稱[29]。

廣場上充滿人群、活動和噪音。離聖約翰日（六月二十四日）只剩幾天的時間，為節慶的準備已進入高潮。這節慶是佛羅倫斯日曆中最大的慶祝活動，延續有數天之久，而它也具體展現佛羅倫斯公民驕傲。工人們忙著將巨大金色棚子豎立在聖若望洗禮堂四周，提供場地給第一天的「財富展覽」。在巨大的帳篷之下，商人展示珍貴的收藏，像是最貴的珠寶、最棒的絲綢、最精緻的衣裳；簡而言之，每件東西都是最高品質，也具有最高的價值。這一切不是為了利益，而是展現擁有龐大財產的驕傲，也讓那些碰巧前來一瞥展覽品的貧窮外國人自慚形穢。

接下來的幾天，廣場將到處都是遊行。穿著最奢華、昂貴的長袍，伴隨著喇叭聲、歌唱聲、吟詠聲，數以百計的教士將遊行穿越大教堂，在此地儀式性地將居民的財富獻給城市和聖約翰。接下來的遊行隊伍包括深受馬基維利（Machiavelli）[10]喜愛的居民戰士們、「具德行」的平民，通常是商人和幫會[11]，這些人將以輝煌的方式再次展示佛羅倫斯的財富。最後，受城市法律約束的社群團體必須帶著象徵性的禮物，像是蠟燭和絲綢，遊行至大教堂前，然後儀式性的向主人們致敬，而這些主人們數日以來不斷地用財富吸引眾人注意。

這個節慶活動較貼近人性，最後以大型社區性的慶祝作為結尾。像西恩納（Siena）當地的賽馬節一樣，佛羅倫斯的賽馬節是場穿越佛羅倫斯街道的大型賽馬競賽，但更有趣多了，因為這裡的比賽關注的是打賭的輸贏，而不是解決鄰里間的紛爭。比賽從諸聖教堂附近的草地開始，穿著制服的騎師雙腳一蹬催促馬兒穿越城市，經過米開朗基羅佇立於主教座堂廣場的地點，往位於現今已經不復存在的聖大皮爾教堂（S. Pier Maggiore）的終點線奔馳而去。對於大多數的佛羅倫斯人而言，這就是整個節慶的最高潮。

雖然比賽提供的獎賞並不特別令人驚奇，但像是羅倫佐・德・麥地奇等人仍會聘請專業騎師，騎著擁有超級身價的駿馬，為的是贏得大把下注的獎金。當馬匹馳騁穿越街道，隨著群眾的叫囂聲、摔落馬的騎士的呼叫聲和人們不斷交頭接耳交換賭注的聲音，整個城市像活了起來。法蘭西斯卡・卡辛尼（Francesca Caccini）在寫給友人巴爾托洛梅奧・席德里尼（Bartolommeo Cederini）的信中提到，一四五四年那次壞天氣延誤了比賽，甚至有人已經在談論取消比賽一事，後來，晚上七點比賽開始之前，「大量的金錢和各種各樣的東西」已押注在馬匹上。安德里亞・德拉・史都法（Andrea della Stufa）的馬兒里亞多（Leardo）最受喜愛，伴隨著群眾的歡呼聲，牠一路領先，但是到大教堂之前，安德里亞從馬上掉下來，變成最後一名。到處都在賭博，如同卡辛尼提到：「潘多爾夫（Pandolf）輸掉十八個弗洛林，皮耶爾弗朗切斯科（Pierfrancesco）和皮耶羅・德・帕齊（Piero de'Pazzi）共輸掉五十個弗洛林……因為下雨的關係，馬泰爾・里納爾迪（Matteo Rinaldi）輸掉八十四個弗洛林，皮耶爾里奧納（Pierleone）也輸掉同樣的金額，還有許多其他人也是。」[30]比賽結束後的主教座堂廣場迴

10 義大利文藝復興時期的歷史學家、政客、外交官、哲學家、人文主義學者與作家，最為後人所知的著作為《君王論》（*The Prince*）。

11 幫會（confraternity）為致力於宗教與慈善服務得世俗兄弟會。

盪著笑聲、賭客爭論賭注的聲音，還有無盡的唱歌、跳舞和飲酒。如今的主教座堂廣場跟現在相差甚遠，同樣的地點現今已成為展示藝術品，寧靜又拘謹的場所。

政治戲碼：領主廣場

米開朗基羅經過主教座堂廣場路徑必定會經過城市娼妓管理局的基地，往卡柴歐利街（Calzaiuoli）走去，這區是城市的金融與商業中心。這裡有聖彌額爾教堂，一開始是穀物市集，後來變成教堂，還有羊毛工會和絲綢工會的宮殿建築，和工會總部所在地。在佛羅倫斯歷史上，工會在大多數的時間都控制著交易與政府。此地人群相當密集，男女用胳膊推擠著穿越人群，為了擠到最好產品的前面，商人則忙著討價還價，而工會官員對於規定爭論不休。這條街比拉爾加街窄多了，擠在一起的群眾，身體的惡臭味和噪音想必相當壓迫人。

越過這段路就到了公民權利的核心：領主廣場。這個廣場既優雅又豪華，也是文藝復興時期佛羅倫斯政治生活的中心。廣場的景觀令人印象深刻，與施洗約翰（St. John the Baptist）的華麗節慶和諧一致。羅馬式建築的舊宮（也稱作人民宮）占據整個廣場，建立於十三世紀末到十四世紀之初，當時正值但丁在公民政府活躍之際。它是城市立法與行政的機關所在地，包括城市裡最高的統治機構執政官們和身為最高律法與秩序的長官們。舊宮外表像嚴峻的堡壘，是佛羅倫斯公民認同和決心保衛屬於他們的自由最強烈的表述。數年後，米開朗基羅的《大衛》將矗立於舊宮的門口，象徵肯定佛羅倫斯抵禦外來勢力的統治。一旁的傭兵涼廊於一三七六到八二年間由班奇・迪・齊歐內（Benci di Cione）和席莫內・迪・弗朗切斯科・塔蘭提（Simone di Francesco Talenti）為了佛羅倫斯公眾集會所建；相較於舊宮，它比較明亮通風，一樣令人印象深刻。它由羅馬拱門構成三個寬敞的分隔間，以「德行」為主題的裝飾，提醒世人關於道德正直和寬大。

領主廣場傳達的雄偉威風印象反而掩蓋了以它為背景的政治戲碼，也讓主教座堂廣場慶祝活動所傳達的印象欺騙了世人。這個公眾舞台正上演暴力和野蠻的場景，這才是米開朗基羅成長的社會世界的本性；圍攻聖馬可以及薩佛納羅拉的神權統治崩潰之後，於一四九八年春天，經過數週的凌遲，薩佛納羅拉被綁在木樁上燒死於舊宮前，骨灰被撒到阿諾河。

此地也因財富和政治權力分配不均，在一三七八年漫長又炎熱的夏天，爆發所謂的「梳毛工人強匹叛亂」（Ciompi Revolt）。由於對因黨派之爭而癱瘓的政府感到失望，對無法被納入工會感到十分惱怒，也對自身的貧困感到憤恨，擁有技術的工人加入沒有技術、財產甚少的勞工進行反叛，除了要求進入工會的權力，還有在城市政府組織裡有更多的話語權。他們攻擊肥貓（grassi）[12]，占領舊宮，七月時工人領導米歇爾・迪・蘭（Michele di Lando）就任為社會革命政府的領袖，然而這個受到歡迎的新政府維持沒多久即消失，反叛群眾在同年八月重獲動能，暴力再次蔓延整個城市的街道，但是他們終究不是肥貓的對手。擁有權勢的寡頭執政者不想被打敗，因而聯合被雇員嚇壞的工匠們，一同激烈地抵抗；於是在一三七八年八月三十一日，一大群暴徒在領主廣場上被砍殺成肉醬。

一四七八年殘暴卻未成功的「帕齊陰謀」（Pazzi Conspiracy）後，一群動私刑的暴民將比薩大主教弗朗切斯科・沙維雅提（Francesco Salviati）吊死於舊宮的窗戶外，在這之後三年米開朗基羅才出生。十五世紀中期，米開朗基羅未來的贊助人，也就是富有的麥地奇家族，已經是佛羅倫斯城實際的統治者，但他們的統治開始刺激這個傳統以來就是難以馴服、不穩定的城市。帕齊家族（the Pazzi family）與沙維雅提（the Salviati family）兩個充滿野心的成功銀行家族，決心聯手在教宗沉默的支持下驅逐麥地奇家族。一四七八年四月二十六日在主教座堂廣場上的眾人面前，朱利亞諾・德・麥地奇被一群密謀者（包含一名教士）刺殺身亡，而他的兄長羅倫佐，也就是後來很喜愛米開朗基羅的人，渾身是血，為了保命而逃跑躲藏到人文主義學家波利齊亞諾那裡去了。但是這陰謀卻搖搖欲墜，因為佛羅倫斯人聽聞刺殺陰謀發生的始由，激動地紛紛採取行動。其中一位密謀者雅各布・德・帕齊（Jacopo de'Pazzi），被眾人從窗戶丟下，扒光整身衣服遊街，最後丟到河中；帕齊家族很快地就從佛羅倫斯的歷史上抹除，所有的一切都被沒收。弗朗切斯科・沙維雅提則被私刑處置；當時正從事繪畫舊宮祭壇畫作，二十六歲的達文西替另一位密謀者伯納多・迪・班迪諾・巴隆切利（Bernado di Bandino Baroncelli）作素描，描繪他被吊死後在風中扭曲的樣子。日後的生涯裡，米開朗基羅會告訴米尼亞托・彼提（Miniato Pitti），一四七八年四月二十八日，他坐在父親的肩膀上，觀看剩餘密謀者被處決的場景㉛。

賭徒、妓女和遊手好閒者：老城區

如果聖馬可、主教座堂廣場和領主廣場述說的故事跟薩盧塔蒂和布魯尼說的版本差異甚大，接下來隨著米開朗基羅離開廣場前往舊宮，遠離華麗的公共建築，抵達每天社會生活劇碼都在上演的街道上，這圖像會變得更加鮮明。完成於一四七一到八二年間的《環繞之圖》（*The Map of the Chain*），可一窺佛羅倫斯城的全景。從畫中可發現在主教座堂廣場和舊宮之下的區域擠滿著規模較小、較簡陋的建築物群。因為建築群為數眾多，無名畫家無法鉅細靡遺

12　即富有的商人。

地描繪出來；這建築群組成一片沒有組織的混亂，缺乏任何一致性的風格，沒有任何連續的秩序感：混合著房子、工坊、旅店、和商店，這令人困惑又侷促的安排讓佛羅倫斯聞名的建築物看起來相當突兀。

進入老城區的中心，米開朗基羅將轉進被快速增加的房子所遮蔽的幽暗窄巷，迎面而來的是嗆辣味與震耳欲聾的叫囂聲和談話聲。當他轉向南方走向河邊，則是人來人往、熙熙攘攘的「老市場」（Mercato Vecchio），這裡滿是攤販和街頭小販，兜售各種各樣的貨品，從水果和蔬菜到肉和魚，從蜜餞和好吃的甜食到陶器和布料。即使站得遠遠的，還是可以聞到空氣中充滿著交易品在托斯卡尼的熱氣下逐漸腐敗的惡臭味，還有市場交易商的叫賣聲、小孩的打鬧聲與爭論價格不斷日益高漲的聲音。

除了合法的交易之外，還有許多不法形式的交易進行中，特別在米開朗基羅會經過、靠近市場的狹窄街道裡。浮華的妓女們一大早就梳妝打扮等客人上門、壞人們手拿著刀鋒威脅著他人，小偷們在一陣混亂中猖獗逃跑，殘缺的乞丐手嘎嘎響的搖動著木碗，賭徒在各個角落玩擲骰子。細碎的爭吵很常發生，對佛羅倫斯人來說，這一切仍舊是令人感到有趣的景象。早於米開朗基羅旅程約一百年之前，詩人安東尼歐・浦奇（Antonio Pucci）如此寫道：

每天早晨街道上擠得滿滿的

駄馬與大車在市集裡，
到處都是擁擠的人潮，而許多人站著觀看，
男士們陪著太太們，
她們跟市集上的女人討價還價。
有的賭徒早就開賭，
還有妓女和遊手好閒的人，
攔路強盜也在那，搬運工人和傻瓜，
吝嗇鬼、惡棍和乞丐都在。㉜

在老市場裡能享受到的世俗娛樂，在許多小酒館和娼館裡，能更加方便、更加放縱地體驗，這就是佛羅倫斯生活的永恆特色。不論是在僅提供簡單食物的小酒店，或是擁有馬廄和床鋪的大型旅店，都是充滿噪音和臭味的放蕩場所，一切都這麼赤裸裸地呈現。人們喝很多烈酒和濃厚的麥酒、與放蕩的酒吧女服務生跳舞、協議交易、玩牌、計畫搶劫和不斷地起口角紛爭。

米開朗基羅路過老城區會看到的酒館，上下階層的人皆經常光顧，人們的生命也在這些酒館裡崩解成碎片，而一幅十六世紀早期佛羅倫斯虔敬畫作鮮明地描繪出此項事實㉝。這幅畫分成九部分述說一個道德寓言故事，關於一位於一五〇一年七月二十二日被吊死在佛羅倫斯的安東尼歐・里納戴斯基（Antonio Rinaldeschi）。里納戴斯基是位虔誠的人，卻在無花果客棧斷送自己的生命。當時他坐在小庭院中間的一個木桌，喝得醉醺醺，卻愚蠢地與一名不肖男子玩骰子遊戲；可想而知，他輸了，便暴跳如雷的一邊詛咒上帝讓他這麼不幸運，一邊步履蹣跚的到處找麻煩。他因為找不到發洩怒氣的出口，於是在聖瑪利亞・德里・艾伯里吉（S. Maria degli Alberigh）教堂附近，也就是主教座堂廣場的南邊，對著聖母像丟擲排泄物。最後，他被逮捕，犯下褻瀆神聖罪名，判決吊死。除去里納戴斯基死前懺悔的這個部分，其他的完全是佛羅倫斯酒館生活典型。

犯罪無可避免地成為酒館生活的主要特色，而城市的文件資料庫裡滿是這類地方發生暴力、敲詐、搶劫與強暴的紀錄。例如：在十四世紀末，分別叫羅倫佐和彼基諾的兩名男子在「皇冠」客棧犯下詐欺罪，他們詐騙了一名將前往羅馬、名叫托瑪索・迪・皮耶羅的男子。當時，兩人讓托瑪索喝得微醺，並說服他說他們兩人是有錢的商人，在義大利四處都有合作的生意夥伴。羅倫佐說服托瑪索把他的馬以十八弗洛林的價格「賣給」他們，而款項則會由他們在羅馬的「夥伴」支付；他們還雪上加霜的跟托瑪索借了二十八達可特（ducats）[13]，聲稱是為了向一位朋友「買」珠寶，而借款也是由羅馬生意合作對象幫忙支付。想當然爾，托瑪索一毛也沒拿回來[34]。審判時羅倫佐和彼基諾都不在場，但他們被判處遊街鞭打，最後卻安然無恙地脫身。

說到底，妓院跟客棧同屬一類。到處都是性和猖獗的疾病，很難區分妓院與酒館有什麼不同，而兩者的確有緊密的相關性。據聞在一四二七年，羅索·迪·喬凡尼·迪·尼可羅·德·麥地奇（Rosso di Giovanni di Niccolò de' Medic）住家下方，在奇亞索·馬拉古奇納（Chiasso Malacucina）的入口處，有「六間小店」被「租給妓女們，〔一個房間〕每月須支付十到十三里拉（lire）[14]。」一位名叫古伊拉諾的男子是客棧老闆，負責經營此地。他有所有房間的鑰匙㉟，放「任何他想的人〔進入房間〕」。照此推斷，他應該能從收益中分得一杯羹。

不是所有的妓院規模都這麼小，佛羅倫斯的這個地區主要以大型妓院特別聞名。老城區的妓院有名到有人寫詩來歌頌它們。最生動的是詩人安東尼歐·貝卡德里〔Antonio Beccadelli，大家常以潘農密塔（Panormita）稱呼他〕為了他的新著《雌雄同體者》（*The Hermaphrodite*）前往拜訪最喜愛的地點，辛辣地描述裡頭歡愉：

……這裡就是貼心又親切的妓院，

13 歐洲中世紀晚期以來最晚到二十世紀用來做交易的銀幣或金幣。
14 義大利貨幣的單位，二〇〇二年被歐元取代。

是一個吐出臭氣就是它的招牌的地方。
進去裡面，幫我跟那裡的女士們和妓女們打招呼，
你將被擁入這些人的胸懷裡。
金髮的海倫和瑪蒂爾德甜心將會向你跑來，
這兩位都是扭臀專家。
珍妮特將帶著她的小狗一起來找你
（這隻狗討好牠主人；而牠的主人則討好男人）
克勞蒂亞很快就到來，裸露酥胸點綴著彩繪，
克勞蒂亞這女孩一定會用溫言軟語取悅你。
……
安娜將會來見你，一邊唱德文歌，一邊把自己獻給你，
（她邊唱歌，口氣散發新酒香味）；
精於扭腰擺臀的畢托也會來見你，
跟她一起來的還有烏莎，全妓院最美的甜心。
附近以被宰殺的牛為名的鄰區，
托泰絲跟你打招呼。

簡而言之，在這出名城市的所有妓女
都將前來找你，群眾聚集等你到來。
這裡允許說髒話，作下流事，
不會有人制止你，讓你羞愧臉紅。
在這裡，你可以做你想很久要做的事，
書兒呀，你能幹別人或是被幹，你想要多少就有多少。㊱

除了私人經營的妓院，也有國營的性交易商場。越過老橋，進入名叫奧爾特拉諾（Oltr'arno，字面意義為「越過阿諾河」）的地區，這地區先前被保留作為建設一座公共妓院。一四一五年佛羅倫斯政府的執政官們計畫在聖靈教堂（S. Spirito）所在的區域拓展國營的妓院生意，希望藉此至少能控制與規範無法完全被消除的賣淫業㊲。執政官們甚至提供一千弗洛林在聖靈教堂周圍建設、裝修和設立妓院，還有一間建在聖十字聖殿（S. Croce）區域。雖然奧爾特拉諾區的妓院沒有建成，文藝復興菁英裡一些較實際的成員承認這類供給的好處。

穿越老城區往奧爾特拉諾區走去，米開朗基羅將領教佛羅倫斯生活較骯髒污穢的一面。一個世紀多之前，當佩脫拉克遭遇類似景觀、聲音和氣味，也忍不住抱怨當時生活的條件嚴峻。他寫給朋友隆巴多・德拉・席克（Lombardo della Seta）的一封信，詳實地描述這區域的黑暗面。他宣稱：

對我來說，這樣的生活似乎是我們辛勞的場地、危機的訓練營、欺騙的劇場、錯誤的迷宮……愚蠢的野心、最低等的得意洋洋、無用的卓越、鄙俗的高尚、黑暗的光、無名的貴族、破洞的皮包、漏水的罐子、無底洞、無限的貪婪、有害的慾望、灌水的華麗……犯罪的工坊、情慾的浮渣、憤怒的熔爐、厭惡的深井、慣習的鎖鏈……罪惡之火……和諧的不和諧……興奮的德行、受到饒恕的壞事、受稱讚的騙子、不光彩的榮耀……惡魔的國度、撒旦的公國……㊳

米開朗基羅的想法也許不會如此的刻薄，但他一定會注意到聖彌額爾教堂的雄偉華麗強烈對比於在它之下充滿犯罪、性和腐敗的世界。

另一半：奧爾特拉諾區

沿著奧爾特拉諾區裡的聖雅各布小區走，米開朗基羅必定會經過佛羅倫斯城最簡陋的住宅區。十五世紀時住在這裡的大多是布料工人，特別是檢毛、梳毛和攪拌工人。這是個充滿活力的區域，鄰近聖靈教堂有個規模小卻很活躍的市場，免不了的是巷弄狹窄和髒亂。

對比於阿諾河北岸的大道，這裡的街道大多沒有鋪平，總是充滿汙泥和穢物。米開朗基羅走在其中，必定會注意每個腳步落下的地方，也可能不時得摀著鼻子走。儘管執政官們力圖改善公共衛生，這裡的環境依舊相當不衛生，佛羅倫斯窮人所住的街道發出的臭味，比起老市場裡魚腥味和腐爛蔬菜的氣味更難聞。大多時候，人們總是隨地便溺，也時常從窗戶向外將尿壺傾倒清空。雖然城市設有專用的汙水池，但不足以應付這城市日益增加的人口所排泄的總量；結果就是滿溢的化糞池直接湧入道路上。一三九七年，有三個人因沒有做好汙水池，讓穢物流入街道，而遭市政局判罰款十弗洛林[39]。同時，街上駝獸到處行走，當馬匹（和牠們的排泄物）已是每日生活的一部分，米開朗基羅還是不時看到牛拉車、綿羊被趕去市場，或是豬隻在爛泥巴裡東聞西聞。佩脫拉克給予帕多瓦的領主如何治理領地的建議之時，特別強調好的政治家應該要注意不該讓豬隻在城市裡亂跑[40]。

街道兩旁排列著許多住著平民男女的房子。雖然這區還是有一些相當「華麗」的宮殿，像是內爾里家（the Nerli family）的房子，但大部分的住宅看起來都讓人覺得房子主人生活過得很辛苦。即使都市設計講求古典構思風尚，貧民的家建築時通常沒有任何章法規則，或漠視市府不定時嘗試的改善計畫，加上受限於能夠使用的資源，他們的房子都因此蓋成不甚堅固的樣子。特別是在奧爾特拉諾區，這裡的房子通常很窄，正面一般不超過十五英尺寬，但非常的深，也很高，通常可達到四層樓高；裡面住著數個家庭，一年付少許弗洛林分租狹窄的房間[41]。塗上簡單石膏的牆面常交錯佈滿嚇人的裂縫，加上沒有油漆與裝飾，看起來無趣又可怕。

想要了解奧爾特拉諾區街道的樣子，可以由聖靈教堂裡一幅當代的畫作裡略窺一二。菲利皮諾．利皮有幅畫名叫《聖母子與聖人們》（*Madonna del Carmine*）〔圖 3〕，畫的背景描繪由內爾里宮（Palazzo dei Nerli）一路往西到聖弗雷迪亞諾（San Ferdiano）門的街道剖面圖。內爾里宮的三層建築令人印象深刻，而離它不遠處的街道上排列的房子卻小得不可思議。這些房子的屋簷傾斜的方向都不同，而且以脆弱又沒計畫的方式建成。街上住滿男工、女工、動物和小孩。最靠近內爾里宮的地方出現兩隻豬，正在泥堆裡東聞西聞，而一位小孩子正在奔跑，經過一台兩輪馬車，看起來是由騾子所拉馬車；再遠一點，一位男子正跟一隻滿載貨物的馱馬拉扯，而另一位男子正在窗戶口辦事；在城門口，一位女人正穿過城門往遠方田野走去，她一手扶著放在頭上淺盤上堆疊的陶器，另一手穩穩抱住懷裡的嬰兒。這位母親的擔心驗證了這個區域的生活水準：如果她的小兒子能夠對抗逆境存活下來，他就屬於在奧爾特拉諾區幸運能夠活過三十五歲的人。

彼得的陰影之下

米開朗基羅每天走過佛羅倫斯中心街道，前往聖母聖衣聖殿的門口。他的旅程從聖馬可的花園開始，家鄉佛羅倫斯在他心中既是理想之城，也是不平等、分裂、動盪、暴力與窮困之城。越過教堂的門檻，進入寧靜神聖的教堂，朝著布蘭卡契小堂走去的路上，他也許更有理由去思考他身處的世界二元分化的特色。

小堂裡祭壇的左方有一幅由馬薩喬所畫的《聖彼得的影子治癒病患》。畫裡的聖彼得沉靜如雕像般，平和地走在一條典型的城市街道上，身邊伴隨著聖約翰和一位留鬍鬚戴藍帽的老人。儘管站在聖彼得右側的兩位旁觀者顯露出驚訝的表情，聖彼得似乎沒有意識到自己聖潔的影子奇蹟地減緩早已癱瘓的以尼雅（Aeneas of Lidda）[15]與跟他一起的年長瘸子的病痛。

15　此聖經故事源自於使徒行傳第九章第 33-34 小節。

儘管帶有宗教主題，這幅濕壁畫描繪出米開朗基羅身處的佛羅倫斯。馬薩喬試圖讓場景看起來盡可能的自然，是為了讓宗教戲碼融入十五世紀的城市。聖彼得身穿古典外袍，外貌仿自某一尊古老雕像，但他行走的街道兩旁排列的建築物顯然屬於當代。前景是一間宮殿鏽蝕的門面，看起來屬於一名富有仕紳；沿著沒有鋪石磚的路往下走，有兩三間看起來以灰泥粉刷的樸素房子，而房子的上半層以看起來不甚堅固的支柱撐起突出到街上的部分。再者，畫中不僅有乞丐，而是在街上瘸腳的乞丐。即使是在馬薩喬的濕壁畫中，富有和貧窮並肩共存，這場景想必米開朗基羅一眼就能認出來，全然取材自他生活的世界裡。

如同薩盧塔蒂和布魯尼作品呈現的佛羅倫斯一般，以上都是理想化的再現。我們從米開朗基羅穿越城市的旅程可知，十五世紀的佛羅倫斯街道不可能如此整齊乾淨，遑論良好的建設。除了兩位乞丐以外，這已是相當保留的呈現，沒有城市大街小巷的混亂、奔忙吵鬧、噪音；街上小販、商家店主、搶匪、娼妓和動物完全沒有出現在馬薩喬的畫裡。這幅畫不是城市實際生活本身的再現，更像是馬薩喬想要的理想城市樣貌。因此，聖彼得影子的故事技巧性地也是諷刺地驗證了佛羅倫斯於文藝復興時期滿是自得意滿、藝術的烏托邦主義，也同時指出了這城市嚴峻、不舒服的特色，而這是馬薩喬與米開朗基羅所熟知的。

第三章

大衛所看到的

雖然米開朗基羅很熟悉一四九一年城市生活的喧囂，但是相較起來，他沒有意識到幕後影響他生活的社會、政治、經濟因素。身為羅倫佐．德．麥地奇的貴客、人文主義家的好朋友、貝爾托多．迪．喬凡尼的學生，他無需擔心錢的問題，或者是煩惱政治和宗教這樣討人厭的主題。

但是事情很快有了改變。一四九二年四月八日，羅倫佐過世了，由其子皮耶羅二世．德．麥地奇繼承。皮耶羅是個沒有定性、陰晴不定的年輕人，缺乏他父親的政治手腕。弗朗切斯科．圭恰迪尼（Francesco Guicciardini）這樣說道：「他不僅被敵人討厭，甚至連他的朋友也不喜歡他，因為他既驕傲又野蠻，令人受不了。他寧願自己被討厭，而不要被愛，認為自己勇猛又殘酷。」①因此，他快速地遠離政治菁英們。緊張情勢日益升高，在一四九四年十一月九日，皮耶羅二世被逐出佛羅倫斯。在他離開之後，焦躁的道明會修士薩佛納羅拉逐漸掌控佛羅倫斯共和國。

一四九三年十月中，米開朗基羅意識到危險，於是逃離佛羅倫斯。沒有贊助人，沒有錢，也沒有任何明確計畫，他先到波隆那，再到羅馬，在那裡以手邊的資源試圖振作。他也確實有些成果，像是《聖殤》（*Pietà*）等畫作，但也有幾個計畫先後失敗，財務陷入困境，而他只能在其中掙扎②。

一五〇〇年末，米開朗基羅的情況十分糟糕。當年十二月十九日他接到一封來自他父親洛多維科（Lodovico）關切的信件。洛多維科的三兒子博納羅多（Buonarroto）才剛從羅馬拜訪米開朗基羅歸來，聽聞三兒子講述米開朗基羅在羅馬的情況後，洛多維科不由得擔心起來。他在信裡說道：「博納羅多告訴我，你過著很節儉的生活，或者說，過得相當淒慘。」③的確，博納羅多提到米開朗基羅因貧困和超時工作，身體側邊已經腫了起來。現在薩佛納羅拉已死，舊共和國重新恢復，於是洛多維科要求兒子回來佛羅倫斯，也許情況會好轉④。

米開朗基羅很少聽父親的建議，但這次他退讓了。他將事情安排妥當，於一五〇一年的春天啟程回佛羅倫斯。

米開朗基羅回來是為了錢，他極需要現金，並從家人朋友那邊得知主導大教堂建築事務的主教廣場執行團隊（Opera del Duomo）正在找人接手一個已規劃超過三十五年還未成型的計畫。回到一四六四年，一塊巨大的大理石預計用來雕刻一尊放在大教堂飛簷的雕像，之前有兩位藝術家試著要做，卻都失敗了，現在執行團隊急著找新人來接替。風塵僕僕回到佛羅倫斯的米開朗基羅躍躍欲試，因為這個計畫是由羊毛工會（Arte della Lana）贊助，是個利潤相當豐厚的計畫。

米開朗基羅很幸運。執行團隊曾考慮過達文西，後來還是決定將雕刻大衛雕像的計畫交予米開朗基羅，而《大衛》成了他最知名的作品之一。一開始，薪酬很微薄。一五〇一年八月十六日，委員會與米開朗基羅的合約裡同意每月支付六個黃金弗洛林給他，為期兩年的時間[5]。就計畫的規模看來，這樣的薪資並不優渥。佛羅倫斯最優秀的織工，每年的薪資達到一百弗洛林，換言之，他們的薪資較米開朗基羅多了百分之五十[6]。加上米開朗基羅還要支付日常開銷，手頭想必很吃緊。到了一五〇二年二月，雕像已經完成一半，執行團隊對該作品讚譽有加，討論是否將成品移至一個更加適當、更加公開的場地，也把米開朗基羅的薪水提至一年四百弗洛林。這樣一來，他的薪水和城市裡主要商人銀行分行經理的一樣優渥。

他的情況就此改善，不再是為生計掙扎的雕刻家，而是有錢人，且成為深具影響力的人。背後的金錢，加上執行團隊的全力支持，他能夠倚賴一些佛羅倫斯最具影響力的人，像是最高律法與秩序的長官們（Gonfaloniere di giustizia，也就是市政主要的執行者）、皮耶羅・索德里尼（Piero Soderini）[1]、商人雅各布・沙維雅提（Jacopo Salviati）、塔戴奧・塔代伊（Taddeo Taddei）、巴托洛梅奧・彼提（Bartolomeo Pitti）和阿尼奧洛・多尼（Agnolo Doni），再加上城市主要機構的支持，像是工會、執政官們和教會。接下來的幾年，成功接二連三到來。之後他所進行的作品，包括未完成（現已佚失）的《卡辛那之戰》（*Battle of Cascina*）和《聖家庭與聖約翰》（*Doni tondo*）鞏固他的名聲；後來一五〇五年羅馬教皇儒略二世（Pope Julius II）和一五〇六年君士坦丁堡（Constantinople）鄂圖曼蘇丹巴耶濟德二世（Ottoman Sultan Bayezid II）都相繼提供工作機會給米開朗基羅。

從他於一四九三年逃離佛羅倫斯到一五〇一年回來此地，這八年間是米開朗基羅發展的重要時期。青少年初期遊走在貧困與不確定的風暴裡，他從前途似錦的年輕開拓者轉變成享有國際聲譽的藝術家，從他的作品《大衛》尚未完成前就已贏得讚賞足以證明。但是他的生命軌跡不是取決於他的興趣或偏好，而是由政治、商業和宗教變動潮流來決定。這些潮流主宰當時佛羅倫斯的生活，也形塑日常生活的環境，而這些潮流活動間的交流與影響不僅誘導他回來佛羅倫斯，也是他一開始匆忙離開此地的原因。再者，《大衛》本身就是政治、商業和宗教共同的產物。

就這來說，米開朗基羅的狀況一點也不特別。仰賴贊助者的意願，藝術家們意識到要在這個不穩定也無法預期的世界生活、興盛與存活下來倚賴的是適應商業、政治、宗教變動需求的能力。這不是說商業、政治與宗教活動在十六世紀的城市生活扮演的角色如同它們貢獻良多的藝術作品一樣的美麗；事實上，正好相反。如同佛羅倫斯實物地景透露出文藝復興現況隱藏在表面下的另一面，商業、政治和宗教世界也藏有這時期藝術比較醜陋的一面。

細看三位影響形塑米開朗基羅作品的名人的個性與背景：雅各布·沙維雅提、皮耶羅·索德里尼和大主教里納爾多·奧爾西尼（Archbishop Rinaldo Orsini），我們會發現在《大衛》成形的世界裡，世界滿是不平等：強烈的排擠、激烈的抗爭、群毆與受折磨的靈魂。

經濟不平等

雅各布·沙維雅提是佛羅倫斯最富有、最具權勢的人之一。身為羅倫佐·德·麥地奇的女婿，他也是政府的卓越人才，是佛羅倫斯經濟組織的推動主力。身為貢迪宮（Palazzo Gondi）的主人，有數以百計的人的生計倚賴著他，而藝術家們則對他頻獻殷勤，希望得到他的支持。

1 義大利佛羅倫斯共和國的政治家。

像他這樣擁有巨大財富的人，不可避免的成為《大衛》創作過程中的要角之一，因為米開朗基羅需要像他這樣的人。藝術家能否追求藝術端賴他是否能過日子，這並不簡單。拉斐爾（Raphael）[2]據聞「過得比較像王子的生活，而不像個畫家」⑦；盧卡・德拉・羅比亞（Luca della Robbia）因服務法蘭索瓦一世（Francis I of France）陛下而變得富有；然而，更多人是難以維持收支平衡。科雷吉歐（Correggio）晚年過得很淒慘；安德烈亞・德爾・薩爾托（Andrea del Sarto）必須滿足於「有的很少」⑧。還有，皮耶羅・德拉・弗蘭且斯卡的學徒皮耶羅・勞倫鐵諾・迪・安喬羅（Piero Lorentino d'Angelo）經歷了狄更斯式的貧窮。有次勞倫鐵諾的兒子們懇求父親，按照傳統殺隻豬以慶祝嘉年華會。勞倫鐵諾窮到口袋裡剩沒幾毛錢，沒辦法做什麼，只能禱告。可憐的兒子們沒辦法，也只能接受。後來勞倫鐵諾同意替一位沒錢的贊助人畫幅畫以換取盼望已久的豬，他們的淚水因此止住⑨。

跟其他文藝復興藝術家一樣，米開朗基羅仰賴贊助人的財富與意願，因此也不知不覺地與文藝復興時期的經濟，還有與像沙維雅提這樣的有錢人互動連繫。

沙維雅提的財富來自於從事商業銀行，而他切入的時間點正剛好。佛羅倫斯的商業銀行興起源自於十四世紀初貿易量暴增，需要方法促成遠程貿易轉帳，後面章節會更詳細描述此過程。數十年之內，超級公司成立，不僅分公司散布歐陸各地進行投機業務，並且也成為全面性的銀行⑩。即使是在該領域剛成立的階段，獲利已十分驚人。例如：早在一三一八年，巴爾底家族的營運資金高達八十七萬五千弗洛林[11]，比法國國王整年的國家營運經費還高。到十五世紀末，沙維雅提從商業銀行所賺到的錢達到新高。

沙維雅提靠著借錢與匯兌賺到大筆財富，但讓他晉升佛羅倫斯最有錢富人之列的其實是他投入大部分的現金投資城市的第二大產業，也是最具特色的布料業。持續產出高於商業銀行甚多的利潤，羊毛業與絲綢業才是佛羅倫斯繁榮真正的引擎。這領域有高度重要性的象徵，可以從羊毛工會控制的委員會委託米開朗基羅雕刻《大衛》的例子看出。

沙維雅提選對了投資。雖然對於沙維雅提家族的研究相對較貧乏，但可以知道的是他們進入布料產業（特別是絲綢交易），至少是在雅各布具前瞻性的親戚阿拉曼諾·迪·雅各布（Alamanno di Iacopo）在世之時就已經涉入，進入的時機抓得剛剛好[12]。佛羅倫斯一開始涉入布料交易僅是加工從歐洲各地進口現成的布料。不久，商人發現從西班牙與英國進口最高級的羊毛，再製造自己的高級布料比在國際市場銷售賺得更多。有了來自商業銀行資金的支持，加上法蘭德斯（Flanders）的布料產業日漸衰退，佛羅倫斯的布料業撐過十四世紀中期的打擊，到一三七〇年之際，取得歐洲交易市場的領導地位。

這產業的大餅有許多小公司分食。十四世紀末，佛羅倫斯約有一百家相互競爭的羊毛織

2 義大利文藝復興時期的畫家與建築師。

品公司，每家公司僅生產佛羅倫斯羊毛織品總產量百分之一到二，但是，利潤卻相當巨大。在一三四六到五〇年間，安東尼奧・迪・蘭多・德格里・阿爾比齊（Antonio di Lando degli Albizzi）的公司處理羊毛產品各項的生產流程，於佛羅倫斯經營兩家工坊和經銷坊，並與安東尼奧在威尼斯的商業銀行有緊密連結而得利。而安東尼奧的公司年度獲利超過百分之二十二，這數字即使是現在的公司也會羨慕不已[13]。羊毛交易非常興盛，成長卓越；事實上，十五世紀中期將近之際，商人魯切萊估算整個城市市值達一百五十萬弗洛林，此估算其實低估了城市真實的價值。（根據現在金價估計，折合約兩億七千零五十萬美元；以一四五〇年當時薪水計量，約為七億三千九百五十萬美元）[14]。

當佛羅倫斯布料交易分化成極高等的絲綢與物美價廉的棉布，此產業約在一五〇一年進入成長最快速的時期，沙維雅提也在此時傾全力投入該產業。當米開朗基羅開始雕刻《大衛》之時，該地區羊毛布料與絲綢的年度總銷售金額合計為三百萬里拉，且十六世紀大部分的時間裡銷售金額持續成長，甚至連布奧納羅帝家族（the Buonarroti family）也忍不住進入布料業試試運氣。一五一四年，米開朗基羅提供一千里拉成立家庭羊毛事業，由他的兄弟博納羅多掌管[15]。像河流般的黃金湧入佛羅倫斯城裡，而像沙維雅提這樣的富人贊助像《大衛》等的公共計畫。

沙維雅提的確是佛羅倫斯最富有的人之一，駕馭商業擴張的浪頭之上。然而他的財富以及所有佛羅倫斯的財富掩蓋了一些非常醜陋的事實：他的財富依靠經營布料生意，但經營方式卻引起無法避免的經濟不平等與蔓延的貧窮。

絕大部分佛羅倫斯城的居民是極度貧窮的。在一四二七年，城市總財產的百分之二十五是由百分之一的家庭所擁有，更令人驚訝的是城市資產裡百分之五多是由人口裡最貧窮的百分之六十所擁有。大多數有登記在公共稅籍紀錄裡的人沒有財產⑯。

這就是沙維雅提商業成功的方式之一。布料產業負擔了雕刻《大衛》的費用，也雇用了佛羅倫斯總家庭人口數中的百分之二十一的生計，然而像其他大量生產的產業一般，布料產業也需要高度的專門化⑰。為了生產布料與絲綢，沙維雅提必須把整個生產過程分成大量的瑣碎工作，像是紡紗、梳毛、染色、和編織等。有的公司，像是阿爾比齊的公司，控制布料生產大部分的過程，但更多是像沙維雅提一樣，將生產過程外包成特定工作交予較小的工坊或個人去承作。專門的工坊常藏身在狹窄的出租房子裡，通常是工坊合夥同伴之一的家，而這樣的工坊常聚集在城市特定的區域裡。像是織布工或紡紗工，這類的個人工匠幾乎都在家工作⑱。

這類的委外工作，稱作「散工」（putting-out）系統，能反映商業的多樣性和快速回應商業潮流的改變。為了因應情況改變，沙維雅提藉由改變給予委外生產項目的對象，而不必把整個企業獲利性暴露於風險之下。由於散工系統的屬性，有數十間工坊和工匠要聽從沙維雅提的支配；他的話是律法，而且他能轉眼之間讓數百人成功，也能毀掉他們。至少，他希望讓員工保持貧窮的狀態，而且他也有權力決定付給員工的薪水絕對是最少的。就這點來說，他絕對不是特例。舉例來說，在一三八六到九〇年間，尼可羅·斯特羅齊（Niccolò Strozzi）與喬凡尼·狄·克雷迪（Giovanni di Credi）共同經營一家甚為成功的布料工坊[19]。他們最大的支出在於以件計酬的方式付款給各個下游委外包商，這樣的計酬方式差異甚大。名叫弗羅辛（Fruosino）的梳毛工和德國織工安尼基諾（Anichino）與柯隆的格拉多（Gherardo of Cologne）都拿到不錯，甚至是頗高的薪水，但其他人就沒這麼幸運。有位瑪格麗塔（Magherita）紡了十磅的羊毛拿到兩里拉，然而，妮可莎（Nicholsa）紡了四十三磅卻得到兩里拉十三先令。透過這些案例，我們可以得知按件計酬的勞工完全任由雇主擺布，特別是女性勞工，她們提供的勞動力占製造布料勞動力的百分比日益升高[20]。

然而，縱使令人害怕的沙維雅提對他的員工有強大控制權，但是與其他行業相較之下，布料工人還是有不錯的境遇。一三四四年，有兩個木匠寫信給一位在亞維儂（Avignon）的朋友，詢問關於找工作的事，因為「佛羅倫斯的工匠與底層階級的情況很淒慘，都賺不到錢。」[21]雖然寫這封信的時間正值勞力市場歷史上的低潮時刻，這樣的情緒在技術性與非技術性的工人身上相當常見。許多米開朗基羅熟識的人，同時也是他雇用的人，都是來自佛羅倫斯經濟底層的人。他的石頭雕刻匠朋友「小老鼠」（Topolino）和米歇爾·迪·皮耶羅·皮波（Michele di Piero Pippo）都是技術精良的工匠，每日工作約十到十二小時，一週工作五天，但薪水往往趕不上高漲的物價[22]。然而，像是米開朗基羅晚些年進行聖羅倫佐教堂（St. Lorenzo）的工程而雇用的「矮冬瓜」（Stumpy）和「小肉瘤」（Knobby），他們算是半技術性或者是非技術性的勞工，這兩類的勞工狀況更糟[23]。他們的薪資都是按件計酬，或是按日計酬，而且冬天時的薪水更差；即使是夏天，薪水也是非常低，所以現代的歷史學家用勞工夏天的低薪來衡量文藝復興佛羅倫斯貧窮情形。

建構不平等

使雅各布．沙維雅提成為佛羅倫斯社會裡深具影響力的一員，還有他對創造《大衛》重要的貢獻，不僅來自他的財富，更重要的是他在城市工會組織的主導地位。委託米開朗基羅雕刻《大衛》的執行團隊就來自於羊毛工會，而他們承擔起最重要的計畫責任反映了工會和他們的成員對於都市社會的重要性。事實上，佛羅倫斯的經濟操弄於工會的股掌之間。一四九九年，沙維雅提代表所有工會系統，成為執政官（政府裡的工會代表），這樣看來，他才是最厲害的大師。

羊毛工會是佛羅倫斯裡二十一個工會之一。基本上，它是個具獨占性、自我保護強的工匠社團。工會對於每個特定的行業有詳盡的規定，包括工藝標準、熟練度和訓練；面對整個社群時，工會代表組織成員們表達他們的權益。但工會能做的不僅如此。工會擁有範圍廣大的權力，能夠行使其他作用，像是危機處理、仲裁和約束。價格猛跌之際，工會能限制特定工坊的生產量，或是移動勞動力到適當地點，避免不必要紛擾。類似的情況像是如果成員間有爭論，或是成員與外人有爭論，工會都能介入當調停人。工會強調所謂的標準，意指大部分的精力將用於確保會員服從規定。那些膽敢付給勞工高薪的，或是那些工作品質不佳的都將面臨起訴。

佛羅倫斯的二十一個工會包括每個技術或專門行業。有屠夫工會，烘焙師工會、木工和家具工匠工會、律師與公證員工會、石匠、木匠、與磚匠工會、皮件、獸皮和毛皮交易商工會，和鐵匠與工具製造者工會。

不是所有的工會皆平等。二十一個工會分成十四個「小」工會和七個「主要」工會。區分的目的主要是因為政治因素，但也反映出不同行業對於佛羅倫斯經濟相對的重要性。像是當地銀行家工會、國際貿易商人工會和絲綢工人工會的地位就高於旅店工會和鎖匠工會。

具高度獨占性和嚴謹階級的羊毛工會是所有佛羅倫斯工會裡最重要也是最具影響力的一個。羊毛工會的活動象徵該種商業環境，而米開朗基羅也是在這環境下承接委託的工作。

只要羊毛工會控制佛羅倫斯的羊毛產業，工會將擔保佛羅倫斯在歐洲布料交易的巔峰地位。羊毛工會的總部（雄偉的羊毛工會宮）在聖彌額爾教堂對面，距離領主廣場只有一石之遙，工會由佛羅倫斯最富有的製造商主導，執意力爭優先關注他們的利害關係。而漂洗工、拉整工和梳毛工被排除於羊毛工會成員之外，也被禁止組成自己的行業組織。因此，他們完全受商人支配，而且與工會維持緊張關係。

對於因身分的關係使經濟影響力受限的人們來說，當情況變得特別困難，罷工行動成為一種可能性。一三七〇年，染房工人將罷工當作爭取提高染色布料價格的手段。然而，從事低賤工作的勞工，他們的工作只有部分涉及專門化的技術，幾乎沒有任何經濟影響力，因此選項有限。像是拍打工（使用柳枝敲打剛洗好的生羊毛，將其中雜質拍打出來，也理順纖維）和梳毛工人（用平梳分離羊毛纖維以利後續紡紗），他們的工作對於生產羊毛布料來說是相當關鍵的，但薪水卻相當微薄。因此當面臨時機艱困之際，他們常常徘徊赤貧門檻前。這些位居經濟階級最低階的居民，又稱為下層階層（popolo minuto），在一三七〇到八〇年間人數約有一萬五千人，卻明確被禁止成立組織，因為成立組織會讓他們以整體形式來協商；沒有組織支持，小眾缺乏有份量的影響力。

工會系統的持續不平等成為衝突的禍因，特別是在羊毛產業。衝突的跡象早在十四世紀中期逐漸浮現。一三四五年，一位名叫裘托．布蘭迪尼（Ciuto Brandini）的人被判有罪，因為他替羊毛產業下層階級組織了工會。法庭記錄是這樣報導：

與其他被他誘導的人一起，他計畫組成一個協會……給予理毛工、梳毛工和其他同在羊毛布料產業的勞工，組織的人數越多越好。為了能集會和選舉執政官和該協會的領導人……他組織了好幾次集會，分數日舉辦，有許多來自低下階層的人與會。在集會中進行完成許多事情，裘托下令向前來參與集會的人收錢……他們的協會才能逐漸壯大，更加持久。㉔

裘托的組織明顯就是為了以群體的形式進行討價還價而成立的，以現代眼光看來，這組織相對而言看起來無害。但是，對當代的商人來說，是相當討人厭的事。裘托的初階工會被法庭貶低為「邪惡的」，而他的目標被毀謗為犯下「難以接受的事情……〔針對〕那些試圖阻止裘托……達成那些目標且生活情況佳的居民。」㉕所謂的「難以接受的事情」指的是「合理的薪水」，而「生活情況佳的居民」指的是「貪婪的商人」。

以上只是後續事件的前哨站。一三七八年的夏天，持續的憤慨突然引發梳毛工人強匹叛亂。對於自身被排除於工會之外感到憤怒，也對於公民政府無能感到焦慮，下層階級聚集在一起，列出他們被對待不公的事項清單；同年七月二十一日，他們將清單呈給執政官員。雖然他們的請求包括債務與強制借貸的條款，但是主要的條款是建立另一個專門給「理毛工、梳毛工、修剪工、清洗工和其他與布料工人」[26]的工會，在這之前這些人只能聽從羊毛工會支配。然而執政官卻對他們的請求不予理會。

下層階級人民憤怒地衝到舊宮，他們「丟掉並且燒毀發現的每個文件」，並拒絕離開。隔天早上，他們選出米歇爾．迪．蘭多當律法與秩序最高的長官，他是位「理羊毛工，也賣補給品給史汀可監獄（Stinche）裡的囚犯」[27]。他們也從同階級裡選出一群新的執政官。正當歡騰的鐘聲響起，新就職的執政團立刻實行工會結構的改組，這個戲劇化的改組方式超過他們原來的請求[28]。

新政府受到其他群體的支持，是個受歡迎且改革創新的政府，但卻無法持續。米歇爾．迪．蘭多創立的新工會，所謂的群體協商力量，無法抵擋佛羅倫斯商人菁英累積的財富。羊毛工會的成員停止交易，讓梳毛工遠離羊毛產業，也讓他們無法賺錢養家，構成叛亂的利益聯盟因而瓦解。最後，梳毛工人的奮力一搏，再度被銀行家、商人與工匠集合而成的力量於一三七八年八月三十一日的混戰裡粉碎殆盡。改革結束，工會制度裡令人充滿仇恨與憤怒的不平等，經過財產受剝奪的人眼淚施洗，被封聖成為佛羅倫斯經濟永久的特色，一直到一五三四年亞歷山德羅．德．麥地奇公爵（Duke Alessandro de' Medici）才將工會改組。

身為工會組織裡主導的力量之一，沙維雅提不僅對佛羅倫斯整體經濟運作方式有巨大的影響力，也對創作《大衛》的每個階段影響甚大。十六世紀初，正忙於雕刻雕像的米開朗基羅完全受到佛羅倫斯工會的控制，好像他本來就是裡面活躍的成員之一[29]。他正在創作的巨大雕像是由城裡最具權勢的工會委託他製作；他的贊助者們也都是工會裡主要的成員；他雇用技術純熟的助理們也受工會規範；而他雇用的非技術性工人則因為工會結構而瀕臨貧窮。身為一位自由的（非工會）藝術家，米開朗基羅仍然受制於工會，也因此他默默地被迫延續工會替佛羅倫斯經濟生活立下的準則。

政治不平等

如果雅各布．沙維雅具體表現《大衛》依賴的經濟條件，他的好友兼同事皮耶羅．索德里尼則概略體現了米開朗基羅完成雕像期間影響他的政治勢力。

看起來消瘦，面容嚴肅，索德瑞尼是佛羅倫斯政府的領導[30]。大部分的人生都在政府機構裡服務，他在薩佛納羅拉失勢之後，成為人民信任的人，因而被指派成為終身職的律法與秩序最高長官，替已分崩離析的城市帶來些許穩定的假象。雖然不甚完美，他以智慧與公正統領整個城市，看起來擁有強烈的公共道德感，引領他對事物的判斷。他見識過最後一位麥地奇統治者與薩佛納羅拉政權的變遷，因此決心確保佛羅倫斯城能盡情享受最後「公民」政府的滋味㉛。

全然了解藝術「宣傳的」潛力，索德瑞尼視委託製作像是《大衛》之類的計畫能夠幫助形塑城市精神，他希望此種精神能留給後代成為公眾生活的堡壘㉜。這不是新的想法。兩個世紀之前，在西恩納市政廳（Palazzo Pubblico）九人議會室（Sala dei Nove）裡，安布羅焦・洛倫采蒂（Ambrogio Lorenzetti）的《好政府與壞政府的諷喻》（*Allegory of Good and Bad Government*）濕壁畫能看到相似的情境。洛倫采蒂的濕壁畫呈現對於共和國的優點豐富且複雜的寓言式祝賀，這也清楚驗證洛倫采蒂全然理解當代政治思想的要旨，也了解藝術家與政府官員之間進行的交流對話㉝。但是，就索德瑞尼承接的政治情況看起來，他更加熱衷於關注《大衛》，自己更從一開始就親身參與米開朗基羅的計畫。雕像一開始是由主教廣場執行團隊委託製作，然而最後卻成為慶祝共和國「自由」的代表。雕像最後擺放在舊宮大門前，不僅被當成抵抗外來侵略者，以維持佛羅倫斯獨立的有力象徵，還有城市維持自治政府的能力。索德瑞尼眼裡的《大衛》象徵城市力量與韌性，而這兩個特性在共和國自由標誌之下合為一體。

像現今的民主政體，索德瑞尼領導的共和國可分為兩部分。行政官由執政團（the Signoria）領導，由八位院長組成，每任期維持兩個月，而索德瑞尼自己則擔任律法與秩序最高長官，此職位跟前述院長們的任期相近，但索德瑞尼的任期是永久的。上述的職位組成九人委員會，擁有極大的權勢。約莫七十多年前，格雷戈里奧・達提（Gregorio Dati）觀察記錄到執政團一般被賦予執行法律的權力，但是卻擁有「無限勢力與權力」，甚至在危急之時，能做出他們認為最適當的決定[34]。

然而，索德瑞尼的執政團並不是執政權力唯一的擁有者，也不是中央集權式的政策擬定唯一的喉舌，還有其他人組成執政團隊。除了給予執政團建言的十六位官員，還有十二軍官（Dodici buoni uomini）、負責戰時防禦的自由和平十代表（Dieci di balia）、監督共和國內部安全的國民警察隊（Otto di guardia），加上其他眾多的地方官，負責處理高度專門化的需求，像是穀物供給或是橋梁維修等。

幫助執政團與其他執政委員會的還有一群由人文主義學者組成，發展迅速的官僚體系。帶領這群專業行政人員的是內閣大臣，此職位先前由像科盧喬・薩盧塔蒂和李奧納多・布魯尼等專家們擔任。索德瑞尼特別讚譽有加的是第二內閣大臣，名叫馬基維利的有為年輕人[35]。

另一方面，立法的部份則是不同的處理方式。在索德瑞尼的時代，立法屬於眾議會（the Consiglio Maggiore）的管轄。由三千人組成的眾議院，占超過二十九歲以上的男性成年人數約百分之二十[36]，負責所有與加稅相關事務、實行強制借貸，和處理外交事宜。

索德瑞尼將米開朗基羅納入他的陣營裡，並很驕傲地誇口現在的政府是佛羅倫斯歷史上最「大眾的」政府[37]。以現代眼光看來，它的確帶有民主的色彩。光是眾議會驚人的參與人數似乎就保證了公民參與程度，再加上行政官員任期較短，代表人事的更迭轉換快速，理論上讓政府對全體人民更加開放。不意外的是稍早之前布魯尼提及為十六世紀立憲鋪路的改革時聲明：

平等自由眾人皆有……；贏得公共榮譽與登上〔公職〕的盼望眾人皆可，只要他們努力加上天賦，並且過著嚴謹思考與備受尊敬的生活方式；我們共和國需要公民的德行與誠實。不論誰擁有以上的特質都被認為是出生高貴，足以參與共和國……這就是所謂真正的自由，也是共和國的平等：不用擔心他人的暴力或是做錯事，並且眾居民皆享受法律前人人平等與公平參與公眾事務。㊳

同樣的理由，將權力分層管理，有著如同拜占庭特徵的佛羅倫斯政府似乎充滿著制約與平衡。

與佛羅倫斯過去的經歷比起來，一五〇一年的政府無庸置疑地非常開放與廣泛。而《大衛》順理成章成為對於自由真心承諾的表現。

十四世紀大半的時間裡，佛羅倫斯立憲歷史的特色在於長期的緊繃關係，徘徊在「大眾」與「寡頭」傾向間，而這兩方的不同則表現在社會與經濟極端的不平等，更糟的是，這樣的不平等影響了廣大下層階層人民的地位。政府已變成獨留給工會的專門場域。任職政府的人選由工會內部階級選出，再由工會決定，然而人選的來源與決定偏向主要工會的影響力。這代表了數以千計的勞工與工匠因為經濟因素無法成為工會成員，而被排除參與任何政府職位的機會。即使成為重要工會的成員之一，也不保證一定能參與公共政府。我們所認知的選舉制度那時完全不存在。每個工會裡有一個審查委員會，裡面的委員都是符合擔任公職資格的人，而通過評定的會員透過抽籤決定提名選舉的資格。十四世紀末每五千到六千名理論上有參與公共政府資格的男人中，約百分之三十的人曾擔任過公職。然而執政官、賢人（buonuomini）和掌旗官（gonfalonieri）的任期分別為兩個月、三個月和四個月，由此可之，擔任過這些職務的人數並不多。

因為審查與抽籤都掌握在一群商人菁英的手中，政府不僅變成富人的玩物，政治也面臨蔓延的腐敗。操縱著商業與贊助關係的網絡，超級富有的工會成員在幕後利用賄賂、安插親朋好友和恐嚇來影響擔任公職的人選。一三六一年，有八個人被判定賄賂，還有四人因為接受賄賂被判有罪。類似醜聞在一三六四年和一三六七年再度出現[39]。馬泰奧・維拉尼（Matteo Villani）與菲利波・維拉尼的編年史裡時常抱怨審查委員會接受他人賄賂，以圖利他人的審查，然而這也損害大眾對於公職的看法。如同馬泰奧・維拉尼寫道：

思考簡單與剛得到公民資格的公民，透過給予賄賂、禮物和支出金錢，設法讓他們的名字進入三年審查一次資格的審查袋裡。有許多類似的事件出現，因此讓睿智、謹慎又有持續好名聲的好公民很少能參與公共事務，也無法全力擁護它們……現在每個人都認為擔任高等公職的兩個月任期，要用來圖利自己，用政府的影響力偏好自己的朋友們或是傷害自己的敵人。[40]

薄弱的社會基礎加上內部貪腐，早期文藝復興的佛羅倫斯政府不可避免地受到傷害。城市由於黨派鬥爭和暴力而撕裂破碎，一三〇二年但丁被敵對「黑黨」（the Black Guelfs）放逐的事件就是有說服力的證明[41]。最重要地，佛羅倫斯政府寡頭政治的本性引起那些原本就因為職業或地位被排除參與政治過程的人的不滿。因此，最大的騷動來自於沒有財產的受薪勞工也就不令人感到意外，因為他們一向都被有系統地排除在工會之外。所以，梳毛工人強匹叛亂不只抗議半技術與非技術性勞工糟透的工作環境，還為了爭取政治代表的機會。他們尋求建立一個以普遍為基礎的政權，以更平等地分配政治權力，雖然並沒有成功。

改革無可避免。一三八二年，一個顯然比較「大眾」的政府成立了，而它將為米開朗基羅熟悉的政治世界奠下基礎。工會不再參與政治世界，擔任政治職務的資格大大放寬，審核制度改由中央機構接手，並有意識地培養「公民」精神。之後的數十年，稱作議會

（parlamenti）的大型公開的公民群體偶爾集合，以做主要的政治決策。最終，眾議會（the Consiglio Maggiore）成立，取代之前小型又受限的委員會。而「人民」（如果有這樣的說法）似乎終於達成平權的願望。

然而，表象會騙人。一三八二年的改革僅為保護少數商人菁英的利益，還有藉由創造大眾同意的假象來限制騷動事件的發生。同樣的少數超級有錢的個人團體持續掌握佛羅倫斯政治的發展，但是他們的控制行為很少被大眾見到，而窮人與非技術的勞工仍停留在政治過程最邊緣的位置。

眾議會完全不是個獨立的立法機構，反而極度受限。首先，它只被允許針對執政團推行的措施進行投票，再者，它被限制無法針對議案進行辯論，只有在非常特殊情況之下能夠進行。議會也深受公開煽動、蠱惑和賄賂所影響。更重要的是，雖然能夠擔任執政職務的人數增加，但新的且不甚道德的限制也被採用來限制中央審查委員會的自由，以確保「對的」人能入選公職。

十五世紀到十六世紀初，佛羅倫斯共和國保持著寡頭政治的傾向。雖然麥地奇家族很少親自擔任公職，卻從一四三四年起主導著佛羅倫斯政治，直到皮耶羅二世・德・麥地奇被逐出佛羅倫斯城為止[42]。如同米開朗基羅在羅倫佐・德・麥地奇家中所見，這家族決定了誰能「進入」和誰得「出去」，成功地讓麥地奇家族建立起領導強大的寡頭政府的地位。恩尼亞・席維歐・皮可洛米尼（Aeneas Silvius Piccolomini，教宗庇護二世）認為羅倫佐的父親科西莫「與其說他是公民，不如說他是城市的主人。」；「政治委員會在他家舉行；他所提名的地方法官都選上了；他是無實名的國王。」㊸

這樣的政權引發了批評。首先，麥地奇的寡頭政治無可避免造成其他家族的忌妒，激起他們的敵意，催化了一四七八年血腥、最後卻失敗的帕齊陰謀。事件中，羅倫佐的帥氣兄長朱利亞諾於聖母百花大教堂遇刺身亡，兇手雅各布・德・帕齊則被憤怒的群眾丟出窗外㊹；再者，有的人則是意識形態上反對如此受限的寡頭政治統治，還有的人把麥地奇政權與暴君畫上等號。在他的《回憶錄》（*Memorie*）裡，馬可・帕蘭提（Marco Parenti）提到科西莫・德・麥地奇將相對於自由的「一種奴役」加諸於城市㊺；後來，前麥地奇擁護者阿列曼諾・里奴齊尼（Alamanno Rinucini）在《與自由的對話》（*Diologus de libertate*）㊻中以同樣的理由向羅倫佐提出辛辣責難。接下來，吉羅拉莫・薩佛納羅拉也對麥地奇家族進行一連串的攻擊。在其著作《論佛羅倫斯城政府》（*Trattato circa il reggimento e governo della citta di Firenze*）中，薩佛納羅拉強烈抨擊僅在乎個人利益的統治者的「暴政」，並以此與一三八二年到一四三四年佛羅倫斯曾擁有過的「公民政府」相對比㊼。

可是，批評與意識形態分歧不同。奇怪的是，批評麥地奇的人很少抨擊佛羅倫斯政治的底層結構。基本上，他們的攻擊偏向於人事而非原則。例如：主導帕齊陰謀的人主要是自己想取代麥地奇政權，還有批評麥地奇家族的人事實上很少能擁護立憲改革。帕蘭提與里奴齊尼都對大規模的政治改變沒太大的興趣，甚至連薩佛納羅拉的《論佛羅倫斯城政府》裡都對「公民政府」與「暴政」結構上的不同留有疑問。因此，當特定的寡頭政治人物被憎恨之際，導致寡頭獨裁的政治體系依舊沒有改變。所以，從麥地奇寡頭政治到薩佛納羅拉的「神權政權」，再到新的佛羅倫斯共和國，這一切只不過是將最上階層的人換了一輪，而底層結構卻一點都沒改變。佛羅倫斯的政權轉換不是特別極端：米開朗基羅的贊助人皮耶羅·索德里尼於一四八一年擔任院長，然後因為他是皮耶羅二世·德·麥地奇的親近友人，接著於一五〇二年被選為終身首席執政官（Gonfaloniere a vita）。

當米開朗基羅一五〇一年回到佛羅倫斯之時，他遇到一個既陌生又熟悉的政治世界。佛羅倫斯共和國更加忠於「共和國」理想之際，反而更加遠離所謂的「大眾」政府。同樣地，象徵麥地奇權勢地位的寡頭政治傾向仍舊存在。很多討論都提到當時有許多「新」的家族進入執政體系，但是在一五〇一年成為執政團一員的人，全部來自之前已擔任過公職的家族[48]。這樣看來，米開朗基羅的兄弟博納羅多於一五一六年選上院長這件事是奇蹟。

儘管《大衛》有其象徵意義，但是當時的佛羅倫斯一點都不像個自由與平等的城市，甚至不及十四世紀中期的狀況。即使以共和國主義的語言偽裝，社會經濟的重大差異持續強化政治排擠文化，其中最窮的與最沒有影響力的則淪落為政府運作中的被動角色，而異議者則受到強硬對待[49]。

以暴力、黨派鬥爭與暴動為歷史背景，米開朗基羅與《大衛》正準備登上政治劇碼的中央舞台，設計用來隱瞞與欺騙被剝奪財產的與被欺壓的人民。儘管《大衛》計畫用來象徵自由，但《大衛》看顧的佛羅倫斯確實不是一個政治平等的城市。

宗教生活

如果說沙維雅提和索德里尼影響了米開朗基羅的《大衛》，其實，還有一位隱形人也深深影響這雕像的形塑過程。這位藏身於幕後，打從雕像一點一滴在主教座堂門口前成形之際，就對它表現出相當熱衷的興趣，這個人就是佛羅倫斯大主教里納爾多・奧爾西尼。

儘管小心翼翼，奧爾西尼對於米開朗基羅的雕像相當關注並不讓人意外，畢竟這個計畫本身與宗教相關聯。雖然雕像本身具有強烈的政治意象，而且籌建雕像的資金都來自於商業組織，但是《大衛》本身覆有一層信仰的語言，主角來自於熟悉的聖經故事。再者，執行團隊委託製作《大衛》是為了當作大教堂其中一個扶壁的裝飾。因此，要奧爾西尼對一個在他主教管轄權之下的作品不感興趣，實在是不可能的。

雖然談及雕像故事時，奧爾西尼常被排除在外，但是有一個更主要的原因促使他微妙地影響了《大衛》雕像成形的歷史。奧爾西尼是佛羅倫斯宗教名義上的領導人，因此不管沙維雅提和索德里尼再怎樣理性，事實就是米開朗基羅生活的佛羅倫斯城，宗教是每日生活不可或缺的一部分。縱使奧爾西尼跟先前的前輩比起來名氣較小，但他就是扮演著將社會凝聚在一起的力量。

就最基本層面來說，宗教提供了一個架構，能讓每件事都有其適當的位置。它是時間的物品，建構人的生命。人生命中的里程碑，像是受洗、堅信禮、結婚、死亡，都發生在教堂裡，而教會的禮儀日曆則提供了整年的流程。法律文件與法庭紀錄不使用日期和月份當參考點，而是用宗教節慶；租金常是在慶祝日時繳交。宗教也建構一天的行程。家族成員們可能一起或分開進行虔誠地敬神活動，像是每日至少參加一次彌撒或是晚禱。因著不同的慶祝而響徹的鐘聲替大半沒有時鐘的城市提供工作與休息的標誌。再者，它也是地方的物品。教區依舊為都市組織裡最基本的單位，因此地方性教會不僅使個人安於所在的地方，也提供公共組織聚集點。然後，宗教形塑與定義人際關係的各種性質。私人方面，家族（特別是富人）發展崇敬特定的聖人，如同羅馬人崇拜家戶神一般（家庭守護神與家神）。個人與整體方面，工會本來就具有強烈的宗教面向，像是工會間競爭替聖彌額爾教堂裝飾就能證明此點，加上弟兄會的存在確保慈善活動依舊根於宗教世界[50]。也許最重要的是，宗教是都市認同形成中的交結點，像是佛羅倫斯公共曆上最重要的節慶，是在施洗約翰節慶的那幾天，而城市的守護聖人聖柴諾波（St. Zenobius）是城市驕傲極大的來源，從烏戈利諾·維利諾的稱讚可證明這點[51]。因此，《大衛》帶有的政治訊息是透過宗教語言表達，就不會讓人太驚訝了。

當教會提供編織佛羅倫斯生活的經緯線，里納爾多·奧爾西尼掌管的機構，提供的不僅是每日生活的抽象架構。儘管他本人常藏身於幕後（也許是因為恐懼薩佛納羅拉掌權時期的結果），奧爾西尼負責使教會與世俗生活的行為舉止更加緊密連結。如同其他的大主教，他手下掌管成百、甚至成千的牧師、修士、托缽修會修士、修女與第三會會友[52]，而且極力鼓勵了數量眾多的人們以各種不同的形式進入宗教生活。就某方面來說，他的工作是讓宗教與世俗的界線能相互來往。一般來說，他的確成功了。

多虧奧爾西尼與他手下的鼓吹，男孩子發現有別於世俗職業，宗教生活提供另一個吸引人又穩定的選擇，特別對於出身於大家庭的男生而言；然而，因為貧窮的關係，身無嫁妝的女孩子常被迫安置於修道院裡。米開朗基羅的兄長李奧納多（Lionardo）成為道明會修士，而米開朗基羅的姪女法蘭契絲（Francesca，博納羅多的女兒）在父親過世之後，被安置於修道院裡，直到叔叔幫她籌到足夠的嫁妝，以上兩件事必定讓生性害羞的大主教感到很開心。然而，安排進入修道院不一定能維持家庭或修道院裡的和諧，且通常會引發女孩的激烈反應。一五六八年，一位十四歲的西恩納少女試圖搗碎鏡子獲取水銀粉，在晚餐的沙拉裡下毒，只為了逃避成為修女。類似的情況發生在修士身上，對他們而言，宗教生活提供經濟支援，但不一定能啟發謙遜與虔誠。菲利普・利皮的母親死後，他的姊姊無法供給他的生活，因此，才八歲的他被安置在加爾默羅修會修道院。成年後，利皮發現修道院與世隔絕生活一點都無法接納他幾近無法掌控的色慾，而他的上級與贊助人也皆無法成功控制他[53]。

奧爾西尼意識到為數眾多的家庭皆有成員擔任聖職，這意味著宗教與世俗之間有相當多的跨界交流。這不是普通的交流，亦非街上的對話，也不是望彌撒後的閒聊。性在這個問題綜合體裡占了很大部分，就這方面來說，薄伽丘的《十日談》[3]提供一些有用的見解。儘管在薄伽丘的故事裡，修道士和托缽修會修士有時被形塑為不知情的中間人[54]，但是最常見的形象是熱衷參與狂野性愛遊戲的人。其中一個故事提到，有位托斯卡尼修道院院長熱切地愛上佛朗多先生的太太。人妻答應院長，只要讓她厭惡性愛的丈夫下煉獄，讓她的丈夫在那理解自己錯的多離譜，她就願意滿足院長的色慾。院長很聰明的想到對佛朗多下藥，讓他看起來像死掉一般。等佛朗多被埋葬後，院長再去墓地將他移出來，鎖進地下墓穴裡。當佛朗多醒來，真的以為自己在煉獄裡；同時間，院長正心滿意足地與佛朗多的妻子調情嬉鬧[55]。另一個故事裡，一名聖本篤修會（Benedictine）修士與年輕女子有染，卻能避免嚴厲的責罵，因為他提醒院長：他自己也曾與同一名女孩愉悅地玩過幾回[56]。

腐敗的教會引來批評聲浪。特別是在十五世紀早期，佛羅倫斯文學有一股強烈的反教士潮流，集中關注於神職人員的貪吃與色慾。像是波焦．布拉喬利尼與李奧納多．布魯尼都是積極的批評家[57]。

然而，在奧爾西尼擔任主教的時期，宗教與世俗之間的連結並不只有性，而是更加深入。不只擔任高級教士，里納爾多．奧爾西尼也是位商人。從這裡開始，他對於《大衛》成形歷史的影響變得晦澀不清。

不管修道院和托缽修會的守貧承諾是多麼的堅定，修士、修女與托缽修士都需要現金，每個教會機構都掌管廣泛的經濟利益。就在佛羅倫斯外圍的加盧佐（Galluzzo），有個卡爾特教（Carthusian）修道院擁有「一家布料工廠在馬吉奧路（Via Maggio）、一家裁縫店在嘉寶路（Via del Garbo）、一家男士理容院在聖皮耶羅．卡托尼諾（S. Piero Gattolino），還有一間房子在諸聖村（Borgo Ogni Santi）。」[58]同樣地，位在城市裡的宗教機構則在機構牆內運作營利的商業投資。例如：從十三世紀晚期起，屈辱派修士（the Umiliati friar）擁有並經營一家位在河邊的羊毛生產工廠[59]。修道院在這個產業特別活躍，如同弗朗切斯科．達提尼（Francesco Datini）的妻子寫給達提尼的信中提到，她從某個修道院訂購的桌布很棒，還有從另一家修道

3 薄伽丘所寫的寫實主義短篇故事集，共一百篇短篇故事。這些故事由七位女子和三位男子分別講述，他們為躲避黑死病，避居佛羅倫斯郊區的別墅。每晚為了打發時間，因此輪流講故事。

院訂購的毛巾也很不錯[60]。多虧贈與和捐獻，個別教會與教會職位擁有幾塊土地、幾棟建築物，甚至是一整個商業活動，為世俗教會帶來持續的租金與利潤收入。有些投資組合能替世俗教會帶來驚人的財富。儘管義大利本島有超過兩百六十三個教區〔除了西西里島與薩丁尼亞島（Sardinia）之外〕[61]，幾乎很少遇到——更不用提佛羅倫斯的大主教——沒有持續黃金流入口袋的主教。

當教會機構成為佛羅倫斯經濟的參與者，不免得也讓教士捲入家族野心的邪惡世界裡。龐大的收益，讓佛羅倫斯最重要的家族急欲把自家成員送入教會組織，並爭取升遷機會，以增加家族財富。一三六四年，弗朗切斯科．德爾．班尼（Francesco del Bene）不斷地遊說教宗祕書弗朗切斯科．布魯尼將聖母教堂（S. Maria sopra Porta）交付與他的兒子班尼（Bene），而布納科索．彼提（Buonaccorso Pitti）與尼可羅．達．烏扎諾（Niccolò da Uzzano）持續鬥爭，只為了替他的姪兒爭取在阿爾托帕肖（Altopscio）的醫院。

如同以上的神職人員，里納爾多．奧爾西尼也是如此。他能當上佛羅倫斯大主教也是因為羅倫佐．德．麥地奇在一四七四年向思道四世（Pope Sixtus IV）請願的關係。雖然討厭麥地奇家族的思道四世原本想指派雅各布．沙維雅提的親戚擔任大主教的職位，但是羅倫佐下定決心讓奧爾西尼得到該職務。羅倫佐不是因為里納爾多信守基督教德行，而是因為他是羅倫佐的大舅子。羅倫佐讓妻子的兄長擔任下一任的大主教，一方面是為了鞏固家族權力，另一方面也能將教會的收益金流導入自家的金庫。

奧爾西尼被指派為大主教一事導因於羅倫佐・德・麥地奇的計謀，這也進一步點出佛羅倫斯生活裡大主教這身分扮演的重要面向。因著文藝復興時期的佛羅倫斯宗教界與世俗世界緊密連結，教會與政治和商業有廣泛連結這件事，也就不會感到違背倫理而令人驚訝了。家族與經濟連結，使得平民與神職人員緊密相連，而各個公共團體之間也因此無可避免有相當程度的交互影響。現今的我們對於坎特伯里大主教對於政治與經濟議題侃侃而談的樣子，早已習以為常，然而在文藝復興時期，宗教、政治與經濟之間的關係是緊繃且不友善的。正如同教皇國（the Papal States）在義大利半島的政治上扮演極重要的角色，教會也在佛羅倫斯內政占有舉足輕重的份量。就某一層次看來，教會職務的富裕不僅使爭奪晉升機會變成家族與黨派間的關鍵議題，也使得對教會財產徵稅一事變成大主教與手頭現金常是吃緊狀態的佛羅倫斯政府之間產生摩擦的主因。不管繼承的高級教士和院長喜歡與否，他們被困在永無休止、甚至是卑鄙不堪的交流裡。另一個層次看來，教會廣泛的經濟與政治重要性使它成為佛羅倫斯商業運作裡不可或缺的部分，再者它也成為爭控制政府時主要的考量。首先，城市銀行不僅仰賴教宗的財富，整個銀行能否生存端看它與教皇國的關係，因此好的關係很重要。再者，教會也必須確定佛羅倫斯政府，像佛羅倫斯銀行一般，沒有越位，因此教會必須積極參與日常政治活動。思道四世與麥地奇家族失和之後，轉向積極支持帕齊陰謀，然而比薩大主教弗朗切斯科・沙維雅提在這場失敗的政變裡扮演關鍵性的角色。

宗教、商業、與政治的交互影響層面也催化了另一個更加危險的緊張局勢。教會內部的某個部分，對於當代商業的醜惡世界和牧師與高級教士世俗化狀況，感到不甚舒服。例如：放高利貸的行為常被這時期的牧師們譴責，還有經濟領域的貪婪行為成為傳教士攻擊的目標，他們以托缽修會倡導的守貧與簡樸，對貪婪行為加以猛烈抨擊。

對於純粹主義者而言，教會應當是純粹與簡樸的堡壘，政治應該是神學的分支，商業則應遵守基督教慈善的節制規範。在一些牧師眼裡，不停的追求財富、不斷為了教會職務而競爭、與教會事務的政治化，象徵的不僅是信仰墮落，也代表本應為敬神的共和國走向腐敗。十五世紀的前十年間，道明會修士喬凡尼・多米尼契（Giovanni Dominici）強烈捍衛政府應該由德行指引，而國家提供的服務則是基督教責任的理念，但同時也猛烈抨擊那些追求權力、貪婪又具野心的人（他斷言：「世界的悲慘從世紀的野心和驕傲開始。」[62]）攻擊黨派爭鬥，多米尼契感嘆道：「這裡沒有正義，只有欺騙、權力、金錢、友誼或雙親。」[63]因此，為了改變，基督教重生是必要的。

十五世紀末期，道明會教士吉羅拉莫・薩佛納羅拉起身批評富人，關注他們奢華的宮殿、華麗的服飾與精美的私人禮拜堂[64]。他對於競爭教會職位一事感到震驚，並嚴厲批評這樣的傾向已讓教會變成賊窩，一心一意只想欺騙窮人與被剝奪財產的人。他認為不僅公眾道德與教會已經遠離基督的教導，政府也淪落為暴政的遊樂場。薩佛納羅拉替因為社會經濟與政治不平等造成的憤恨發聲，他斷言好人們，像是下層階層的人民、待遇不佳的勞工、按件計酬的工人、老人與年輕人，已經在政府追求金錢中被遺忘了。整個佛羅倫斯都必須改革以因應純粹主義者對於聖經的理解。政府需要以德行與慈善當核心重新組織；教會需要淨化；商業則須學習謙虛與節制。薩佛納羅拉說到：「佛羅倫斯，基督是你的王！」皮耶羅二世．德．麥地奇垮台後的幾週內，薩佛納羅拉開啟一場不折不扣的革命。數以千計的男孩在街上穿梭，摧毀任何看起來像驕傲地展示財富的東西。執政團遭到肅清；如同批評薩佛納羅拉的人所說的，整個佛羅倫斯轉變成一所修道院。這樣的轉變是極端、血腥和充滿暴力的，源自於商業、政治與宗教緊張的交流關係。

一五〇一年米開朗基羅回到佛羅倫斯之際，薩佛納羅拉已死，宗教極端主義已消逝。宗教仍是佛羅倫斯生活整體必需的一部分，而宗教與商業及政治世界的連結如同之前一樣強烈，從里納爾多．奧爾西尼身上即可體現。就像《大衛》所證明的，宗教語言仍是形成城市認同的中心部分，占據佛羅倫斯自我形象的核心。的確，如同虔誠的米開朗基羅所認知理解的，宗教建構每天的生活，但是，異常的性喜好、競爭教會職位、政治陰謀與改革的熱誠仍舊在底下悶燒著。

大衛看到的

一五〇四年九月八日，完成的《大衛》在領主廣場揭幕，凝視著城市生活的一角。城裡的每個人都前來參加這項盛事。盛裝出席站在廣場階梯高台的有令人敬畏的皮耶羅．索德里尼，他身穿作工精細的紅色袍子，加上閃亮珠寶。矮胖的雅各布．索德里尼（Jacopo Soderini）則穿著貴得可笑的衣服，還有驕傲的里納爾多．奧爾西尼身著貴重金黃色的祭服。反觀廣場上站著的男人與女人、年輕人與老人、平民與神職人員，大都衣服粗劣，甚至是二手衣，還有為數眾多的人光著腳；在群眾裡，有些人帶著工作器具，因為他們是從工坊溜出來，偷時間來看盛事。

在雕像凝視之下的是確鑿的證據：佛羅倫斯是個共和國城市，因著貿易而富有、以信仰規範著生活，現在所有人因讚賞米開朗基羅的新雕像而聚在一起。但是，佛羅倫斯也是個因著工會，造成社會與經濟極度不平等的城市；它是個隱藏在自由斗篷下，政治排他性很強的城市；它是個因著宗教狂熱和教會濫權被撕裂的城市。政治、商業與教會都在這廣場上：全都罩著騙人的外表；它們也是所有緊張關係、憤恨不平與暴力的來源；但也是文藝復興藝術不可或缺的一部分。

第四章

世界的工坊

米開朗基羅在雕刻《大衛》的過程中，其藝術家生活無庸置疑地由變化多端的商業、政治、與宗教領域架構而成，然而公共團體的背景只說明部分的故事。不管這雕像被賦予多少這時期曲折不平等的意義，雕刻《大衛》的緩慢過程發生於世俗現實的日常生活環境裡。

一五〇一到〇三年之間，米開朗基羅誠然是個守口如瓶的人。他在靠近大教堂的主教廣場執行團隊工坊裡雕刻《大衛》，立起「木板與支架圍著大理石，在沒人看到的情況下埋首工作……」①。雖然已是經驗老到的雕刻家，但是這個工作還是很困難。不論是用鑿子還是用弓鉆敲打，都相當費力、吵雜、和極度髒亂。如同達文西所記錄，雕刻家的工作是：

伴著汗水，混著灰塵，成了泥巴。他的臉沾滿大理石塵，看起來像烘焙師傅。他整身覆蓋著大理石的微小碎片，看起來像身覆白雪。②

儘管米開朗基羅希望保密，但他的工作生活一點也不與世隔絕。他持續被人群包圍，工坊總是因著人們的進進出出而吵鬧不已。助理與學徒們拿著材料忙碌地來回走動，還有朋友們，像是沒什麼才華的石雕匠多明尼哥・迪・喬凡尼・迪・伯汀諾・凡賽里（Domenico di Giovanni di Bertino Fancelli，即「小老鼠」），總愛來順道探班。日復一日，米開朗基羅不停收到執行團隊的即興拜訪，他們熱切地想了解更新的進度，還有公眾人物的到訪，像是終身首席執政官皮耶羅・索德里尼，甚至像塔戴奧・塔代伊等潛在的贊助人都會前來，希望能委託他更多工作或是跟他討價還價；還有商人帶著他們的商品前來，或是來索討帳款，估稅員來逼問難應付的問題，或是好奇路人的窺視探詢。除此之外，還有他無法逃避與父親兄弟們的晚餐，家務事也要處理、以及跟僕人的談話。

一五〇一到〇三年間，米開朗基羅的工坊提供文藝復興時期藝術家日常生活最赤裸裸的寫照。這是藝術作品生產中很容易被遺忘的一個面向，特別是提到類似「文藝復興」概念的時候。投身社會漩渦中，種種煩惱與焦慮、希望與夢想、責任與偏見制約著文藝復興時期藝術家的思考模式，形塑這時期藝術的內涵，皆鉅細靡遺地浮現。

社交圈與夥伴們

當米開朗基羅忙著雕刻《大衛》之際，他的工坊滿是來自城市各個角落的人們。就這方面來說，他這狀況並非典型。雖然與米開朗基羅同時期的皮耶羅·迪·科西莫是出了名的厭惡與人接觸，但藝術家身旁必定圍繞著為數眾多的人群。像是瓦薩里記載到，菲利波·布魯內萊斯基「總是甘於與某甲或某乙的相處」[3]，而多那太羅總被請求與責任所困擾著，於是他宣稱「他寧可餓死也不要繼續思考這些事情。」[4]

米開朗基羅的社交圈反映了不同的當代社會生活領域，並各有其價值與規範，提供工作與生活依循的模式。米開朗基羅身處的社會並不理想，有時候甚至很糟，但的確是此時期的典型。

家庭

米開朗基羅社交圈中第一也是最重要的就是他的家庭。在文藝復興義大利時期，沒有比家庭更重要的聯繫關係，這可從萊昂·巴蒂斯塔·阿伯提（Leon Battista Alberti）的《論家庭》（*On the Family*）的對話錄裡驗證。更甚於今日，當時的家庭是決定一個人社會生活進程與樣貌的主要因素。它不僅對於社會地位的概念貢獻良多，也闡述「廣泛人類的需求：物質、社會、政治、個人與心理方面。」⑤

一五〇一年米開朗基羅搬回家裡住，加入一個吵雜繁忙的家庭，這樣的家庭幾乎是當時家庭的典型寫照⑥。許多跟他一樣年紀的藝術家，特別是沒有結婚的那些，都住在約是由兩代或三代人組成的五口之家，而房子通常屬於最年長的男性或是在他的名下⑦。米開朗基羅的母親在他很小的時候就過世了，由父親接手積極管理家中大小事。他至少有五個兄弟姐妹，其中四位仍住在家裡。最年長的李奧納多數年前進入道明會當修士，姊妹卡珊卓（Cassandra）和剩下的三位兄弟博納羅多、喬凡希莫內（Giovansimone）和吉斯蒙多（Gismondo）都還在家庭的保護傘下，正準備要到外面世界闖蕩。

米開朗基羅的父親，五十七歲的洛多維科嚴格控管所有大小事。米開朗基羅所賺到的錢由父親保管，且若他的父親有提供任何實質上協助，就能合法獲得一半利潤。同樣地，如果沒有父親的同意，米開朗基羅無法簽訂任何合約，甚至若沒有父親的首肯，他也無法立遺囑。直到三十一歲，米開朗基羅才正式脫離父親的控制。以上是就國家律法來論，但實際上的情況複雜很多。

一五〇〇年洛多維科寫給米開朗基羅的信中提醒他的經濟狀況（見第三章）的例子顯示，洛多維科是位慈愛寵溺小孩的父親。但是，他也寄望他的二兒子成為家裡主要經濟供給者，希望兒子能照顧他。因認為自己是遲暮老人，他跟米開朗基羅說：「我必要先愛我自己，再愛其他人。到目前為止，我愛別人勝過愛自己。」⑧未婚的米開朗基羅高興地重回家庭懷抱，也開心地擔起照顧父親的責任。就這點來說，他跟同時代的安東尼歐・科雷吉歐（Antonio Correggio）有點像，科雷吉歐「為了家人，……成為工作的奴隸。」⑨，米開朗基羅則很少抱怨他的付出沒有被重視一事⑩。

然而，洛多維科卻對米開朗基羅有些不信任，我們可以從他的關愛中隱約察覺到背後潛在一絲不贊同的意味。他對自身的社會地位相當自豪，因此相當反對兒子選擇如此沒有保障的職業。他是個相當愛慕虛榮的人，聲稱自己與麥地奇家族有親戚關係，而且透過已故的妻子建立起與魯切萊家族和德爾・謝拉家族（Del Sera）的關係。雖然不是非常富裕，洛多維科來自一個以銀行家與布料商人為業的家族（真實的佛羅倫斯風格），此家族也長年從事公眾事務。洛多維科擔任佛羅倫斯丘西鎮（Chiusi）[1]的市長，並且在一四七三年到一五〇六年間，至少在三十五個場合裡獲選擔任公職⑪。雖然認為有個職業這件事不該是像他這樣的仕紳該考慮的⑫，他還是認為米開朗基羅應該在布料產業或法律方面謀得一職，因此他似乎經歷一番掙扎才能理解兒子的選擇。縱使他很開心接受兒子的錢，但一逮到機會就會抱怨兒子

1 義大利中部托斯卡納大區錫耶納省的一個市鎮。

常因工作而無法出席家族晚餐[13]。所以，我們很容易就能想像，米開朗基羅面對父親諷刺當初如果他選擇當個銀行家，現在情況會有多好時，強迫自己緘默不語的模樣。

同時，米開朗基羅與其他家族成員的關係混合了親密的感情與壓抑的沮喪。他的信中顯示他在喜悅與責備間交替轉換。後來被選為佛羅倫斯執政官的博納羅多是他最愛的兄弟，然而其他的兄弟姐妹就是另一回事。喬凡希莫內就很難相處，他與喬凡尼・莫瑞里（Giovanni Morelli）共同進行一項投資計畫，但他顯然是個懶惰的人，不適合從商。幾年後，他與米開朗基羅因金錢產生激烈爭執，還有喬凡希莫內意圖依附父親這件事。兄弟中年紀最小的吉斯蒙多個性與喬凡希莫內相近，但他不太引人注意。米開朗基羅從不逃避責任，但他也會埋怨。他在父親的兄弟過世之後，就毫不羞愧地稱呼新寡的嬸嬸為「婊子」[14]。

朋友

家人之後是朋友。對於文藝復興時期的人們而言，朋友間的聯繫比我們現今能想像到的更緊密、也更親近，甚至更加理想化。對於佩脫拉克而言，朋友是「比黃金更稀少、更珍貴」[15]，更是「另外一個自己」，是良知的明鏡，也是完美德行的明燈[16]。選擇理想朋友看的是對方內在的優點：不在意對方的社會地位，而且一旦成為朋友，甚至能維持到死後[17]。完美的友誼親密到薄伽丘想像兩個好友——泰特斯（Titus）和吉斯普斯（Gisippus）——願意交換妻子（就是在新婚之夜），或是為對方犧牲自己的職涯⑱。

友誼也有更深層實用的面向。公證員拉波・馬掣（Lapo Mazzei）與普拉托商人弗朗切斯科・達提尼（Francesco di Marco Datini）之間往來的信函，顯示朋友間相互給予物質協助⑲。例如：馬掣對於如何處理稅務評估⑳、如何處理討債㉑與如何管理女兒婚約等事情上㉒，給予達提尼廣泛的意見。為了回報馬掣，達提尼精選醍魚和無數桶的紅酒當作禮物㉓，甚至還有柴薪㉔。還有，一三五五年佩脫拉克推薦他的朋友萊利烏斯（Laelius）㉕替神聖羅馬帝國君王查理四世（the Emperor Charles IV）工作。佛羅倫斯內閣大臣科盧喬・薩盧塔蒂幫助人文主義學家波焦・布拉喬利尼和李奧納多・布魯尼分別在一四〇三和一四〇五年獲得於宗座廷（the Papal court）的職位。同樣的事也發生在聖馬可的弗拉・巴爾托洛梅奧（Fra Bartolomeo）身上，他教導拉斐爾正確使用顏色的方法，而拉斐爾則教導托缽修會的朋友巴爾托洛梅奧透視法的原則㉖。

友誼可以是交換訊息、看法與些許幫助的架構，它也是發展習慣、品味、幽默與觀點的環境。如同喬久內（Giorgione）喜愛「以音樂娛樂他的朋友們」㉗所暗示，友誼是歡笑與淚水、歡慶與憐憫、引導與責備的場景，如果沒有朋友，藝術家很難成為他們當時的模樣。

米開朗基羅的朋友群包含各階層的人。位居社會階級最頂層，與他家族社會地位相近的有商人雅各布・薩里納提（Jacopo Salinati）和大教堂牧師喬凡弗朗切斯科・法圖奇

（Giovanfrancesco Fattucci）。這些人有良好的教養，而米開朗基羅與他們之間的信件往來充滿優雅、措辭巧妙的話語；但是，面對面互動時，很少證據能證明他們拘泥於禮節。跟今日一樣，這些友誼間也充滿了愚蠢的玩笑和粗鄙的幽默。像是薄伽丘的《十日談》裡有個關於喬托（Giotto）與他的朋友，也就是知名的法官法雷賽・達・羅巴達（Farese da Rabatta）的故事。他們兩人在旅途上相互嘲弄對方，一人因雨淋濕整身髒兮兮，另一人「畸形像侏儒一般……塌鼻樑的臉，如果排在世上最醜的巴隆奇（Baronci）[2]旁邊也一樣的噁心。」㉘喜愛開玩笑的米開朗基羅應該也會忍不住想要戲弄逗笑他富有的夥伴。

然而，事實上大部分跟米開朗基羅最親近、維持最久的朋友皆來自於底層階級的人。人文主義學家們像是薩盧塔蒂、布魯尼、布拉喬利尼都與他們自身相近的階層的人形成緊密的圈子（偶爾吵架），但是米開朗基羅與許多的藝術家不同，他傾向在職業圈之外的地方尋找同伴，雖然後半段生涯裡，米開朗基羅與桑索維諾（Sansovino）、蓬托莫（Pontormo）和瓦薩里交朋友㉙，他也與一些藝術家廝混〔除了弗朗切斯科・葛蘭奇（Francesco Granacci）和朱利亞諾・布吉阿迪尼（Giuliano Bugiardini）〕，所有都不及他的水平。此外，米開朗基羅偏愛與石匠們做朋友，像是多納托・班堤（Donato Benti）、米歇爾・迪・皮耶羅・皮波，以及有趣卻資質平庸的小老鼠。他們一同在工作室或是塞提涅亞諾（Settignano）採石場辛勤工作；會分享彼此的中餐、共嚐一瓶酒、或是共喝一碗湯；也會交流粗鄙的故事和街頭巷尾流傳的笑話。這樣友誼的基調大抵能從米開朗基羅與學徒兼朋友的東尼奧．米尼（Antonio Mini）所傳閱的一張紙中看出端倪。米尼在紙上畫了一隻畸形嚇人的長頸鹿，米開朗基羅則精細地畫了一個男人正驕傲地展示他的肛門。這樣的聚會一點都談不上情操高尚。這樣的想法也許有點嚴肅，但是，當米開朗基羅邊看著肛門漫畫邊大笑時，他身後正立著半完成的《大衛》。

工坊圈：贊助人、助手與學徒

在家人與朋友世界之外，米開朗基羅大部分的社交圈都跟工作有關。但在這裡，我們遭遇到正式關係與跟貼近人性、粗俗的行為的混合，這樣的混合反映出控管嚴格的責任與不恰當的習慣，而這就是典型的文藝復興藝術家。

最具重要性當然是贊助人。主教廣場執行團隊、終身首席執政官、皮耶羅．索德里尼，還有商人塔戴奧．塔代伊、巴托洛梅奧．彼提，與阿尼奧洛．多尼，他們全都是德高望重的老人，從保留下來的肖像可以得知，他們深知自己的地位。儘管已是個年老皮皺、駝背的老人，索德里尼身著華麗衣飾，攝人的眼神越過大鷹勾鼻注視著對方，而比較年輕、相當英俊

2 《十日談》中的古老家族，相貌大都古怪醜陋。

的多尼則雙手戴滿金戒指，展現富人該有的驕傲神態。他們對自身地位的看法相當重要。縱使之前米開朗基羅與羅倫佐・德・麥地奇有很親近的關係，但在這個人生階段裡，他與贊助人的關係則帶有講求實際的特色。

米開朗基羅大部分的時間都在處理主要委託計畫的細節協調部分，像《大衛》的案子。這些過程可能相當曲折，因為贊助人不僅習於要求他們想要的草圖或是模型，有時還會堅持要有詳盡的合約，這很耗時費力。偶爾合約縱使已打好，他們還會前來干涉，對於執行或類似的細節爭吵不休[30]。然而，也有許多贊助人是前往工坊要求委託製作小件日常生活的作品，像是多那太羅所做的煙囪裝飾品或者柳條籃[31]，還有皮耶羅・阿爾多布蘭迪尼（Piero Aldobrandini）委託米開朗基羅製作青銅刀[32]，藝術家被迫去滿足有錢、有權的人的要求。

不管委託物件是大是小，總會出現麻煩。因此當贊助人出現在工坊時，裡頭的人不是以嘆息迎接，就是咬牙切齒咕噥簡短的問候，而付款一事更是特別的折磨人。切利尼於自傳中嚴厲批評延遲付款一事[33]，瓦薩里則提到一位熱那亞商人對於帳單提出不合理的詭辯，使得多那太羅感到沮喪不已而把一座青銅半身像砸成碎片[34]。與藝術家的經歷雷同，無比尖酸刻薄的人主義學家弗朗切斯科・菲萊爾伕（Francesco Filelfo）曾經被迫向他的朋友，政治家暨密碼學家的季索・西莫內塔（Ciccio Simonetta）借錢，因為他前往向米蘭公爵家請款時，公爵的出納一直找理由搪塞他[35]。

還有一些令人厭煩的芝麻小事。例如：保羅．烏切洛（Paolo Uccello）在聖米尼亞托（S. Miniato）教堂的迴廊上描繪神父們的人生故事時，憤憤不平地抱怨修道院院長只肯給他起司當餐點，像是起司派、起司湯、起司與麵包，一切總是跟起司有關。他是個「溫文儒雅」的人，因此一開始什麼都沒說，但過了一陣子，這般過度節儉、毫無變化的單調飲食終究讓他受不了。他因此拒絕上工，直到對方答應給予好一點的食物他才回去[36]。

米開朗基羅還有比這更糟的經驗。《大衛》已完成並且搬到最後展覽地點舊宮外的廣場上，而米開朗基羅正在梯子上方做最後調整，這時皮耶羅．索德里尼出現在梯子下方，充滿自信地向米開朗基羅建議，覺得雕像的鼻子好像厚了一點。米開朗基羅於是禮貌性地「下來」查看，然後，不著痕跡的撿起一把粉塵，再爬上去進行索德里尼建議的「改善」。他假裝用鑿子輕輕敲打，然後讓粉塵從指縫掉落。他呼叫索德里尼：「現在請再看一下它。」索德里尼回答：「喔，這好多了！現在你真的讓雕像活靈活現。」[37]不管贊助人有多煩人，他們付錢（至少理論上），而米開朗基羅跟他的同事則要保持微笑。

相比之下，米開朗基羅與助理和學徒的關係雖然不是一直都很和諧，但相較於與贊助人的關係，愉快多了。我們不太清楚一五〇一到〇四年間米開朗基羅的工坊有多大，但可以知道的是，數年後他在替西斯廷禮拜堂進行繪畫工作時，他的工坊不論在任何一個時間點，都至少有十二名員工[38]。除了老朋友小老鼠與葛蘭奇之外，其他與米開朗基羅共事的都是青少年，而他們時常住在工作的地方。我們能從他寫給父親的信中清楚得知工坊裡圍繞在他身邊是怎樣的人：

> 如果您能幫我在佛羅倫斯看看是否有來自貧戶的年輕男子，為人誠實，習慣簡樸的生活，能夠來這裡協助我，做所有跟房子相關的事，像是購物、跑腿，而且在空暇時間能夠學習的人，我會很高興。㊴

這樣的關係根於工作，因此可能會因爭吵或解雇而斷去。米開朗基羅與助理之間一直都有問題，他還開除了幾個技藝不良、懶惰的人，甚至還有一位是「自命不凡的混蛋」㊵。有些情況是在別人進門前，他就得拒絕對方。一五一四年，有位父親提議把他的兒子給米開朗基羅當學徒，但是做他的性玩物而非學習工匠技術㊶。

一般來說，工匠與助理和學徒的關係密切，常常滿是活潑逗趣的互動。波提切利有位愛做白日夢的助理，因為漫不經心而毀了一張他的畫作，儘管如此，他仍以正面幽默的方式鼓勵他的助理。有一次，他與名叫雅各布的助理一起整他的學徒比亞鳩（Biagio），把紙帽黏在比亞鳩畫中的天使上，讓天使看起來像可悲的老頭子㊷。這種不帶惡意的惡作劇具有娛樂性，讓辛苦工作的時刻過得比較快。

越過工作檯，穿越牆壁

除了以上所述，歷史學家最常忽略的部分就是大量意外、幾乎被遺忘，但支持基本生活所需的社交互動。這些也組成一種「圈子」，如同我們隔壁的鄰居、在地的商店主人，甚至是郵差，這就是我們今日廣義日常生活圈的一部分。如同現今的世界，幾乎很少，甚至沒有正式或理論機構管理這區域社會生活的行為模式，但是與為數眾多的商人、市場攤販與僕人打交道的重要性不該被淡化。米開朗基羅所寫的書信裡常是針對顧店或開店的家庭成員，內容充滿了請求付款，或是下訂單購買蠟、紙、上衣或鞋子等用品。品質與價格總是關心的重點，但行文仍感受得到公平交易與禮貌。匆匆一瞥米開朗基羅的信件，我們可以隱約聯想到老市場裡熱絡閒聊交流，或是商店裡憤怒的爭論，這些日常瑣事不停地打斷他的生活，並就廣泛都市環境裡，定義他對於自身地位的看法。

我們還要將鄰居考慮進去，事實上，文藝復興時期的佛羅倫斯社會是如此重視社群，因此鄰居是無法被忽略的。雖然常隱沒於歷史學家的觀點之下，這些越過家庭、朋友、贊助人與工坊範圍較世俗社會互動，偶爾仍可透過證據顯露出來。有些例子展現出和諧的社會互動，但我們所擁有的證據則指向類似於鬧劇的互動情況。波提切利隔壁搬來一位布料織工，但織工卻把家裡作為工作場所，設置了至少八台織布機整日運作，讓波提切利氣壞了。織布機的噪音震耳欲聾，更糟的是，織布機運作時產生的振動讓房子的牆壁也跟著嚴重晃動。波提切利發現自己無法專心工作，氣憤難耐，衝上樓把一顆大石頭平放在他家屋頂上（他的屋頂比織工的還高一點），然後大聲說：「如果還不停止，石頭就會掉下去。」織工害怕被大石壓死，只能停工[43]。這個例子也許很極端，但米開朗基羅必定處理過類似的事件。

由米開朗基羅的社交圈可以看出，文藝復興藝術家往來接觸的圈子並沒有一個概要清楚表述的圖表，而是不斷改變、交疊、緊密連接，有時又相互衝突的社交網絡。正式的責任與理想化的關係共存，粗鄙的笑話與憤怒的爭論和形式化、虛偽的尊敬詞彙並肩而坐。相同地，對於家庭與朋友的責任也與和學徒間緊繃或有趣的關係相互交流；當贊助人進入前述家庭、朋友與學徒間的關係的恆等式裡，其中的社會階級與社交地位的界線因此被打破。像米開朗基羅一樣的文藝復興時期藝術家完全沒有被提升成情操高尚、全然獨立的個體，他們一點也沒遠離吵雜喧鬧的日常生活，而總是深深著迷於社會裡不斷改變的潮流；他們總被不同的潮流拉扯著，有時受到某團體品味、或是另個團體的幽默，或是第三方的需求而改變。

最重要的是，這些改變的關係、責任、價值透過這時期的藝術展露出來。首先，有個清楚的概念與具創意的連結必須先點出。家庭的概念與家庭生活的衝突經驗在米開朗基羅的《聖家庭與聖約翰》（*Doni Tondo*）裡對瑪利亞、約瑟夫、基督嬰孩的描述，與聖若望洗禮堂（the Baptistery）門上，吉柏第（Ghiberti）的銅雕作品《以撒的祭祀》（*Sacrifice of Isaac*）中可以隱約看出。我們可以從波提切利在《三博士來朝》（*Adoration of the Magi*）〔圖 4〕中將自己狡猾、些許藐視他人的自畫像巧妙地與麥地奇家族的科西莫、和他兩個兒子皮耶羅二世與喬凡尼並列加入聖經故事場景中，看出藝術家與贊助人之間依賴卻又緊繃的關係。從塔戴奧・高帝（Taddeo Gaddi）在聖十字聖殿巴隆伽里小聖堂（the Baroncelli Chapel）的濕壁畫上，將「友誼」（Amicita）加入德行行列之一，可看出友誼的重要性。工作室裡逗趣玩笑的價值，可以從瓦薩里許多以藝術家為主角的素描中看出，還有在大件藝術作品中，許多反映藝術家和助理間關係良好的有趣小細節。另一方面看來，這些社交圈的影響也在藝術作品表面之下運作著。作品的產生或多或少是源自於對於家庭、朋友、贊助人，甚至是助理的責任。從這些社會關係裡淬鍊出來的價值形塑了藝術品製作的形式。

女人

也許從米開朗基羅往來的社交圈組成可以看出，這時期的社會全然由男性主導。除了難以讓人記住的妹妹卡珊卓、他的「婊子」嬸嬸，還有家裡的管家之外，米開朗基羅的社交圈裡看不見女人的身影，看起他跟女人一點關係都沒有。

就很多方面看來，米開朗基羅在一五〇一到〇三年間的故事，女性的角色並不明顯。像米開朗基羅這樣對女人不感興趣的事並不常見，相反地，大多數的藝術家，甚至包括討厭人類的皮耶羅．迪．科西莫，不是結婚了就是持續熱情追求戀愛，如同拉斐爾的例子一般，然而米開朗基羅與女人的關係與其他藝術家與女人的關係沒什麼兩樣㊹。城市有一半的人口是女性，日常生活裡各個面向自然充滿了女人的身影，不論藝術家是多麼不在乎女人，都無法避免在家裡或在外頭與女人有互動的機會。可是，看不見的女人或多或少道出文藝復興義大利存在著某種性別區分，並反映出這時期由男人主導的書寫文化。

女人被視為是虔誠理想主義、父權式屈尊俯就（paternalistic condescension）與法律厭惡女性的混合。對許多詩人與文學人物來說，她們的確是弱者。即使薄伽丘的《名媛》（*De mulierbus Claris*）原本就是用來稱讚女人的成就，他也忍不住要點出讚美傑出女性的必要性，是因為女人的天性為她們自己帶來巨大的限制。的確，她們能宣稱有如此的成就全然是因為她們擁有「男性」特徵。薄伽丘這樣問道：「如果我們同意男人以自身擁有的優點做出偉大的行為，他們值得人家稱讚，那麼當擁有柔弱天性、脆弱身軀與遲緩心智的女人也具有男子氣概，展現出驚人的智慧與勇氣，是不是更應該被大大地讚揚呢？」㊺

薄伽丘的看法與當代宗教思想相稱，在法律上也是如此。直到結婚，像米開朗基羅妹妹卡珊卓一樣的年輕女孩都必須聽從父親。她的功能與地位取決於家庭的需求。城市裡最富有的家庭中，女孩子可以接受些許的教育，但她們仍被當成婚姻的棋子，用來連結有利家族的姻親聯盟。除了些許語言、音樂、舞蹈的訓練，女孩子的學習很少受到注意。「書本學習」仍舊是男人的特權㊻。在稍富裕的家庭，也許就包括像米開朗基羅那樣缺少母親的家庭，未婚的女子就像沒有薪水的僕人。教育不是優先考慮的事情，因此保羅・烏切洛的女兒「知悉一些繪畫的知識」㊼是相當令人意外的事。大多數佛羅倫斯的家庭裡，女兒被期待要幫忙操勞家務事，從小就得要幫助家裡的收入，像是在市場賣農產品、幫母親操作織布機、紡羊毛。除此之外，她必須要保護她最重要的資產：貞操。

婚姻是女人最終的目標：在文藝復興時期，女孩子生來就是為了結婚。就法律上來說，在十二歲生日之後，她隨時都可以結婚，但是女孩子真正結婚的年齡跟她的家庭社會經濟地位息息相關。如果她來自貴族家庭，她的家人會在十三歲到十五歲之間替她安排適合的丈夫結婚，對象來自相配的家族，並根據傳統給予令人滿意的嫁妝。女孩子在結婚這件事上很少有選擇權，對於婚禮的安排，更是沒有任何說話的餘地。一三八一年，喬凡尼・德・艾梅爾喬・德爾・班尼（Giovanni d' Amergio Del Bene）抱怨他未來的媳婦想要的緞子長禮服「太奢華」，於是決定另尋一件更適合的衣物[48]。雖然這位窮女孩的母親對這樁婚姻不是很滿意，喬凡尼僅說她的行為是「奇特」和「不莊重」，而不予理會[49]。社會階級較低的女孩子通常較晚結婚，但即使是這樣，很少有人能對丈夫的人選表達任何意見，甚至很多人婚後才發現結婚對象年紀比自己大很多。平均來說，新郎的年紀大約比新娘年長十二歲。

女人的法律地位在婚後更加惡化。如同義大利其他的城市，佛羅倫斯的市政法令剝奪女人簽約、支出自己的收入、賣或給予任何地產、立遺囑的權力、甚至如果沒有她的丈夫同意，無法選身後安葬的地點。分居幾乎無法得到法律上的效力；離婚則是不被認可的，即使有虐待情事或有明顯的通姦情況，依舊無法離婚。

同時，一位已婚的年輕女孩會發現自己必須遵守佛羅倫斯社會嚴格的期待。她被期待全然奉獻給家庭，特別是奉獻給丈夫。威尼斯人弗朗切斯科・巴爾巴羅（Francesco Barbaro）的《論妻子的責任》（*On Wifely Duties*），書名取得相當貼切，而我們可以從中一窺到底什麼是全然奉獻給家庭與丈夫。而且，巴爾巴羅於一四一六年羅倫佐・德・麥地奇與吉內維拉・卡瓦爾康帝（Ginevra Cavalcanti）的婚禮上，將這本書獻給兩人。

對於巴爾巴羅而言，一段令人稱讚的好婚姻裡，妻子有三個必要的責任：「愛丈夫、生活節制，還有就是全心照顧家庭事務。」[50]三者中，最後一項最重要，女人因「天性柔弱」之故，特別適合從事家務[51]。照料家務其實是相當耗時費力，像吉內維拉一樣的貴族仕女，要管理家務、特別是適當派遣僕人、指派「嚴肅的管家管理糧食」、安排家裡員工的食物與住宿，並管理家庭帳務[52]。除此之外，小孩子的教育，特別是女孩的教育，都需要她們留心注意。在較不富裕的家庭裡，像是藝術家吉伯第和保羅・烏切洛的家庭，還有特別是下層階層，妻子得要擔起所有責任：舉凡煮菜、清理、清洗、做針線活、或是任何丈夫派給她的工作。有時家裡需要錢，妻子也被迫要從事一些粗活。除了製作女性頭飾與編織蕾絲，大多數女性也從事紡紗、洗衣、看護等工作，或是在酒館或餐館工作，有時也當別人家的家僕，像是布奧納羅帝家族（the Buonarroti family）的長期管家莫娜・瑪格麗特（Mona Margherita）。不論她們做什麼，薪水都很微薄。

「端莊」也是女性重要的責任，特別是衣著方面。對巴爾巴羅來說，妻子應該「穿著並且敬重那些華美的衣裳，因此除了她丈夫以外的男人將會留下深刻印象，並且感到相當愉悅」[53]，而且她必須完全放棄自己的品味。與米開朗基羅同時期的藝術家也共享這樣的看法。例如：佩魯吉諾（Perugino）[3]非常享受「親手幫妻子穿上」華服[54]。巴爾巴羅認為同等的端莊與節制也適用於「行為、言語、衣服、飲食與性愛」上，且最重要的就是性愛[55]。即便是在繁衍後代的過程裡（婚姻的目地就在於此），女性被期待要保守自己還有丈夫的德行。理想上，性交的過程中，她應該全身包覆起來，近乎穿好衣服的樣子。毫無疑問的，性節制也包含了對丈夫完全的忠貞。如同馬泰奧．帕爾米耶里所說，即便只是一點跟不忠貞相關的蛛絲馬跡都會被認為是「極度蒙羞」，這「適合公開羞辱」[56]。

對於愛情也相當嚴苛。跟今日的浪漫愛情相差甚遠，那些強加於女性身上的愛，幾乎等同於低聲下氣地順從男性。巴爾巴羅論及一名女性應該：

> 以歡欣、忠誠與疼愛去愛她的丈夫，讓他只想要勤奮、愛與善意。請讓妻子與丈夫十分親近，親近到沒有了他，世界上就沒有任何事物能讓她感到美好與愉悅。[57]

明白的說，就是不論怎樣都不能有抱怨。巴爾巴羅認為妻子必須要「非常注意不得對她們所聽到的一切抱持猜疑、妒忌或憤怒。」[58]如果她的老公醉了、有婚外情或是把家用花在賭博上，做妻子的只能微笑然後繼續生活下去。

如果是男生有事情要抱怨，情況就不同了。薄伽丘花了很長的篇幅在稱讚虛構人物格瑞瑟達（Griselda），因為她溫順地忍受丈夫加諸於她身上的例行性羞辱[59]。毒打與家庭暴力能被接受，甚至受到鼓勵。在《傳說故事三百則》（*Trecentonovelle*）中，佛朗哥・薩柯堤（Franco Sacchetti）很開心地指出「好女人與壞女人都需要被打。」[60]雖然有女人遭受虐待後向法院訴情賠償，但這類的案件十分罕見。

喬久內繪於十六世紀初的畫作《老婦人的畫像》（*the Old Woman*）〔圖5〕，描繪了一幅吸引人的圖像，提供給我們許多生活在佛羅倫斯城的女性樣貌。畫中坐著的女子約五十幾歲（但也許更年輕點），看起來是過著典型身心憔悴的生活，因為做著費時費力的工作，並且臣服受制於法律。她稀疏的頭髮，勉強被布帽蓋著，有幾撮頭髮垂在乾癟、滿是皺紋的臉龐。她的雙眼蠟黃，眼周佈滿眼袋；她的嘴巴似乎因疲憊不堪垂下張開，露出嘴裡幾個缺齒的地方。她穿著簡單、淺粉色的長外衣與品質很差的白披肩，衣服與披肩漫不經心的擺放，似乎陳述著希望已經都被遺忘。她指著自己，同時手裡握著紙捲，上面寫著「隨著時間」（col tempo）。這個動作其實是個警告。只要是來自於工匠家庭的女人看到這幅畫作，都知道這就是她們年老時的寫照。

然而，如同許多關於文藝復興的理論一般，理論與事實常有距離。一五〇一到〇三年間

3 義大利文藝復興時期的畫家，活躍於文藝復興全盛期，其最著名的學生是拉斐爾。

米開朗基羅的人生的確缺少女性的身影，但女性在日常生活中扮演多重廣泛的角色是多於瓦薩里和康迪維（Condivi）[4]在米開朗基羅的自傳裡所描述的[61]。

即使受到法律限制，女性仍然扮演廣泛的經濟功能，特別是寡婦[62]。有時，已婚婦女擔起丈夫店裡的管理工作，佛羅倫斯的文獻庫裡證實許多女性參與雇用工人、付薪資與記帳。更甚者，我們發現女性以自己的姓名從事商業活動。利用信用，她們從事數種、具規模的採買。她們也借錢，並在適當的時機立遺囑。同樣地，也有些例子指出已婚婦女當助產士、放債人與某些行業的工匠。在雕刻《大衛》的過程中，米開朗基羅與為數不少的女性做生意。後來，他也稱讚科妮莉亞・珂隆內里（Cornelia Colonelli）將已逝丈夫烏爾比諾（米開朗基羅的僕人）的事務處理得很好。

同樣地，女性也漸漸開始接受到更多的教育與學習。儘管來自清貧之家，日常忙於家庭事務，科妮莉亞・珂隆內里是米開朗基羅年老時最忠誠的通信人之一。女人們也扮演者獨立文化演員的角色。學者近年來已開始關注女性擔任藝術與文學的自主贊助人的現象，並有越來越多女性被認定為創意媒介。米開朗基羅所愛的維托麗婭・科隆納（Vittoria Colonna）[5]不僅有魅力，還能言善道，博覽群書；貴族女性像是伊莎貝拉・埃斯特（Isabella d'Este）[6]開始被視為具原創性與大膽的思想家。米開朗基羅甚至曾鼓勵女性從事跟他一樣的職業，他曾溫暖地支持索福尼斯巴・安圭索拉（Sofonisba Anguissola）繼續畫畫，而安圭索拉的父親則以相當優渥的條件答謝他[63]。

婚姻也跟巴爾巴羅所描繪的「順從的玫瑰」不一樣。薄伽丘的故事裡滿是責罵丈夫的獨立妻子，而其他的文學作品裡也找得到類似的例子，特別是管理家務相關的事情方面。一封給伊尼戈・德・阿瓦洛斯（Iñigo d'Avalos）和盧克雷齊亞・拉格莫（Lucrezia Alagmo）充滿詩意的信中，弗朗切斯科・菲列爾伕（Francesco Filelfo）如此觀察道：

> 妻子爭吵不休的話語會讓丈夫的耳朵精疲力盡。她痛罵女僕。以不實指控怪罪男僕：管家太晚耕田；她說穀倉壞掉了，而酒酸掉了。一刻都不得安寧。一開始她滿腹牢騷，接下來開始抱怨僕人的睡眠。她譴責為壞的事物，事實上她都知道是好的。她覺得一切都不夠。妻子總是貪婪不休。她想要家裡滿滿的都是錢。[64]

這樣的妻子聽起來很可怕，她一定不是個服從丈夫的人。而米開朗基羅的「婊子」嬸嬸

4 義大利畫家與作家。他以替米開朗基羅書寫傳記聞名。其所撰寫的傳記是直接在米開朗基羅的指導下而寫就的，因此被認為可信度極高。

5 文藝復興時期義大利重要女詩人。

6 義大利曼圖亞的侯爵夫人，也是義大利文藝復興的女性領袖，政治手腕高段，並大力贊助藝術。

可能也是如此的模樣。

婚姻生活中節制與愛的責任也並非一絲不苟。儘管佩魯吉諾很愛替妻子著裝，女人們仍確實擔當起流行的媒介，時常穿著大膽，甚至是具挑逗性。

十五世紀到十六世紀早期，如同許多其他的義大利城市，佛羅倫斯也曾數度引進抑制奢侈法令，特別用來限制女性大膽奢華的服裝，這樣的法令不僅證實了當代女性抑制不住的風格，還有就是政府偶爾的偏執狀態。例如：一四三三年，執政官設立地方法官職位「以抑制女性裝飾與衣著」，並強調需要預防女性用吸引人的服飾讓城市裡的男性過於興奮。新的官員們將「遏制女性野蠻、狂野的獸性，這些女性沒考慮到自身脆弱的天性，反而用放蕩、惡魔般的天性，強迫男人，再用甜蜜的毒藥讓男人屈服。然而，女人的天性沒辦法承擔這麼多貴重的裝飾品……」[65]一四九〇年間，薩佛納羅拉強力譴責女性奢華，並且在他的囑咐之下，年輕男子組成巡邏偵察團在大街上搜索沒有穿著「像樣」衣服的女人[66]。一四九八年二月二十七日，薩佛納羅拉舉辦「虛榮之火」（Bonfire of the Vanities），數不盡的「不像樣」的衣服、皮毛、服裝配件都被丟進去火焰中。

撇開將薩佛納羅拉和抑制奢侈法令不談，無庸置疑的是女人穿衣服帶有流行與調情的目的。在一首有趣的韻文裡，通常都很開明的喬凡尼．喬維爾諾．龐泰諾（Giovanni Gioviano Pontano）突然覺得有必要以開玩笑的方式勸告名叫赫米妮歐奈（Hermione）的女子把身體裸露的部位遮起來：

我，已因年老枯寒而凝結，
你正使我加熱，實在不太舒服。所以
我請你將充滿潤澤的乳房穿上衣服
請將你的胸前用像樣的衣物遮好
那對乳白的乳房，為什麼隨身帶著它們
那對赤裸露出的乳頭？
你真的想說「請親這對乳房
撫摸這對灼熱的乳房。」，這就是你的意思嗎？[67]

這樣的韻文讓人聯想起皮耶羅·迪·科西莫所畫的熱亞那女貴族西蒙內塔·韋斯普奇（Simonetta Vespucci）的肖像畫〔圖 6〕。這幅畫裡科西莫把韋斯普奇裝扮成幾近裸體的克麗奧佩脫拉七世（Cleopatra）。聽說韋斯普奇是當時最美的女子，米開朗基羅年輕時想必聽過她的名字。

這個階段裡的米開朗基羅的確對於女性沒有太多浪漫的興趣，但是我們必須小心看待替他做傳記的作者對於此時期女性一概不提一事。這般的沉默告訴我們的是對於女性適當角色的建構，而不是米開朗基羅真正與女性的社會互動狀況。

身為妻子、母親與女兒，女性扮演積極的角色，有時候像米開朗基羅一樣的藝術家家庭裡，她們甚至扮演家庭生活的主導角色，擔起沉重的責任和法律的限制，但她們也形塑家庭生活的樣貌，擔任經濟與創作靈感來源的強大角色。在某些例子裡，女性是靠自己能力獨立經濟的行為者，而當她們遇到男性藝術家時，她們的角色不是難應付的商人，就是設法平衡收支的「夥伴」。不僅如此，她們一點都不節制、也不壓抑：她們是流行的發動機，也是激情的發電機。

雖然喬久內的《老婦人的畫像》代表女性生活經驗的一項特徵，米開朗基羅生活的佛羅倫斯裡，女性所扮演的多重角色也以各種方式反映在藝術作品上。確實有些作品無法理解女性在文藝復興時期社會的地位早已超越法律與社會習俗嚴苛的限制。但許多藝術家認知到，女性不該只被視為刻板的性慾客體或是主婦苦力，女性也可以是鎮定自若、意志堅定、果敢的人。

與米開朗基羅同時期的一位藝術家有件作品充分說明以上觀點。桑德羅・波提切利（Sandro Botticelli）的《伊斯美拉達・布蘭笛尼的肖像》（*Portrait of Esmeralda Brandini*）展現出巴爾巴羅所說的端莊、受人尊重的仕女，但是他的《朱蒂絲的歸來》（*Return of Judith*）與《一個年輕女人的肖像》（*Portrait of a Young Woman*）卻展現了社會形象的複雜性。在《一個年輕女人的肖像》〔圖7〕裡，畫中的主角是個十分標緻美麗的女子，可能是西蒙內塔・韋斯普奇，她身穿精心製作、有創意、最流行的服飾，頭髮插有羽毛，帶有些異國風味：看得出來帶有傳統佛羅倫斯抑制奢華法令的痕跡。她的學識與人文主義品味可以從脖子上戴的垂飾一窺端倪，因為上面有「尼祿之章」（the seal of Nero）的圖像。而由她的髮辮編織而成的「項鍊」，似乎意味著只有她可以將自己與他人綁在一起。她掌握了自己的人生，是獨立的文化經紀人，也是大膽的時尚先驅。」

同樣地，在《朱蒂絲的歸來》〔圖8〕中可以更清楚看到同樣的特徵。雖然聖經故事裡的朱蒂絲被視為象徵貞潔、正義和勇氣，因為她將色慾薰心、驕傲的亞述將軍賀羅孚尼斯（Holofernes）的頭砍下，但是波提切利將她返回以色列的故事，以獨立女性的模樣，甚至是帶有性自主的筆觸呈現。由一位手提賀羅孚尼斯頭顱的女僕陪伴著，波提切利的朱蒂絲有著驚人的美貌，但她全然掌握自己女性化的一面。雖然身為「柔弱性別」的一員，她帶有一把不可忽視的「男性化」、賦予力量的劍，縱使男性的目光是多麼淫穢難以忍受，她都能帶著自信全然掌控自己，邁開步伐向前走。她是她自己的主人，完全不理睬任何人的勾搭。

房子與家

米開朗基羅廣泛地與不同社會階級的人交往，他們的住家顯露出多重豐富的家庭生活模式，從最富麗堂皇到骯髒不堪，但仍有一個共同點：事實跟我們熟悉的影像明顯不同。

宮殿

米開朗基羅對佛羅倫斯最偉大家族宛如宮殿的宅邸一點都不陌生。之前在麥地奇里卡迪宮住了十年，一五〇一年他回到佛羅倫斯城後，再度與住在這些富麗宅邸的熟人相聚。一面求取深具影響力的贊助人的喜愛，一面也享受位高權重朋友的陪伴，他花了很多時間在宮殿（palazzi），可能坐在房子外頭兩側的木頭或是石頭長凳上，這些凳子是設置給等待求見藝術家的客人，或是在宮殿內部的庭院漫步。他一定拜訪過塔戴奧．塔代伊「最寬敞、最美麗的」宮殿，現址於佛羅倫斯吉諾里街（via de' Ginori，位在麥地奇里卡迪宮後面），以討論塔代伊委託描繪聖母瑪利亞與基督嬰孩的雕刻藝術，以及施洗約翰的圓形畫（*tondo*）。他也一定拜訪過巴托洛梅奧．彼提在奧爾特拉諾區（Oltr'arno）的宮殿，把委託製作的作品做最後的安排，然而彼提的宮殿後來被麥地奇家族買下並擴建。

宮殿建築唯一的目的就是讓人印象深刻。宮殿建築不可思議地昂貴，如同萊昂・巴蒂斯塔・阿伯提在談建築的論文裡提到，「當作投資完全沒有成效」[68]，僅是炫耀主人擁有的財富罷了。因此，就算是最樸素的宮殿也都非常的巨大。典型十五世紀佛羅倫斯宮殿建築只有三層樓，但跟現今十層樓的房子一般高。宮殿建築中最精美的斯特羅齊宮（the Palazzo Strozzi），占地是白宮的兩倍，完全將美國總統的官邸比下去[69]。

文藝復興時期，約有一百多間的「宮殿」散佈於佛羅倫斯城內各處。但今日在佛羅倫斯可以看到的比例和諧的建築，大都是後來重建於後文藝復興時期。

雖然宮殿本身很龐大，但僅只為一小群人提供住所，內部只有少數房間用來當生活空間。大多數的例子裡，每間宮殿僅用來容納單一核心家庭，因此通常有十幾間能住人的房間，且大多在一樓，而每間房間都十分寬敞。換言之，文藝復興時期的宮殿建築主要以「在大小中等的套間裡，私人空間最奢華的擴張」為其特徵[70]。包括臥室，房間的大小可從位於新聖母大殿裡的托納波尼禮拜堂（the Tornabuoni Chapel）中多米尼哥・基蘭達奧的濕壁畫《聖母的誕生》（*the Birth of Mary*）〔圖 9〕一窺端倪。

直至十六世紀中期，宮殿一直是讓人困惑的建築。即便在最簡單的層次，佛羅倫斯建築工法紊亂的特性，讓人很難界定宮殿建築的起訖範圍。像是接近十四世紀末，巴格羅・迪・巴庫裘・維托里（Pagolo di Baccuccio Vettori）發現自己的宮殿與鄰居的建築物交錯太嚴重，致使他無法界定房產的範圍[71]。

十四世紀與十五世紀大多的時間裡，宮殿建築普遍，甚至有通向街道的拱廊，被用於進駐宮殿裡的商店出入口。即使是最偉大的人，他們的家庭生活也總伴隨著作生意的聲音與氣味，雄偉宮殿建築與街道間的界線十分模糊。

布奧納羅帝家族的家

因為佛羅倫斯最偉大的家族頻繁使用「宮殿」形容自己的家，因此，有時很難區分較小的宮殿（palazzo）與大的私人房子。雖然規模大小不同，但就很多方面看來，小康家庭的房子與宮殿建築類似。專業人士，像會計米歇爾・迪・諾佛利・迪・米歇爾・迪・馬特（Michele di Nofri di Michele di Mato），他們建造住所時刻意模仿有權勢的人的風格。的確，小康家庭房間特色與裝潢的特點與有權勢的人的房子有強烈的相似度，因此有觀察說道：「將物質世界裡不同社會階層視為分開的實體，這樣的看法會使人產生錯誤觀念。」[72]

米開朗基羅童年時期，布奧納羅帝家族在佛羅倫斯的家就是這個樣子，而一五〇一到〇三年期間，米開朗基羅回到佛羅倫斯也大概是住這樣的房子。一五〇八年三月九日，他用一千零五十個大弗洛林買了三個這樣的住所[73]。跟贊助人的房子一樣，米開朗基羅的房子也相當吵雜。米歇爾的房子夾在住宅與絲綢工坊之間，布奧納羅帝家族的房子（與米開朗基羅後來購買的房產）則坐落於各種店鋪、旅店、雜貨商場，以及一些糟糕的設施之間。離這幾百公尺遠的地方，約是現今威爾第劇院（Teatro Verdi）所在地，有一間名叫「史汀可」的監獄以監禁即將行刑的殺人犯與叛國賊聞名。想像一下，在安靜的夜晚裡，遠方傳來被判刑的人的哭喊聲，空氣中充斥著混著街上的馬糞味與被行人踩踏腐爛的蔬菜味。

米歇爾的家高於街道，有九間房間[74]。一樓有起居兼接待客人的房間、一間主臥室、一間書房和一間小臥室。鑒於文藝復興人喜愛夾層與米歇爾混亂的描述，我們很難精確知道剩下來的樓層是如何陳設安排。但是，我們知道二樓有一個很大的廚房（還有一個很大的壁爐）、一個門廊、還有一個對外陽台。三樓約有兩到三個房間，包含一間僕人房，還有收納兼食物儲藏室。先不管樓面安排，單就米歇爾能依照功能分別房間這件事就讓人印象深刻。早先幾個世紀，把房間做單一用途使用並不常見，房子裡的各種區域可能被賦予數個不同的用途。直到米歇爾買下房子，將房間特別挪出來當作烹飪與用餐的地方[75]，並對內部空間進行安排，例如將工作室清楚劃分出來。

米歇爾房子最具特色的地方是房子內部的物品。房間功能被清楚安排使得人們對於房間內部的裝飾有新的態度。隨著臥室、廚房與書房等規畫，對於適合每間房間功能的特定家具應運而生。椅子、桌子和木頭櫃子越來越普遍，擺在一樓的家具也越來越精緻。現今我們覺得平凡無奇的櫥櫃在當時開始流行，而且相當昂貴。米歇爾還列出床頭有裝飾背版的日間休息的床，還有一個大櫃子，表面可能有彩繪。這些不僅驗證富人家裡內部空間的「居家化」，舒適與裝潢也逐漸成為主要考量。

最明顯的是武器的出現。對比於家具增多帶來安全與穩定的印象，從米歇爾的描述讓我們清楚知道文藝復興時期的家還是可能遭受暴力攻擊，或是陷於毀滅性的暴動裡。跟他的貴族朋友一樣，米歇爾要確保有數個武器放在特定地點。他書房上方的夾層與前門旁都藏有武器，許多文藝復興論文都強調前門兩側是藏武器的最佳地點[76]。舒適需要花錢，而錢財帶來危險，因此需要武器來抵禦。

工匠的家

雖然米歇爾的家提供給我們米開朗基羅家族房子和他未來房產可能的形式，但很少提到他大部分朋友與其他工匠的居住樣貌。物質文化的某些方面可能會延續（像是餐具、崇敬物品等），但是會計的家與工匠的家是截然不同的世界。最親近米開朗基羅的人，像小老鼠和米歇爾・迪・皮耶羅・皮波，還有許多其他的藝術家們都過著相對簡樸的生活。即使像多那太羅如此成功、著名的藝術家，卻住在「靠近聖尼可羅（San Niccolò）女修道院的可可梅羅街（Via del Cocomero）一間粗劣小屋裡。」[77]

工匠們住的房子樣貌差異甚多，但還是有一些共同的特點，類似米開朗基羅穿過奧爾特拉諾區到達聖母聖衣聖殿路上會經過的建築物。有著基礎、經常是東倒西歪的設計，這些房子由壓得緊實的泥土或是寬地板組成，樓層通常很簡單也很髒。房子裡有一些窗戶，數世紀以來，他們只靠木製的防護欄隔絕外面的壞天氣，偶爾會使用鐵條或是鐵柵欄阻擋不受歡迎的人進入。

因為只有一些小的入口和窗戶，使得房子裡總是昏暗骯髒。窗戶和門打開時，空氣還勉強流通；關上時，保護家裡不受外頭天氣影響的效果卻很差勁。夏天炎熱之際，房子還能保持相對地涼爽，但一到冬天，就很難抵擋極度寒冷。這是個相當嚴重的問題，因為大多數的家庭只有一個火源，而且通常放置在一樓最大房間的中間，作為煮食與暖氣使用，其他區域只能靠門外或窗戶外掛著的衣服隔絕冷風，因此冬季時房內大部分的空間都十分寒冷。然而，努力保溫的結果，反而讓環境變得更不舒服。

織工和紡紗工等許多工匠把自己空間有限的房子作為工坊。在某些例子裡，有工會組織的工坊規模可以到達整個一樓的樓面空間，樓上則用於生活起居，還有一些工作空間。但更常見的是居家與工作室合而為一的狀況。皮耶羅・迪・科西莫就是工作與居住的地方在同一間屋子裡，這間房屋是由他已逝的父親（收入微薄的製作工具的工匠）買下，位置在離新聖母大殿不遠的史卡拉街（via della Scala）上[78]。米開朗基羅完成《大衛》之後，主教廣場執行團隊才建了間房子，讓他在這雕刻給大教堂的十二使徒雕像，可想見的是他應該把該場地當成住所了[79]。

米開朗基羅最終離開佛羅倫斯前往波隆那工作的時候，跟弟弟喬凡希莫內抱怨糟糕的居住環境，他被迫與三名助手共用一張床（因為那是房裡唯一的床）[80]。許多藝術家，特別是不如米開朗基羅一般富裕的藝術家，他們住的房子跟沙丁魚罐頭一樣，幾乎毫無隱私與秩序可言。

最糟糕的是，藝術家居住的場所常是臭氣沖天，讓人很不舒服的骯髒地方。煮菜的油煙、身體的汗味，還有動物的臭味充滿整間屋子，維持整潔自然是重要的事。許多紀錄顯示做家事確實是極度累人，特別是在有泥土地板與簡陋床鋪的房子裡，因為清洗很麻煩。通常最近的水源是井水，提供附近數十戶使用，所以洗衣服成為一種社交活動。太太們和管家們聚在一起，將衣服上的泥巴沖洗乾淨，不時交換八卦情報，安排兒女的婚姻，有時還相互叫囂怒罵。洗「乾淨」的衣服則攤在草皮，若是在佛羅倫斯市中心，則是晾在臨時搭在房間裡搖搖欲墜的繩子上。在人口如此密集、髒亂、充滿灰塵的佛羅倫斯，我們不難想像洗好的衣服可能只比洗之前還乾淨一些罷了。

普遍來說，務實的思考顯示出身體乾淨與否不是人們主要關心的事，而洗熱水澡更是件奢侈的事。當代少數提到洗澡的記錄指出，洗澡僅限於上層階級（他們因為儀式或社交慣例的關係），而分散於大型城鎮的澡堂後來成為傳播疾病與賣淫的場所，因此到了十七世紀，大部分的澡堂都被迫關閉。大多數收入中下的男女頂多偶爾洗手；若有重要場合，他們會用手掬些許的水潑灑在臉上清洗。因此，文藝復興時期用體味當作為區分社會地位的指標，其實也就不令人感到意外了。有趣的是，到了文藝復興晚期之前，大多數人其實恐懼保持乾淨。例如一封一五〇〇年時，洛多維科寫給人在羅馬的米開朗基羅的信中，證實當代對於保持乾淨的害怕：「小心且有智慧的過生活，要保暖，並且千萬不要洗澡；你可以擦身體，但千萬別洗澡。」[81]

健康與疾病

鑒於許多佛羅倫斯居住範圍狹窄與不衛生的特性，疾病十分常見，洛多維科就曾注意到米開朗基羅身體狀況不佳而督促他回家。

儘管米開朗基羅很長壽（他活到八十九歲），但一生中遭逢一連串的疾病，且大多數都是因為不良的生活情況和飲食所造成。孩提時期的米開朗基羅體弱多病[82]；長大成人後，仍時常抱怨生病的狀況。在西斯廷禮拜堂進行繪畫工作的時候，米開朗基羅罹患甲狀腺腫〔他提到這病症通常是因為倫巴底大區（Lombardy）糟糕的水質所引起〕[83]，並感嘆這疾病讓他無法工作[84]。直到他在羅馬年事已高之時，狀況才真正開始惡化。他的臉是「一個裝著軟骨與老骨頭的麻布袋」，看起來很「嚇人」，並且因為粘膜炎的關係而睡不著[85]。更糟的是他有疼痛的泌尿問題，除了如廁困難，也讓他夜不安寐：

> 尿液呀！我多麼了解它——滴滴答答的管子
> 逼迫我起得太早，當
> 晨曦尚在捉迷藏中……[86]

他寫這首自我嘲諷詩的時候已病得很嚴重，他的朋友們頭一次為他的生命擔心不已[87]。米開朗基羅的狀況在當時來說相當普遍。從現存的繪製的肖像裡可以看到疾病的蹤跡。文藝復興時代對於奇形怪狀的人十分著迷。達文西曾畫了一張怪誕女人的素描，後來由荷蘭藝術家康坦・馬賽斯（Quentin Matsys）畫成肖像畫，畫中的女人可能是「佩吉特氏骨病」（Paget's disease）的患者（此病會造成骨頭的增生與變形）；而波提切利的《年輕男子畫像》（*Portrait of a Young Man*）〔圖10〕中坐著的男子有著奇怪手勢，有人推測這應該是關節炎早期症狀。類似的例子可以在布蘭卡契小堂裡馬薩喬繪製的濕壁畫《聖彼得的影子治癒病患》裡清楚看到：一名跪著的人，看起來先天失調導致重度殘疾，他的腿因此嚴重萎縮。

不是所有的疾病都如此嚴重，也不一定會讓人毀容，但文藝復興時期的佛羅倫斯城裡疾病十分猖獗。米開朗基羅的經歷，證明糟糕的居住條件毀壞人們生活，即便是菁英階層也無法倖免。一四七六年四月，西蒙內塔・韋斯普奇因肺結核病過世，年僅二十二歲，潮濕的生活環境使她染上病症且加劇。不當飲食也常引起泌尿系統或是腎臟的問題，眼睛感染也很常見。甲狀腺腫其實很普遍，患者通常是老人，有時會造成嚴重的影響。瓦薩里提到皮耶羅・德拉・弗蘭且斯卡「六十歲時因為甲狀腺腫的侵襲而失明。」[88]因營養不良引起的浮腫則奪走米開朗基羅的好朋友雅各布・蓬托莫（Jacopo Pontormo）的生命[89]。蛀牙的問題也很普遍，雖然不會致命，卻是個嚴重的問題，切利尼就深受其折磨[90]。

城裡骯髒、擁擠的住宅區域，大量的疾病每年奪去數百條人命。街道上偶爾住著毀容的痲瘋病患，違反禁止痲瘋病患入城的規定，在城裡四處遊蕩，但會搖著鈴警告路人他們的存在。然而，住家才是疾病主要出現的地方。冬季潮濕寒冷的房子提供支氣管炎、肺炎和流行性感冒理想的環境。嬰兒與老人特別脆弱，因此死亡人數相當多。炎熱黏膩的夏天則因供水量不足成為痢疾肆虐的季節，還有食物因熱氣而腐敗導致的腹瀉，對兒童來說足以致命。

斑疹傷寒是常見的威脅，吉羅拉莫・弗拉卡斯托羅（Girolamo Fracastoro）《傳染病》（*De contagion*）中也曾提到它。佛羅倫斯的窮人只有幾套衣服，而且家裡永遠無法保持清潔，飽受跳蚤騷擾，因而對斑疹傷寒一點抵抗力都沒有。當斑疹傷寒大流行之際，而這樣的大流行經常發生，它以飛快的速度傳遍家家戶戶。像在史汀可監獄如同壓力鍋的環境裡，斑疹傷寒能瞬間帶走數百條人命。米開朗基羅進行《大衛》雕刻工作的時候，剛好在義大利於一五〇五到三〇年爆發斑疹傷寒大流行之前。

瘧疾的狀況跟斑疹傷寒類似，也是生活裡令人沮喪的規律特色，特別是在佛羅倫斯與費拉拉區域，因為這兩個城市被沼澤與湖泊圍繞，而這樣的環境正適合病媒蚊滋生，特別是夏季之時，瘧疾猛烈地肆虐城市各處。在戶外工作，也不明瞭疾病是如何傳播的男工與女工，時常成為瘧疾的受害者。瘧疾偶爾會致命，亞歷珊卓拉．斯特羅齊（Alessandra Strozzi）[7]在信件裡記錄著她的兒子馬特奧（Matteo）染上瘧疾不到一個月就過世了[91]。但通常瘧疾只會使人痛苦不舒服，還有無法工作。最有名的受害者就是本韋努托．切利尼，他年輕時在比薩第一次染上瘧疾，但他本人把疾病歸咎於「不健康的空氣」[92]。接下來瘧疾的攻擊讓他意識不清的「胡言亂語」，症狀嚴重到使他無意中冒犯了曼切華公爵（the Duke of Mantua）[93]。瘧疾讓他無法工作，於是他開始擔心起自己的性命[94]。

米開朗基羅重回到佛羅倫斯，開始進行《大衛》雕像工作之前，一種新的疾病登陸歐洲大陸，這疾病較不易引起大流行，但還是產生嚴重影響。梅毒（syphilis）於一四九〇年代首次出現於歐洲，是由哥倫布（Columbus）以及跟他前往美洲大陸的人所帶回，接下來急速占領歐陸。一四九七年，梅毒讓群醫苦惱，不知該如何診斷米開朗基羅的贊助人阿方索一世．

埃斯特（Alfonso d'Este）[8]的病徵，它也奪去重要人物如曼督瓦侯爵弗朗切斯科·貢薩加二世（Fancesco II Gonzaga）的性命。對這疾病的恐慌來自於不熟悉，還因為它帶來駭人的影響。吉羅拉莫·弗拉卡斯托羅觀察梅毒患者：

大多數的案例中，性器官開始有小範圍的潰爛……接下來，患部皮膚開始出現硬皮的膿皰……一開始是一點一點的長，接下來長成如橡實殼斗般大小……然後這些帶硬皮的膿皰開始侵蝕皮膚……有時不僅感染肉體的部分，甚至侵蝕到骨頭去了。有的案例病癥分布在上半身，這樣的病人受到極惡劣的黏膜炎的侵害，侵蝕掉下顎、或小舌、或咽頭、或扁桃體。有些案例的嘴唇或眼睛被病毒侵蝕掉，其他的則是整個性器官被侵蝕……除了以上可怕的症狀之外，劇烈疼痛侵襲肌肉，主要持續在夜裡折磨病患，這是所有症狀裡最殘酷的症狀[95]。

7 十五世紀富有政商家族的精英女子，透過與他人往來的信件，記錄自己如何克服經濟困難與政治糾紛，維繫家族財產與地位。其信件是文藝復興時期日常生活的重要史料來源。

8 康布雷同盟戰爭時期的費拉拉公爵，也是女貴族盧克雷齊亞·波吉亞的第三任丈夫。

突然出現且神祕的梅毒病癥讓佛羅倫斯的人們既困惑又害怕，這樣的傳染病似乎只能以天譴來解釋。但事情其實很簡單。梅毒主要透過性接觸傳染，而佛羅倫斯城裡過度擁擠的房子正是梅毒理想的家。其中，妓院生意往來頻繁，而人們（名副其實地）緊挨著彼此生活。梅毒可能是隨機出現，但似乎在佛羅倫斯較貧窮的區域，它的流行是無可避免的。

文藝復興時期佛羅倫斯最糟的疾病是鼠疫。鼠疫於一三四八年第一次現蹤跡，它的流行已成為佛羅倫斯日常裡規律且糟糕的特色。鼠疫的傳播途徑源自於從老鼠跳到人類身上的跳蚤，城市裡沒有鋪整的街道與混亂的道路成了鼠疫完美的繁殖地。缺乏有效藥物，加上擁擠、衛生不佳的住宅區，鼠疫快速傳播，造成極其嚴重的後果。歷史學家估計約有百分之三十的佛羅倫斯人口死於黑死病流行期間，而後續的流行動輒奪走數百，甚至數千條人命[96]。雖然一三七四年與一三八三年的鼠疫流行並不怎麼嚴重，但是一四〇〇年的大流行卻至少奪去超過一萬兩千人的性命，光該年七月就有五千零五個人因此喪命[97]。

米開朗基羅與文藝復興藝術家都清楚知道鼠疫的風險。例如：完成《大衛》的四年後，鼠疫在波隆那爆發特別嚴重的大流行，米開朗基羅與身在波隆那的好友信件往來頻繁。瓦薩里記錄喬久內於一五一一年成為鼠疫的受害者，因為他與一名染上鼠疫卻渾然不知的「某位女士」對話[98]。米開朗基羅的弟弟博納羅多成為一五二八年十月鼠疫的受害者。鼠疫帶來恐懼，切利尼與波隆那妓女福斯蒂納（Faustina）身邊仍是青少女的女僕睡了一覺後病了，而且症狀與鼠疫類似，他嚇呆了，以為自己已染上鼠疫[99]。死亡在每個角落潛伏，甚至埋伏在每張床上。

性與慾望

儘管有疾病威脅，文藝復興時期的家庭生活仍充滿著性。不論宗教情感與道德偏見，如同梅毒事件所示，家是慾望的工坊。即便米開朗基羅本人在這時期對於性不太感興趣（男生或女生），性還是圍繞著他的身邊，而性想必也影響他對人生的看法。

婚前性行為

無論像是西恩納的聖伯爾納定（San Bernardino of Siena）等教會道德論者多麼殷切希望，性並不局限於婚姻關係裡，米開朗基羅的社交圈中充滿婚前性關係。

雖然婚前性行為是被禁止的，但是未婚男子或多或少都有些許的私通經驗。例如：從沒想過婚姻的拉斐爾有過無數的私通戀情，絲毫「不節制」[100]。更糟的是菲利普．利皮，儘管已接受聖職受任儀式，但據說利皮「性慾非常強烈，為了得到想要的女人，做他想做的事，願意付出任何東西。」瓦薩里說道：

他的性慾猛烈到控制了他整個人，使他無法專心工作。因此，當他在替科西莫·德·麥地奇的家做事時，科西莫不得不把他鎖在房間裡，以免他到處浪蕩，浪費時間。利皮被關了幾天之後，某個晚上，他的情慾或是說動物慾望，驅使他拿了一把剪刀，用床單做了一條繩子，從窗戶逃走，為了追求一連數日無止盡的歡愉。[101]

對於女孩子來說也是如此，她們的情慾冒險也相當明顯。年輕女性的情慾氾濫，導致一四二八年在貝盧諾省（Belluno）頒布一條法規，要求超過二十歲的女性不能聲稱自己仍是處子之身，除非她擁有決定性的證據以證明她的貞節[102]。

婚前性行為也許無惡意，但也有其邪惡的一面——性侵日益氾濫，許多窮人婦女在巷子裡或鄉間小路上被好色成性的男人擄走。因此，布魯內萊斯基所建立的孤兒院，有部分是為了收容照顧被強暴而生下然後遺棄的非婚生孩童。更駭人的是對於女童性侵害。在一四九五到一五一五年間，「有紀錄的四十九名性侵受害者裡，三分之一是六歲到十二歲的女孩，至少一半年紀低於十四歲或更小，大多是被誘拐或是遭受雞姦。」[103]

婚姻

婚姻關係是性行為範例的場景。雖然一些比較極端的男作家，例如馬里奧．菲利爾弗（Mario Filelfo），鼓吹在婚姻關係內保持獨身主義[104]，但女性的主要功能是繁衍後代，因此性很自然地成為婚姻生活的核心。女性即使是受「婚債」的約束，面對以歡愉為主要目的，而非繁衍後代的違禁性行為時，她應當拒絕。但是，當代的夫妻很明顯地積極享受性生活。即便已經年老，文藝復興時期的詩人龐泰諾（Pontano）寫了一首詩給他的太太阿麗亞內（Ariane），描述他們健康的老年性關係：

太太，是你年邁丈夫的喜悅，
愛戀與我們貞潔基底的依靠，
你讓我的老年生活保持新鮮，
使一個老人的遠離煩惱，
並且幫助我克服年老，
一頭灰白髮仍是吟唱著年輕的熱情；
但是，如果重回年輕之火，

你就是初戀和新奇，
最初的激情與強烈強烈的情感，
我願重燃起古老的火焰。[105]

米開朗基羅的父親洛多維科也有這般想法。因此，當他於一四八五年五月梅開二度後，很開心地投身於婚姻性愛世界之中。

就這範疇來看，當代宗教嚴明教導男人應該永遠在上位，而性行為僅限於基本的動作。口交毫無疑問是禁忌的，而在十五世紀後期，異性間的肛交特別被列為主要的肉慾犯罪[106]，但事實與宗教律法相差甚大。雖然安東尼歐．貝卡德里說以下話語時的上下文，離婚姻的議題有點遙遠，但他對於性愛議題的看法卻能夠代表文藝復興時期婚姻性行為進行的方式。他熱衷於女性在上位[107]，也讚揚多種類的性行為。書裡的角色雷比堤諾斯（Lepidinus）問貝卡德里：「為什麼男人一旦嘗試過口交或肛交，就絕無法放棄這兩種性愛方式？」[108]米開朗基羅是否同意以上的意見，還有揣測的空間，但他的許多朋友想必帶著一抹會心微笑，詢問過自己類似的問題。

夫妻放縱於閨房密事的程度讓我們看到一個令人相當驚訝的事實。普通的家庭生活，即使在「中產階級」的房子裡，並不那麼強調隱私。文藝復興時期的房子通常很小又很擁擠，裡面住著數個世代的人，一間房間由許多人共用，給予私人使用的空間並不多。不論丈夫與妻子做了什麼事，即便沒被看到，一定也會被一群人聽到，從小孩和傭人到學徒與房客。「羞恥」仍是妻子節制理論不可或缺的一部分，但對於家庭日常生活中的性活動，似乎只有些許的羞恥感。

婚外性行為

婚姻不代表忠貞，已婚男人不忠的情形非常普遍。即便像龐泰諾這般忠實的丈夫，仍痛苦地意識到婚姻可能變得枯燥乏味，而深愛已久的太太擁有的性吸引力逐漸降低[109]。男人習慣向他處尋找娛樂。費德里科・貢薩加二世（Federico II Gonzaga）[9]與盧克雷齊亞・波吉亞（Lucrezia Borgia）[10]的私情，還有朱利亞諾・德・麥地奇對於西蒙內塔・韋斯普奇滿是色慾薰心的態度，這兩者都呈現了當代社會經濟菁英扭曲性生活的特徵。除此之外，還有其他婚外性行為的方式，女傭與奴隸成了已婚男子一逞性慾的目標。米開朗基羅的弟弟博納羅多就默許他對於一名年輕女傭的慾求，因為「年輕女孩比較能在床上服侍男人，比年老的好。」

9 享譽歐洲的義大利貴族成員，一五三〇年由查理五世封為公爵。

10 文藝復興時期貴族女性，長期贊助藝術家。

而他顯然期待妻子能忍受這個公然的——卻又常見的——屋內偷情行為[110]。

已婚婦人也被認為是有「強烈渴求精液的慾望」[111]，因此婚外性行為的誘惑強到難以抵抗。女性的性慾，特別是已婚婦女，幾乎是眾所皆知。許多男性作家對於女性的守貞能力感到絕望。如同多明尼哥·薩比諾（Domenico Sabino）在他的《論妻子的合宜與不便》（*On the Conveniences and Inconveniences of Wives*）對話錄寫道：「防衛一個位在平原上，沒有防禦工事的城堡，是否都比讓太太遠離無恥色慾的影響，還來得簡單呢？」事實上就是如此，於是他悲痛地說道：「要保護每個人都想要的東西，幾乎不可能。」[112]女性外遇事件非常常見，以致於克里斯多福羅·蘭迪諾（Cristoforo Landino）[11]覺得自己可以公開地調侃他的朋友「獨眼龍」賓多（Bindo）被戴綠帽一事：

馬可，只有一隻眼睛的你，
無法將姦夫趕離你的太太，是不是感到驚訝？
但是，從前聽命於朱諾女神的阿爾戈斯有一百隻眼睛，
但他奉命看守的女神，後來還是逃走了。[113]

即便將自己狂野的伴侶交由神職人員看顧，還是沒什麼幫助，因為神職人員跟其他人一

樣願意滿足她的歡愉，蘭迪諾說她就是「一頭交付野狼看管的綿羊。」(114)

文藝復興時期的佛羅倫斯城裡，女性外遇的流行情況可從當時的文學作品中一窺究竟。薄伽丘的《十日談》裡就有無法被丈夫滿足的熱情妻子，還有那些成功讓已戴綠帽的丈夫像個傻子的妻子，以這樣的故事娛樂讀者。

有個故事源自於魯齊烏斯・阿普列尤斯（Lucius Apuleius）的《變形記》（*Metamorphoses*），其中有位充滿魅力，名叫佩脫奈拉（Petronella）的女子，嫁給一位貧窮的砌磚工。佩脫奈拉趁老公外出工作，跟年輕的賈奈洛・史格林奈里歐（Giannello Scrignario）私通款曲(115)。偷情帶來的歡愉顯然相當驚人，但有一天她老公突然無預警地回家來，佩脫奈拉便叫賈奈洛躲進桶子裡，然後才去開門。當砌磚工進門時，她開始抱怨家裡貧窮的狀況，說到眼淚奪眶而出。砌磚工試圖安撫妻子，於是告訴佩脫奈拉，說他以五枚杜卡特銀幣的價格賣掉賈奈洛躲藏的桶子。佩脫奈拉猛然變臉，指責砌磚工怎麼可以接受這樣便宜的價格，並宣稱有名買家出到七枚杜卡特銀幣，接著她指向桶子，說買家賈奈洛正在桶子內部檢視。賈奈洛意會到佩脫奈拉的計謀，馬上從桶子裡爬了出來，表示願意買下桶子，但前提是裡面的泥沙必須清乾淨。高興的砌磚工立刻爬進桶子裡開始刮除泥沙，佩脫奈拉則傾身靠近桶子

11 文藝復興時期義大利語言學家、詩人。

口，狀似在指導她老公工作，但是，此時賈奈洛卻在佩脫奈拉的身後「像隻熱切的種馬爬上帕提亞母馬……滿足年輕男子的激情。」[116]當他們結束之後，不要臉的賈奈洛還讓可憐的砌磚工替他搬桶子回家。

另外一個故事裡，有位名叫麥當娜・費里芭（Madonna Filippa）的女子，被她的丈夫里納爾多・德・普利葉希（Rinaldo de' Pugliesi）發現與年輕愛人拉札利諾・德・瓜扎約堤（Lazzarino de' Guazzagliotti）的私情[117]。里納爾多忍住當場殺掉妻子的衝動，急忙衝去向城市當局告發妻子，堅信有足夠的證據能讓妻子被判處死刑。開庭時，麥當娜玩了一個相當聰明的把戲。她先逼丈夫承認，她已自願賦予丈夫他想要的性行為方式，接下來，她詢問法官一個直率的問題：「如果我丈夫總是需要時就跟我求歡，求歡的次數都看他的選擇，那我該怎麼樣處理多餘的情慾？丟給狗嗎？還是把它給這位愛我比愛他自己還多的紳士，而不是讓它壞掉或是浪費掉，這樣不是更好嗎？」[118]圍觀者笑得前撲後仰，法官被迫承認麥當娜說的話有道理，於是當庭當放她自由，而困窘的里納爾多則失望不已。如何處理「多出來的情慾」顯然存在於許多佛羅倫斯女性的心頭。

賣淫

賣淫是都市生活的一個主要特色。不論米開朗基羅在雕刻《大衛》期間是多麼的貞潔，當他行走在佛羅倫斯大街小巷時，必定會遇到數量眾多的妓女，多少影響他對性的態度。事實上，這時期許多最重要的文學與藝術人物的日常生活裡，妓女扮演相當重要的角色。貝卡德里常去妓院，幾乎是明顯成癮，而他的書《雌雄同體者》（*Hermaphrodite*）滿是讚揚他最喜愛的妓女們。切利尼是妓女們熱切的贊助人，而他認為付錢進行性交易的行為相當常見，在他的《自傳》（*Autobiography*）裡還大言不慚地承認他的性冒險活動。薄伽丘的《十日談》裡收錄了兩則類似的故事，談的都是妓女，而其中一個暗指操控性以獲取利益的行為[119]。

如同婚姻裡的性行為一般，對於賣淫的看法充滿了雙重標準。教會官方的看法當然是嚴格禁止賣淫，而文藝復興時期義大利的城市開始認知販賣性行為冒犯了公眾道德。一二六六年與一三一四年的時候，在威尼斯的妓女被驅逐出城，而一三二七年，摩德納城（Modena）也將妓女驅逐[120]。儘管如此，還是有強烈的傳統觀念將賣淫視為必要之惡。聖奧古斯丁（St. Augustine）和聖湯瑪斯．阿奎那（St. Thomas Aquinas）都認為男人的慾望總是滿溢，因此賣淫可以阻止私通或肛交在充滿性挫敗的社會裡散佈。文藝復興時期的立法者傾向同意這樣的看法，而弗朗切斯科．菲列爾伏甚至在「斯福辛達理想城市」（Sforzinda）[12]的計畫中，將一大塊區域規劃成公眾妓院。

12 斯福辛達理想城市以米蘭公爵弗朗切斯科・斯福爾扎(Francesco Sforza)的名字為名的理想城市計畫。

佛羅倫斯迅速接受賣淫行為，逐步將性交易納入管理。一三八四年之際，執政官們已經認知到妓女的存在，並強迫她們必須穿上特定服裝（鈴鐺、高跟鞋和手套）以區別她們為與眾不同的群體，也把她們當成「感染」色慾的來源[121]。雖然經常取締賣淫，但將賣淫行為納入社會體的想法於一四〇〇年時變得更加顯著。性工作者仍禁止在某些區域招攬生意。一四〇三年四月三十日，佛羅倫斯城設立「禮制局」（Onestá），明確管理妓女的相關事務[122]。禮制局一開始設在卡爾查依歐利路（via Calzaiuoli）和主教座堂廣場之間轉角處的聖克里斯多福諾（St. Cristofano）教堂內，後來在米開朗基羅的時代，禮制局的駐地設在較南邊，約是現今聖彌額爾教堂附近稱為誠信小街（Vicolo dell'Onestà）的地方。在那邊由八名行政官組成的禮制局提供至少三個公共妓院與掌管妓女的「登記」事宜。三十年不到，就有七十六名女性登錄為國家認可的妓女（大多數是外國人）[123]，妓女則被課以特別的稅率以幫助佛羅倫斯日漸增多的支出。妓女還提供寶貴的法律服務。當有婦女因丈夫無法圓房向法院提出婚姻無效之訴，妓女就會代為驗證，並前往法庭作證該名丈夫無法行房的事實。

到一五六六年之際，人們普遍接受賣淫行為，甚至在老市場區域設立大型公共妓院被視為一項好的投資，並且被三位重量級居民買下：加里希莫・德・麥地奇（Chiarissimo de' Medici）、亞歷山德羅・德拉・土佐（Alessandro della Tosa）和艾比葉拉・斯特羅齊（Albiera Strozzi）[124]。在威尼斯，還出版了刊載最棒妓女的名單和地址的目錄。

米開朗基羅時代的佛羅倫斯，性產業的規模被禮制局給掩蓋住。到一五〇一年，該城市從事性交易的妓女人數遠遠超過「官方」登記的人數；無庸置疑的是私營未登記的妓院為數眾多。當代藝術作品裡也如此呈現，像是弗朗切斯科．德拉．科薩（Francesco della Cossa）在費拉拉斯齊法諾亞宮（Palazzo Schifanoia）的作品《四月》（*April*）中〔圖11〕，穿得很少的妓女在賽馬節（Palio）時公然地跑來跑去，觀看的人包括一名年輕人與一名孩童。對於「非官方的」賣淫行為進行起訴的行動持續快速進行，而且有相當多的紀錄指出男人公開販售太太與女兒，進入賣淫行業[125]。如同貝卡德里對於妓女烏爾莎的熱衷，顯示出這些女性不僅提供親密的性關係，還有友誼，也是靈感的來源。

同性戀

異性性行為在米開朗基羅身處的佛羅倫斯顯然十分氾濫，但是，這無法掩蓋當時廣為傳播的同性戀關係情事，以及對於米開朗基羅後半生性向的關注[126]。

如同婚前性關係與婚外性關係，同性戀也同樣被認為是只能以驚奇與恐懼的語調述說的極大罪惡。同性戀性行為一般被視為與自慰和人獸交同類，時常被平民百姓攻擊，像是波焦．布拉喬利尼就將同性戀性行為比做異性通姦[127]；當時神職人員，例如易怒的西恩納的聖伯爾納定，就特別強烈譴責同性戀行為。在一四二四年的四旬齋期間（the Lent）[13]於聖十字聖殿的一系列講道中，聖伯爾納定羅列佛羅倫斯最常出現的罪惡，而九次講道中，其中的三次專門談論肛交。他一開始比較溫和，僅只是追溯佛羅倫斯的同性戀起源導因於十四世紀中期人口銳減的關係[128]。到最後一次講道的時候，聖伯爾納定自己煽動起膨脹的狂熱厭惡，同時譴責肛交還有那些從監獄釋放卻犯下同性性行為的肛交者，疾呼道：「丟到火裡！他們都是肛交者！如果你們試圖幫助他們，你們就犯下彌天大罪。」[129]聖伯爾納定的言詞深具影響力，信眾聽完立刻衝出門外，堆起營火，準備焚燒城內的同性戀者。

雖然聖伯爾納定的講道因著他個人強烈的不滿相當引人注意，卻也概括地代表了教會對於同性戀的立場，以及佛羅倫斯政府對於「散佈疾病的邪惡」的態度。佛羅倫斯城於一四三二年設立一個特別的行政局「暗夜局」(Office of the Night)，用來根除同性戀[130]，嚴處從事同性性行為的人，最嚴重的包括死刑。在暗夜局成立之前，有位叫雅各布・迪・克里斯多福諾（Jacopo di Cristofano）的男子因雞姦兩名男孩被判有罪，處以七百五十里拉的罰金，還得一邊遊街示眾，一邊接受鞭刑，而且他的房子還被燒毀（如果是他擁有的）[131]。起訴同性戀的行動狂熱地進行。暗夜局活躍的七十年間，估計約有一萬七千個人被指控進行肛交活動。佛羅倫斯被認為是「在所有現代化之前的城市裡，執行最廣泛、最有系統性迫害同性戀者活動的城市。」[132]

與其他性活動的狀況類似，嚴厲的法律與道德結構，反映出同性戀活動十分普遍，而佛羅倫斯當局在執行上則存在著某種程度的官方虛偽與雙重標準。

十五世紀到十六世紀初，從事同性戀活動的人面臨被逮捕與追捕起訴，但最終受到的責罰並未如法律條文中所描述的嚴苛。雖然在暗夜局存在的期間，有多達一萬七千人被指控進行肛交行為，但僅有三千人判定有罪，且僅受到較輕的刑度，比原本可能加諸於他們身上的寬容許多。

部分原因是大部分進行「同性戀」行為的人都是男人，而這些男人不是已婚，就是以現代語言來說自我認同為是「異性戀」的人。因此同性戀行為跟偏好無關，而是種衝動，許多男人僅是因為性衝動太強，而無法只滿足於與單一性別性交。多梅尼科·薩比諾所書寫關於妻子的對話錄中，提及名叫艾蜜莉亞的角色觀察到「男人無法滿足於女傭、情婦或妓女，而去找男孩子以發洩狂野的慾望。」[133] 同樣地，貝卡德里在《雌雄同體者》一書裡討論異性戀性行為與同性戀性行為時，並不認為已婚男子必須限於某一類的性行為。

還有一部分是關於同性戀行為裡存在的程度上的差異。到一五六四年時，當時的人用道德區別所謂主動性伴侶與被動性伴侶，還有年老情人與年輕的情人。因此，強勢又年老的男

13 又稱「大齋節」和「預苦期」，是從「聖灰星期三」起算，一直到復活節前日止。

人通常會被罰款五十金幣，並且入獄兩天，而年輕的被動伴侶則被罰鞭刑五十下[134]。如果法官找到能從輕量刑的理由，他們通常會殷切地寬容對待同性戀性行為者。

佛羅倫斯的法官願意無視嚴厲譴責的同性性行為，有很大部分是因為文藝復興時期對於柏拉圖式友誼的熱衷。米開朗基羅年少時的朋友馬爾西利奧・費奇諾透過注解柏拉圖《會飲篇》（*Symposium*），成功地給男人間親近知性、精神友誼的概念一個新的生命。這樣的概念很快在佛羅倫斯人文主義學者圈裡廣為流傳，後來被誤稱為「柏拉圖學院」（Platonic Academy）[135]。這樣親密的連結主要是由兩個靈魂因追求所謂的崇高理想而相互靠近，但是身體方面的親近也常被提起。費奇諾的《論愛》（*De amore*）裡指出同性性慾的吸引是真實柏拉圖式友誼裡不可或缺的一部分。他甚至認為男人間的愛比男人與女人間的愛更加自然[136]。同性情慾與男人同性關係被以知性為由賦予正當性，因此促使原本官方反對同性戀的社會環境變得寬容，甚至是寬恕同性性行為。費奇諾本人時常被懷疑是名同性戀，而且有跡證顯示米開朗基羅吸收對於同性戀的想法。

法律與道德規範和性行為實況相差甚大，因此佛羅倫斯的暗夜局似乎把心力放在控制強暴和男性賣淫，而非終結同性性行為。暗夜局對於同性性行為顯然十分寬容。在複雜且充滿智力交鋒的佛羅倫斯同性戀世界裡，已承認對特定對象忠誠的男人偶爾被暗夜局視為是「已婚」，特別是當他們已在教堂裡對著聖經發誓言。有些證據顯示在義大利中部的某些地方，同性結合甚至受到教會聖禮儀式的祝福。我們有理由相信同樣的儀式也許曾在佛羅倫斯城裡舉行過[137]。

事實上，不僅容忍同性戀，甚至有鼓勵同性戀關係的現象。穩定的伴侶關係通常受到家庭成員的讚許，因著同性戀「婚姻」可能帶來等同於異性戀婚姻的社會利益。只要這配對是經過適當安排，同性「婚姻」也能帶來影響力、保護與財富。朋友通常也接受同性婚姻；同性戀網絡被男人們充當增進工作與商業利益的有力媒介。

儘管一五〇一到〇三年間，米開朗基羅明顯不在意性，但他身處的佛羅倫斯的氛圍卻是充滿性的能量，火花四處飛散。不管法律與道德的結構如何，人們從很年輕時就開始無時無刻都想著性。受挫的年輕人、性慾高漲的女孩、無聊的家庭主婦，還有到處閒晃的丈夫，這些人從不錯過讓自己與他人共同歡愉的機會，或是享受城市提供的各類妓院。同性關係也十分盛行與具彈性，跟今日的世界相同。並且在擁擠的文藝復興時期居家環境，沒有任何事，真得沒有任何事情是私人的。

世界的工坊

每日生活的劇碼持續上演。工坊是米開朗基羅生活的核心，是藝術生產的中心，也是社會生活的交會點。因此，工坊不僅是個普通的工坊，而是代表文藝復興時期藝術家世界的地方。觀看普通日子裡的來來去去，我們理解到藝術不僅只是一種情操高尚與抽象創作的事務，而是一種事業，而對於生計的煩惱、友誼的樂趣、商業交易的困難、疾病的痛苦和慾望中的矛盾衝動，都讓藝術這項事業蒙上陰影。米開朗基羅的工坊所展示出的文藝復興時期的藝術，跟之前耳熟能詳對於這時期的概念醜陋多了，但也更加平凡與人性化。

第五章

米開朗基羅戀愛了

一五三二年的秋天，米開朗基羅正在羅馬的馬歇・迪・柯維（Macel de'Corvi）家中工作。自從二十八年前完成《大衛》後，他的藝術生涯蒸蒸日上；一五一二年完成西斯廷禮拜堂天花板的濕壁畫後，更有接不完的委託工作，迫使他必須持續地在故鄉佛羅倫斯與羅馬之間往返。因為一項延宕已久的工程，他於一五三二年的秋天回到羅馬，針對設計儒略二世（Pope Julius II）墳墓的合約重新議約。米開朗基羅於一五〇五年就開始涉入這個計畫，但這工程的完工之時似乎遙遙無期。

當米開朗基羅修改墳墓設計的時候，有位默默無聞的雕刻家皮耶羅・安東尼奧・謝奇尼（Piero Antonio Cecchini）前來拜訪[1]。年老的皮耶羅・安東尼奧是米開朗基羅信賴的朋友，他幫米開朗基羅張羅在羅馬的家，並且經常來找米開朗基羅聊天。我們對於他的生平了解不多，只知道似乎是個好人，而且他那天的拜訪為米開朗基羅帶來前所未有的欣喜。

與之前不同，皮耶羅・安東尼奧這次不是一個人前來②，他帶著一位名叫托馬索・迪・卡瓦列利的年輕朋友。他們倆一同前來是很理所當然的，因為他們是鄰居，托馬索的家約在現今的銀塔廣場（Largo Argentina）。再者，卡瓦列利家族收藏古典雕刻，而托馬索本人則特別喜愛藝術③。

但是，托馬索不是一位普通的年輕貴族。不到二十歲的他相貌出眾，從後來米開朗基羅替他畫的肖像可知他有種簡單、真誠自然的美。他的皮膚澄澈，雙眼大且真摯，面容精緻宛如女性。雖然是富家子弟，卻沒有傲慢氣息。從他流行卻不誇張招搖的衣著可以看出他的謙虛。而且，受過完整人文主義教育的他深具文化素養，能敏感、精細又優雅地談論詩歌、哲學與繪畫④。

我們無從得知米開朗基羅與托馬索第一次見面的狀況，但可以確定的是五十七歲的米開朗基羅立刻迷戀上托馬索。縱使以他的創作才華，米開朗基羅後來承認他無法想到任何能與托馬索的「美好」媲美的東西。即便倆人年齡相差甚鉅，他的心仍是充滿著噬人的熱情。

這是一段充滿強烈感情的關係，它掌控了米開朗基羅的思想，直到生命的尾聲。但是，這段感情也有其困難之處。接下來的三十二年間，米開朗基羅想到這位年輕男子時，時常感到強烈的喜悅；但同時也讓他痛苦萬分。儘管已經將心與靈交給托馬索，米開朗基羅過度的情感並沒有得到同樣的回應。一五三三年時，他提到托馬索的「恐懼」，還有這位年輕人偶爾的冷淡持續折磨著他⑤。有時，他甚至開始質疑這樣的愛或是情慾是不是錯了。

托馬索與米開朗基羅之間的關係，主要透過米開朗基羅這老人的藝術作品展現出來。在第一次見面後不久，他們開始互通滿是溫柔情感的信件，快速傳遞兩人間掩不住的情感。他隨手拈來就是詠頌詩文，因為愛「激起前所未見的詩文情感」⑥，藝術也成為米開朗基羅表達熱情的媒介。一五三二年的年底，米開朗基羅已寄給托馬索兩幅構圖精美的畫作，接下來還有兩幅以古典主題構圖的畫作。

這些詩與畫作強烈喚起形成情感之處的文化與知識世界。面對著米開朗基羅精細的作品，見到他將文藝復興的思想挪為己用的範圍，還有見識藝術生產與人文主義熱忱間的對話，這不僅讓古典文學作品的精神復活，也讓古典時代的文化「復興」，以上兩點讓我們很難不投以驚嘆的眼光。

但是，米開朗基羅的詩與畫作也展現出這時期的特色文化與學問發展，是經由個人經歷與每日生活的實際狀況形塑而成。米開朗基羅贈與托馬索的詩與畫作，並非是情操高尚的理想，而是他靈魂的湧出，而他所使用的修辭不只是理解他內在矛盾情感的方法，也是給予他的愛、熱情與不確定發聲的詞彙。

米開朗基羅與托馬索·迪·卡瓦列利關係的細節提供了一個理想的機會，讓我們得以檢視文藝復興藝術家的知識世界，還有重新評估我們慣於將文學和藝術生產從更貼近「人類」

的煩惱抽離出來的傾向。雖然愛與性並非文藝復興思想中最重要的東西，但它們是文學、藝術與哲學同時與令人煩惱的現實世界交會的點。這樣的交會方式，象徵當時文學與藝術創新的廣泛互動與民眾的煩惱與希望。就這方面，米開朗基羅不僅援用豐富多樣的文化遺產，也將其他文藝復興時期男人與女人的經驗改編以適用於自己的情感。而他的實驗總是與當時人們對於愛和性的觀點相關，並且試圖扮演前輩的角色，這些人早於他之前試圖尋找最能表達自己快樂和煎熬感覺的方式。因此，米開朗基羅的作品提供給我們審視連結每日生活裡汙穢不堪的細節與至高無上的文化領域之間的互動狀態。

藉由剖析米開朗基羅與托馬索之間，猶如戲劇般的關係裡的數個「劇幕」，我們可以見到文藝復興時期藝術家的知識世界裡，不同階段的演進，還能見到形塑世界的性與愛之生活與經歷。連結文學和藝術生產與「真實」世界裡的矛盾情感，我們見到一個文藝復興世界，與我們熟知理解的文藝復興世界相差甚鉅；而這個世界不是源自於遠離凡人的喜悅與傷心，超脫塵世只專注於純粹美學的生物，而是源自於得不到回報的熱情、碎掉的心、性沉迷與受難而來。

第一幕：理想化

兩人剛在一起時，米開朗基羅傾向將托馬索理想化。他不僅將心給予另一個人，而是給予一位體現生理、道德與文化理想的人物。的確，米開朗基羅早期寫的一首詩裡提到，這位年輕人的美貌是「天上製造，為了給予人類神造物的證據。」面對這樣的完美，他認為自己完全無力招架。詩裡還提到一個擬人化的愛，它緊緊將米開朗基羅抓在手中，身為理想典型的愛化身為控制慾強的主人，不管米開朗基羅的意願，進而奴役了他。

將摯愛視為理想美好與德行的典型化身，以及將愛視為嚴苛不妥協的捕捉者，都指向文藝復興時期對於愛與性的概念來源。在這裡，我們幾乎可以確定米開朗基羅扮演的是但丁的角色。

早在一三二〇年間，但丁被譽為將「已死亡的詩歌從黑暗帶到光明」[7]。跟當代的人們一樣，米開朗基羅成長的環境裡，但丁被視為無可比擬的天才，值得與古典時期的偉大詩人相比。他求學時必定讀過《神曲》（*Commedia*）[8]，也習於視但丁的作品為義大利方言詩文的模範。讓米開朗基羅開始探究但丁作品是因為他被帶進人文主義學家的圈子；再者，因著他瞭解克里斯多福羅・蘭迪諾對於《神曲》深具重要性的評論[9]。後來幾年裡，他在波隆那與喬凡弗朗切斯科・阿多凡迪（Giovanfrancesco Aldovrandi）一同閱讀但丁的作品[10]，加深自己的知識，另一方面，他熱愛但丁作品，持續發掘作品裡的寶藏。如同他之後觀察到的，但丁是顆「閃亮星星」，而他的「光芒對於我們黯淡的眼睛來說太閃亮。」[11]的確，對於米開朗基羅和薄伽丘以及早期的詩人來說，但丁就像神一般，因此他的逝世被視為是「重返」天賦來源的天界[12]。

雖然但丁提供給米開朗基羅一個適合的原型，以詩文探索對於一個半人半神的理想典型，存著噬人慾望的情況，但是，但丁對於文藝復興時期愛與死亡的概念做出的貢獻，不能只看美好的一面。相反地，但丁對於愛的經驗來自於一段沒有回應的強烈情感，以及經歷數年痛苦徬徨的沮喪而來。

但丁的故事始於一二七四年五月一日，他才剛過完九歲生日。在深具影響力的佛羅倫斯人富爾柯・德・波帝納里（Folco dei Portinari）舉辦的五月迎春宴上亂跑嬉鬧，這時的但丁對人生一無所知，只在意最無邪的遊戲，而他將看到改變一生的人物[13]。她的名字叫碧翠絲（Beatrice），是富爾柯的女兒，年僅八歲的她已相當驚人：驚人的不僅是她的美貌和衣著，更重要的，還有她散發出來的良善氣息。但丁看到她的那刻，整個人目瞪口呆，日後在《新生》（*La Vita Nuova*）中寫道：「位在心裡最深處生命的靈魂開始強烈地顫抖，身上脈搏也為之顫動，甚至連最微弱的地方也能感受到震感。」[14]這樣的感受所代表的意義毋庸置疑，但丁告白說道：「從此，愛主宰了我的靈魂。」⑮

自此，年輕但丁的生活完全繞著碧翠絲轉。她的身影總是在他的眼前浮現，而他的心思只想著她。日復一日，他整日漫遊於佛羅倫斯街頭，懷抱著一絲絲可能看到摯愛的希望。然後，九年後的某日，他終於再度看到碧翠絲。她「身著純白衣裳，走在兩位舉止高貴的女人之間。」⑯但丁既興奮又期待，整個人都顫抖起來。她眼神轉向但丁，以最有禮貌的方式問候他。雖然這樣的會面顯然互動不夠多，但對但丁來說已足夠讓他「體會極樂高峰。」他是愛的囚犯，臣服於碧翠絲裙下，成為無可救藥的俘虜。欣喜若狂地回到房間，但丁見到一個關於愛的幻象。幻象裡，愛外罩火焰色的雲彩，手裡握著但丁的心。他之後這樣寫道：

看起來是喜悅的愛神，在他手中
他握著我的心；他的臂彎裡躺著
我的愛人裹著斗篷，熟睡著。
愛神喚醒她，沒有注意到她的害怕，
把我炙熱的心虔誠地讓她食用。
接著，愛神從我的幻象裡離去，帶著滿眶熱淚。⑰

但丁愛著碧翠絲，這份癡迷的愛強烈到讓他因相思而生了病。他的朋友們很擔心他，知道他是為一個女孩子而生病，於是逼迫但丁說出女孩子的名字。他有風度地拒絕透漏，但留言散佈速度之快，讓但丁無法忍受只好假裝他愛的是另外一個人。

但丁的作法是個愚蠢的錯誤。不久，碧翠絲就聽聞但丁愛上另一個人。她原本猜測但丁對她有情意，所以在聽聞消息後覺得很生氣，因此之後在街上再次相遇時，碧翠絲明顯地冷落但丁，他因此深受打擊。但丁在《新生》裡提到：「悲傷滿溢，我難以承受，因此……我一個人孤零零去到一個地方，在那裏我苦澀的眼淚浸潤了大地。」[18]

退去所有的偽裝，但丁不再將對碧翠絲的愛暗藏於心。雖然他希望能軟化她的心，但他的愛終究得不到回應。漸漸地，他變成人們嘲笑的對象。在某個婚禮上，但丁因摯愛的美貌而狂喜不已，這樣子的他受到在場所有出席者的嘲弄，甚至連碧翠絲本人都取笑他[19]。

經歷過這次羞辱事件，有些嘲笑但丁的女士們給予他建議[20]，告訴他他的愛當然沒有錯，錯的是他回應碧翠絲的方式。即使先前他依宮廷傳統寫了為數眾多的詩歌，但他的詩全然沉浸於自憐，而他所受的苦都是因為自願在悲傷中打滾的結果。大家都同意碧翠絲近乎完美，因此但丁不該專注於他的痛苦，而是將詩文關注於她無可比擬的美貌與高尚品德。如果在詩中頌讚她，但丁能將他對碧翠絲的愛用不同的——也許是更有益的——方式體現。碧翠絲激發了一種新藝術，而這項藝術將成為但丁的救贖。

但丁的改變是立即的。他不再將碧翠絲視為未來的情人或是令人迷戀的對象，而是替他的摯愛創造一個詩學形象，美的理想形象，集所有純粹與美好的典型。她變成神性的倒影，高尚品德的典型，以及力量強大、具救贖力的詩文的靈感來源。接下來，但丁的愛不再令他感到痛苦；相反地，透過文字，愛變成他道德宇宙中最重要的部分。

碧翠絲意外於一二九〇年六月八日過世，她的死重重打擊了但丁，幾乎因悲傷而失去理智。即便但丁絕口不提她的「離開」，但《新生》的最後一部份證明了這悲劇對他內心與思想的影響。不論她的逝世對但丁來說是多麼心碎的一件事，她的死更加增強但丁將她理想化，成為高尚品德與美的原型。超越死亡，碧翠絲變成哲學與神聖美的縮影，成為更強大書寫的動機，也是一顆恆星，讓但丁破碎的人生帆船能重新設定航道。

但丁對於碧翠絲的愛有了新的態度，而這態度在《神曲：天堂篇》（*Paradiso*）的開場章節完整清楚地呈現。文章一開始向詩文與智慧之神阿波羅真誠祈求，但丁懇求阿波羅給予他足夠的技巧，以歌頌即將進入的「神聖國度」，還有授予他象徵愛與文學天賦的桂冠。請求結束之後，他驚訝地看到碧翠絲出現在他面前。她的目光注視著太陽，沉思創造天地的偉大。儘管是維吉爾（Virgil）帶領但丁穿越地獄與煉獄，顯然碧翠絲會是陪他穿越超凡領域的同伴。她的任務是持續地述說，但不僅是個「闡述者……碧翠絲是個高等智慧體……像是一位女教師，解釋自然的神祕、天堂的結構，以及從地上往最上層天際上升的各個階層。」㉑

隨著旅程進行，她的美越來越顯著。她揭露宇宙真理與神聖良善，兩者都是但丁詩作的主題，也是他生命裡的要素。即便這樣的思想富有亞里斯多德與阿威羅伊（Averroes）學說的成分，但丁所覺知的高尚品德與美源自於碧翠絲的關係。

一開始有點不好意思與害羞，米開朗基羅無法抵抗想像自己是新一代的但丁，而把托馬索當成碧翠絲，成為被動的角色。

第二幕：愧疚與悲傷

不幸地，米開朗基羅仿效但丁只能到這裡，無法再繼續，因為他很快發現，他與托馬索的關係比但丁與碧翠絲之間的複雜得多，故無法拿但丁當模仿的範本。還有，米開朗基羅的感情受到的折磨比但丁經歷過的還多。他一點都不滿足於崇敬托馬索所代表的理想典型，而是掙扎著該如何運用理想化典型，這樣的想法轉化成獨特的力量，悄悄進入他與托馬索感情的第二個階段裡。如同巴托洛梅奧．安喬里尼（Bartolomeo Angiolini）於一五三三年年中觀察到，米開朗基羅的詩作開始表現出明顯的痛苦感受[22]。

托馬索一絲絲的冷酷都能割傷米開朗基羅。這位年輕男子時常表現出冷淡疏離的模樣，雖然他宣稱尊敬米開朗基羅勝過世界上所有的人[23]，但他的信件內容偶爾讓人感覺疏遠而正式。有時，特別在一五三三年他們分開之際，托馬索甚至以介於貌似友善戲謔與年輕人特有的冷酷之間的方式，嘲弄米開朗基羅[24]。

米開朗基羅的畫作《法厄同的墜落》（*Fall of Phaethon*）〔圖12〕清楚表現被懲罰的感覺。他寄這幅畫（現存有三個版本）給托馬索時，約同於他和安喬里尼信件往來的時候。法厄同說服父親太陽神赫利俄斯（Helios）讓他駕馬車越過天際，但當他在天空中時，很快地發現自己十分怕高。驚慌之下，他駕駛的馬車失控地在天空上到處疾駛，直到宙斯被迫使用雷電擊倒他，馬車才停下來。而米開朗基羅將自己想像成法厄同的意味十分明顯。

但是，米開朗基羅的痛苦折磨也是較深層、甚至是更令人焦慮的不確定感的產物。他認知到自己無力抵抗愛的襲擊，但是這份愛常蒙上同性色彩的情慾陰影，激起他良心的危機感。雖然當代義大利社會流行男人間擁有親近甚至是親密的關係，米開朗基羅似乎意識到這樣的關係被套上邪惡的稱呼，被世俗與宗教權威所譴責。身為虔誠的基督徒，米開朗基羅知道托馬索應該代表神的美好，而這般的性慾是不對的。

雙幅畫中的其中一幅名叫《提提俄斯的懲罰》（*Punishment of Tityus*）〔圖13〕裡清楚描繪滋長的愧疚感。雙幅畫作是米開朗基羅於一五三二年底寄給托馬索當作新年禮物，描繪神話故事中關於神的懲罰。巨人提提俄斯因意圖強暴宙斯寵愛的侍妾勒托（Leto）而遭受懲罰，被丟到黑帝斯（Hades）掌管的冥界最深處，忍受著恐怖的折磨。米開朗基羅的畫作裡，他自己俯臥在地底世界崎嶇多石的地面上，而有隻怪物般的老鷹正在啄食他的肝臟[25]。把自己想像成提提俄斯，虔誠的米開朗基羅不僅展現自己對於托馬索懷有不理性、肉體的熱情，也擔心自己會因情慾而遭受永生的懲罰。

愧疚感點出文藝復興時期對於愛與性的概念演進到第二時期，還有另一個影響米開朗基羅甚鉅的就是佩脫拉克，而繼承但丁學問最重要的後人也是他。一四九四年十月，米開朗基羅急著從佛羅倫斯離開前往波隆那，在波隆那停留期間，他跟喬凡弗朗切斯科·阿多凡迪共同閱讀佩脫拉克的方言詩作，一邊也閱讀但丁的愛情詩。接下來的幾年，米開朗基羅開始喜愛上佩脫拉克的作品。

只要與米開朗基羅與托馬索·迪·卡瓦列利的關係相關，佩脫拉克就具有相當的重要性，因為他改變但丁的主題，加入悲傷與愧疚感。即便借用但丁對碧翠絲的愛當作自己經驗的範本，佩脫拉克混合較黑暗的折磨與受難成為新元素加入但丁的模型裡。

一三二七年四月六日，當時身在亞維儂的佩脫拉克開啟了一段改變人生的旅程。為了參加復活節望彌撒活動，他一早就抵達聖克萊爾教堂（the church of St. Clare）[26]。二十二歲的他是位講究衣著和外表的男子，身穿顏色鮮艷還噴上香水的服裝。他常常花費數小時將頭髮捲成最新流行的樣子，出門時則會不斷發愁，擔心微風將他小心捲好的髮束弄亂[27]。再者，他認為自己是個閱歷豐富的人。就當時的水準來說，他的確受到良好的教育。在卡龐特拉（Carpentras）附近，佩脫拉克於康文涅莫勒．達．普拉托（Convenevole da Prato）門下接受拉丁文文法與修辭的訓練；之後前往蒙佩利爾（Montpellier）和波隆那研讀法律，這兩個地方是歐洲最好的學術機構。即便前途一片光明，他卻決定放棄原本計畫的律師職涯㉘。佩脫拉克在父親過世後繼承了一筆財富，於是他又回到亞維儂過著精緻又休閒的生活，全然不用煩惱來自父母親和金錢的壓力。他是個夢想家，只有少數的生活目標，像是裝扮自己。

復活節是個讓大家看到自己的機會，是個昂首闊步四處走，接受眾人讚揚的日子。小小的聖克萊爾教堂擠滿了群眾。亞維儂是流離在外的教宗居住的地方，因此變成一個生意盎然、熙來攘往的城市，最熱鬧的日子集中在聖週（Holy Week）[1]。佩脫拉克就是在這個小教堂裡被一位女孩吸引。

她的名字是蘿拉（Laura）。佩脫拉克很少提供關於蘿拉身世的詳細線索，我們能猜測最有可能的是蘿拉．德．諾維斯（Laura de Noves），也就是惡名昭彰的薩德侯爵（Marquis de Sade）的祖先。當時蘿拉約莫十六、七歲，而她的美已是舉世無雙㉙，讓佩脫拉克為之驚嘆。後來回想起，他從來都沒見過「如此可愛的雙眼，不僅是在我們的時代或是在以前的時

1 復活節前一週。

代裡。」蘿拉的雙眼使他融化，「如同太陽將雪融化一般。」[30]從那刻起，佩脫拉克陷入全然無可救藥的戀愛。驚鴻一瞥蘿拉的身影就足以令他狂喜[31]。雖然他對蘿拉的感情偶有柏拉圖式的面向，但是，不同於但丁對碧翠絲的感情，佩脫拉克對於蘿拉的情感以肉體為主。

跟但丁一樣，佩脫拉克的愛也沒有收到回應。儘管單單看到蘿拉的身影就能在他心頭放把火，但邱比特的箭並沒有射向蘿拉。蘿拉並沒有輕蔑地拒絕佩脫拉克，或是像碧翠絲折磨但丁一樣取笑佩脫拉克。她漠不關心，也不對他的情感做任何回應或認可。如果說佩脫拉克整身點滿愛火，而蘿拉就是冰雪皇后，讓人無法接近。冰與火的比喻時常出現在他的詩裡，隱喻兩人的對比性。

佩脫拉克運用阿波羅與黛芙妮（Daphne）的故事，後來由波雷奧洛（Pollaiduolo）畫成畫作〔圖14〕，暗喻他面臨的困境。他跟阿波羅一樣，被迫追求一個永遠逃離愛的女子；當他似乎要追到逃跑的女神時，她再度從他的手中脫逃。宙斯為了拯救黛芙妮免受阿波羅的追逐，於是將她變成一棵月桂樹。

接下來的二十一年，佩脫拉克因對蘿拉的愛和她的冷漠而受盡折磨。他對這時期的描述與但丁的經歷有些許的雷同。佩脫拉克的人生變得既渴望又絕望。第一次見到蘿拉後過了某些時間，他在附近的沃克呂茲（Vaucluse）買了間小房子，希望能「治療」自己的愛慕之情。儘管他過著田園般的獨居生活，愛卻步步相隨。蘿拉是名「獵人」[32]，而自己卻成了獵物。

他有一首詩將自己比喻成阿克泰恩（Actaeon）。阿克泰恩因為看到裸身沐浴的黛安娜（Diana）而被變成一隻雄鹿，從此得面對被自己獵狗永遠追逐著的命運，而這些獵狗象即為慾望的象徵[33]。

佩脫拉克陷入絕望，充滿著悲傷，他四處遊蕩「穿越田野，越過山丘」，並且「越過一座又一座的山」[34]，整個人被愛與悲傷吞噬。他那熱切的大腦不斷製造幻象，無法控制自己的思緒[35]。不論他往哪走，似乎都會遇到蘿拉。他在石頭與河流裡看到她，在早晨的微風裡聽到她的聲音。他們第一次見面之後過了很久，佩脫拉克還是看得到她「在清澈的水裡，在綠色草地上，在山毛櫸的樹幹裡，在一朵白雲裡……在我發現自己身處於最荒無人煙的地方與最荒涼的海岸。」[36]大多數的時間，他感覺自己像是活死人，甚至有時渴望死亡。

身處痛苦之中，佩脫拉克轉向寫詩，而他的思緒逐漸與但丁的思想分道揚鑣。援用古典知識與熟悉的吟游傳統，他開始進行《歌本》（*Canzoniere*）的創作，這個詩集收錄非常多首詩，成為他最為人知曉的作品，他同時也藉由這個作品表達情感。佩脫拉克有意識地將「愛」（amor）等同與「光榮」（gloria），希望能透過文學聲譽贏得蘿拉的芳心。

在層層的磨難與野心之下，真正讓佩脫拉克不同於但丁的是極度的痛苦。儘管在一三四一年獲得桂冠詩人的封號，他卻深受一事所擾：沒有回報的愛與榮耀似乎只替他帶來悲傷，為什麼不管怎麼做，仍總是感到不開心或是找不到安慰呢？

佩脫拉克在最私密的自傳作品《祕密》（*Secretum*）處理了感到不開心與找不到安慰的道德問題。在對話的一開始，他想像一位代表他的虛構人物「弗朗西斯」（Franciscus）。弗朗西斯擔心死亡而且充滿悲傷，但他無法理解該如何才能擺脫影響靈魂的悲傷。

奇蹟似地，一位由真理化身而成的神祕女子出現在弗朗西斯面前，解釋他會如此是因為在錯誤的地方尋找快樂而導致。為了解釋得更清楚，神祕女子邀請代表聖奧古斯丁（St. Augustine）的幽靈角色「奧古斯丁」（Augustinus）引導弗朗西斯[37]。奧古斯丁解釋，弗朗西斯追求的「快樂」根本不是快樂，因為對蘿拉沒有回報的愛和追求詩學榮耀都源自於相信能在人間找到快樂。但是，奧古斯丁說這樣的想法是荒謬的，世間萬物皆是短暫的，無可避免地會改變、消逝或死去，因此如果在短暫的事物裡尋求快樂無疑注定失望。愛、性與榮耀的吸引源自於人間，只會帶給弗朗西斯悲傷與絕望。弗朗西斯不得不承認就是「需求、悲傷、恥辱、疾病、死亡與所有類似的問題」讓他受折磨。奧古斯丁解釋說「真正的」快樂存在於不朽和恆久不變的東西，而這只能在死後於神的陪伴下找到。漸漸地，奧古斯丁說服弗朗西斯，唯一能夠得到喜樂的方式就是屏除所有世俗慾望，全心奉獻於高尚品德。

奧古斯丁接下來說明，解決方法就是用更多的誠心與熱忱來思考死亡的課題。如果弗朗西斯能夠理解生命有限的事實和死亡不可避免，奧古斯丁認為他就能理解在短暫的事物中尋求快樂的愚昧之處。弗朗西斯瞭解「自我」的真意，就是不朽的靈魂困於肉身之軀中；因此，弗朗西斯自然而然將注意力轉到替自己的靈魂迎接下一世而做準備，並且心無旁騖地全心奉獻於高尚品德[38]。

雖然佩脫拉克被自己的論點說服，但他還是沒有全然地信服。因此，一三四七年近尾聲之時，他的愛火依舊炙烈地燃燒著。然而，這時的義大利面臨了一場前所未見的巨大災難，佩脫拉克也不得不開始相信事物短暫易逝，快樂只在永恆不朽之物上的論點。

一三四七年初，正當佩脫拉克完成《祕密》初稿時，黑死病來了。黑死病是由十二艘從東方返航，原本隸屬於熱亞那的槳帆船帶來的，最初襲擊位於西西里的墨西拿（Messina）港，接下來快速地席捲整個義大利。黑死病重創最近的港口城市卡塔尼亞（Catania）之後數週內，整個西西里島都淪陷了。三個月後，一三四八年一月，從東方帶著香料回來的槳帆船將黑死病帶到熱亞那，再以驚人的速度席捲利古里亞海岸（the Ligurian coast）。一三四八年的春天，黑死病抵達佛羅倫斯，在夏天來臨之前，從巴勒摩（Palermo）到威尼斯，幾乎每個小鎮、每個城市都陷入這駭人聽聞疾病的魔掌之中。

人們感到一陣混亂與困惑，並且競相找尋治療黑死病的方法。許多城市迅速地成立特別收治黑死病患者的醫院，這樣的醫院通常由托缽修會的修士自願擔起照顧病人的責任；在威尼斯，外科醫生的行醫執業行為罕見地被賦予豁免權。但是，缺乏清楚理解黑死病傳播的路徑，一切努力似乎都是無望的。在皮斯托亞（Pistoia），禁止進口布料與亞麻布，市場被嚴格監控著，而所有前往黑死病感染區域的旅行一律禁止。米蘭執行更嚴格的規定，將首先出現黑死病的三間房子完全封閉，房子的門以釘子封死，窗子用磚頭堵住，而裡面的人，不論健康或生病，都被留在裡面等死。

但是一切都是徒勞無功。一三四八年一整年，黑死病勢頭不減地四處肆虐。不分富或貧、老或少、男人或女人都成為受難者，致死率驚人的高。雖然歷史學家對於確切的死亡率還在爭論中，但至少百分之四十五，也許高達百分之七十五的人口，在黑死病恐怖肆虐的三年時間裡死亡。《埃斯滕澤紀事》（*Chronicon Estense*）記載將近六萬三千人在兩個月內死亡，而在黑死病高峰期，威尼斯這個繁忙的港口每天約有六百人死去。在佛羅倫斯，馬爾基翁·迪·科普·史蒂芬尼（Marchionne di Coppo Stefani）[2]估計約有九萬六千人在一三四八年的三月到十月間死亡[39]。在波隆那，十人中約有六人死亡，有位編年史家聲稱在一三四八年的春天到秋天之間，規模較小的奧爾維耶托鎮（Orvieto）約有九成的居民因黑死病死去。

可以想見，黑死病深深影響人們的道德態度。牧師、懺悔者與藝術家開始發展對於生命有限與罪的想法。清楚意識到生命的脆弱，意圖將鼠疫解釋為道德淪喪的懲罰，因此「死亡的勝利」（triumphus mortis）這個主題在這時期特別具說服力。在比薩的坎波桑托鎮（Camposanto），弗朗切斯科·托萊尼（Francesco Traini）畫的場景清楚描繪出死亡勝利的主題。畫中滿是受黑死病折磨的人們，整個場景瀰漫著由四面迫近的死亡帶來的罪惡感。兩個帶有翅膀的小生物在一堆屍體上盤旋，手中握著一張刻有文字的牛皮紙捲，上頭寫著：

知識與財富，
貴族血統與勇敢，
對於肆虐的死亡來說，都不算什麼。

為了闡述這點，一個體型龐大，有著鳥爪般的腳與蝙蝠般的翅膀的邪惡女子盤旋於場景中央，身邊圍繞許多隨從的她就是死亡的化身。嘎嘎大笑的惡魔往下俯衝帶罪人往地獄去；而充滿和平之氣的天使則領著無辜的孩童往寧靜天堂而去。兩位教士站在懸崖頂端看到整個場景，一邊思考人類的狀況，一面急著研讀聖經，但我們並不清楚他們讀的是什麼文本：也許他們正在尋找得以慰藉的文字，更熱切地追隨基督的教誨，或者是正好讀到《啟示錄》裡世界毀滅的可怕一幕，此刻正在他們眼前真實上演。

不亞於托萊尼，佩脫拉克也深受黑死病影響。一三四八年的頭幾個月，佩脫拉克在帕爾

2　又名巴爾達薩雷・波奈烏提（Baldassarre Bonaiuti），歷史學家與編年史作家。其所著《佛羅倫薩紀事》（*The Cronaca fiorentina di Marchionne di Coppo Stefani*）被認為是紀錄一三四八年佛羅倫斯遭遇黑死病襲擊最好的作品。

馬（Parma）與維洛那之間來來往往，親眼目睹鼠疫帶來的駭人結果。他幾乎每天都收到朋友或親戚過世的通知信，他寫的信件裡也充滿了悲傷的惋惜感嘆，包括因聽聞親戚弗朗切斯奇諾・德里・阿爾比齊（Franceschino degli Albizzi）死訊所寫的信件㊵。

一三四八年五月十九日，佩脫拉克的朋友「蘇格拉底」〔路德維希・馮・肯彭（Ludwig van Kempen）〕捎來一封可怕的信：蘿拉過世了。佩脫拉克的心碎了，他哭喊著「我心愛的女子死了，而我的心也跟著她一起死了。」㊶他失去留在世上的慾望，並將這樣的心情寫成動人的十四行情詩：

生命消逝，無法留住任何一個時刻，
而死亡接著登上偉大的舞台；
現在與過去的事物，
對我宣戰，而未來的事物也加入其中，
回想與期待兩者重壓
著我，在這一側，另一……
為了我的遠揚，我見到揚起混亂旋風，

我眼見港口裡有風暴，我的舵手現在極度疲倦，
而船桅和線都斷了，
而我常凝視的美麗星辰，熄滅了。㊷

後來，佩脫拉克逐漸重溫奧古斯丁在《祕密》中所說的話。當親愛的蘿拉從他身邊被殘酷地帶走之後，他痛苦地明白真正的快樂無法在人間找到。她的死說明世界是如此脆弱，而世俗慾望是多麼愚蠢。

他的愛經歷最後一次戲劇化的轉變。取代年少迫切充滿整個心思的性慾，佩脫拉克發現自己對於蘿拉的記憶多半是關於精神上的渴望。他仍然愛著蘿拉，但不是她的身體，而是她的靈魂。此時，佩脫拉克詩中的蘿拉變得不一樣了。這名滿是嘲弄的女子變成提供救贖的角色，引導佩脫拉克往高尚品德而去的幽靈。有一首詩明顯呈現這樣的轉變，佩脫拉克逃離誘惑的灼熱影響，躲到月桂樹下尋求庇護，而月桂樹代表著他的摯愛蘿拉。這「美麗的樹葉」保護他免於世俗慾望的風暴侵襲；當他端詳月桂樹品行端正的樹蔭，月桂樹再度轉變成十字架的形狀。蘿拉死後指向的道路，不是朝著色慾或是榮耀，而是天堂㊸。這樣歷久不衰的概念，爾後由皮埃特羅・本博（Pietro Bembo）、賽拉斐諾・奇米內里・德・阿奎拉（Serafino Ciminelli dell'Aquila）以及馬泰奧・馬里亞・博亞爾多在《熱戀的羅蘭》（*Orlando innamorato*）中

承接與發展。而這個意象最終在巴爾達薩雷・卡斯蒂利奧內（Baldassare Castiglione）[3]主張裡成形發聲。巴爾達薩雷認為「我們每天在腐敗的身軀裡看到的這種美」是配不上高貴情人的愛慕之情㊹。

死亡確實贏得勝利，由鼠疫帶來的悲慘苦難提醒我們需要拋開世俗的歡愉。人們要正視生命的易逝，還有不可避免的審判，因此應該要拒絕性慾，甚至傳統典型的愛也該被厭棄。人們應該緊抓著高尚品德，追求神性的愛，以希望獲得下一世的快樂。但即便佩脫拉克本人也無法遵守，甚至逾越了好幾次（他在擔任聖職期間當了好幾次父親），但是他還是認為貞潔與崇敬是唯一前進的路。格拉爾多迪・喬凡尼・德爾・弗拉（Gherardodi Giovanni del Fora）的《愛與貞潔的爭鬥》（*The Combat of Love and Chasity*）〔圖15〕描繪慾望的利箭射穿靈魂的貞潔盾牌。慾望由暗夜的悲傷形塑而成，它是嚴峻倫理讓人類成為探索身體的無知朝聖者，也讓人必須以雙眼緊閉和雙膝跪地的姿態過活。再者，支撐慾望的愛、性與死亡，三者間緊繃的關係，已讓米開朗基羅注意了一段時間。

第三幕：肉體的歡愉

如同《提提俄斯的懲罰》畫作所描繪的，米開朗基羅似乎對於佩脫拉克式的肉體慾望與死亡二分法耿耿於懷。就他寫給托馬索的詩看來，因為他理解生命有限，於是花了很多時間強調他對托馬索的愛是全然純潔的。純潔的愛其實也是米開朗基羅懇求與這位冷漠的年輕人有較親密關係的基礎。在一五三三年的詩裡，他說：「你的靈魂更願意回應／勝於我能夠希望的，對於閃亮貞潔的火光，／於我心深處，意念也許能憐憫並且靠近……」㊺

儘管他鄭重聲明自己的意念純潔，米開朗基羅的行為卻不全然是這麼一回事。早在一五三二年後半或是一五三三年上半，開始有流言揣測米開朗基羅一點也不貞潔，而是個下流的老頭子。這樣的流言傳到托馬索的耳裡使他心生疑慮，於是有一陣子拒絕見米開朗基羅，讓極度不安的米開朗基羅覺得該寫首詩以反駁流言㊻。雖然米開朗基羅努力試著戰勝肉體慾望，但他始終沒有成功。甚至在他替自己的貞潔辯護之時，也承認他想要讓「我渴望已久甜美的閣下永遠留在／交疊準備好的卑微臂彎裡。」㊼有時，他確實看起來是在吐露自己的性

3 文藝復興時期歐洲詩人。他的代表作《廷臣論》（*The Book of the Courtier*）享譽當時文壇，並對日後歐洲思想文化產生獨特的影響。

渴望，一邊毫無顧忌興奮地臣服於慾望之中，另一邊卻同時想起自己虔誠的意圖。

米開朗基羅試著將自己的慾望合理化，而反轉佩脫拉克的論點。正因人生如此短暫，加上犯的罪使人下地獄，他覺得自己應該臣服於無法全然克服的強烈情感之下。在一首約是一五三四或三五年寫的詩中，他坦白說出對於托馬索的感情，縱使「悲慘」，還是比德行重要，這樣的想法讓他痛苦不已。但是，既然上帝沒有因此就懲罰他，將他處死，他覺得沒有理由要克制慾望。再者，既然他無法抵抗會讓他死後下地獄的慾望，那麼托馬索的擁抱將是他唯一能體驗到的關於天堂的滋味。無力抵抗托馬索的美貌，他被迫當個虔誠卻又淫蕩的殉道者，直到死亡。誠如他在詩中下的結論：

> 倘若能得到神的祝福，就是能在此地被逮捕、被征服，
> 難怪我裸身獨自一人待在此地，
> 成為身帶武器的騎士的俘虜。[48]

以臣服於肉體熱情用來抵抗死亡的痛苦，米開朗基羅將自己與但丁和佩脫拉克區隔開來。但是，當他遠離主要兩種對於愛的文學建構之時，他同時援用另一種完全不同的思考傳統，就是使用人類生命的脆弱性，將不受約束地沉溺於性歡愉合理化。這樣的米開朗基羅不

僅是重新演繹個體經驗，更多的是扮演對男子有興趣的酒神巴克斯（Bacchus），他的形象代表著整個文藝復興時期的歷史。這樣的形象由兩個平行的部分組成，每個部分都讓藝術與生活以前所未見的更緊繃、甚至是更刺激的方式結合在一起。

及時行樂：性與死亡

一開始，黑死病的經歷為歡愉的勝利創造理想條件。死亡在每個街角埋伏，人們不但更確切地意識到死後世界即將到來，也理解到在生之時，應該盡情過活。薄伽丘在《十日談》的前言裡提到，感染鼠疫的危險經常存在，而這把人們推向極端。有些人選擇絕望地把自己關起來以避免感染鼠疫，有些人則相信避免鼠疫最好的方式就是「去盡情喝酒，盡情享受生活，到處唱歌和盡情作樂，一逮到機會，就盡情滿足所有的渴望。」[49]抱持這樣信念的人更加趨向過度放縱，因為他們了解生命比想像的還要珍貴。嚴格管理衣服的禁奢令完全被遺忘，大量色彩美麗的布料紛紛出現，有著精緻令人驚嘆的刺繡圖案和剪裁放蕩的女性服裝開始流行。歡愉成了生活方式，而濫交的狀況則無止盡的增加。隨著家庭生活的破碎，重要的社會藩籬也被打破，一有機會，人們就縱情於尋歡作樂和濫交。即便是修士與托缽修士都打破「服從規矩的規定，並讓自己放縱肉體歡愉，因此想要逃離，並且……變得色慾薰心和放蕩不羈。」[50]

薄伽丘親身看到鼠疫的到來，因此深深被這樣新奇喜愛歡愉的行爲準則影響。雖然他早期許多作品已透露出一個喜好強烈性愛甚至是色慾的靈魂，特別是《菲埃索勒的女神》（*Ninfale fiesolano*），裡面「好鬥，帶虐待狂傾向的細節」被譴責是「極糟糕的品味」[51]，但他年輕時期充滿力量的散文隱匿了帶有道德不確定性的口吻，因而促使他寫下狂野具自我批評口吻（但是帶有驚人的厭惡女性態度）的《大鴉》（*Corbaccio*）。在黑死病展開首次的大屠殺之後，薄伽丘不再有任何的疑慮。當他在寫《十日談》的時候，毫無顧忌地全心擁抱鼠疫過後時期的生活之樂。

《十日談》普遍被認為是薄伽丘最傑出的散文作品，背景設在鼠疫肆虐高峰的佛羅倫斯。書中主要角色為七位年輕女子與三位年輕男子，他們因為極度害怕黑死病帶來的毀滅，決定前往城郊外的宅邸躲避疫情。離開城市的這十天，周遭環繞著「美麗的花園和草地」，他們決心盡情「享樂與尋歡作樂」。大家輪流講故事，而故事的內容真實地驗證十四世紀對於慾望的態度是如何轉變。即使有些故事處理德行和榮譽的問題，像是格瑞瑟達（Griselda）的故事，但大多數的故事都是精力旺盛、猥褻作樂的故事，內容充滿被戴綠帽的丈夫、性慾衝動的修士、無節制的狂飲和不斷的私通。

死亡將近讓薄伽丘相信，多點性，人生會更有趣。但他並非自由思想家，且在有些故事結尾加上道德教誨的結論，當作對於端正行為公式化的認可，藉此避免被指控為全面的道德敗壞。貝爾托・德拉・馬薩（Berto della Massa）的故事就是個好例子，這位遊手好閒的年輕人決定偽裝成托鉢修士，以便更容易實行邪惡的慾望。他偽裝成艾伯特修士（Friar Alberto），動身前往威尼斯。一到當地，立刻就對蒙娜・麗賽塔・達・卡奎力諾（Monna Lisetta da Ca'Quirino）產生炙烈的慾望。這位女子是個「愚蠢輕浮又健忘的年輕女子」，而她前來尋求偽裝成修士的馬薩聆聽告解[52]。馬薩為了讓女子克服道德上的顧慮，就對女子說大天使加百列已經愛上她，並且希望當天晚上前去見她。當晚，馬薩用一對假翅膀偽裝成天使，出現在她的房間，然後欺騙受驚嚇無知的蒙娜・麗賽塔，並與她做愛。她的親戚察覺馬薩的詭計，在馬薩進行到一半時突然出現，於是他破窗跳入大運河，但還是被抓到了，綑綁在里阿爾托（Rialto）附近的橋墩上，全身被塗滿蜂蜜以招來蒼蠅。最後的結局明顯的是個「具道德」的結果。但是當講故事者潘普妮雅（Pampinea）關注貝爾托・德拉・馬薩「得到應得的懲罰」，並且表示她希望「相同的命運降臨在每一位跟馬薩一樣的人身上。」[53]時，同樣明顯的是這個故事其實是為了以幽默娛樂讀者，並用愚蠢可笑的性冒險來刺激讀者的熱情。貝爾托・德拉・馬薩的報應並非用來敦促道德教誨，而是為了增加娛樂價值。

大多數的時候，薄伽丘一點都不遮掩他對性愉悅的頌揚。他常常相當明白也很開心地以基督教概念，強調對於及時享受人生的好處。最好的例子就是薄伽丘筆下的角色們證明自己無法根除人類本性裡對於性的渴求。其中一個故事描述一位來自巴巴利（Barbary）的十四歲美少女阿麗貝克（Alibech），受到基督教信仰的感召，決定逃離現在的生活，前往沙漠尋找一位住在該地的虔誠隱士學習宗教思想。到處遊蕩許久的阿麗貝克被虔誠的路思提可（Rustico）帶回去。路思提可決心要教導她高尚德行，同時也得抵抗她的魅力。路思提可在談論藉由「讓惡魔回歸的地獄」以彰顯侍奉神的重要性之後，發現自己的道德約束力不如原先以為的堅強[54]，無法抑制自己的生理反應。接下來路思提可與阿麗貝克的談話體現了薄伽丘的倫理傑作。阿麗貝克問路思提可：

「在你身前凸起的東西，是我沒有的，而那是什麼？」

路思提可說：「喔，親愛的孩子，這是我跟你提到的惡魔。你有看到他正對我做的嗎？他正在傷害我，而我快忍受不了。」

女孩回答：「喔，老天，我比你好多了，因為我不用處理這樣的惡魔。」

路思提可說：「你說的對，但是你有一樣我沒有的東西。」

阿麗貝克問：「喔？是什麼？」

路思提可回答：「你有地獄。我真誠地相信上帝派你來拯救我的靈魂。如果這個惡魔持續不斷地折磨我，如果你準備好要憐憫我，請讓我將它放回去地獄，這樣一來，你會讓我得到不可思議的解脫，並且這也是對神無價的敬奉與讓神喜悅的事，這也是你來此地的首要原因。」

無知的女孩這樣回答：「神父呀，如果我真的有地獄，當你準備好了，讓我們就按照你說的進行。」

路思提可說：「願神祝福你，親愛的孩子。」這時，他帶著女孩上了其中一張床，在那裡他教導女孩如何監禁可怕惡魔的方法。㊺

薄伽丘跟他的讀者也許都覺得以上的故事沒有任何的問題。事實上，在故事的尾聲，薄伽丘稱讚路思提可的作為，因為他幫助阿麗貝克為嫁給尼爾巴勒（Neerbal）做準備，再來解釋女士們應該「學習如何把惡魔放回地獄，因為這會讓神歡喜，而對於參與的人來說，也是相當愉悅的一件事。整個過程中很多的好事會因此而生，且持續流傳。」㊻

死亡的即將到來讓人恣意放縱性慾，這樣的信念持續延伸到黑死病已慢慢平息之後。十四世紀中期，它也從《十日談》裡進入文藝復興文化的主流。雖然佩脫拉克的自我否定式道德持續被欣賞與模仿，但是即便是最崇拜他的人也開始培養享樂原則，並追隨薄伽丘的腳步參酌生命的不確定性，替性放縱辯護。

能最清楚表達享樂的勝利，還有它與死亡的關係，莫過於從十五世紀中期開始在佛羅倫斯流行的「狂歡節之歌」（*canti carnascialeschi*），這類歌曲的流行可能是由羅倫佐・德・麥地奇本人帶起的風潮。這樣的歌曲通常是為了富有的贊助人或是一群朋友相聚的場合而特別創作，歌曲內容混合刺激的音樂與視覺表演，通常由專業演員在裝飾豐富的馬車上演出。就本質上來說，這樣的演出充滿挑逗性。但是在文藝復興時期最流行的兩首狂歡歌驗證了，生命有限性與性在文化想像中的共生關係，同時也指出神意加強愉悅的重要性。「死亡之歌」（*Canzona de' morti*）表演的場地是在喪禮馬車上，車上滿載著唱著歌曲的骷髏頭人。歌曲一開始提醒觀眾「悲痛、眼淚和悔過／經常折磨著我們」，接著開始強調死亡終會降臨在你我的身上，而且常是突然降臨[57]。骷髏頭歌手唱著：「我們曾經跟你們一樣，／而你們也將跟我們一樣；／你們看得到的，我們現在都死了，／而我們也將看到你們的死亡。」這樣的表演看起來像是個展示人類脆弱的可怕表演，但它在狂歡節上其實是為感官解放的精神增色。羅倫佐・德・麥地奇在「酒神巴克斯與亞莉雅德尼的勝利」（*Trionfo di Bacco e Arianna*）裡，跟隨薄伽丘的腳步，將死亡的即將到來，當作及時享樂的重要提醒。羅倫佐在其著名的複奏樂節（*ritornello*）將以上概念做了個很棒的總結：

年輕多美好，

但總會飛逝！
讓快樂的人把握當下，
因為明日也許不會到來。[58]

羅倫佐似乎是在問著，如果死亡和地獄正等著我們，趁人生在世，何不享受生活呢？身為一位年輕人，米開朗基羅必定聽過這樣的提問，也許就是由羅倫佐本人所提出。然而，這樣的想法似乎在米開朗基羅遇到托馬索．迪．卡瓦列利之後，依然在他心中蟄伏。

從人的尊嚴到享樂理論

為了抵抗死亡，薄伽丘與羅倫佐．德．麥地奇因此有實際的好理由去提倡性解放，但他們試圖掩蓋的道德與宗教議題仍待處理。雖然「為什麼不？」的說法提供下流故事與狂歡縱酒一個足夠的基礎，但對於神學禁止肉體愉悅的禁令，這不是個令人信服的哲學回應；而且對於佩脫拉克嚴肅、自我否定的道德觀，它也不是個機靈的回答。

性放縱最主要的障礙是區分身體與靈魂或是智慧。對佩脫拉克來說，靈魂是囚於身體裡不情願的囚犯。肉體世界是個比較低下、現實狀態的「變態」形式，而死後享受的精神或是智能的領域才是真理與幸福的唯一來源。人類從肉體形式解脫之後，才能做「自己」；然而唯有避開世俗誘惑才能贏得這樣的回報。

來自於利古里亞的巴托洛梅奧．法西奧（Bartolomeo Facio）認為身體愉悅是相對於人類尊嚴。在他的論文〈人類的卓越〉（*De hominis excellentia*）裡，法西奧解釋儘管神以祂的形象造人，讓我們長得像祂，但只有靈魂是神聖，並屬於天國的；相對於死後腐爛分解的身體，靈魂是不朽的，最終能回歸天堂。因此，我們很清楚了解人的尊嚴不是來自於實現肉體歡愉，而是實現靈魂的生命，以及冥想著神的時刻。法西奧甚至嚴厲指責「遺忘了自己的卓越與尊嚴，亟欲尋找……墮落和短暫的事物」這類盲目的人[59]。換句話說，性絕對是有失尊嚴的。

到十五世紀中期，身體與靈魂的二元分界面臨挑戰。也許單單肇因於對於鼠疫有著生理的恐懼，人們開始質疑身體與靈魂是否這麼不同，也開始質疑是否其實人類沒有擁有那麼多的尊嚴，是佩脫拉克與法西奧高估了人類呢？

來自佛羅倫斯，思想相容並兼、博學多聞的吉安諾左．馬奈蒂（Giannozzo Manetti）打破身體與靈魂的理論模型。在〈人類的尊嚴與卓越〉（*De dignitate et excellentia hominis*）裡，他反對前幾個世紀困難、不妥協的道德觀，進而著手提供一個對於人性較正面的觀點[60]。他的方法的確是創新的，但他並不反對佩脫拉克和法西奧的看法，基本上也不反對令人生畏的中世紀教宗諾森三世（Pope Innocent III）的觀點。他的確意識到身體與靈魂確實有差異一事，卻感到相當開心，因為對於馬奈帝來說，這不代表人生就此悲慘。完全相反地，馬奈帝認為神創造了世界給人類使用。雖然人類有肉體與精神兩種天性，神不僅讓人類成為完整的人，還給予人類滿足所有跟創造相關目的所需的身體與感官機能。以神的形象創造的人類，被賦予一系列的能力，像是理性、智慧、視覺、聽覺、味覺、觸覺、嗅覺等等，這些能力讓他根據靈魂的意向去詮釋物質世界，還可以讓他根據理性朝著救贖的方向控制身旁的事物。人類因此成為宛如普羅米修斯式的創造家，不僅能夠享受周遭的世界，也能夠形塑自己的命運。佩脫拉克與法西奧認為人類被宣判只能忍受人世的無常與不穩定，但是馬奈帝認為人類是所有事物的主宰與標準。因此，他相信人類是所有動物中「最美麗、最有天賦、最睿智、最奢華與最強而有力的。」[61]

馬奈帝的想法，不論是想法本身或是對周遭的人來說，都相當令人感到興奮的，而且這般想法的運用更是極為重要。從馬奈帝的論述中，我們可以看到神似乎允許人類藉著把事情變得更加享受，以追求正確的道路。人類追求愉悅，不僅讓人繼續生活，也讓人受到教化，變得文明與開化。奧雷利奧・利波・布蘭多里尼（Aurelio Lippo Brandolini）在他的〈論人類生活狀況與忍受身體病痛對話錄〉（*Dialogus de humanae vitae conditione et toleranda corporis aegritudine*）中論證[62]：

因為涉及人類營養與繁衍後代事務本質上具有某種歡愉與喜悅，除非有人想用無聊或勞務忽視自己的生活或下一代的生活，造成人類族群走向末路，人類的需求自然逐漸轉化成奢華享受。再者，人類不僅尋求足夠的，而且慾求所渴望的。人類將逐漸變成認為沒有小麥、酒、羊毛、建築，就無法活下去，甚至還有許多人沒香氣、塗抹身體的軟膏、羽毛和其他令人愉悅的事物就無法存活。除了以上的情況，人們開始創造農耕、航海、建築、無數有意的藝術，除此之外就是勞務，都是為了讓人們能擁有優雅、足夠的衣物和建築物，並且享受愉悅，雖然有些人稱這樣的愉悅是悲慘和令人煩惱的。[63]

換言之，物質歡愉是人類生命本質的一部分：為了滿足上帝計畫中人性的角色，男人與女人必要享受自我。馬奈帝議論道：

這很困難，當人看到美麗的胴體，聽到聲音與悅耳和聲，還有聽聞其他很棒的事物，聞到花香和類似的香味，嚐到甜食和溫順美酒，還有觸摸到最柔軟的東西，所以要說明人類受歡愉擄獲的程度有多大，幾乎是不可能……因此，如果人類……生活裡享受多一點愉悅，比被麻煩和憤怒所折磨的還多，他們應當會感受到喜悅與慰藉，而不會抱怨與悔恨；特別當大自然對於冷、熱、勞務、苦痛和疾病，提供柔軟、甜蜜與富歡愉的療法；當我們吃與喝的時候，飢餓與口渴隨之消失，我們奇蹟似地變得很愉快，因此當我們吃得好，當我們安靜下來，當我們休息時，我們同樣地愉快。

就性愉悅來說，以上說法再真切不過。馬奈帝使用類似於達爾文的論點來論證性愛狂喜其來有自：

> 觸摸生殖器所帶來的愉悅感，一般來說，勝於其他觸覺能帶來的快感。哲學家說這是因為大自然的關係……而不是盲目靠運氣，就是靠著特定的理由和因著明顯的目的。觸摸生殖器的愉悅感遠超越吃與喝能帶來的，因為大自然將保存物種看的比個體的生存還重要。[64]

馬奈帝認為如果人類無法享受物質愉悅，那就是忘了身為人的本性，也是在傷害他自己還有整體人類。

儘管馬奈帝的論點也許令人感到刺激與受到鼓舞，但仍舊讓批評家有提出不同看法的空間。即使接受人類有責任去享受愉悅能提供的一切，但因為馬奈帝持續區分身體與靈魂，因此我們不禁要問是否快樂事實上是有區分等級的。批評家也許會說物質愉悅很棒也很好，但是靈魂仍是人類較高貴的部分：若真是如此，我們該提出靈魂愉悅是否比身體愉悅還來得優越這個問題。

這個問題就得交由馬奈帝的同胞教士兼語言學家的羅倫佐·瓦拉（Lorenzo Valla）來解決。瓦拉是個好鬥、易怒又強烈地愛好爭辯的人，而他在《論愉悅》（*De Voluptate*）中修補了馬奈帝思想的缺口，替物質愉悅強力辯護[65]。《論愉悅》的內容是由三位朋友之間的對話構成的，三人分別代表不同學派的哲學思想，探究與愉悅人生相關的論題[66]。

瓦拉從由亞里斯多德指出的三種生活方式著手。這三種生活方式包括「愉悅生活」、「公民或政治生活」和「冥想生活」，而瓦拉指出，追求這三種生活方式都是以自身與快樂為目的[67]。但是，瓦拉認為這樣的區別有個內在問題：你怎麼能夠同時說追求這三種生活模式都是為了自己與為了快樂的？因為這樣的說法基本上把快樂當作三者內在的一部分，但是每個內在卻是不同的，因此快樂不可能同時個別存在於三者之中。快樂是個絕對的狀態，因此對瓦拉來說，如果要找到開心，必須把三種生活方式混合在一起[68]。沒有任一種生活方式是高於另一個，所有都是「好生活」的一部分。換句話說，愉悅就成為快樂必要的一部分。

然而，瓦拉不是傻子。他知道這樣的想法會引來更多的反對意見，特別是有些比較保守的朋友會試圖爭論，如果「愉悅」是快樂的一部分，那麼就有不同的方式可以理解快樂。的確，瓦拉知道最終會有人議論認為知性愉悅勝於物質愉悅，而「冥想」才是理想的生活方式。瓦拉決心先攔截這些評論家，擊潰這樣的論點。

因著「愉悅」這個字包含知性與物質的享受，瓦拉認為兩種享受完全相同，都是構成愉悅的一部分。他也認為試圖以人工的方式區分兩者是愚昧的。即便肉體與心靈的享受是些許不同的經驗模式，但身體與靈魂仍舊是享受同樣的愉悅，因此認為能區別冥想生活或是認為它優於物質生活，這樣的辯護是完全行不通的。瓦拉跟伊比鳩魯（Epicurus）一樣都認為縱使能單談論冥想生活，但因為所有類型的享受都是相同的，因此冥想達到的愉悅，本身同屬知性愉悅與物質愉悅[69]。把論點倒轉來說，追求愉悅事實上就是冥想的一部分，因此很明顯的感官愉悅是最好的，也是唯一具高尚品德的生活方式。

瓦拉與馬奈帝成功創造一個更正面與更有活力的人類生命，還有替薄伽丘與羅倫佐．德．麥地奇用熱情與喜悅描繪的放縱感官新精神，找到一個切合實際的理論辯解。性與愉悅事實上不僅沒有失去尊嚴，也是人類尊嚴的本質。這也是米開朗基羅特別記在心上的經驗。

第四幕：解答

米開朗基羅一開始模仿但丁將托馬索・迪・卡瓦列利理想化，接下來像佩脫拉克一般，用悲傷與自我厭惡折磨自己，然後追隨薄伽丘、瓦拉和羅倫佐・德・麥地奇的熱忱暫時沉溺於慾望，最後卻發現自己陷入困境。用一句話形容他的狀況：被拉扯著。一方面來說，他愛這個時而遙遠時而冷漠，體現美好與真實的托馬索，加上被死亡的即將到來催促著，他遠離所有的一切，只剩下最純粹、精神形式的愛。但是，就另一方面來說，米開朗基羅也被無法壓抑的性慾驅使著，同時他也很享受、慶祝與讚美著它。援用文藝復興相互對立的思想，以表達他感受到的衝突，然而這樣做卻撕裂了自己。他必須要找到調和這兩面不同個性的自己的方式。他需要找到結合愛、性與死亡的方法。

隨著一五五三年的腳步逼近，米開朗基羅突然有了啟示。我們不知道他是逐漸理解還是突然想到，但正當朋友們傷人的閒語開始攻擊他時，解決難題的光芒逐漸從如烏雲般受苦的關係背後嶄露而出，他開始理解其實根本沒有衝突。人間與天堂以良善與輝煌的鎖鏈連結在一起，而人的身體也直接連結於神。因此，讓托馬索如此美麗誘人，不是因為他代表所有完美的事物，而是他的美麗是神的一部分。肉體的愉悅、理想化的愛和對於高尚品德的渴望都合流在一起。他能同時愛著托馬索的肉體，也可以愛著他的靈魂。這般新型式的愛幾乎像是種崇敬。閃耀著靈感之光，米開朗基羅把對愛的新想法寫在他最發人省思的一首詩裡：

我看到你可愛的臉龐在此，閣下，
這世界沒有文字能描繪；
因為如此，即便外罩著軀體，我的靈魂
卻時常升起到達神的身邊。
如果那些愚蠢、邪惡又帶惡意的群眾
指責他人做著跟他們惡劣事蹟一樣的事情，
我並非不珍惜這般渴求的意念，
這般的愛、這樣的信念、這樣良善貞潔的慾望。
對智者而言，我們所知的事物裡，
沒有什麼與仁慈的源泉，也就是我們源起之處相近，
只有凡間的美麗之物；
而凡間裡也找不到其他來自天堂的樣品或果實；以信念愛著你的他
超越一切直達天上的神，並認為死亡是甜蜜的。[70]

《劫持蓋尼米得》（*The Rape of Ganymede*）〔圖16〕也透露出同樣的觀點。這幅畫是米開朗基羅於一五三二年底送給托馬索的第二幅禮物畫作，描繪神的迷戀故事。托馬索可能從奧維德（Ovid）的《變形記》（*Metamorphoses*）裡讀過同樣的故事，蓋尼米得原本只是位貧窮的特洛伊牧羊人，但他驚人的美貌卻燃起宙斯的激情。衝動又色慾薰心的宙斯一定要將蓋尼米得占為己有。在米開朗基羅的畫裡，宙斯化身為老鷹，帶著這位年輕人到奧林帕斯山上，命他當斟酒人。但是畫中的蓋尼米得沒有顯露驚訝，反而看起來像感受愛意而在暈眩與純粹狂喜的表情之間掙扎[71]。於此同時，米開朗基羅彷彿將自己想像成兩個角色。他像宙斯一般，因渴望男孩的身軀，整身燃燒著強烈的慾望，為了永恆的柏拉圖式愉悅，而抓走英俊年輕人；他也像蓋尼米得一般，因自身無法抗拒的愛，感覺像被帶往天堂。換句話說，肉體之愛不僅成為一種崇敬，也成了一種超體驗。一切——愛、肉體激情、精神親密、宗教信念——立即合而為一。

在米開朗基羅與托馬索．迪．卡瓦列利戲劇化關係的最後一幕裡，他將年輕時的某個部分重新呈現。年輕時因羅倫佐．德．麥地奇的關係而打進人文主義學者圈，這圈子裡最有名的成員包括馬爾西利奧．費奇諾與喬凡尼．皮克．德拉．米蘭多拉[72]。這些新柏拉圖主義者狂愛學習希臘哲學，同時也是希臘哲學作品的翻譯家。理查．麥肯尼（Richard Mackenney）[4]稱他們為「新新柏拉圖主義者」（Neoneoplatonist），這些人成功地將截然不同派別的文藝復興思想融合在同一個環境裡，裡頭充滿恣意熱愛肉體美貌的想法，還有擋不住地擴張知識眼界的思潮。雖然沒有直接的證據顯示米開朗基羅曾經深入研讀新柏拉圖主義者的作品，但是他待在麥地奇里卡迪宮的日子想必一定接觸過令人興奮的知識爭論氛圍，以及沉溺於感官愉悅的環境。數年後，米開朗基羅為了解決內在的痛苦折磨，轉而向隱約記得的青少年時期回憶裡尋求解決方法，而費奇諾與皮克・德拉・米蘭多拉的想法就成了米開朗基羅對托馬索・迪・卡瓦列利最後、也是最扣人心弦的愛戀演進階段的模範。

馬爾西利奧・費奇諾與喬凡尼・皮克・德拉・米蘭多拉身為真正的「文藝復興人」，有著深厚的學識與千變萬化的興趣。兩人都是相容並蓄、容易興奮、充滿知性活力的人，但對於廣大多變的創造與物質世界的愉悅卻不感興趣。費奇諾是希臘哲學家卜列東（Plethon）的追隨者，也是第一個將柏拉圖全部作品翻譯成拉丁文。儘管有聖職在身，卻懷有強烈但隱性的同性慾望，這些都表現在他給喬凡尼・卡瓦爾康帝（Giovanni Cavalcanti）情感強烈的信中。而高貴的皮克不僅年幼時已精通拉丁文與希臘文，更使他非比尋常的是對阿拉伯文與希伯來文有深厚的知識。他追求一種非凡形式的「融合主義」（syncretism），因著這樣的信念擁抱所有思想與信仰，沉浸在從柏拉圖和亞里斯多德，到卡巴拉和赫密斯的著作中，但同時與羅

4 現任教於紐約州立賓漢頓大學的歷史系教授，其專長為十三到十七世紀的文藝復興歷史、文學、視覺藝術與音樂。

倫佐・德・麥地奇已婚的親戚私通，還被教宗諾森八世（Pope Innocent VIII）指控為異端。費奇諾最後死在麥地奇家族的科立吉別墅（Careggi）裡，皮克則被毒死，可能是由於他與薩佛納羅拉的親密關係。

但是，在費奇諾與皮克廣泛的興趣中，最吸引與影響米開朗基羅的是那些從他們聚集的社會環境中產生的東西。雖然對於稱呼這樣的集合為「學院」的說法仍有疑慮[73]，費奇諾與皮克——還有其他人，包括克里斯多福羅・蘭迪諾——經常應偉大的羅倫佐的邀請，在科立吉別墅聚會，討論最新的思想。聚會時的氛圍時常是吵雜又令人感到興奮，因著柏拉圖與新柏拉圖的文本重新被發掘與翻譯，這群在科立吉的非凡人們身邊圍繞著對美的崇拜、明顯感受得到對於人類心智無限可能性的喜悅、令人喜愛的友誼、潛伏的性焦慮和一股強烈的慾望，想讓新知識與基督教信仰能和諧共存。在這些熱情洋溢的知性聚會裡，費奇諾與皮克面對將人類經驗眼界拓展到無限大的想法，感受到一陣無法抑制的渴求，想要將所有一切事物融合為一個令人滿意的思想體系，這樣的體系能解釋所有在科立吉別墅發掘的精隨，亦能為其作證明。

從這樣的環境裡孕育出一種想要融合所有創造的執著。這樣的想法——最終讓人類尊嚴與對愛熱誠的承諾發揮出來——圍繞著兩個相連的思想。一方面來說，一切事物皆相互連結。宇宙並非由兩個明顯區別的世界組成——精神、天堂世界與物質、世俗世界——新柏拉圖主義者認為宇宙是由一連串的「階層」組成，每個階層都以鏈子連結著其他階層，而鏈子則是代表遞減的完美程度。另一方面來說，每個由鍊子連接的階層都是由其表現出柏拉圖式的「形式」或「理念」的程度來定義。因此，當「宇宙心意」——所有階層中，至高、至美的階層——是柏拉圖式理念與天使存在的永恆領域，而「自然界」——就是人類居住的地方——由會腐壞的形式與物質的混合物所組成。

這思想的影響很重要。就某些方面來說，雖然不同的階層的確有所差異，但它們還是由「從神散發出的神意影響」⑭連結在一起。因著所有事物都由神創造，因此都屬於神。再者，每個階層都必須反映出其上階層的特色。例如：「宇宙心意」裡的形式與理念都是以「原型的樣貌存在較低的階層」，因此延伸來看，「自然界」的一切事物是以較不完美的方式彰顯較高階層的原型。如同皮克在《創世七日》（*Heptaplus*）裡寫道：

> 世界裡萬事萬物都在彼此之內，一切事物之中沒有其他事物所沒有的……在階層較低的世界有的東西，高層世界裡也找得到，只是以一種較高層的形式存在；在高層世界裡存在的東西，也能在低層世界裡見到，只是以較墮落的形式存在，換言之，就是混雜的形態。我們的世界裡有火的元素，而在天界，相對應的實體就是太陽，在超天界裡有智慧純潔之火。但三者的不同在於：元素火會燃燒，天火給予生

命，而智慧純潔之火愛著萬物。[75]

新柏拉圖主義者相信因為「自然界」位在創造計畫裡的相對低階層，因此完美無法存在人間。換言之，任何事物都是以不完美的型態呈現所謂的美，同時也是彰顯崇高、天界的美，而這樣的不完美也反映了部分較高階的「理念」或真實。所以，即便人類擁有一個不完美的軀體，但他的物質形式卻能反映理想典型的標準。人類的理智靈魂——即便無形體——仍是直接反映神性。

費奇諾和皮克認為，如果以上為真，人類似乎可能超越自身肉體生命的限制，而達成與萬事萬物模範的高層、神性「理念」合而為一。所有的一切都跟冥想有關。人原本就擁有理性，藉由理性能讓人「往上升」到較高階層和「往下降」到較低階層，因此冥想很適合人類[76]。冥想時「靈魂抽離身體，抽離所有外在事物，進入它自己……在那，它不僅發現自己的神性，同時也在逐漸的上升裡見到能理解的世界、超越理念與神本，還有彼此共同來源……」[77]上升到最終的神理念階層——費奇諾跟隨柏拉圖的想法，將這樣的經驗描述為「一種神性狂熱」，並把這類經驗與希伯來預言家和遠古時代的女預言家歸在同一類——人將感受到一股前所未有的喜悅，一種純粹又強烈的狂喜。

冥想與狂喜融合的概念最終與愛的意念做連結。讓神創造宇宙的動機就是愛。這樣的愛彰顯於美之上，而美最終指向的就是神。冥想生活——目標就是超越的連結——因此必須完全理解美的基本特質，因而引起實踐最終之美的慾望。對於費奇諾與皮克來說，這樣的慾望就是愛。換句話說，冥想需要愛，而愛需要對美的渴望。因此美的樂趣隱約地與狂喜，甚至是崇敬連結在一起。

即便畫作總有不同的詮釋，桑德羅．波提切利的《維納斯的誕生》（*The Birth of Venus*）似乎概括表述了以上對於美、狂喜與愛的概念。而這幅畫可能是為了麥地奇的科立吉別墅所畫。波提切利在畫中描繪女神維納斯（從烏拉諾斯被割斷的生殖器裡出生。克羅諾斯割斷烏拉諾斯的睪丸，然後丟到大海裡）被風吹到基西拉島著陸。如同希羅神話裡那般的美麗，維納斯就是愛的女神。但是，她的美喚起的慾望與愛不僅是貞潔的（由她站立於貝殼上的意象與季節女神荷萊將要替她蓋上的袍子可得知），也代表神性的愛，還有她喚起的狂喜也與冥想神性美這事緊密相關。

費奇諾將冥想的界線向外推得更遠，更有意識地在他翻譯與注解柏拉圖的《會飲篇》（*Symposium*）時，著手重新復興「柏拉圖式愛情」的概念。費奇諾認為冥想的本質，等同於對其他人的愛，與追求同樣目標的人之間的友誼一般。費奇諾所想的就是種存在興趣相投的人之間強烈的精神羈絆。但是，儘管他也很小心避免寬恕無節制的性衝動，但他將冥想等同於「對美的渴望」，也為這樣的羈絆注入對於美的頌揚——特別是對於同性戀色彩的美。

這樣的結果解決了文藝復興思想裡長久以來不確定的部分。新柏拉圖主義者指出所有創造都連結在一起，因此透過冥想的形式提升人重新與神結合的能力，而冥想的形式不僅需要歡欣鼓舞的享受美（如同神的倒影），也需要人與人之間深切、持久的愛。這樣的愛本身就是種崇敬，也是種超越；愛讓人脫離自己，往天堂方向提升；愛也讓宗教思想，物質世界的奇蹟和心靈驟升的可能性緊密相連，成為一個單一、半有機整體。

米開朗基羅在新柏拉圖主義的面向裡找到救贖。不能——也不願意——追求與托馬索．迪．卡瓦列利全然關於性的關係，米開朗基羅最終找到將托馬索當作神的倒影，成為崇敬的目標，將愛他視為是人類之美的典範，不再有罪惡感，盡情享受狂喜。放棄佩脫拉克自我鞭笞的道德觀、薄伽丘與瓦拉的永不滿足的玩樂主義，他從費奇諾與皮克身上學到托馬索能夠成為自己的維納斯，就像一個指引天堂路的半人半神，也是他能夠以肉體、精神與貞潔的方式崇拜的對象。

米開朗基羅初次見到托馬索後的幾年裡，經歷極端的痛苦與愉悅。他愛得深切，因受到斷然拒絕而傷心不已，也因為罪惡感而受盡折磨，但在崇敬裡發現狂喜。然而，也許最重要的是，在他的詩與畫作中，他透過想法與圖像尋找理解與表達最深層情感，而這樣的想法與圖像都是由他人經歷的世界與他人的愛而來。他常使用古典作品的語言，重新體會但丁、佩脫拉克、薄伽丘、馬奈帝、瓦拉、費奇諾與皮克的喜悅與傷心，試圖從中找到慰藉與滿足。

米開朗基羅與托馬索揪心的關係可被視為是文藝復興時期的縮影，強調文藝復興藝術家的知性世界不是來自脫離現實的高尚理想，而是根於急迫地去嘗試構成日常生活的那些令人憂愁與喜悅的經驗。

2

P A R T

文藝復興贊助者的世界

THE WORLD OF THE
RENAISSANCE ARTIST

第六章

權力的藝術

一四五九年四月十七日的午後，十五歲的加萊亞佐．馬利亞．斯福爾扎（Galeazzo Maria Sforza）[1]在一大群盛裝騎兵等隨行人員的陪伴下，抵達麥地奇里卡迪宮①。身為一位英姿煥發而善雄辯的年輕男子，他所擁有的高貴與機智，不下於年長他兩倍歲數的王子。他雖然年紀尚輕，仍接受父親米蘭公爵的差派，到佛羅倫斯進行重要的外交任務。當日稍早，接受了院長們的致意之後，他來到佛羅倫斯實際上的統治者科西莫．德．麥地奇的家，開始進行交涉②。

身為國際政治遊戲的老手，七十歲的科西莫對於該在宮殿何處與這位年輕訪客會面，必定經過一番深思熟慮。第一印象是重要的，而這一點在外交上更是如此。雖說按照宮廷慣例，最適切的地方應當在一樓的公共空間。然而，考量到稍後要談論的內容，科西莫覺得應該在較私密的空間比較妥當，因此選定在私人小禮拜堂裡等待加萊亞佐．馬利亞的到來。這是一個明智的抉擇③。

來自米蘭公爵的宮廷，加萊亞佐．馬利亞．斯福爾扎看慣了金碧輝煌，但小禮拜堂的景象仍讓他感到驚奇不已。小禮拜堂的大小僅能夠容納他與隨身侍從，卻流露著生命力和色彩。整整三面牆都被覆以豐富而活力充沛的濕壁畫，用來詮釋《賢士伯利恆之旅》（*Journey of the Magi to Bethlehem*）〔圖17〕。儘管在加萊亞佐．馬利亞到訪之時，這些濕壁畫尚未完成，仍讓具品味的文雅人士為之驚嘆。三賢之旅的場景安排在「一個歡樂與迷人的仙境」，顯示三賢士「以王室的樣貌，穿過美好的地景」旅行④。畫家貝諾佐．戈佐利（Benozzo Gozzoli）[2]用寫實的細節，完美捕捉了朝聖隊伍浩浩蕩蕩與興奮之情。由於預算無上限，戈佐利遵從贊助人的期望，將人物飾以最燦爛、耀眼奪目的衣服，並且毫不吝惜地使用最貴的黃金與群青色顏料來上色⑤。

戈佐利的濕壁畫豐富有活力，不僅僅闡述了東方三賢的故事，實則另有其他目的。雖說畫中壯麗的遊行隊伍刻意呼應每年在佛羅倫斯舉辦的主顯節，但《賢士伯利恆之旅》無疑是將聖經故事轉化，用來頌揚麥地奇家族的財富與權力⑥。戈佐利濕壁畫中的每個

1 第五任米蘭公爵，以好色與殘暴著稱。
2 文藝復興時期佛羅倫斯畫家，他在麥地奇里卡迪宮裡創作一系列的壁畫聞名。

角色，描繪每位參與佛羅倫斯大公會議（Council of Florence）的成員。這個於一四三九年召開的會議，為的是嘗試調和東正教與西方天主教會之間的差異，麥地奇家族的成員在這當中擔任主要角色。

在南面的牆上，身著精緻東方長袍，頭戴附有頭巾冠冕的是前拜占庭帝王約翰八世．帕里奧洛格斯（John VIII Palaeologus），扮演巴爾達沙（Balthazar）的角色。西面的牆上，約翰八世身旁的是扮演梅爾奇奧（Melchior）的君士坦丁堡牧首約瑟夫二世（Patriarch Joseph II of Constantinpole），他騎著驢駒，蓄著長白鬍鬚。而在東邊那面尚未完成的牆上則是呈現主要場景的地方。第三位，同時也是最年輕的朝聖者卡士帕（Caspar），則由一位身著華麗金色外衣的帥氣青年所扮演，就是科西莫當時年僅十歲的孫子，「偉大的羅倫佐」的理想再現。

在羅倫佐身後的是科西莫本人，還有他素來被稱作「痛風者」（gouty）的兒子皮耶羅，身旁圍繞著身著異國服飾的僕人們。跟在他們身後的群眾，有大主教長們，包括基輔的依西多爾（Isidore of Kiev）、樞機主教恩尼亞．席維歐．皮可洛米尼（後來成了教宗庇護二世）；以及顯要的學者們，像是希臘語學者阿爾吉羅波洛斯（Argyropoulos）和哲學家格彌斯托士．卜列東（Georgius Gemistus Plethon）；還有藝術家們，戈佐利本人也在其中。在左邊遠端的場景中，有兩個尚未完成的人物肖像，單從配置的馬匹來看，顯見他們必定是有權勢的貴族們。事實上，其中一位已經可辨識，就是里米尼省（Rimini）的貴族西吉斯蒙都．潘多爾弗．馬拉泰斯塔（Sigismondo Pandolfo Malatesta），而另一位則是加萊亞佐·馬利亞本人。

這是令人讚嘆的巧思。雖說將贊助人列入「神劇的參與者、見證人」很常見，但《賢士伯利恆之旅》將麥奇地家族的自豪感全然融入聖經故事中[7]。的確，「從沒有任何一個家族如此毫不避諱地，將整個家族融入聖經歷史。」[8]而且自此之後，也再無任何家族敢明目張膽地利用藝術，展示如此強而有力的自信與野心。

贊助者的興起

仔細端詳戈佐利的濕壁畫，加萊亞佐·馬利亞·斯福爾扎不禁認可科西莫·德·麥地奇擁有至高的文化與教養。不單只是因為他的好品味，委託了全佛羅倫斯最有才氣的藝術家，創作一系列令人驚嘆的畫作，也因為他讓自己與一流知識分子一同出現在畫中。毫無疑問地，科西莫深黯世故，讓人信任，願意把財富與權力交付予他。

這也是科西莫刻意營造，努力經營的形象。由銀行業賺取無數財富，他對於鑽研藝術知識與雇用頂尖的藝術家有著莫大的興趣。科西莫之前已經委託米開羅佐重新設計麥地奇里卡迪宮，其後更是熱切地贊助當時最有天分的藝術家們，包括多那太羅、布魯內萊斯基、安傑利科修士與菲利普．利皮等人。他的豪華的宮殿中也時常充斥著藝術辯論的聲音。科西莫喜歡與具天賦才華的人士交往，常構思新的委託案，與他們討論未來計畫的走向。

除了努力培養自己藝術贊助人的名聲，科西莫也試圖成為藝術鑑賞家。為了獲得科西莫的贊助，藝術家、詩人和音樂家爭先恐後地以誇張的詞藻讚揚他的學識，並不遺餘力地將他的文化品味與社會公益劃上等號。如同科西莫的摯友，書商維斯帕西諾．德．畢斯提契（Vespasiano de' Bisticci）所描述：

> 當他與學者會面時，他談論文學；與神學家為伍時，則顯現出對神學的熟識度。他總是帶著喜悅研究神學。關於哲學也是如此……音樂家們都認為他精通音樂，他也從中獲得極大的樂趣。雕刻與繪畫亦然，他完全瞭解這兩門藝術，並相當恩待所有值得尊敬的名匠。在建築上，他是位不可多得的鑑賞家，若少了他的意見和指教，任何重要的公共建築就無法開始或完成。⑨

科西莫試圖透過《賢士伯利恆之旅》，塑造自己世故又富有的印象，並確保它有達到自己想要的效果。科西莫與皮耶羅父子不僅出資讓戈佐利裝飾這個小教堂，更親自涉入濕壁畫的創作過程，控制作品的內容與設計。如此一來，科西莫與他的兒子便成功地駕馭了戈佐利的技巧，以表達自身的文化抱負，並確保他們能被視為是值得讚揚、熱心公益藝術鑑賞家，有著無懈可擊的學識素養。

《賢士伯利恆之旅》是科西莫努力藉由藝術與文化來改善地位的表象，同時闡述贊助對於文藝復興文化的重要性，也是「贊助者興起」的極盛期。「贊助者興起」與「藝術家興起」並行，而其發展過程所涉及的不僅僅是贊助者社會及智識上的轉化，也影響了贊助者與藝術家之間互動的方式。因此，這注定對藝術生產方式帶來極大的影響。

促成文藝復興時期「贊助者興起」主要有兩大因素。一方面，文藝復興見證了「文化企業」的社經轉型。當然，藝術贊助並非什麼新鮮事。藝術贊助一直被視為財富與地位的指標。有權勢之人，從羅馬帝國君王奧古斯都（Augustus）[3]與其謀臣米西納斯（Maecenas），到查理大帝（Charlemagne）和腓特烈二世（Frederick II）[4]，都藉著對各項藝術的慷慨解囊來強化自身地位。但文藝復興時期的政治、經濟變化迅速，擁有財富，企圖以贊助藝術作品的方式以證明其權力與地位的人愈來愈多，贊助的範圍也越來越廣。

至十五世紀初，不只是皇帝、君王和教皇投資建築、繪畫及雕刻；地方領主、地方社

3 羅馬帝國建立者，也是第一位君王，在為期間為西元前二十七年至西元十四年。

4 聖羅馬帝國的君王，也是西西里國王。

群、工會人士、商人、公證人、甚至是出身寒微的工匠也加入贊助藝術的行列。從小項的敬虔作品，到巨幅的世俗畫作，還有捐贈精心設計的遺物給托缽修會。只要負擔得起，人人都購買藝術，沉浸在他們買來的權力榮光之中；都想在致富後，用那些在過去只屬於真正身分顯赫之人所有的金碧輝煌來妝點自己。

從另一方面來說，早期文藝復興的政治與經濟變動，不僅改變了新一代贊助者對於學問的價值的看法，而且這些價值正是藝術所仰賴的基礎；經濟與政治的變動同時也改變了贊助者對文化本身的渴望。至少，早在十三世紀中期，想要處理國家事務，一定需要熟悉拉丁文及人文學科的人士，來起草法律、書寫記錄、進行外交事務、像各階層百姓說明國家政策。歷史學家認為，人文主義的特徵之一就是對古典文學的研究與仿效。因此，是否具備古典文學素養不僅成為晉升仕途的先決條件（如：科盧喬．薩盧塔蒂和李奧納多．布魯尼），對於從事貿易的寡頭政治家與貴族領主而言，也是必要的基本知識。

然而，雖說學問之於政府的運作益發重要，學問也成為重要的階級象徵，甚至在公眾生活裡，它也是一種必要的「品德」標記。任何想要被視為適合握有政權的人都意識到，通盤認識最新文化與知識潮流事關重要。例如，佩脫拉克就曾勸告「長老」弗朗切斯科．德．卡拉拉（Francesco 'il Vecchio' da Carrara），要培養自己對人文學科的鑑賞力，才能成為公正而聰穎的統治者⑩；馬基維利也認為一位真正的王子，需同時具備學者與行動者的角色⑪。不久，主政者「必備」技巧項目裡增加了熟識視覺藝術、方言文學，還有古希臘羅馬文學等。舉例來說，在《廷臣論》（*The Book of the Courtier*）中，巴爾達薩雷・卡斯蒂利奧內曾論：「我冀望我們的朝臣能比一般學者更為出眾，至少在那些我們稱為人文學科的研究上。」「並且，」卡斯蒂利奧內繼續提到：

他不但應該擁有拉丁文的知識，還要識得希臘文，因為人們用這個語言文情並茂地寫下甚是迥異的事蹟。他應該與詩人多打交道，還有演說家或歷史學家，並善於書寫韻文與散文，特別是用我們自己的語言……[12]

在繪畫與雕刻上也應如此。就卡斯蒂利奧內來說，朝臣必須精通這些藝術，不單是因為它們可以成為「有用的技巧……不僅限於軍事用途」，也因為這些藝術能使他對世界的複雜與莊嚴有全面性的瞭解，對他的管理有所裨益[13]。

隨著人文學科被用於標識地位，新的贊助者們冀望能藉著贊助藝術家與文學家來展示他們的學識。若家中、宮廷或城市擠滿畫家、雕刻家、詩人和哲學家，便意味著值得人們的尊敬與愛戴。正是這個因素，促使這時期成書的《君王寶鑑》（mirrors of princes）[5]特別強調藝術贊助的重要性；那些致力於贊助藝術的人，特別像是科西莫．德．麥地奇等人，都將這樣的訓言奉為圭臬。

在藝術被視為階級象徵和學識展演的社會氛圍下，聰明有智慧的新興贊助者與他們所雇用的藝術家們建立起前所未見的親近關係。商業背景出身的贊助者們善於訂立合約，並都期盼自己所花的錢能得到最大的價值，因此熱中於建議細部修改，甚至是要求大幅度更改設計。科西莫與皮耶羅．德．麥地奇更是如此，他們積極與所委託的藝術家們持續對話。舉例來說，皮耶羅曾要求戈佐利把天使們從濕壁畫中除去，因為他發現他們的存在有些擾人，且違反合約的協定。通常戈佐利樂於遵從，但最後他並未照做，由此可知，來自麥地奇家族的干涉並不總受到歡迎。同樣的，菲利波．布魯內萊斯基投入相當多的心思，替麥地奇里卡迪宮的設計製作「大而極其美麗的模型」，但當科西莫以太過炫技為由否決它時，菲利波感到十分震驚，氣得將模型摔個粉碎⑭。

就在加萊亞佐．馬利亞．斯福爾扎抵達佛羅倫斯與科西莫．德．麥地奇會面之際，藝術贊助之風已達到前所未有的巔峰。對「新加入者」和新興機構而言，像《賢士伯利恆之旅》這樣的作品，意味著取得一種藉贊助之名陳述其地位之實的方式，同時揭示自己具備優良的鑑識能力。為確保能準確獲得想要的東西，他們妥善運用合約與持續不斷的交涉，牢牢地綁住藝術家們。

根據以上的論述，文藝復興的藝術贊助人在現今常被認為是力圖振興文化超人的想法，或許並非巧合。言明投身於繪畫、雕刻、建築、音樂與文學的培育，並竭盡所能地致力於雇用絕頂天才，他們自然而然地被視為好品味的模範，並被投以崇敬的目光，這種目光通常是出自他們委託著作的作品所激發的情感。細細端詳藝術家與贊助者之間的關係，很難不將後者視為那個黃金年代的先驅、並將其重要性等同於那些為他們工作的藝術家。站在加萊亞佐·馬利亞·斯福爾扎的位置抬頭仰望《賢士伯利恆之旅》，科西莫·德·麥地奇和同類型的贊助者沐浴在一種由至高無上的文化所帶來的光環中，同時伴隨著善行與體面感。一個有品味的人，能壞到哪兒去呢？

5 泛指在中世紀早期、中期與文藝復興時期的政治寫作。這些作品教導君王與統治者該有的行為舉止，並且也提供統治者的理想模範，以供模仿。

藝術的權力

但這只是故事的一部份。如同我們有理由抗拒把藝術家視為是有著超人類的卓越、近乎完美生物的誘惑，同樣地，我們必須深度審視文藝復興贊助人的社會世界和贊助關係的目的為何，以避免只看到好的一面。

當加萊亞佐·馬利亞·斯福爾扎更仔細檢視《賢士伯利恆之旅》後，便清楚意識到麥地奇家族的巧妙安排，與這些濕壁畫想傳達的特殊政治訊息，遠超越僅是讚頌該家族地位與學識的表象。仔細檢視畫中描繪的人物——從藝術家與哲學家到高級教士、院長、和牧首——並且解讀隱藏的意義，他逐漸看到這個小禮拜堂的目的是為了透過藝術「合理化（麥地奇家族）對於佛羅倫斯政治的控制。」⑮

這可不是件小事。正式來說，科西莫僅是一介平民百姓。他已經很多年沒有擔任公職，儘管如此，大家仍接受他是佛羅倫斯政治生活的主導力量。他像隻蜘蛛穩坐在一個巨大蜘蛛網的中央，操弄著客戶、聯絡人與朋友網絡，確保執政團達成他交付的任務，並夾雜運用賄賂與強迫的方式，讓他的話成為法律。教宗庇護二世曾提到：

科西莫不曾被拒絕過。就戰爭與和平的事務上，他的決定就是最終決定，而他的話語被視為是法律。說他是城市的公民，不如說是城市的主人。政府會議在他家舉辦；他所推舉的候選人被選任公職；他享受近似皇室的權力，除了頭銜與宮廷。⑯

雖然一四五九年的佛羅倫斯仍舊以身為共和國為驕傲，但這僅是個禮貌性虛構的故事。佛羅倫斯實際上屬於科西莫，沒有頭銜，卻是這個城市真正的王。

《賢士伯利恆之旅》實為大型宣傳活動的一部分，主要目的在於賦予科西莫與他的繼承人一種政治合法性的氛圍。正是因為這個理由，麥地奇家族才會花費極大心力與戈佐利討論濕壁畫的每個小細節。麥地奇家族藉著在身邊圍繞偉大人物與良善人士的肖像，暗指背後有「重要人士」支持著他們，不僅表達出一個充分發揮作用的政治網絡，也為未來想創造的網絡提供了一個典範⑰。此外，扮演卡士帕角色的羅倫佐．德．麥地奇，與約翰八世．帕里奧洛格斯帝王與君士坦丁堡的牧首．約瑟夫二世被放置在同等地位。換句話說，科西莫的家族「認為他們足以成為國王的同伴，有著如同王子般的榮耀與位階，即便沒有頭銜。」⑱

整體來說，這些濕壁畫展現科西莫無比的信心與野心，也明確說明麥地奇家族意圖維持身為佛羅倫斯城主人的地位，而強大、精力充沛的佛羅倫斯城在當時被視為是文化與政治宇宙的中心。

戈佐利在《賢士伯利恆之旅》圖像中隱含微妙政治訊息，代表當時的贊助者們知道當藝術作為一種公共宣傳的形式，是能夠被人的意志操弄與形塑，因此藝術也就是權力。

贊助者爭相運用藝術作為宣傳、鞏固政權的媒介，這一切都跟合法性有關。政治圈極需要權威感。帝國權威的崩解導致義大利北部界於阿爾卑斯山和聖彼得教產（the Patrimony of St. Peter）[6]之間的區域，分裂為許多相互競爭的城邦城市⑲。某些城市，像是佛羅倫斯、西恩納、佩魯賈（Perugia）和波隆那，中產階級的商賈成功除去剩下的貴族勢力，建立以「公民」為尊的共和國。其他的都市，像是米蘭、帕多瓦和曼切華，則是臣服於（出於自願或非自願）一位全能的領主。儘管這兩種城市彼此之間有著差異性，共和國城市與「專制政治」城市都面臨相同的挑戰。這些城市持續面臨著來自外部勢力的經常性威嚇，與內部因分裂主義所帶來的危險和紛爭，它們需要想辦法找出為身為獨立城市的權力，以及為政府制度的合法性做辯護。

此外，這些自治社群與專制政權裡滿是新富的寡頭政治家，這些人靠著貿易擴張、商人銀行業務與布料產業致富，但他們同時也掙扎著如何對他們在政府組織裡的重要性與所獲得的龐大財富做合理化的解釋。

人文主義的興起提供一系列不同的方式處理「合法性」的需求，而受高等教育並且保持城邦政府運作順暢的公證員和官僚們，也貢獻他們擁有的古典知識，提供富人與權貴急需的支援。

然而，不論文學作品和政治哲學對於賦予城邦城市的合法性扮演多麼重要的角色，它們的貢獻也僅限於此。這類作品的讀者群極度受限；再者，這類作品多由官僚和官員書寫而成（並非寡頭政治家與專制政治家），或是由急欲阿諛奉承的文學寫手寫成，因此，讓人不禁想問這類作品能否真能超越自鳴得意、相互頌讚的目的。

富人與權貴的確具有文學藝術的知識，他們也意識到繪畫與雕像打開前所未見的可能性，這些可能性是文學難以達到的。贊助者緊抓著藝術作品和建築計畫的設計與構圖，因為他們認知到視覺再現的力量能夠運用更多種類、更有彈性與更加微妙的詞彙，能夠處理書寫無法辯護的議題。透過圖像的安排，政治關係能被謹慎地模擬與形塑，財富能被頌揚。再者，社會普羅大眾大多不識字，圖像是最好的表達方式。因此，雖然「藝術家興起」趨勢是毋庸質疑的，但是同時贊助者也發現，因著對於合法性的需求，讓他們變成「有品味，在某些例子是高度專業的圖像製造者。」⑳

從十三世紀晚期開始，藝術賦予城市、組織機構與個人合法性的力量，公共建築在建造上開始著重呈現城市的壯麗堂皇。佛羅倫斯市政廳和西恩納市政廳的設計是為了證明社群的

6 意指羅馬聖彼得教會所擁有的土地與稅收，也就是教宗所擁有的地產與財產。

穩定性與持久性，而像堡壘般的宮殿，例如曼切華的總督宮（the Palazzo Ducale）和米蘭的斯福爾扎城堡（the Castello Sforzesco），則被用來強調主導「專制」國家的領主所擁有特質[21]。同樣地，公共領域裡也可以看見藝術被用來頌揚社群的獨立或是專制者的過人才華。例如：安布羅焦・洛倫采蒂就被委託在西恩納市政廳裡的九人議會室繪製不朽的《好政府與壞政府的諷喻》，做為共和國政府價值的視覺呈現[22]。安德烈亞・曼特尼亞也受委託裝飾曼切華的總督宮裡的婚禮堂（the Camera degli Sposi），以濕壁畫描繪領主盧多維科・貢薩加（Ludovico Gonaga）身旁圍繞著他的家人們，以及一四六二年一月在博佐洛（Bozzolo）接見他兒子弗朗切斯科・貢薩加（Francesco Gonzaga）、腓特烈三世（Fredreick III）和丹麥克莉絲汀娜一世（Christina I of Denmark）的過程。甚至連教宗都緊抓著贊助關係，到十五世紀中期，教宗已變成義大利影響力最大的藝術贊助者。

組織機構與藝術家合作，以創造具文化氣息又「能被接受的」公共形象。宗教兄弟團與工會投入大筆資金贊助藝術，最明顯的實例就是在佛羅倫斯的聖彌額爾教堂，其外觀裝飾富麗堂皇，並以當代所有知名藝術家的雕像點綴。私人公民也參與其中。不論是財富多得嚇人的商賈、有權勢的寡頭政治家或是好戰的朝臣，均運用畫作與雕刻來合理化他們管轄統治、顧問行為與他們的財富。所有重要的人物都希冀把藝術當成表達權力的方式。

藝術是如此成功地傳遞合法化的訊息，因此學識豐富的贊助者無可避免地運用影響力促使繪畫與雕刻朝向同樣目標但以更創新的方法進行。結果不僅導致宗教主題的「世俗化」以服務贊助者的野心，同時也模糊了「公領域」與「私領域」的界線，再者也擴張了雕像的圖像意涵。科西莫・德・麥地奇、他的繼承者與他同時代更具冒險精神的人都成功迫使藝術家擁抱新型態，戈佐利的《賢士伯利恆之旅》混合了豐富的視覺饗宴、藝術天分和支配一切的野心，因此成為第一個，也是最完整表達為了追求合法化而鼓勵藝術創新的意圖。

「藝術的力量」顯示贊助關係——特別是大規模的贊助——通常是為了達成非常諷刺的現實世界目的，且並非證明贊助者的文化與學識，反倒是點出最費力耕耘藝術的人們卻有著深層的非法性。每幅主要畫作或濕壁畫表面下潛伏的是另一個關於贊助關係和權力原始樣貌更加黑暗面的故事，但這才只是揭露文藝復興贊助者真實醜陋面貌的開始。

權力的藝術

也許加萊亞佐・馬利亞・斯福爾扎很年輕，但他卻能夠看出科西莫・德・麥地奇與戈佐利合作，創造強而有力的圖像來強調科西莫統治佛羅倫斯的合法性。而且，他也能夠看出科西莫與大多數運用同樣形式藝術建立合法性的人們相比，更加強烈需要這類形式的藝術。再者，科西莫帶他看戈佐利的濕壁畫明顯有個非常獨特的原因。

科西莫・德・麥地奇並非是個無比成功、一切都靠自己打拼的人，而他也不是因為有著卓越能力讓他不得不承擔責任，他登上權力頂端並不單是因為他的財富和明理。雖然科西莫很富有也具文化氣息，但仍是個貪財、渴望權力的自大狂，而他達到權勢顯赫地位也是透過腐敗、暴力與殘酷的方式。

科西莫賺進大筆獲利靠的是以利息貸款他人和預測變化多端的市場，並運用廣大的資源服務他無止境的野心。雖然極少屈尊擔任公職，但他對於以金錢購買權力一事並不感到羞愧，且必要時還會公開收買選票。在幕後運作的科西莫，對於反對意見的態度一向無情冷酷，以金錢迫使他人聽從。一四三三年科西莫被驅離佛羅倫斯城，但他卻藉著抽走佛羅倫斯城急需的現金，勒索政府將他招回，並在重回佛羅倫斯城後，立刻將敵手終生流放。而這只是開始。

加萊亞佐・馬利亞・斯福爾扎到來的前一年，科西莫展開一場激烈強硬的政變行動。他在廣場上派駐武裝人員，然後強迫公共議會（*parlamento*）通過一項新憲法賦予他專制控制執政團的權力，並藉著外國傭兵團的支持以確保反對的雜音被壓制消弭，一一拔除敵方支持者的政治職務，並成立新的議會（the Cento），確保自己的命令能被執行。

一四五九年之際，科西莫控制了整個佛羅倫斯。即使他試圖替這城市做點好事，但非正統、違法的汙點仍緊緊跟隨著他。教宗庇護二世在自傳作品《評論集》（*Commentaries*）中提到，科西莫依舊是佛羅倫斯城「非正統領主」，使「人民處於殘酷的勞役」裡[23]，這一事讓他有罪。不論他多努力地壓制反對意見，總是有人會用力拉扯科西莫用來束縛他們的繩子。

科西莫已犧牲掉任何能享有合法威信的機會，因此他必須加倍努力地形塑虛假的正統性氛圍。冷酷無情驅使他開闢道路直達權力核心，他也以同樣的冷酷無情，希望藝術提供的是勝於形式含糊、感情用事的尊敬感。《賢士伯利恆之旅》是綿長宣傳活動的高潮，而這宣傳是用來傳達精心設計的贊助關係。這幅畫的主要目的是用來掩飾科西莫犯下的許多惡行。天性狡猾的科西莫運用戈佐利的藝術能力來幫助自己除去暴政的可怕汙點，並且讓他成為思想健全的（輕信他人的）公民會支持的仁慈國父。

長久以來的經驗讓斯福爾扎家族與麥地奇家族學到，他們需要彼此。在一四四〇年時，加萊亞佐．馬利亞的父親弗朗切斯科靠著佛羅倫斯人的支持，奪下維斯孔蒂家族（the Visconti）控制的米蘭，科西莫正是在背後打點幫忙的人；而如果沒有弗朗切斯科保證提供軍事支援，一四五八年科西莫的政變就不可能成功。這聯盟關係不僅連結兩個國家的和平，也讓兩個家族在內憂外患下仍然能夠持續掌權。要想讓聯盟持久，雙方必須互信。弗朗切斯科知道他得仰賴佛羅倫斯的支持，但如果有另一個家族更能提供他需要的金錢與外交聯繫，他必定會拋棄麥地奇家族。因此，科西莫藉著《賢士伯利恆之旅》強調麥地奇家族的權力相當雄厚與穩定，並且巧妙地點出他的家族完全掌握佛羅倫斯城，也能實踐約定的承諾。換言之，這濕壁畫提供給弗朗切斯科與加萊亞佐．馬利亞無法拒絕的提議。

在加萊亞佐．馬利亞欣賞過小禮拜堂，並了解裝飾的完整意義後，科西莫能肯定的是即便過去的他做過骯髒、不名譽的事，但斯福爾扎與麥地奇家族的聯盟仍是堅不可摧。事實上，儘管略有波動，在接下來的二十年間，這聯盟將成為義大利政治的支柱。最重要的是，科西莫知道他能為所欲為不是因著透過複雜、不明確的協商而來，而是透過藝術。

加萊亞佐．馬利亞．斯福爾扎也汲取這樣的經驗。一四六六年剛繼承公爵頭銜時，他很快地就因贊助藝術贏得好名聲，並且在各方面試圖超越麥地奇家族。當代人都認為他的形象是自信風雅又有文化素養的王子。有人這樣提到：

> 他的室內裝潢與生活方式是最富麗堂皇的，是宮廷比不上的華麗程度。他給隨從非常昂貴的禮物……他用豐厚的待遇吸引各學科的人才。㉔

他以喜愛繪畫聞名。接受他贊助的藝術家有尼法修．本博（Bonifacio Bembo）與維琴卓．福巴（Vincenzo Foppa），他本人也投入金錢在龐大的計畫上，例如：波爾蒂納里小堂（Portinari

Chapel）的宏偉濕壁畫。他也時常沉溺於異想天開的計畫，而那些回應他想法的人，則會得到慷慨的回報。例如：有次他忽然想以「貴族人物」為畫作主題來裝飾房間，而且一夜之間就要完成，對於實踐這般衝動念頭的花費也毫不手軟[25]。然而，他最喜愛的是音樂。他的宮廷裡總是縈繞著最創新、最吸引人的樂曲聲，宮廷裡成群才華洋溢的音樂家大都是加萊亞佐·馬利亞花費大筆金錢邀來米蘭的[26]。

加萊亞佐·馬利亞大方贊助藝術讓他統治米蘭最初幾年享有很高的聲譽。隨著他的宮廷變成歐洲最輝煌光彩的宮廷時，他父親篡位一事似乎從大眾的記憶裡逐漸淡去。因著身為文化巨人的聲譽日益增長，他贏得國王、教宗、領主與寡頭政治家的尊敬和讚賞。這些人也因此獲得禮遇，能親眼觀賞或親耳聆聽加萊亞佐·馬利亞委託藝術家與音樂家進行的作品。的確，藝術與對權力的見解關係非常密切，這樣密切的關係讓羅倫佐·德·麥地奇將波拉幼奧洛所畫的加萊亞佐·馬利亞的肖像放在自己的房間。

但是，如同科西莫·德·麥地奇一般，加萊亞佐·馬利亞·斯福爾扎贊助藝術是為了掩蓋更黑暗、更邪惡的事實。藝術贊助僅是個煙霧彈。如果沒有他父親的嚴格控管，加萊亞佐·馬利亞就會變成一位有虐待傾向，並且無法控制性慾的反社會者。他被懷疑（也不是空穴來風）謀殺自己的親生母親碧安卡·瑪麗亞（Bianca Maria），其不受控制的殘暴行為和惡劣的脾氣讓米蘭人十分害怕，連馬基維利都忍不住批評他[27]。他喜愛看到人受折磨——偶爾甚至自己下手用痛苦至極的方式折磨對方——曾活活餓死一名教士。然而，最擔驚受怕的就是公爵夫人們。雖然傳聞加萊亞佐·馬利亞與曼切華大使撒迦利亞·薩吉（Zaccaria Saggi）為同性戀伴侶，但他仍常強迫女人順從滿足他的暴力性癖好。不論年紀、地位，甚至是婚約都無法阻止他。即使是修女也不安全，因為他似乎特別喜愛闖入修道院與修女做他想做的事[28]。最終，讓人毫不意外的，年僅三十二歲的加萊亞佐·馬利亞於一四七六年十二月二十六日被刺殺。三個謀殺他的人都蒙受過他的暴行：喬凡尼·安德烈·蘭普列涅尼（Giovanni Andrea Lampugnani）的妻子與卡洛·維斯孔蒂（Carlo Visconti）的姊妹都被他強暴，而吉羅拉莫·歐加堤（Girolamo Olgiati）的書呆子家教珂拉·蒙塔諾（Cola Montano）則蒙受誣陷，被架著遊米蘭大街鞭刑示眾。加萊亞佐·馬利亞在位的時期也許很短，但透過朝臣的忠誠和贊助藝術與音樂的影響，他才能於在位期間成功手握大權。

《賢士伯利恆之旅》成功地闡述了「贊助者興起」完整意涵。一方面來說，這幅畫代表體現轉化藝術家與贊助者關係之錯綜複雜的過程。因著古老帝國的崩解，引起一連串激烈的政治與經濟改變，新一代的贊助者崛起，這些人不僅非常重視學識的價值，並且視為它為地位的象徵。因與藝術家有著緊密的夥伴合作關係，這些贊助者也成為文藝復興藝術的「共同創造者」，並巧妙安排指引藝術不斷創新，以便服務他們的需求。

就另一方面來說，《賢士伯利恆之旅》也展現新一代的贊助者常是由令人感到不悅或極度危險的人物組成。雖然這些贊助者的確尋求透過藝術投射出具正統性的形象，但他們如此迫切需要正統性是因為讓他們飛黃騰達的正是那些非法、不道德的暴力手段；還有，他們對於贊助的需求也越來越極端。正是這些如同惡魔般的男人（偶有女人）成了「贊助者興起」的縮影，雖然他們是藝術作品的「共同創造者」，但他們委託進行的藝術作品通常是為了掩蓋令人髮指的罪行。的確，贊助者委託進行的藝術作品越是令人讚嘆，越是美麗，作品背後藏的犯行越令人震驚，而目的更是令人感到諷刺。因此，當科西莫·德·麥地奇與加萊亞佐·馬利亞·斯福爾成了當代聞名的偉大贊助者，別忘了他們也是當代最可怕的人；而他們贊助的藝術作品同時成為他們道德淪喪證據和藝術家技巧的證明。

贊助者、藝術家與藝術作品之間互動關係的意涵十分重要。在形塑文藝復興藝術的形式和方向上，贊助者的地位幾乎跟藝術家同等重要，所以要完全了解這時期的藝術，必須要揭開當時贊助者身處的社會世界，並且仔細端詳他們私生活裡黑暗又歹毒的細節。重點是要發掘畫作背後的世界，而不是被作品的華麗光輝所蒙蔽。而畫作背後的世界不是由完美地掌握色彩和平衡所構成，這樣的特徵通常與文藝復興藝術做連結，但這世界反而充斥著野心、貪婪、強暴與謀殺。

隱身於《賢士伯利恆之旅》畫作裡群眾臉孔裡，有三個男人分別代表文藝復興時期裡三種重要類型的贊助者。回溯銀行家、傭兵與教宗的生涯與職涯，我們清楚看到一個新的、全然不同的文藝復興呈現於眼前，這樣的文藝復興世界裡，沒有什麼是表裡如一，唯一肯定的是它必定更加醜陋。

第七章 點石成金的男人

科西莫・德・麥地奇渴望利用戈佐利的濕壁畫以展示自己的財富與權力，但加萊亞佐・馬利亞・斯福爾扎注意到《賢士伯利恆之旅》似乎點出了年邁銀行家個性上不同的面向。儘管畫作構圖充滿華麗與自信，科西莫卻選擇讓自己以樸素的樣貌出現於畫裡。他遠離畫中首要位置，出現在離戲劇中心有點距離的地方。他騎著驢子，溫順地跟著兒子皮耶羅二世，整個人幾乎與後面的群眾融為一體。儘管他手握金色韁繩與衣服有皮毛鑲邊的袖口，但整體來說並不特別招搖賣弄。他的衣著簡樸，甚至像一位悔過之人穿的服裝，即便他的圓錐紅色帽子看起來像是為了降低視覺衝擊。的確，畫中的科西莫給人的印象不是驕傲或無情，反而是不愛出風頭的謙遜有禮。

這相當令人困惑。雖然科西莫在商場與政壇幾乎是呼風喚雨——如同加萊亞佐・馬利亞所理解到的——他「急於待在幕後，隱藏他強大的影響力與表現，但當需要表達自己時，他會透過代理人。」①在馬基維利出生的前十年，科西莫似乎已深知掩飾的價值。

眾所皆知，科西莫的確常試圖要逃離自己創造的生活。加萊亞佐．馬利亞聽聞科西莫很喜歡將自己關在聖馬可教堂裡專屬於他的小房間裡，專心進行數天無停止的靜禱，或是與他的朋友安東寧諾．皮耶羅齊神父（Fra Antonio Pierozzi）②進行虔誠的宗教討論。有鑑於此，畫中靜靜坐在驢子上、展現出懺悔模樣的科西莫，可能多了些真實性。

《賢士伯利恆之旅》捕捉了科西莫生活、個性與「公眾形象」部分樣貌，而這幅畫卻讓加萊亞佐．馬利亞對於站在他面前的科西莫產生疑惑甚至是矛盾的感覺。科西莫本人以奢華服飾、政治詭計和冷血狡猾著稱，但畫中的他看起來卻是恭謙溫順，這樣的恭謙介於馬基維利式的欺騙與真心虔誠之間。這位老男人是「讓人摸不透的獅身人面怪」（indecipherable sphinx）③。

儘管有明顯的矛盾，加萊亞佐．馬利亞所看到的是科西莫．德．麥地奇一直以來的形象。雖然就他的政治與經濟影響力來看，畫像如此簡樸是相當不尋常的，但科西莫體現了所謂文藝復興商人銀行家的模樣。他獲得財富與權力的方法概括表述了這類新商人崛起的過程與他們運用的計謀。同時，他對於偉大、贖罪與掩飾的渴求皆闡述了接連幾世代的虔誠商人銀行家所面臨的新挑戰。也許最重要的是，《賢士伯利恆之旅》表現了科西莫與商賈前輩們運用對藝術的贊助，用以建立一個能回應每個問題的公眾形象。

透過檢視科西莫・德・麥地奇這個連加萊亞佐・馬利亞・斯福爾扎都覺得不甚確定、充滿未知的人物，我們有機會看到文藝復興商人銀行家陰暗且不友善的世界，還有他們醜陋又損人利己的擔憂，這些擔憂也讓他們成為文藝復興藝術活動最重要的贊助者。除了與政治詭計、腐敗與意想不到的成功緊密相關，這也是個關於金融活動與巨額利潤的故事，還有令現今圍繞於商人銀行的醜聞相形見絀的道德淪喪事蹟。隨著《賢士伯利恆之旅》背後的故事一步步被揭露，這類超級富人過的生活與他們委託藝術家製作的美麗與雄偉作品相差甚遠。

從外匯兌換商到銀行家

就許多方面看來，文藝復興時期是商人銀行的黃金時期，當時的商人銀行以驚人的財富聞名，甚至比今日的銀行還驚人。在一四五九年，沒有任何銀行業家族的財富勝過麥地奇家族。例如一四三五到五〇年間，科西莫個人獲利二十萬三千七百零三弗洛林④。如果喬凡尼・魯切萊的估計可信的話，這個數字約等同於義大利整個國家財富的百分之十三⑤。但這只是獲利，而且只是家族裡單一成員的獲利。把麥地奇家族全方位投資納入考量，他們的總財富很容易就超越歐洲任何最偉大的國家。

然而麥地奇家族並非總是富有的。他們的財富是透過數世代天性狡猾、對金錢有無比渴望的人耐心緩慢累積而來。麥地奇家族努力成為巨富商賈的道路，清楚體現投資銀行業在義大利崛起的過程。

如同許多銀行業家族，麥地奇家族的起源被覆上神祕色彩。麥地奇家族喜歡對外宣稱他們是傳奇騎士艾佛拉爾多（Averardo）的後裔，傳說這個騎士殺死了一個威脅四鄰的巨人。但這樣的傳聞並未獲得證實，且麥地奇家族的名字暗示著他們一開始可能是醫師或藥劑師，或者也可能是以當鋪生意起家⑥。唯一可以確定的是當麥地奇家族首次於十三世紀早期的歷史紀錄中出現時，他們已經發掘從事與金錢相關工作的天賦。

此時義大利北部的城邦國家經濟開始起飛。布料與穀物交易擴張，歐洲各地開始出現定期市集。義大利的商人們不僅與義大利半島上各個城市的人做生意，也開始與遠方的國家交易，包括英國、低地國（Low Countries）[1]、埃及、塞浦路斯與基輔羅斯（Kievan Rus'）[2]。弗朗切斯科・巴爾杜齊・佩戈洛蒂（Francesco Balducci Pegolotti）在《貿易實踐》（*Pratica della mercatura*）裡解釋（也許是關於貿易最早的商業工具書），一位認真的貿易商至少要懂得五或六種語言，並熟悉地中海二十多個不同港口和市集的貨品種類，才有機會立足於商業界。

即便交易開始興盛，商業市場卻因貨幣問題而面臨阻礙。雖然今日紙幣、信用卡、銀行轉帳和公定匯率讓人們可以在世界各快速交易，但這些在十三世紀時並不存在，錢幣與金銀塊是唯一的媒介。每個城市都有自己的貨幣制度，市面上大量流通多種多樣的貨幣，而貨幣之間的匯率只能靠猜測。僅是去市場買些零碎雜貨可能會是件煩人的雜事，特別是當你得帶著整串沉重錢幣四處走，還要跟小販爭論你皮包裡奇特的外國錢幣的價值。跨越長距離的高價商業甚至更為複雜。商人長途旅行時必須隨身帶著裝著錢幣的笨重箱子或者是成堆的金銀塊，不僅冒著被搶劫的風險，也會因為錢幣重量拖慢了旅程的速度。即便商人準時抵達目的地，資本也安好如初，但交涉的過程中還是有可能損失一大筆金錢，因為交易牽涉到多種類不熟悉的貨幣運作。雖然佩戈洛蒂在《貿易實踐》一書中，對於在地中海地區較常使用的金銀幣的相對適用性做了一番檢視，但這樣的表格仍不夠抵禦金融世界的快速改變與充滿不確定性的特色⑦。

麥地奇家族成員烏戈（Ugo）與加爾加諾（Galgano）早在一二四〇年就設立短期借貸的店鋪，然而真正的匯兌生意是數十年後由名叫阿爾迪諾（Ardigno）的麥地奇成員與他的兄弟姊妹在老市場開始運作⑧。外匯兌換商解決了貿易問題，並且也是從外匯兌換商——而不是放貸錢莊——開啟了大型商業銀行的發展⑨。

1 對歐洲西北沿海地區的稱呼，廣義包括荷蘭、比利時、盧森堡，以及法國北部與德國西部。
2 由維京人奧列格建立的以東斯拉夫人為主體的東歐君主制國家，基輔為其首都。

一開始，像麥地奇家族的外匯兌換商僅是在混亂的貨幣世界裡擔任維持金融秩序的代理人，營運據點通常是位在城市市集附近的小店舖裡，生活非常繁忙。雖然莫瑞納斯・范・雷默斯威瑞（Marinus van Reymerswaele）的畫作《外匯兌換商與他的妻子》（*The Moneychanger and his Wife*）〔圖18〕是在麥地奇兄弟在老市場開起匯兌商店兩個世紀後所完成，但它讓我們對於當時外匯兌換商的工作留下好印象。畫中的外匯兌換商被一袋袋的錢與成堆的文件包圍著，小心翼翼地替錢幣秤重以測試錢幣的合格度，並一邊對照著他妻子手中的手冊以確定匯兌價格。整個匯兌過程耗時費力，但他們能從匯兌費用與虛報不固定的匯率賺取大筆金錢。

隨著貿易蓬勃發展，商人必須隨身帶著更大筆的金錢，為了因應需求，外匯兌換商開始允許人們將錢存在該處提供保管。因此，最原始的外匯帳戶出現，運作方式與現代幾乎相同，錢由帳戶所有人存入與支出。這讓交易變得簡單許多，但仍需要面對面在銀行桌上進行，因此尚無法處理大型國際交易的問題，離賺取大筆獲利的日子還有點距離[10]。

第一個最具戲劇性的發明是匯票。匯票約於十二世紀末在熱亞那興起，讓商人免去運送大筆金幣與金塊的風險，並且讓國際匯兌交換更順暢。例如，有一位在佛羅倫斯的商人（付款者）想要付給在布魯日（Bruges）的人（收款者）一筆錢，這個商人只需把錢交給選定的銀行在佛羅倫斯的分行，加上額外的手續費，他就會得到一張同等值的匯票。這位佛羅倫斯的付款人將匯票寄給在布魯日的收款人。收款人收到匯票後，拿去同一家銀行的布魯日分行或當地的代理商做兌換，將匯票上註明的金額兌換成當地貨幣後取得該款項。銀行透過約定的匯率賺取利潤。另一個類似的獲利工具就是信用狀，運作方式如同現今的旅行支票。

第二個重要的獲利發展是計息貸款。這是由先前存款帳戶演進（銀行提供利息以鼓勵存款）所促進的發展，加上匯票的發明讓銀行家有「空檔」能運用該筆現金。銀行家手中握有鉅額現金，用以提供大量的定期固定利率貸款。有時貸款也以像是珠寶等擔保品做抵押，但通常是以信用為基礎。

無庸置疑的是麥地奇家族很快就領會到這些創新的潛力。他們用從匯票、信用狀和計息貸款賺取的獲利，於十四世紀前半開始投資地產和羊毛交易。不久之後，老市場裡的店主開始將「像麥地奇家的人」當作是富裕的代名詞。

贖罪的藝術

當麥地奇家族開始賺錢時，卻遇上一個重大挑戰，即這個產業所引起的道德問題。教會一直視貪婪追求財富為對基督教徒德行最惱人的障礙。畢竟耶穌基督曾警告過要駱駝穿過針孔還比富人進入天堂簡單多了，也勸誡想跟隨他的人將所擁有的都拋棄。十三世紀早期，聖方濟各·亞西西（St. Francis of Assisi）將討厭財富、安於貧窮的理念當成他讚頌貧窮的靈感來源，他也認為虔誠基督教徒唯一的使命就是安於貧窮⑪。這樣的理念在托缽修會的推波助瀾之下，在義大利的商業中心裡引起迴響，包括佛羅倫斯⑫。十五世紀早期，在這樣的理念影響之下，波焦·布拉喬利尼（Poggio Bracciolini）寫了篇論文專門譴責貪婪無厭⑬，而克里斯多福羅·蘭迪諾則寫了一首韻文反對貪婪⑭。

概括而論，當追求財富成為壞事，那麼銀行業自然而然被視為體現貪婪的本質。一般的貿易商僅被認為是受到貪婪影響，但銀行家卻被視為與貪婪緊密連結，因銀行家是以借貸金錢來獲利。「放高利貸」的行為在新約聖經裡被認為是大罪，在三二五年的「尼西亞會議」（the Council of Nicaea）後，教會更明訂禁止利用借貸金錢賺取利息⑮。銀行家犯的罪就是不用投入任何資本就可以向人們「收費」，聖湯瑪斯·阿奎那就認為「利用借出去的錢收取利息是不公不義的事，因為這是販賣不存在的東西，明顯導致不平等，是不公不義的。」⑯換言之，放高利貸基本上等同於偷竊，而靠著銀行業賺取最多利潤的人，其靈魂深受罪惡汙染⑰。

文藝復興早期的文學作品裡一次又一次指出銀行業所犯下的極端錯誤行為。就譴責放高利貸一事，文學作品有著比神學論文更強大的影響力。例如：波焦·布拉喬利尼在《論貪婪》（*De avaritia*）一書中，極力譴責放高利貸為貪婪的原型，甚至還攻擊聖伯爾納定，因為他沒有讓聽講者完整理解「這樣罪行的可怕之處。」⑱然而，沒有任何人比但丁更加深切厭惡計息貸款。但丁在《神曲：地獄篇》（*Inferno*）裡仔細描述放高利貸者的下場。「不誠實的」借貸者脖子上繫著用來裝錢的袋子，而袋子上繪有家徽紋章。他們蹲坐在第七層地獄的最深底邊，像狗兒用爪子抓跳蚤一樣，試著抵擋火焰卻徒勞無功。在這些放貸者中，但丁瞥見兩個佛羅倫斯著名銀行業家族代表——強非畢李亞奇家族（the Gianfigliazzi）和歐布利亞齊家族（the Obriachi）——並且停下來與來自帕多瓦的放貸人，正在號啕大哭的雷吉納爾多·德里·史格魯凡尼（Reginaldo degli Scrovegni）談話，他說他的同胞維塔里亞諾·德爾·丹堤（Vitaliano del Dente）和佛羅倫斯的詹尼·布亞爾蒙德（Gianni Buialmonte of Florence）也即將來到地獄⑲。

文藝復興早期的銀行家深深被當時人們對於放貸嚴苛的立場所影響。可能要永遠待在地獄是種很真實的恐懼，即便他們的罪還不致受到永遠待在地獄的懲罰，但還是有理由必須要擔心害怕⑳。在義大利商業蓬勃發展之前，神學家已經發展出成熟的煉獄概念，而煉獄即是地獄的前廳。在煉獄裡，人們必須為了尚未贖罪的事接受懲罰，受盡苦痛折磨。煉獄的威脅足夠讓最具懷疑態度的銀行家內心感到害怕。喬凡尼·迪·比奇·德·麥地奇（Giovanni di Bicci de' Medici）在後來幾年也向教士就此事尋求引導，而他的兒子科西莫則是相當煩惱自己放高利貸這項不道德的行為，經常與有聖職在身的朋友們討論如何獲得赦免。

教會的聖禮是最直接的解決辦法。每當某位銀行家即將面臨死亡，他的家人或醫生會請牧師前來，讓瀕死的人對於他的罪進行告解。假若他告解完了，牧師會進行塗油禮，象徵潔淨臨終者的靈魂，讓他得以進入後世。就神學方面來說，這儀式很簡單也有效。然而，唯一的問題是犬儒主義（cynicism）[3]。雖然當時尚未有無神論這種說法，但在天主教信仰下養育長大的銀行家對於做真誠告解一事仍時常抱持嗤之以鼻的態度。

薄伽丘的《十日談》中有一則來自普拉托的公證員賽爾・契皮勒羅（Ser Cepperello）在勃艮地（Burgundy）突然因致命疾病過世的故事㉑。契皮勒羅是個罪孽深重的人，經常欺騙、偷竊、飲酒、賭博與嫖妓，臨終前深知自己若「真誠告解」將會壞了義大利商人在低地國的名聲，於是喚來一名以虔誠著名的修士，向他「告解」了一大串的謊言，讓自己看起來一副老實樣。這位修士對契皮勒羅的「德行」印象深刻，不僅替他進行塗油禮，更在他死後將其當成聖人讚頌。故事說到這裡，想必薄伽丘已讓讀者笑開懷。

但這留給銀行家一個問題。如果做真誠告解的想法很可笑，那麼放貸者究竟該如何贖罪？他們要如何能夠調和他們對於利益的慾望與遠離煉獄的渴望？

銀行家如果不實際，就不是銀行家了。如果他們無法依賴告解與臨終塗油禮，他們至少可以將信念放在冷硬的金錢上。雖然銀行家可能無法靠說服就進入天國之門，但他至少可以用錢買通進入天堂的路。

銀行家臨終前會召喚教士前來，同時也會召喚一名公證員前來。公證員的任務是在銀行家的床旁邊擬一份臨終遺囑，而這份遺囑裡提供最後一刻的救贖希望。大多數的遺囑——特別是商人與銀行家的遺囑——包含條款，明確規定根據立約人所犯的罪將特定金額的錢給予教會。而教士、修士和一般信眾提供祈禱作為回報死者的靈魂，藉此幫助死者離開煉獄。

捐錢給教會以換取救贖的行為之後被喬凡尼·多米尼契神父（Giovanni Dominici）和未來成為佛羅倫斯大主教的安東寧諾·皮耶羅齊神父言明譴責[22]。但是，將遺產捐贈以補償放高利貸的罪，這樣的想法證實大受歡迎，很多的銀行家以此確保自己擺脫放高利貸的惡行。米歇爾·迪·萬尼·卡特蘭尼（Michele di Vanni Catellani）於一三七〇年立於佛羅倫斯的遺囑就是個典型的例子。即便聲稱沒有獲取任何不法收入，米歇爾還是加了些內容：

> 我將一百弗洛林贈與主教，當作補償我可能以非法途徑獲得的錢財。這筆捐款應用於幫助那些人的靈魂，而我的錢財就是從他們身上獲得而來。[23]

為了確保事情能夠達成，米歇爾還提供了約略相同金額的錢給佛羅倫斯的方濟會、道明會、聖奧古斯丁會還有加爾默羅修會。

3 指對倫理及社會風俗採取不信任的態度。

然而，這裡有個問題。既便錢捐給了教會，甚至明白指出要替死者進行一定數量的禱告與彌撒儀式，但也無法保證神職人員與虔誠信眾會記得替已故銀行家的靈魂禱告。好在，藝術在這裡幫上了忙。

銀行家若想讓大家記得自己，最簡單直接的方法就是製作一個華麗的石墓，也許由死者生前委託進行，或是由親戚協助安排。石墓時常包含精細設計的死者肖像，伴隨一系列強調死者特性的銘文，明顯是為了確保死者在死後仍被惦記著，而且不僅是讓路人或是整個城市的人記得，最主要的是要讓那些替死者禱告的人記住，讓死者得以安息於天堂。因此，尼可羅・阿希亞尤里（Niccolò Acciaiuoli）——來自銀行業家族的富家子弟、那不勒斯國的內閣大臣，也是佩脫拉克的朋友——不僅在佛羅倫斯市郊聖羅倫佐卡爾特修道院有座精緻的墳墓，並且為了確保修士會替他的靈魂禱告，他還留了一大筆遺產給他們，條件是修士必須在他死後的頭一年替他進行一千次的彌撒儀式[24]。銀行家也投入相當多的花費用於修建墳墓，一四七一年佛羅倫斯的商人皮耶羅・德爾・托瓦利亞（Piero del Tovaglia）就說：「如果我在房子上花費了兩千弗洛林，這是我在人間的住所，那麼另花費五百弗洛林於我後世的住所也不為過。」[25]

藝術的地位開始提升，其他選擇也開始出現。至少從十四世紀開始，遺贈通常有著明確的要求，像是錢必須花在製作祭壇，或是特別用於托缽修會的教堂，裝飾小禮拜堂[26]。這樣被認為能讓虔誠信徒不會忘了替捐贈者祈禱。

用這樣的方式來為自己放高利貸的惡行贖罪，在十四世紀前半十分受歡迎，特別是佛羅倫斯的銀行家，紛紛透過贈遺藝術品，競相展示自己的道德證書。例如：黑死病過後的數年，新聖母大殿裡的小禮拜堂由魯切萊家族、巴爾底家族、圭達洛帝家族（Guidalotti）與斯特羅齊家族贊助，而在主祭壇後的唱詩班席位則由里奇家族（the Ricci）和納昆奇家族（Tornaquinci）取得贊助權。一三四八年，圖爾利諾・巴爾德希（Turino Baldesi）留給教堂三百弗洛林，將舊約聖經中所有的故事「從頭到尾」畫出來㉗。更驚人的是，在同一時期，聖十字聖殿裡，「佩魯齊家族、巴隆切利家族（Baroncelli）卡瓦爾康帝家族（Cavalcanti）托洛席尼家族（Tolosini）、賽爾奇家族（Cerchi）、維盧堤家族（Velluti）、卡斯特拉尼家族（Castellani）、李努奇尼家族（Rinuccini）、里卡索利家族（Ricasoli）、阿爾貝堤家族（Alberti）、馬基維利家族和其他的家族都有小禮拜堂」，巴爾底家族更單獨贊助了四個禮拜堂㉘。

以遺贈形式贊助的大型工程，通常會由死者家人與進行工程的教堂或修道院一同負責。位在佛羅倫斯的新聖母大殿裡面的斯特羅齊小禮拜堂（The Strozzi Chapel）就是個好例子。銀行家羅塞洛・斯特羅齊（Rosello Strozzi）在遺囑裡特別留了一筆錢來贖罪，他的小兒子托馬索・斯特羅齊（Tommaso Strozzi）將這筆錢用於裝飾教堂主體左翼的小禮拜堂，委託納爾多・

迪・喬內（Nardo di Cione）以天堂、地獄與煉獄為主題畫成濕壁畫，主祭壇的繪畫則由歐甘奈・安德烈・迪・喬內（Orcagna Andrea di Cione）於一三五四年完成[29]。工程進行中，托馬索就像許多早期的贊助人那般，與道明會修士合作愉快，確保作品雙方都能接受。

但是，希冀能藉由花大錢贊助藝術品來贖罪的銀行家，也漸漸想要完全控制製作過程與作品，即使是入土之後也是。握有財源的人漸漸占上風，而原本設計來剷除貪慾與放高利貸等汙點的藝術作品，變成依據贊助人立即的道德需求去設計與製作。

位於帕多瓦的競技場禮拜堂（The Arena Chapel）是最明顯的例子。這座高聳的禮拜堂是文藝復興早期藝術的珍寶，它也讓我們聯想到但丁譴責帕多瓦商人雷吉納爾多・德里・史格魯凡尼的事情[30]。雷吉納爾多的兒子恩里科（Enrico）深受父親放高利貸的罪惡折磨，覺得若要洗淨家族罪惡的汙點，必須要把贊助宗教一事推到極限。他先從達尼斯馬尼尼家族（the Dalesmanini family）手中取得一塊土地，與在該地興建家族禮拜堂的許可，接著立刻委請喬托・迪・邦多納（Giotto di Bondone）於禮拜堂內部畫上令人眼花撩亂的連環濕壁畫，描繪耶穌基督與聖母瑪利亞的故事。恩里科為了確保前來禮拜的人們記得替他與父親祈禱，因此預先向教宗請求大赦狀，所以凡是前來該禮拜堂的人都能得到教宗大赦。但是此項作為卻讓附近的隱修教堂（Eremitani Church）裡的修士相當煩惱[31]。

如果說文藝復興銀行家們關心他們靈魂的命運，這樣的說法並不完全正確。雖然他們極度關心死後會發生的事情，但也同樣在意教會對於放高利貸的負面觀感。如果你是一名銀行家，再多的藝術都不能彌補人們認定你犯下無法救贖的罪惡。因此，銀行家需要的不僅是贖罪，而是讓別人看到他們贖罪。

十四世紀開始出現新的贊助型態，這樣的贊助方式最大的優點是銀行家能夠向他人展示虔誠與懺悔的強大形象，同時也能積極地爭取虔誠信徒的禱告。換句話說，藝術被銀行家用來推翻事實，掩蓋他們的錯誤行為。例如，即便前來新聖母大殿望彌撒的信眾並沒有替羅塞洛·斯特羅齊的靈魂禱告，這座家族禮拜堂所帶來的視覺震撼，仍足以說服信眾覺得托馬索·斯特羅齊是個虔誠彌補罪惡的人。同樣地，前往競技場禮拜堂的人很難不認為恩里科·德里·斯克羅維尼有著真誠信仰，而且積極順從神。

隨著藝術家與贊助人的關係日益親近，銀行家得以控制委託作品的設計與構圖，讓自己參與或是見證基督教歷史的場景，以強調其虔誠信仰與悔改，並確保自己在觀看者眼中是具道德的人，而不是罪惡的商人。因此，恩里科·德里·斯克羅維尼讓自己手拿禮拜堂的模型獻給聖母瑪利亞的肖像，出現在競技場禮拜堂入口處的《最後審判》（*Last Judgement*）濕壁畫中。而在新聖母大殿裡的家族禮拜堂中，喬凡尼·托納波尼（Giovanni Tornabuoni）以跪姿雙手交叉於胸前禱告的樣子出現在基蘭達奧的濕壁畫裡。

早期的麥地奇家族參與藝術贊助並不深㉜，但開始從事銀行家職業之後，他們清楚意識到放高利貸的罪惡，還有透過贊助藝術以贖罪的方法。從十三世紀晚期到十四世紀，麥地奇家族看著他人贊助藝術，也從別人身上學到贊助藝術的益處，於是他們開始進行各種形式的藝術贖罪法，例如贊助貝諾佐・戈佐利的濕壁畫。科西莫・德・麥地奇選擇讓自己在《賢士伯利恆之旅》被形塑成一位虔誠贖罪的人，這樣的做法強烈表達出麥地奇家族對於贖罪的渴求與決心。

從銀行家到商人銀行家

儘管科西莫持續獲得大筆財富，但麥地奇家族其實是較晚進入銀行業的家族。十四世紀中期之前，麥地奇家族算是富裕，但還稱不上大富大貴，黑死病爆發後，收入也隨之減少。例如：一三七三年時，弗里諾・迪・康特・德・麥地奇（Foligno di Conte de' Medici）已是受到社群尊敬的成員，還是常抱怨自己在家族中的收入中等[33]。約在此時，「一大部分麥地奇家族的成員生活在中等的經濟環境中」，並且「只有五或六位可以被歸類為較富有。」[34]一三六三年麥地奇家族裡有兩位成員的稅務評估顯示，他們的收入跟普通布料工人不相上下，甚至比許多店主的收入還少很多。

麥地奇家族的問題在於想法太狹隘。儘管他們實驗性地在其他領域投資，卻還沒有真正從中等銀行家一躍成為野心龐大的商人銀行家，因為商人銀行才是真正獲利來源。

商人銀行的核心不在於提供借貸，而是利用貸款進行遠大的目的。深諳商人銀行本領的佼佼者——巴爾底家族、佩魯齊家族與阿希亞尤里家族——知道真正大筆的借貸款能夠換得外國交易特許權。這些特許權能成為大型、獲利驚人的出口貿易的基礎。像佩魯齊家族同意提供缺乏現金的英王愛德華三世（Edward III of England）一大筆借款，維拉尼[4]估計佩魯特家族幾年來一共借出約七十八萬弗洛林以取得特權。他們因著這些特權免去關稅，壟斷了獲利龐大的羊毛交易㉟。與南義大利的穀物交易也帶來類似的獲利機會，而許多佛羅倫斯商人看準借貸商機，轉向剝削西西里王國㊱。然而，最不合法的開端就是得到對價包稅特權的機會。城市或領主不直接繳清借貸的款項，而是讓商人銀行家在固定的時間裡收取某種稅，以回收借出去的錢。這樣一來，銀行家的目標就是不管用什麼手段，都要回收比借出去還要多的錢。

不論是哪種機制被選中，商人銀行需要四樣東西讓整個商人銀行的概念能運行無礙。首先，商人銀行要建立一連串與外國分行或代理商的網絡，這些分行與代理商能夠處理貸款部

4 此處指的是編年史學家菲利波・維拉尼。

分，還能公開地管理投資交易。第二，商人銀行需要一大筆來自可靠投資人的資金。第三，商人銀行要能夠維持大額貸款。第四，商人銀行要願意與無法預期的外國統治者進行交易，願意承擔國際政治瞬息萬變的風險。如果這些條件都到位，商人銀行的獲利無上限。唯一存在的危險是受到誘惑，借太多錢給糟糕的債務人，只為了追求越來越多的特許權，如同一三三九年英王愛德華三世向巴爾底家族與佩魯齊家族借款卻「拖欠不還」，兩大家族因而損失重大。但是，只要小心管理放貸與交易，商人銀行的獲利十分驚人。

藉著在國際場域中擔任銀行家與商人的角色，並投入一流交易的陰暗世界，這類「超級公司」處於鼎盛時期的義大利商業世界，並把財富帶到另一個新層次。例如：佩魯齊公司的淨資產在一三〇〇至〇八年間已十分可觀，共十二萬四千里拉，之後持續成長，一三一〇至一二年間擁有十四萬九千里拉的龐大財產。即便在一三三一至三五年間，佩魯齊公司面臨破產邊緣，該公司所擁有的資產價值仍有九萬里拉[37]。的確，佩魯齊公司的資源龐大，因此能夠在一三三七年單一年就借給英王愛德華三世約十七萬五千弗洛林（以黃金衡量的話，約是三千一百五十萬美元；以當時的薪水標準衡量，約是一億六千四百九十三萬七千五百美元）。雖然英王違約帶來災難似的破產潮，佛羅倫斯的商人銀行家還是有機會很快就賺回大筆金錢。

這段時期裡，佛羅倫斯城的成功故事中最傑出的就是賽里斯托里家族（the Serristori）。

十五世紀早期才剛開始經營商人銀行，僅僅數十年內，賽里斯托里家族的財富攀上高峰。一四二七年，安東尼奧・迪・西爾維斯特・賽爾・瑞斯托羅（Antonio di Salvestro di ser Ristoro）宣稱自己的淨資產約有三萬五千弗洛林（以黃金衡量的話，約是六百三十萬美元；以當時的薪水標準衡量，約是一千六百二十四萬美元），他使用貸款投資出口紡織業，進口木材、銀、明礬、糖等物品。幾年之內，身為一名普通公證員的孫子，安東尼奧的資源成長到他能夠讓自己的兒子們與佛羅倫斯最偉大的貴族家族，像是斯特羅齊、帕齊家族與卡波尼家族（Capponi）聯姻㊳。

而將麥地奇家族的命運推向下一步的是科西莫的父親喬凡尼・迪・比奇・德・麥地奇。他長得不甚討喜，額頭過高、眼凸、眼皮下垂、雙唇緊閉，再加上個性相當孤僻且不擅言語，很容易被人忽略。喬凡尼從父親艾佛拉多（Averardo）那繼承少許資產後，在佛羅倫斯從事錢莊事業。雖然一開始並不順遂，但他不甚起眼的外表下卻蘊藏著炙熱的野心，並且清楚知道未來該往哪裡去。更重要的是，他突然從銀行業竄起的過程，有助於我們了解文藝復興商人銀行業的陰暗程度。

當喬凡尼前往到羅馬，在他父親的親戚維耶羅・迪・坎比歐（Viero di Cambio）所開設銀行的分行擔任合夥人期間，他見識到商人銀行的各種可能性。於是，喬凡尼在維耶羅於一三九五年過世後，在羅馬設立公司，並於一三九七年於威尼斯開設分行。

真正讓喬凡尼賺到錢的是羅馬[39]。他獨立開創一番事業，並且把眼光投向教會。這是個精明的舉動，因為教會有獨特吸引人的綜合特質。一方面來說，教會握有龐大資產與從歐洲各地不斷匯入的可靠收益；另一方面來說，教宗對現金的需求遠超過教會短期收入。因此，教會是理想的客戶，而教會廣大的土地資源代表有非常多能用於交易的商業特權。唯一的問題是過去只有單一銀行家與教會做生意，但並不是麥地奇家族。

喬凡尼的策略顯露他善用機會的精明，也揭露商人銀行家必須運用的卑鄙手段[40]。一三七八年的「大分裂時期」（the Great Schism）讓天主教教會分崩離析，突然一下子有兩位教宗，甚至三位教宗，都在爭奪教會最高領導的位置，而他們都需要一位銀行家。

當亞歷山大五世（Alexander V）〔領導「比薩服從」會議（'Pisan Obedience'）〕於一四一〇年過世時，喬凡尼看到他的機會。他已成為那不勒斯樞機主教巴爾達薩雷·科薩（Baldassare Cossa）來往的銀行家，兩人很快地成為好朋友，而且似乎還做了椿買賣。喬凡尼借給巴爾達薩雷一萬弗洛林，用來賄賂其他的樞機主教，而巴爾達薩雷就在喬凡尼的財力支持下成為教宗。為了回報喬凡尼，巴爾達薩雷在登基成為教宗約翰二十三世（Pope John XXIII）後，便將比薩教宗職位擁有的龐大資源交託給喬凡尼，而比薩教宗是三個教宗裡被認為是最「正統」的。喬凡尼處理教宗資產非常成功，即便後來約翰二十三世於一四一五年下台，和天主教教會重修舊好，麥地奇家族仍在一四二〇年被認可為教會唯一交易的銀行。

整個事件充滿腐敗、欺騙與狡猾算計。從那刻起，獲利幾乎無限。喬凡尼於一四二〇年退休，由兒子科西莫接手家族生意，科西莫也將麥地奇銀行推向另一個成功與獲利高峰[41]。科西莫充分利用控制教宗銀行業務的機會，在一四二〇到三五年間，公司的獲利至少有百分之六十三都是來自於教會生意。他重新建立銀行的立足點，然後大肆擴張運作，開始在安科納（Ancona）、亞維儂、巴塞爾（Basel）、布魯日、倫敦、日內瓦與比薩等地設立新分行，充分利用國際交易[42]。

即便科西莫很聰明的避免把太多錢投入土地或地產等（徵稅的）資產，他的財富還是很快地超越當時被視為是佛羅倫斯最富有的人們。約在一五三〇年前後，以富有聞名的帕拉·斯特羅齊（Palla Strozzi）與麥地奇家的科西莫相比之下，財富相形見絀。一四五九年，科西莫富裕到不可思議的程度，此時喬凡尼·魯切萊稱科西莫「不僅可能是佛羅倫斯人裡最富有的一位，甚至是史上最富有的義大利人。」然而，可以注意到的是魯切萊稱讚帕拉·斯特羅齊是以「誠實的方式」賺取財富，但對於科西莫如何取得他的財富，魯切萊顯然不予置評[43]。

成為「偉大的藝術」

商人銀行的運作模式讓賺錢的道德問題變得更加嚴重。即便獲利龐大，不可避免的事實是，與先前嘗試放貸的銀行家相比，商人銀行家更加仰賴且持續熱烈從事放高利貸。黑箱操作、密室交易與勒索，以上皆是國際金融遊戲裡不可或缺的部分，因此，商人銀行面臨各方指控為沒有道德的行為。

科西莫·德·麥地奇於一四二〇年接手家族生意之時，他承擔起整個商業公司的責任，而這家公司不僅有營利，更被「邪惡」重度汙染。科西莫的財產不可避免地被標上不道德的惡名。他越富有，罪惡的汙點就越難清除。更驚人的是他不僅放高利貸，還利用放高利貸來賄賂或是敲詐急需現金的統治者。他還脅迫教會，鼓勵買賣聖職與羅馬教廷的腐敗。科西莫精通商人銀行的行為，缺乏道德的程度與所帶來的經濟報酬一樣多。

難怪新型的商人銀行家投資越來越大筆的金錢在「贖罪的藝術」上；因此，當佛羅倫斯以數量極多且裝飾華麗的小禮拜堂與教堂聞名時，也證明了贊助人龐大的愧疚感與他們亟欲透過藝術來拯救他們已敗壞的靈魂。

麥地奇家族比其他人更加富有，因此更急切感受到藝術贖罪的需求。麥地奇家族整個十四世紀都在觀察與學習他人如何運用藝術贖罪，十五世紀早期，喬凡尼·迪·比奇與科西莫積極地投入大量金錢在贈遺與禮物上。它們贊助的作品像是安傑利科的《聖母子與諸聖人》（*Madonna and Saints*）等，都捐給修道院或教堂，而個人小禮拜堂（像聖十字聖殿裡的）由麥地奇家族其他成員仿照巴爾底家族與佩魯齊家族的方式贊助。相同地，喬凡尼與科西莫都非常在意自己死後安葬的墳墓位置，必定要在能保證虔誠信眾會替他們禱告的地點。喬凡尼·迪·比奇死後葬在聖羅倫佐教堂舊聖器室（Old Sacristy）的中間，而科西莫則把自己的墳墓設在聖羅倫佐教堂裡高祭壇的正前方。

但是認為義大利的超級富有銀行家贊助藝術，單單只是為了拯救他們腐爛靈魂的想法是錯誤的。即使在十四世紀早期，這些富有的商人已開始覺得有炫耀的需求，而贖罪用的藝術到最後變成展示品的情況的確很常見。特別是贊助家族小禮拜堂與將肖像置入連環濕壁畫裡的作法，顯露出向大眾展示財富的潛在慾望。然而，十五世紀初的數十年間，商人銀行家發現自己擁有的財富龐大到能與歐洲君王們匹敵，甚至超越他們。財富也帶來社會地位，而且一旦發現君王、教宗與王子們都仰賴著他們提供的信用貸款，他們很難不覺得自己比普通平民百姓高一等。他們口袋裝滿現金，胸口脹滿驕傲自信，炫耀財富與聲望的慾望日益高漲。

義大利文藝復興時期的商人銀行家展開一場史上最大的瘋狂消費潮，他們預算無上限，消費毫無節制。如同現代世界裡許多極富的男女一般，這些義大利銀行家從公開捐款給慈善機構的舉動裡得到某種滿足感。他們放縱恣意購買眩人目光的珠寶、上等錦緞、鑲上金線的衣服、昂貴的絲綢與最上等的阿拉伯駒等；日復一日舉辦大型宴會，提供數十道餐點給上百位賓客；常以小事為藉口舉辦大型瘋狂舞蹈派對；家中滿是成群穿著制服的僕人。銀行家們只在意是否夠富麗堂皇。

最重要的是，商人銀行家積極投入贊助藝術，因為他們急著要向後代子孫展示財富，於是委託製作更多細心規劃的肖像。像是雕刻家安東尼奧・羅塞利諾（Antonio Rossellino）製作的弗朗切斯科・薩歇堤（Francesco Sassetti）的半身像就是例子之一。商人銀行家對於附加於古典學問的社會價值感到興趣，於是付錢請藝術家製作以古老主題為主的有趣畫作，或是用石材與青銅製作女神與神祇的雕像，並且開始以無比熱忱收藏骨董原作。

至少在十五世紀初期，商人銀行家將注意力投注於建築上，尋求運用這個媒介當作炫耀財富的最戲劇化、最令人印象深刻的方法。他們對教堂特別感興趣，因為教堂作為社群活動共享的社會空間，提供了肯定他們社會地位的豐富潛力。他們關心聲望勝過贖罪本身，因此抓住每個公開重建和擴建教堂與修道院的機會。當時帕拉・斯特羅齊、托馬索・斯皮內利（Tommaso Spinelli）和帕齊家族皆大方地捐助建設新的小禮拜堂、寺院與女子修道院，但是喬凡尼・迪・比奇與科西莫所做的遠超過所有人[44]。一四一九年，喬凡尼同意贊助羅倫佐教堂修建舊聖器室，並雇用布魯內萊斯基接下此任務[45]。一四四〇年後，由科西莫承接改建整間教堂的責任[46]，將它徹底改為麥地奇家族的龐大聖壇[47]。幾年前，科西莫才贊助聖馬可教堂的翻修工程，並不計代價買進一批珍貴文獻手抄稿，以豐富教堂圖書館的藏書量[48]。他也以相同的方式翻修菲耶索萊納修道院（Badia Fiesolana）。商人銀行家之間為了經濟利益爭相競逐修整巴迪亞修道院（Badia Fiorentina），競爭強烈到甚至連科西莫都無法涉入其中[49]。

儘管教會建築計畫需投入相當龐大的金錢，但都無法與建設宮殿與別墅的金額相比擬。十四世紀末，最富有的商人銀行家的住所雖然比大多數人的大了點，但外觀與裝潢都不怎麼樣。例如：喬凡尼．迪．比奇．德．麥地奇成年後大部分時間都住在拉爾加街上一間不顯眼的房子裡，即使後來搬到在主教座堂廣場附近稍大一點的房子，麥地奇家族的住所依舊顯得樸素[50]。十五世紀早期商人銀行家的財富大爆發後，巨大、裝潢富麗的宮殿突然蔚為流行。這種宮殿價值不斐，根據最近的估計，商人銀行家的宮殿平均花費為一千五到兩千五弗洛林，而由菲利波．斯特羅齊（Filippo Strozzi）和繼承者共同建成的豪華宮殿幾乎花了四萬弗洛林，是技術最純熟的工匠年薪的一千倍以上[51]。這些商人銀行家花費的確沒有底線，如同喬凡尼．魯切萊提到：「花錢完成這個建築，帶給我榮耀，也讓我的靈魂獲得更多滿足。」[52]斯特羅齊宮比白宮還大的多，也反映了宮殿建築的野心與炫耀心態高張。

事實上，魯切萊（他的宮殿由萊昂．巴蒂斯塔．阿伯提設計）、彼提家族（the Pitti，他們的宮殿於一四五八年委託他人建造），以及托納波尼家族（the Tornabuoni）後來競相建造富麗堂皇的宮殿，驗證了商人銀行家的聲望與自家住所的大小緊密相關。但是，就建造規模與奢華程度，沒人比得上科西莫．德．麥地奇。儘管科西莫一開始以「太奢華和太華麗」否決了布魯內萊斯基原本的設計，但麥地奇里卡迪宮的設計是如此陳設雄偉與裝飾奢華，瓦薩里提到：「它的舒適程度能接待國王、帝王、教宗與歐洲各地著名的王子，它替科西莫的偉大與米開羅佐傑出的建築天分贏得無限的稱讚。」[53]麥地奇里卡迪宮也不是科西莫唯一的家。他再次雇用米開羅佐將「麥地奇的科立吉別墅〔離佛羅倫斯兩英哩的距離〕修復成富麗堂皇的樣貌」，並在穆傑羅（Mugello）的凱菲吉奧羅（Cafaggiolo）建立一個宛如堡壘的全新別墅[54]。

文藝復興時期的商人銀行家快速取得龐大財富後，就像現今的對沖基金經理人與俄羅斯寡頭政治家一樣，只想要花錢展示自己的財富與地位。但是，當他們開始用不同以往的規模揮霍金錢在藝術與建築上時，卻遇到全新的問題。不同於放高利貸的罪惡，「財富」與「花費」帶來惱人的倫理問題。

一方面來說，財富本身就有其問題。簡而言之，金錢帶來憎恨與道德譴責。不論金錢本身是如何獲得，人們一向視金錢為德行的絆腳石並且妨礙公益。十四世紀領導公民精神主義的方濟會抱持的理想，導致社會大眾在某種程度上藐視財富。例如在科盧喬．薩盧塔蒂的《論世界與宗教生活》（*De seculo et Religone*）裡，抓住當代意見的基調，讚美貧窮是最適合虔誠者的狀態，而把財富與貪婪做連結[55]。儘管十五世紀早期的經濟改變甚劇，對於財富的輕視依舊深植於宗教想像裡。巴托洛梅奧．法西奧約在一四四五或是四六年間主張：「財富不會帶來心滿意足，只有更多的貪婪，或是說渴望」，因此他認為沒有任何一位「從事商業行為與獲取利益的行為的人」能夠真正得到基督教信仰的「財富」，「縱使他擁有跟科西莫一樣多的財產。」[56]這讓我們看到長久以來社會對於財富的不信任。雖然梳毛工人強匹叛亂事件已完全平定，佛羅倫斯平民百姓曾聚集聆聽講道者講述攻擊富人奢華的煽動言論，依舊深切憎恨擁有龐大財富的「肥貓」。

另一方面來說，炫耀式的花費本身也充滿問題。托缽修會較嚴格的一派仍抱持著「貧窮為理想」的看法，持續譴責炫耀式消費為利己主義的表現，包括大宮殿、佈置富麗堂皇的寢室、華美服飾，還有讓令人為之驚嘆的珠寶，都在譴責之列。喬凡尼．多米尼契神父與科西莫的朋友安東寧諾．皮耶羅齊神父甚至譴責那些給予慈善機構大筆金錢的人，因為他們的贈與源自於驕傲，而非基督教慈善精神[57]。

合理化財富與奢華支出在於呈現的方式。十五世紀初，聚集在佛羅倫斯商人銀行家身邊的許多人文主義者理解到一半的問題出在將財富與貪婪混為一體。要將財富與貪婪做區別實為矯揉造作之舉，但至少就道德層面來看，兩者之間的關係也不是如此緊密連結。財富畢竟是一堆錢，不是個過程，而是結果。不管一個人的財富是如何取得，鄙視錢本身就是不符合邏輯的一件事。因此，「有錢」這件事並不會讓商人銀行家成為一個壞人。例如：李奧納多．布魯尼評論亞里斯多德的《經濟學》（*Economics*）裡提到，他認為財富並非基督教信德行的絆腳石，而財富本身是「非善亦非惡。」[58]波焦．布拉喬利尼的《論王侯》（*De nobilitate*）與弗朗切斯科．菲萊爾伕的《論貧窮》（*De Paupertate*）裡也都指出，財富基本上與道德無關，我們不能只因商人銀行家非常富有而評斷他。

儘管如此，我們還是能從富人花錢的方式來評斷他。有些支出形式是被認為不道德的。由於對放高利貸的輕視，對於將獲利再投資的「錢滾錢」模式也令人反感。過度消費不可取，但也不能過度避免支出。吝嗇也是種貪婪，跟無節制的亂花錢一樣糟糕。其實某種程度的支出是社會所接受的。對於萊昂．巴蒂斯塔．阿伯提來說，身為佛羅倫斯商人銀行家的私生子，把錢花在教堂擴建或裝潢私人宅邸都是無害的[59]。他認為這樣的放縱帶來愉悅，在適當範圍內，沒有人會覺得一點點愉悅是有害的。

有些支出被視為是公共美德的表現。十五世紀早期的人文主義學家也許受到前一個世紀合理化領主奢華宮廷的努力所激勵[60]，進而發展出一個完整的「偉大理論」，商人銀行家贊助藝術的行為被賦予明確的道德價值，特別在建築方面[61]。

也許替「偉大」（字面含義是指「做偉大的事」）最完整也最強力的辯護是由聖奧古斯丁會牧師帝莫泰奧．馬菲（Fra Timoteo Maffei）在他的《論佛羅倫斯人科西莫．麥地奇的偉大以反對毀謗者》（*In magnificentiae Cosimi Medicei Florentini detractors*）所提出。對話裡，馬菲以他身邊出現的贊助形式為依據，目的是為了要反駁那些批評科西莫．德．麥地奇花費龐大金錢於建設教會建築的計畫一事。他大量援用聖湯瑪斯．阿奎那的《神學大全》（*Summa Thelogiae*），認為科西莫建設與裝飾佛羅倫斯的教堂和修道院不該被視為是彰顯自負傲慢，而是想要讚揚神的權威，並且激勵人們崇尚高尚品德的慾望。科西莫奢侈贊助不該被輕視，因為這恰恰證明了他的德行，應受所有真正信仰者的稱許。馬菲提到：

> 所有值得超凡讚許的事，應該以最高熱忱推薦給後世，因著科西莫建立修道院與寺院的偉大事蹟，人們眼前就能看到神的卓越，並且能考慮自己該用多少的虔誠與感謝來感激神。[62]

越多像科西莫的商人銀行家花費建設教會建築，就更加透露出這些商人銀行家真正德行高尚與虔誠的一面。

要注意的是，馬菲談論的僅限於教堂與修道院的修建計畫，但不用太多的想像力就能把馬菲論點的基本要旨換到世俗的公民社會裡。像弗朗切斯科．菲萊爾伕與萊昂．巴蒂斯塔．阿伯提主張「偉大」——指的是花費大量金錢的意願與能力——基本上就是能夠觸及所有藝術贊助的形式，只要觀者相信贊助行為不是為了榮耀自我。例如：當一位商人銀行家建造一個巨大宮殿時，不僅為了自己的目的，也替其家族與所處城市帶來極大的榮耀。畢竟，家族與城市將因名勝古蹟而聞名。「雄偉」被視為崇高的社會美德，顯示家族的忠誠，也表現出熱心公益、增進社群聲望的承諾[63]。一間宮殿裝飾得越華麗，越多人認為它是雄偉的建築，那麼宮殿主人的德行就越美好。喬凡尼·龐泰諾於一四九八年時就清楚表達了這樣的看法：

> 偉人因著大筆支出而偉大。因此偉人的成就存在於卓越的宮殿、做工精良的教堂、戲院、柱廊、街道與港口⋯⋯但是，由於偉大存在於大筆開銷，因此物件本身的尺寸必須要十分奢侈與氣宇不凡，不然無法引起讚賞。再者，深刻印象必須透過裝飾、材料的範圍與精良，還有能長久維持的作工能力而獲得。老實說，如果沒有藝術，任何東西，不論大小，都無法贏得真正的稱讚。因此，如果物品廉價又俗豔，缺乏裝飾，或是以粗劣的低價材料製成，這樣的物品無法是偉大的，也不該被視為是偉大的。[64]

人文主義對於「偉大」的理論相當吸引人，即便今日，跟科西莫·德·麥地奇一樣的商人銀行家似乎也散發出如同藝術家一樣的超人類素養的光環。儘管如此，別忘了這個「偉大理論」其實是以社會能接受的詞彙粉飾太平。阿伯提和馬菲這些人文主義者致力讚揚佛羅倫斯城裡四處林立的禮拜堂、教堂與宮殿，認為這些建築表彰深厚的公眾德行，但是，他們寫作的目的明顯是為了替超級富有的商人銀行家辯護，以對抗大眾對富人的指控聲浪。

事實上，「偉大的藝術」只不過是炫耀性消費和自我讚揚的大型手法。像科西莫．德．麥地奇等的商人銀行家藉著贈與小禮拜堂，提供教堂與修道院重建基金，建造大型宮殿，以錢能夠買到的最精美的藝術品來裝飾住所，有意識地力圖炫耀他們龐大的財富，並為他們優越的財力提供顯而易見的證明。

然而就是因為「偉大的藝術」是財富的產物，它掩飾了商人銀行業中黑暗、令人不快的方式。每塊磚塊，每一筆畫，再再證明放高利貸、勒索與齷齪是商人銀行家賺取財富最根本的要素。

「偉大的藝術」有其醜陋的一面，在《賢士伯利恆之旅》最明顯的特徵也是它。雖然科西莫小心確保自己在畫裡的形象，以最適合贖罪的懺悔樣貌出現，但濕壁畫本身閃耀精美的圖像證明了商人銀行家想要炫耀財富，使用骯髒污穢的錢，十分虛偽地將自己描繪成品行高尚的共和國公民。

從商人銀行家到領袖

從麥地奇家族第一次在歷史紀錄上出現到加萊亞佐．馬利亞．斯福爾扎拜訪佛羅倫斯這幾年之間，麥地奇家族從不起眼的外匯兌換商變成擁有龐大財富的商人銀行家，還能提供大筆金錢用於贖罪與偉大藝術上。但這僅是故事的一部分。隨著麥地奇家族商場機運轉變，他們同時發現家族的政治機運也在改變。雖然他們一開始只是社群生活戲碼裡的小角色，但是到了一四五九年之際，科西莫．德．麥地奇不僅是全佛羅倫斯城最富有的人，也是該城市的地下國王。對任何家族來說，這都是個非凡過程，但是科西莫與麥地奇家族從無名小卒晉升到權力核心的過程，彰顯出文藝復興早期時商人銀行業與政治之間的密切關係。如果商人銀行家的商業行為黑暗、複雜難懂，那麼他們身處的政治世界則更加黑暗。當時的政治世界就現代看來還是相當令人驚訝，跟我們熟悉的文藝復興概念相差甚遠。然而，最重要的不是商人銀行家涉入的政治陰謀，而是讓他們能在政治世界裡占有主導地位的經濟因素。

佛羅倫斯政治的結構根於工會組織，銀行家與商人銀行家發現自己無可避免地深深捲入公眾生活。然而，這不僅是制度上的連結。商人銀行家越是成功，他們的事務越是深入捲入政治糾葛。他們的機運與政府的行動緊密連結，無庸置疑的是他們最大的獲利也是來自於政府。金．布拉克教授（Gene Brucker）[5]指出執政團最驚人的特色是「這職務統領政府組織是為了富人與權貴的利益，而讓窮人與低下階級者蒙受損害。」㊼都會菁英得到大部分有利的冗職，也最受惠於不平等的賦稅制度，而且還能得到佛羅倫斯政府公債（Monte）衍生出的固定紅利。但他們也很容易蒙受損失，一旦稅率、工資水平或是佛羅倫斯政府公債等事務稍有改變，都會對於中等企業造成極大又極深遠的影響，而外交政策、戰爭與和平，或是對於強制貸款的課稅等決議也牽動了商人銀行家的財富規模。

對於佛羅倫斯最富有的居民而言，商業與政治是一體兩面的事。有鑑於他們的財富與政治間緊密的利害關係，政府對富人來說非常重要，因此他們無法坐視政府隨著時運起伏或者是落入普通工匠的控制中。雖然十四世紀晚期（見第三章）佛羅倫斯政府的結構已強力配合富人利益，但仍有一小群超級富有的貴族決心控制公共政策以配合他們的利益，並且把權力掌握於手中。

這些貴族也意識到佛羅倫斯表面上的體制為「共和國制」，因此要控制政府，必定要改變規則。首先，他們開始操縱選舉。與今日不同的是，當時並沒有投票箱能夠灌票，政府官員的選舉方式是「隨機」從袋子裡抽出具聲望的候選人的名字。但即使是「隨機」，還是有

5　加州大學柏克萊分校歷史教授，專門研究文藝復興與當時的佛羅倫斯城。

辦法能推往「正確」的方向，因為雖然理論上所有的工會成員都有資格擔任公職，但最終是由審查委員會成員決定誰的名字能夠被放入袋子裡，而委員會全由工會裡的貴族成員擔任，這些人決定誰能夠「進入」，還有誰該「出去」。一三八七年後，八位院長裡的兩位，到後來的三位，保留給一群事先由委員會預選好的「適合」的候選人們，將他們的名字放在另一個小一點的袋子裡。即便選擇官員的方式還是由「機率」主導，甚至在梳毛工人強匹叛亂後，新的家族持續進入擔任公職，但佛羅倫斯的貴族們還是能確保「預先選好」大部分的擔任執政官們的人選。

能操縱選舉固然很好，但經驗告訴貴族們，過度限制擔任公職的機會可能會導致災難發生。畢竟權力的基礎過於狹隘看起來太可疑，民眾無法相信這樣的政府。然而，如果無法確保能控制預先選定的人，那麼縱使有預先選擇權也無益於貴族本身。讓審查委員會成為有效操弄權力的工具的關鍵是將個人與商業的關係轉移到政治領域。雖然這些貴族本身時常擔任院長職務，但最上位的貴族縱使自己沒被選上，也要能確保執政團身邊滿是與他們密切相關的人，例如商業夥伴或者是仰賴他們的人——以黑手黨的詞彙來說就是「我們的朋友們」或是「幫內人」。商人菁英精挑細選與他們有商業關係，或是與他們聯姻的人，並把這些人安插進入政府，以確保政府官員能完全忠於商人的利益[66]。編年史學家喬凡尼・卡瓦爾康帝寫道：「許多人被選作公職，但很少是為了政府。」[67]政治生意與商業政治融為一體，而贊助關係與家族從幕後提供掌控政府的關鍵機制。

商人銀行家很快地發現他們處在整個社會系統裡相當有利的位置。雖然離主導地位還有點距離，但他們廣泛涉入各類交易的利害關係，加上提供信用貸款者的獨特身分，讓他們培養出獨特又廣泛的客戶網絡，且對國家事務有相當大的影響力。商人銀行家憑藉著經濟影響力，很快地變成公共政治裡最強、最機靈的參與者之一。

由商人菁英統領的城市裡，佛羅倫斯城是最引人注目的，但它並不是獨一無二的。儘管在文藝復興時期受到外國勢力支配，但海上共和國熱亞那也被商人銀行家所掌控。熱亞那經歷過摧毀性的內戰，並由第一任共和國總督西蒙尼・波卡涅拉（Simone Boccanegra）主導將古老貴族家族排除於政治過程之外，於是一三三九年熱亞那的政府完全被蒙塔爾多家族（the Montaldo）和艾多爾諾家族（the Adorno）等商人家族組成的「平民」議會所掌控[68]。甚至威尼斯〔一二九七年該城市的理事會議（the Great Council）限制僅能由世襲貴族擔任〕也逐漸被遠程貿易商與商人銀行家的利益所掌控，例如：一三六五至六八年擔任總督的馬可・科那羅（Marco Corner）與一四七一至七三年任總督的尼可羅・特蘭（Niccolò Tron），尼可羅的華麗墳墓至今還能在威尼斯的聖方濟會榮耀聖母聖殿（the Basilica of S. Maria Gloriosa dei Frari）裡看到。

此時在佛羅倫斯，麥地奇家族的人們漸漸發現自己被捲入政治世界，從「統治階級」的邊緣地帶一路進到權力核心。一二九一年，首位麥地奇家族成員被選入執政團擔任職務，一直到十四世紀期間，麥地奇家族共擔任過五十二次任期的執政團職務[69]，所以有時會不小心踏進佛羅倫斯最戲劇性的政治風暴之中。西爾維斯特・德・麥地奇（Salvestro de'Medici）在一三七八年的梳毛工人強匹叛亂開始前幾個月的混亂時期裡擔任律法與秩序最高長官；另一位維也利・迪・坎比歐（Vieri di Cambio）則在叛亂平定後，成為官員團成員之一，擔負起重建支離破碎的佛羅倫斯共和國的責任[70]。

喬凡尼・迪・比奇・德・麥地奇也不例外。身為家族裡第一位真正富有的人，進入佛羅倫斯政治界「核心圈子」裡也顯得理所當然。喬凡尼由遠親維也利・迪・坎比歐引介進入政府，分別於一四〇八年與一四一一年當選為執政團的一員，之後於一四二一年被選為擔任律法與秩序最高長官。

喬凡尼在關鍵時刻進入執政團。梳毛工人強匹叛亂後，作弊的體制鞏固了一小群超級富有家族的統治地位。統治階級裡大多由商人銀行家組成，他們有著共同的利益與敵對目標米蘭，因此關係相當緊密且團結。由統治菁英建立的政權整合廣泛的支持、積極的選舉監督與複雜的社會控制網絡，因此就很多方面來看，這個政權的穩定度是佛羅倫斯政壇上前所未見的。卡瓦爾康帝曾提及一件關於尼可羅・達・烏扎諾的生動故事。有次在進行對於外國事務的重要辯論，尼可羅在過程中幾乎都在睡覺，後來突然醒來並宣布一項他早先與「其他有力人士」決定好的政策，而該政策沒有經過討論，就獲得全體一致通過[71]。「共識」——只在貴族階級與菁英和地位較低的官員之間——是當時的制度：每個人都能感受參與其中，而領導團隊則信任領導權的穩定性。這群貴族菁英自信滿載，認為佛羅倫斯是在一群「較優秀」階級的人們團結領導之下繁榮成長。李奧納多．布魯尼於《佛羅倫斯讚歌》證實「在佛羅倫斯，大多數的意見總是剛好與最優秀公民的意見一樣。」[72]

然而，喬凡尼卻非常不想過度深入沸沸揚揚的政治活動。他專注於做生意，以強力重視隱私聞名，並刻意遠離政治辯論的激烈混戰與公眾關注。他雖然接受任命為院長及律法與秩序最高長官，但避免參加任何顧問會議（pratiche）。如同喬凡尼臨死前給予兒子們的建議：

> 千萬不要前去給意見，把你的意見在私下談話中小心地傳佈出去。去領主廣場時要特別小心；等著被傳喚，而當你被傳喚的時候，只做你被要求做的，千萬不要表現任何驕傲，即便你擁有許多支持票數……避免政治紛爭，並且永遠遠離公眾關注……[73]

如果喬凡尼能選擇的話，他宣稱會完全避開政治。

然而，喬凡尼並不是個害羞又討厭人群的人，相反地，他是相當狡猾的現實主義者。儘管使用團結與和諧的修辭，當喬凡尼第一次被迫進入執政團時，佛羅倫斯貴族間已深深分裂。雖然城裡最富有的人因著某些共同利益而團結在一起，但顯然這不足以維持統治階級的長期聯合。即便富人們的確有共同目標，但這並不代表他們願意用相同的手段，也不代表他們沒有其他更重要的目的，而這目的可能引發相互競爭。

衝突無法避免。商業間的相互較勁很快成為政治敵對。新的派系形成，派系間的爭論沸騰引發內亂。內亂的代價很高，彼此競爭也許並非時時充滿暴力，但都是痛苦地搏鬥著。約在一三九〇年間，馬索・德里・阿爾比齊（Maso degli Albizzi）與里納爾多・強非畢李亞奇（Rinaldo Gianfigliazzi）成功短暫地掌控執政團，並且立刻驅逐敵對的菲利波・巴斯塔利（Filippo Bastari）和多納托・阿喬伊歐利（Donato Acciaiuoli）。約一四〇〇年間，里奇家族其中兩名成員被指控密謀殺掉阿爾比齊－強非畢李亞奇（Albizzi-Gianfigliazzi）派系成員。各家族間起此彼落爭奪控制政府，一連串類似的「政變」、驅除與沒收不斷上演。

身為野心勃勃的商人銀行家，喬凡尼・迪・比奇知道他很容易被捲入這樣的派系鬥爭裡，而這樣的鬥爭又會帶來怎樣具毀滅性的影響。他的親戚有幾次捲入大動亂裡，損害甚大。麥地奇家族內部也經歷過分裂，而且當麥地奇家族需要選邊站時，他們時常選錯邊。里奇家族密謀事件中，有幾位麥地奇家族的成員受到牽連。喬凡尼不願意冒著被放逐或是財產被沒收的風險，因此選擇保持距離。

佛羅倫斯最大的問題之一是有很多富有的商人銀行家，但沒有一位具主導地位。只要主要家族彼此保持相近的經濟影響力，沒有一個家族能夠獲得絕對的政治權力。但是一切即將改變。在一四二〇年代之際——就是科西莫．德．麥地奇開始接管家族銀行業之時——引力中心開始移動。科西莫發現管理教宗帳戶讓他的保險庫滿是金錢，他也掌控了極其廣大超級富有的客戶網絡。同時，因為佛羅倫斯的執政團面臨經濟壓力，讓商人銀行家得以主導公民政治，權力集中在一群少數超級富有的人手裡。

關鍵的議題在於債務。雖然中世紀的公共政府扮演相對有限的角色，但他們大多保持平衡的預算與支出，但是後來綿延的戰爭造成不斷攀高的支出，加上逐漸成型的國家裡日益複雜的行政機構，兩者使得政府經常性支出暴漲甚鉅。雖然貿易持續繁榮增長，日常稅收卻無法跟上，城市政府只能急迫地到處尋找方法，以解決日益加劇的金流危機，政府公債的概念因此應運而生。就現代世界而言，當政府面臨破產危機時，會把希望放在國際貨幣基金組織（IMF）或是歐洲中央銀行（ECB）；但在文藝復興時代，財政困難的北義大利政府只能依賴商人銀行家深不可測的積蓄。更甚者，就是因著債務而讓商人銀行家攀到城市政治最重要的位置上，並讓已日漸崩壞的「共和國」政權轉變為專制統治。

在文藝復興時期，北義大利的國家或多或少都經歷過債務危機，但以城市共和國最為脆弱。熱那亞（常被研究這時期的歷史學家所忽略）從第一任總督西蒙尼．波卡涅拉開始到十五世紀初，整個城市陷入一連串嚴重的經濟危機。熱那亞政府長期無法掌控經濟狀況，導致新一代商人菁英支配力日漸茁壯，並時不時得順從外國勢力。然而，沒有一個城市能像佛羅倫斯城一樣，能如此清楚闡明債務對於商人銀行家地位的影響。

一四二四年，佛羅倫斯捲入一場與米蘭的紛爭中，這紛爭斷斷續續延燒了九年。狀況一開始就很糟，隨著戰事急速升溫失控，佛羅倫斯城日益仰賴傭兵軍隊，而維持以傭兵為主的軍隊花費十分驚人。雖然佛羅倫斯花大筆金錢在軍事上並非頭一遭，但維持傭兵軍隊的花費規模截然不同。戰事進行期間，佛羅倫斯每年需負擔的費用將近五十萬弗洛林，遠超過城市的稅收[74]。一四二六年的赤字巔峰為六十八萬兩千弗洛林。佛羅倫斯城需要另找籌錢的方式，而且要快。

儘管新式財產稅（catasto）並不受歡迎，但它顯然是解決政府財務危機的方法。從一四二七年起，佛羅倫斯每戶都被迫提供一份淨資產清單，政府利用這份清單做為估計每戶稅額義務的基礎。每戶每次需繳的稅為淨資產的百分之零點五，但城市政府可宣布一年收稅數次。現存的紀錄顯示，這是佛羅倫斯歷來稅收制度裡最合理公平的方式之一[75]。許多較貧困的家庭幾乎不用繳稅，最重的稅收負擔落在社會最富有的成員身上，也就是商人銀行家。有些人只須交稅幾塊錢，但像帕拉·斯特羅齊的淨資產約有十萬一千四百二十二弗洛林，代表每次收稅，他必須繳交五百零七弗洛林，而喬凡尼·迪·比奇申報有七萬弗洛林的淨資產，每次收稅他的繳稅帳單金額就是三百九十七弗洛林[76]。

唯一的問題是，因為戰爭的花費甚高，城市政府不得不每年強制收許多次財產稅。在一四二八到三三年間，財產稅收取紀錄多達一百五十二次[77]。因為財產稅是根據資產而非收入計稅，因此即便是收取最低稅率，每次收稅的應繳稅額還是造成許多佛羅倫斯家庭沉重的負擔。約翰．納傑米（John Najemy）觀察到當時許多家庭急著賣地產，只為了繳付稅款，「祖產都被消耗殆盡」[78]。即便是以富有聞名的帕拉．斯特羅齊，因其財富與所擁有的土地息息相關，也被逼得在一四三一年請求減少他的應納稅額。佛羅倫斯正面臨破產的命運。

佛羅倫斯城政府決定向富有的市民借貸，以彌補日益嚴重的金流危機。一群商人銀行家組成銀行理事（Officials of the Bank），籌畫與決定借貸的條件，而在大部分的借貸案件裡，這些商人銀行家也是主要的借款人。與美國聯邦儲備委員會（the board of the Federal Reserve）性質雷同，理事們負責維持佛羅倫斯政府償付能力。根據估算，理事借貸給佛羅倫斯政府每年約二十萬弗洛林。

戰爭、嚴格的財產稅，加上政府借貸，三個因素混合改變了佛羅倫斯的政治特色，也將科西莫．德．麥地奇推向權力核心。新式財產稅對麥地奇家族的影響不如其他顯赫商人銀行家那般嚴重，因為麥地奇家族投資在土地與房產的部分有限，而且他們很小心地讓錢四處流動，所以應納稅額較少，而他們的資產受到收取財產稅的損害較不嚴重。再者，科西莫．德．麥地奇和他的生意夥伴不僅主導整個銀行理事，借給執政團的貸款裡也絕大部分是由他與生意夥伴借出的[79]。現存的文件顯示借給佛羅倫斯政府的貸款裡約有百分之四十六來自於十個借款人，不是從麥地奇家族成員，就是與他們有商業合作或贊助關係的人。科西莫與弟弟羅倫佐兩人就占了約百分之二十八的借貸款，所以說佛羅倫斯經濟上依賴著麥地奇家族（特別是科西莫）一點也不誇張。

雖然科西莫跟他父親一樣討厭擔任公職，但他的經濟資源讓他很快地成為佛羅倫斯政治界的主導力量，他正有效率地將整個佛羅倫斯「買下」。在這個充滿派系與極度競爭的政治領域裡，科西莫計畫要控制整個政府的謠言四起。

到一四三三年的夏天，里納爾多·德格里·阿爾比齊（Rinaldo Degli Albizzi）與帕拉·斯特羅齊懼怕科西莫日益增長的影響力。兩人擔心在不久的將來就會被「買走」而遠離權力核心，決定採取行動。他們趁科西莫離開佛羅倫斯前往在托雷比爾（il Trebbio）的莊園期間，立刻將支持者安插進執政團裡，準備要一勞永逸地擺脫科西莫。科西莫很快地被招回佛羅倫斯，一進城就遭到逮捕，關進領主廣場塔樓的小房間裡。遵從阿爾比齊與斯特羅齊的命令，執政團倉促地成立了一個特別委員會（baliá）當成處理科西莫的模擬法庭[6]，但事情不如預期順利。雖然阿爾比齊情緒激昂地要求處死科西莫，但委員會不敢強制執行死刑的命令。經歷數個禮拜的激烈辯論，科西莫、他的弟弟羅倫佐與親戚艾佛拉多於九月二十八日被判流放異地。

里納爾多．德格里．阿爾比齊十分高興。雖然他希望能處死科西莫，但現在科西莫被驅逐而無法再擋住他的當權之路，這件事也足以讓他歡慶。這是個荒謬的錯誤，阿爾比齊不久之後就明白整個佛羅倫斯陷入無法動彈的窘境。因著麥地奇家族流放在外，里納爾多．德格里．阿爾比齊掌控的佛羅倫斯城無法支付開銷。再者，整體經濟也因著科西莫的缺席遭受嚴重打擊。沒有麥地奇家族的金錢潤滑整個商業體系，商業活動逐漸停頓。執政團也無法從沒收科西莫大筆財產中獲得好處，因為這些財富早在幾個月前就被藏匿至他處。阿爾比齊最終理解科西莫正在勒索整個佛羅倫斯城。

災難接著降臨。數個月內，經濟陷入困境，稅率升高，以及接連的敗仗都使得阿爾比齊的政權變得十分不受歡迎。他的支持者開始背離他。甚至連帕拉．斯特羅齊也變得冷淡。執政團不再受他控制。商人菁英被迫於城市破產或麥地奇霸權之間做選擇，一四三四年八月，他們選出明顯支持科西莫的執政團。

里納爾多．德格里．阿爾比齊的政治生涯到了終點。新的執政團立刻將他與帕拉．斯特羅齊驅逐，並推翻他的「改革」。最重要的是，科西莫和他的親屬們被榮耀的招回。佛羅倫斯城需要他的錢勝過阿爾比齊宣稱捍衛的「開放自由」。

6　指在監獄、工會或其他組織中私設的公堂或非正規的法庭。

科西莫於一四三四年的秋天回到佛羅倫斯城，再無敵手。佛羅倫斯城因戰爭而殘破不堪，政府急需金錢，佛羅倫斯人需要科西莫扮演他們的教父。雖然他曾被賦予「國父」（pater patriae）的頭銜，但在死後僅僅只是一名非常富有的教父（padrino）[80]。

科西莫充分利用職務，鞏固他握有的權力，快速無情地將反對者驅逐出境，擴張他的控制網絡，並把決策過程集中控制在麥地奇家族手裡。他甚至通過一項新憲法，讓「他的」議會擁有權力，還有與米蘭的斯福爾扎（the Sforza of Milan）家族達成約定，確保之後只要有敵對狀態，他們都能獲得軍事支援。一四五九年之前，科西莫已獲得黑手黨教父夢想擁有的安全保障。

促使科西莫登上政治食物鏈頂端的陰謀、反陰謀還有殘忍的報復行動確實是情況獨特，但是他遵循的軌跡證明了商人銀行家擁有的財富多寡等同於擁有實權的程度。商人銀行家從事借貸交易，需要混合商業利益與家庭關係形成駐點廣泛的網路，因此自然而然取得社群政治領域的領導角色。身處在相互交疊影響的圈子中心位置是最富有的商人銀行家——像是科西莫．德．麥地奇——在他們手邊有著現成的政治機器，並且很容易就能將它變成政府本身。義大利各城市糟糕的經濟狀況使得最富有的商人銀行家變成政治行動的主導者。持續攀漲的支出、僵化的稅收制度與完全不足的稅收導致許多城市必須仰賴鉅額貸款以保持償付支出的能力。商人銀行家是唯一擁有足夠金錢的人，政府必須迎合他們的期望。但更重要的是，對於涉及的代價與衍生出來的敵對狀態，商人銀行家要有一套特殊的技巧才能夠生存下來。如果他不是非常有錢，他需要將道德顧慮拋在腦後，與最強勢的人結盟。如果他很有錢，他不僅要確保自己擁有的錢比其他人還要多，還要確定自己永遠是城裡最無情、最狡猾的人。對於身處文藝復興時期的商人銀行家來說，「貪婪」也許是件好事，且科西莫·德·麥地奇從中獲得的好處，是葛登·蓋柯（Gordon Gekko）[7]完全比不上的。

偽裝的藝術

商人銀行家從商業巨頭到政治大師崛起的過程讓那些晉升巔峰的人十分滿意。他們完全掌握政府，身邊備有能增進商業利益的理想工具，替無止盡的財富與影響力開了扇大門。然而，他們同時也面臨一連串新的挑戰，這些挑戰直接命中他們不道德手法的核心。商人銀行家並沒有其他統治者有的貴族頭銜，無法藉著頭銜得到安全保護，也不能過度使用「偉大的

7 一九八七年電影《華爾街》的男主角。男主角信奉貪婪至上的信條，後來在大眾文化裡他的名字衍生象徵「無節制的貪婪」。

藝術」。此外，在官方聲稱為共和國的城市裡過於卓越是件危險的事，共和國的居民如果感到極度明顯的政治無力感，很可能會引發群眾憤怒。再者，商人銀行家靠著在政府組織背後運行的人際關係以獲取權力，這件事讓他們得小心不可以任意疏離盟友。

身為佛羅倫斯的地下國王，科西莫・德・麥地奇非常明瞭以上的顧慮。事實上，他是透過痛苦經歷才學會。在科西莫的政治生涯早期，他大手筆投資於華麗宮殿與重大的教會建築計畫，以利宣傳形象，但他讓自己的家徽（由七個紅色的球（palle）組成，襯著金黃色的背景）展示在所有他出資的建築與事物上的舉動顯然是個錯誤。當時只要在大街上行走，到處能感受到科西莫的影響力，這讓許多佛羅倫斯人——特別來自於阿爾比齊派系的人——覺得受到冒犯，個性暴躁的弗朗切斯科・菲萊爾伕因此對科西莫展開一連串激烈攻擊。「偉大的藝術」也許真的用過了頭，菲萊爾伕對於無所不在的麥地奇家徽開玩笑地說道，聽說科西莫驕傲自豪到「甚至修士的廁所裡也有他的球」[81]。

科西莫明白他必須隱身幕後，透過藝術代表政治聯盟與結交新聯繫，以傳達他只是廣泛權力網絡裡的一小部分。他需要「偽裝的藝術」。

《賢士伯利恆之旅》是最能描述偽裝藝術的例子。畫中懺悔的科西莫遠離中央舞台，身邊圍繞著一群具有影響力與權力的人物，這樣的構圖證明科西莫希望給予他人自己謙遜的形象，他只是不小心進入政治、知識分子與經濟聯繫網絡的中心。

同樣利用藝術展示政治關係的慾望也可在家境普通的商人銀行家身上看到。家族禮拜堂是展示偽裝藝術最理想的環境，而佛羅倫斯到處滿是這樣鮮活的例子。有三個作品特別值得仔細檢視，這三個作品分別隱藏各自複雜難懂的政治劇碼。

菲利皮諾・利皮在聖母聖衣聖殿裡布蘭卡契小堂的濕壁畫《西奥菲勒斯之子復活與聖彼得登基》（*Raising the Son of Theophilus and St. Peter Enthroned*）〔圖19〕不只是描繪一個宗教場景，更展現出文藝復興佛羅倫斯的政治角力。這幅畫的贊助人是菲力契布・迪・米歇爾・布蘭卡契（Felice di Michele Brancacci），是名富裕的絲綢貿易商，因其財富與娶了帕拉・斯特羅齊的女兒，成為佛羅倫斯城的海運領事。雖然相當富有也有關係良好的政治影響力，但布蘭卡契並不是重要人物，因此一四二〇年代早期佛羅倫斯政治發生戲劇化轉折時，他並沒有感受到威脅。布蘭卡契需要看起來強烈「連結」但又有些距離，於是委託菲利皮諾・利皮讓他與其他眾多佛羅倫斯人成為目擊西奥菲勒斯之子復活奇蹟的見證人。在觀看的群眾中，不僅有布蘭卡契的臉孔，還有內閣大臣科盧喬・薩盧塔蒂、詩人路易吉・浦爾契（Luigi Pulci），以及商人皮耶羅・迪・弗朗切斯科・德爾・普里耶契（Piero di Francesco del Pugliese）、皮耶羅・迪・拉科布・圭恰迪尼（Piero di Lacopo Guicciardini）和托馬索・索德里尼（Tommaso Soderini，皮耶羅之父，後來獲得律法與秩序最高長官終身職）。

利皮濕壁畫裡的巧喻令人印象深刻，但卻對布蘭卡契沒什麼好處。儘管濕壁畫裡使用靈巧、雙面手法的視覺遊戲，布蘭卡契還是在阿爾比齊－強非畢李亞奇爭鬥中選錯邊，最終於一四三四年跟帕拉·斯特羅齊一同被流放。

相較之下，數十年之後，富商喬凡尼·托納波尼委託多米尼哥·基蘭達奧所畫的濕壁畫則能看到一個比較成功、更具野心的畫作呈現方式。基蘭達奧的濕壁畫位在新聖母大殿的托納波尼家族禮拜堂裡，托納波尼請基蘭達奧將自己畫進濕壁畫。當時托納波尼身處佛羅倫斯政治生活的核心，因生意關係而擔任麥地奇銀行與教宗思道四世交易的司庫、佛羅倫斯大使及律法與秩序最高長官一職。再者，他也是偉大的羅倫佐的舅舅。他委託基蘭達奧裝飾禮拜堂的牆壁時，小心確保畫中的他與親友們都不是處於要角的位置，而是群眾裡的成員之一。像是在《驅逐約阿希姆》（*Expulsion of Joachim*）〔圖20〕裡，托納波尼的兒子羅倫佐站在皮耶羅二世·德·麥地奇的身邊，還有兩個人物，一個是亞歷山德羅·納西（Alessandro Nasi），另一個可能是喬諾佐·浦奇（Giannozzo Pucci，後來被指控領導一個支持麥地奇家族，對抗薩佛納羅拉的祕密計畫。）或是巴托利尼·塞利貝奈（Bartolini Salimbene）。

《天使對撒迦利亞示現》（*Apparition of the Angel to Zechariah*）〔圖21〕畫作裡，幾乎所有托納波尼家族男性都出現其中，他們身旁圍繞著與麥地奇銀行經營有關的有力人士，包括安德烈·德·麥地奇（Andrea de' Medici）、費德里科·薩歇堤（Federico Sassetti）和弗朗切斯科·里多爾菲（Gianfrancesco Ridolfi），還有其他與統治菁英來往密切的人物，像是歷史學家班奈迪克托・戴伊（Benedetto Dei）。基蘭達奧為了強調托納波尼家族與麥地奇家族之間的文化連結，也要求把馬爾西利奧・費奇諾、克里斯多福羅・蘭迪諾、安傑洛・波利齊亞諾放入畫，前景左側則很可能是德美特里・卡爾孔狄利斯（Demetrius Chalcondyles）[8]。

另一個例子是銀行工會的經紀商加斯帕雷・曾諾比・德爾・拉瑪（Gaspare di Zanobi del Lama）。拉瑪是位小銀行家，為人不老實，名聲也不佳，與麥地奇家族僅有些許關係。然而，他的野心遠超過他的成就與道德名聲，也想利用藝術吹捧他與主流商人銀行家菁英之間的連結。他委託桑德羅・波提切利在新聖母大殿的拉瑪家族禮拜堂裡繪製《三博士來朝》〔圖1〕，接著他從托納波尼的書裡拿出一頁，指示藝術家將政治界與銀行界的顯赫人物填入畫裡，以此凸顯他與佛羅倫斯最有影響力的人物們之間的「親密關係」[82]。

畫中由麥地奇家族的人扮演三博士的角色。已逝的科西莫栩栩如生地出現在畫中最顯著的位置，他跪在聖母瑪利亞與耶穌基督嬰孩面前（後來瓦薩里認為這是「現存所有科西莫老教父的肖像裡最令人信服，也是最自然的一幅」[83]）。離科西莫遠一點，跪在前景的是科西莫的兒子們，皮耶羅（穿著紅色）與喬凡尼（穿著長白袍）。拉瑪為了完成「整組」麥地奇家族，還將皮耶羅的兒子們，偉大的羅倫佐（左側）與朱利亞諾（右側，在喬凡尼旁邊）兩

8　文藝復興時期教授希臘文與柏拉圖哲學的教師。

人分別置於主場景的兩側。拉瑪為了確認他與麥地奇圈子的連結夠清楚，還將菲利波．斯特羅齊與羅倫佐．托納波尼安插在畫中，還有文化界人物包括波利齊亞諾、皮克．德拉．米蘭多拉與畫家波提切利本人。即便手法高調炫耀，拉瑪仍保有政治常識，不讓自己在畫中與麥地奇平起平坐。他顯然相當明白「偽裝藝術」需要的微妙技巧，於是讓自己混在畫裡左側的一群人裡。他身穿淡藍色的長袍，灰白色的頭髮相當明顯，他站在朱利亞諾．德．麥地奇身後並且探出頭來。雖然拉瑪用敏銳的眼睛盯著觀看者，他的目的在於暗示他與麥地奇家族與文化界人士的連結，而非堂而皇之地宣傳自己的野心。

這的確是「偽裝藝術」的精隨。不論對於嚮往成為偉大衝動有多強烈，文藝復興時期的商人銀行家明白過於明顯展現政治的影響力對做生意有害無益。然而，藉著小心管理與出色藝術家的贊助關係讓他們能夠在畫布或濕壁畫上再現與創造權力網絡，讓個體能向他人展現自身顯赫的氛圍，但仍能留在群體中。

除了這樣形式的贊助關係所創造的藝術成就之外，「偽裝藝術」的美妙之處在於它一方面能表現，一方面又能掩蓋不懷好意的作為，這樣的行為讓商人銀行家主導文藝復興時期的城市政治，並透過揭露掌控政府的網絡關係，凸顯出商業與政治之間過於親暱的關係。偽裝藝術也不著痕跡地暗示債務將近乎專制的權力給予個體時所扮演的角色，而這些個體皆處於各種網絡的中心。再者，強調這樣的網絡關係超越個人地位時，「偽裝藝術」同時也不著痕跡地觸及那些靠著金錢一路攀上政治頂端的人，所犯下積累的道德汙點。如同黑手黨議員一般，銀行家如托納波尼與拉瑪，藉著展示他們與麥地奇老闆的連結來「炫耀」他們是「局內人」，而麥地奇家族本身——所有老闆的老闆——則只要確保他們與大眾之間總有一大群可靠的「朋友」。

從科西莫．德．麥地奇的肖像裡，可以看出商人銀行家如何改變贊助藝術的方式，回應他們面對的道德挑戰。

科西莫的肖像也蘊含了麥地奇家族崛起的路徑，一路從卑微的匯兌商開始，成為無可匹敵、服務教宗的銀行家，直到完全控制佛羅倫斯。同時，他的肖像也見證了放高利貸帶來的極大罪惡，財富的困窘，炫耀的誘惑與以商業利益控制政府。但是，最主要的是滿佈皺紋的老人畫像之下隱藏不同層次的意義，它告訴我們商人銀行家知道如何運用藝術創造一個美好的公眾形象。

戈佐利的濕壁畫告訴我們，看到的不一定為真。藝術作品裡蘊含越強烈的悔過意圖，禮拜堂或祭壇的裝飾越是華麗，代表贊助者越是貪婪地剝削、敲詐與貪汙客戶的錢，以各種賄賂與逼迫方式來獲利。當贊助者堅決隱身於朋友與生意夥伴之中，就能更加確定的是他一定使用金錢買通關節，以控制政府。

第八章

雇傭軍與狂人

眼前是戈佐利所作的《賢士伯利恆之旅》，加萊亞佐・馬利亞・斯福爾扎將目光從壁畫中科西莫・德・麥地奇的肖像，轉向最左側傲氣凜然的人物，他隨即認出這是「里米尼之狼」（Wolf of Rimini）西吉斯蒙多・潘多爾弗・馬拉泰斯塔（Sigismondo Pandolfo Malatesta）。西吉斯蒙多騎坐在健壯結實、栗褐毛色的戰馬上，從頭到腳都散發出久經沙場的戰士氣息，他的胸膛比其他畫中人物都要寬大，傲氣十足的上挺；頸部如公牛般粗壯；有稜有角的下頷則展現出堅毅不屈的氣質。更值得注意的是，西吉斯蒙多頭不戴帽，看似蓄勢待發、迫不及待從鞘中拔劍指向敵人，同時他也散發出瀟灑的個人特質，身穿最高等的衣著，全身展露高尚品味和引人注目的肌肉線條。

卡雷阿佐・馬利耶不得不承認，畫作中的人物與本人極為相似，畢竟他曾近距離觀察西吉斯蒙多。僅在數年之前，里米尼之狼開始為米蘭弗朗切斯科公爵服務，經常現身於緊急會議現場。除此之外，西吉斯蒙多的名聲無人能敵，他不僅被視為勇敢無畏又極具謀略的戰士，也因其人文品味而為人稱道，並以藝術贊助人的身分聞名於世。確實，卡雷阿佐·馬利耶也同意教宗庇護二世（Pope Pius II）對西吉斯蒙多的看法：「他的身心皆無比強大，極具辯才與出色軍事技巧，歷史知識豐富，對於哲學也不僅止於泛泛認識。」[1]正如教宗所言：「無論他志在何方，皆有如天賦異稟……。」

然而戈佐利的作品並沒有展現——至少並非直截了當呈現——里米尼之狼黑暗的另一面。即使西吉斯蒙多集眾多優點於一身，「他性格中的邪惡面更勝一籌」[2]，實際上，這說法還算輕描淡寫，儘管庇護二世對其勇氣和學識讚譽有加，卻也認定西吉斯蒙多是「前無古人後無來者最惡之人、義大利之恥、當代之辱。」[3]

在戈佐利的壁畫中，西吉斯蒙多的肖像本身即是一種矛盾，一方面而言，這位人物與其說是大名遠播，倒不如說是聲名狼藉，因為他「不耐於和平」且「耽溺於享樂、不屈服於任何困境、更對戰爭渴求不已」。另一方面，西吉斯蒙多顯然富有文化素養和高尚品味，因贊助藝術出手闊綽而聞名於世，科西莫·德·麥地奇對其評價極高，甚至願意將他的肖像與當時最負盛名且學識淵博的人物並列。

西吉斯蒙多的矛盾形象可不只於此，就各層面而言，他可說是文藝復興贊助人中獨樹一格的典型，雖然世人經常忽略這一點，而其肖像畫也不過是對這類人物所處世界的驚鴻一瞥。無論庇護二世如何將其貶低為「最惡之人」，西吉斯蒙多無疑是當代「雇傭軍指揮官」（condottieri）的代表性人物，也是新一代足以主宰藝術戰場的典型指揮官，成功將義大利的命運掌控在手中。這群暴力、野蠻、卻極為出色的戰士，橫跨整個義大利半島大肆燒殺、姦淫擄掠，不僅成為有權之人眼中的恥辱，更使所及之處籠罩在恐懼陰影之中。然而，隨著雇傭軍指揮官的聲望與重要性日漸增長，他們在藝術領域所扮演的角色也愈加不可忽視，先是成為公民紀念熱潮的畫作主角，隨後更搖身一變為藝術贊助人。確實，這群指揮官對藝術近乎著迷，即使雙手沾滿鮮血，仍不忘委託藝術家創作無與倫比的繪畫、雕塑、教堂、以及宮殿藝術，他們的資助也讓皮耶羅·德拉·弗朗切斯卡之流的藝術家，躋身歐洲文化界的聖殿。

欲釐清西吉斯蒙多出現在戈佐利《賢士伯利恆之旅》畫中的離奇原因，以及他對藝術令人費解的執著，就必須將目光投向這幅肖像之後，發掘出這位指揮官潛心鑽研文化的奇特故事，起源於文藝復興早期的混戰狀態，最終於十五世紀中葉成就其驚人的文化素養。這則故事與一般為人所知的文藝復興贊助事蹟大相逕庭，在這場充滿戰爭與背叛的戲碼中，主角簡直如同長期瀕臨發狂邊緣的職業惡棍一般，無情肆虐義大利各地，行事卑劣卻又極具高尚品味。事實上，這則故事比較類似經典老派的暴力西部片，只不過正義的一方沒那麼偉大，邪惡的一方則更加卑劣，而且醜惡不堪的角色確實非常、非常熱愛藝術。

戰爭的藝術

文藝復興是雇傭軍的黃金時代。初期，雇傭軍指揮官便主宰義大利的政治和軍事命脈，並將半島上各個城邦牢牢掌控手中。儘管雇傭軍自古代就已十分常見，其在文藝復興時期義大利的地位之高卻是前所未見，而雇傭軍之所以具有如此驚人的顯赫身分，是因為自中世紀以降越演越烈的戰事。

十四世紀揭開序幕之時，義大利城邦的政府體制分崩離析，顯然注定深陷於不見終點的戰爭之中，同時戰爭技術也日益先進。儘管保羅．烏切洛的三聯畫《聖羅馬諾之戰》〔圖22至24〕繪製於十五世紀早期，依然生動呈現出日趨複雜的戰事，烏切洛的畫作旨在紀念佛羅倫斯與西恩納在一四三二年的戰爭，強力渲染戰爭的暴力與混亂，作品中全然血腥的衝突畫面，幾乎要掩蓋藝術家竭盡全力使用透視法建立的空間秩序。不過在殘酷失序的鬥爭畫面之中，烏切洛也將文藝復興戰爭初期最重要的兩項科技發展，融入於《聖羅馬諾戰場中的尼可羅．達．特倫提諾》〔圖22〕與《貝爾納爾迪諾．德拉．卡爾達落馬》〔圖23〕兩幅畫的背景之中。在作品背景的田野上，數名身著盔甲的士兵正在拉動或發射十字弓，而十字弓正是一切的關鍵。十字弓和長弓徹底改變武裝衝突的本質，射程、殺傷力、精準度都更勝以往，遠遠優於中世紀的弓箭，而「亞金科特之戰」（Battle of Agincourt）更證明了只要善用十字弓和長弓，就能造成大規模屠殺。

這兩大發明對軍隊交戰方式有顯著的影響，其中最明顯的一點，就是盔甲性質產生改變。過去步兵和騎士偏好使用的鎖子甲，面對十字弓與長弓幾無用武之地，因此軍隊開始引進更加厚重的鎧甲，必要時也會為戰馬加上防護裝備，正因如此，在烏切洛的畫作場景中，所有騎兵都身著全套鎧甲，甚至背景的步兵也身穿金屬胸甲。這些技術變遷也牽動騎兵的作戰方式，面對被十字弓與長弓擊中的風險（如烏切洛第二幅畫中倒地的馬匹），騎士再也無法單獨行動，而是需要一、兩匹備用戰馬，再加上一隊支援步兵提供壓制火力與額外保護，這種以一名騎士搭配二至三名步兵的戰鬥單位後來稱作「一槍」（lance）。

隨著新技術誕生，戰爭變成更加專業的領域，士兵必須透過大量練習才能熟練使用十字弓和長弓，而「一槍」的成員則必須共同訓練一段時間才能發揮應有的作戰效果。除此之外，鎧甲、備用戰馬、甚至十字弓，都是既昂貴又極為精密的配備，也因此引發了一些問題。想當然爾，即使是最富有的公民也無法負擔如此高級的裝備或專業，同時義大利在軍備競賽中漸趨弱勢，各城邦當然也不會不切實際地寄望於當地志願軍的貧乏戰力，於是為了應付日益漫長又激烈的戰事，義大利城邦被迫將眼光投向他處。若要在戰爭中取得優勢，城邦必須有能力部署裝備充足、訓練精良的專業戰士，組成完整的戰鬥團隊，也必須利用部份新財源盡可能的自我武裝，而雇傭軍即是唯一的解決方法。約莫於一三〇〇年，大量「專業雇傭軍團」受雇，「從此取代當地軍隊成為義大利軍事主要戰力」④，而雇傭軍的領導者，亦即最早的雇傭軍指揮官，也取代當地軍隊將領，成為每次戰爭時期的戰略策劃首腦。實際上，《聖羅馬諾之戰》中所描繪的三名統帥——尼可羅・達・特倫提諾、米凱萊托・阿滕多羅（Micheletto Attendolo）、以及貝爾納爾迪諾・德拉・卡爾達——全都是雇傭軍指揮官。

十四世紀對於大規模精良雇傭軍團的緊迫需求，正好由突然、甚至可說是意外湧入義大利的外國士兵解決。這些士兵從歐洲大陸各地來到義大利，遷徙路線各有不同，尤其是日耳曼人和英國人如約翰・霍克伍德爵士（Sir John Hawkwood），都在歐洲其他區域參與戰事後，繼續尋找受雇機會。其他士兵多來自匈牙利、法國和加泰隆尼亞，原本是隨著外國統治者的侵略行動來到義大利半島，這些士兵隨之而來是希望能以戰鬥技能維生。在初期，外籍兵團的「異國性」是一大優勢，非本地人較不會有特定的「意識形態」，也因此較容易被金錢收買；而且在此同時，外國士兵為義大利城邦引進最先進的軍事技術（十字弓、長弓等等），當時也普遍認為軍事技術高手多來自北歐。

歷史上最早的軍團，例如威廉・德拉・托雷（William della Torre）或名號特異的迪亞哥・達鼠（Diego da Rat）⑤，領導的軍隊規模都較小，由十九至八百名不等的士兵組成，整體組織也相對鬆散⑥。當十四世紀進入第三十個年頭，這類軍隊已經成長為頗具規模、組織完善的團體，有明確的身分與領導階層架構，而部份軍團如「西恩納二七三軍團」（273 Company of Siena）或「賽魯格里奧軍團」（Company of Cerruglio），因為由多國籍成員組成而著稱。有些軍隊則是極為專精的組織，僅專門培養步兵或騎兵，不過多數雇傭軍團都是十項全能的軍隊，能夠同時解決所有軍事需求。其中最大型的就屬「大軍團」（Great Company）〔首領是沃納・沃厄林真（Werner of Urslingen），後由「莫里爾修士」（Fra Moriale）繼承〕、約翰・霍克伍德爵士所領導的「白軍團」（White Company）、以及「星之軍團」（Company of the Star），組成人數可能多達一萬名士兵，加上兩萬名隨行者。

多數的義大利城邦和貴族是以短期合約的形式，聘請雇傭軍指揮官與軍團（合約的義大利文是「condotte」，並衍生出雇傭軍指揮官「condottieri」一詞），通常為期四至八個月。合約期限反映出當事人的謹慎，避免在不必要的情況下負擔雇傭軍這筆支出，然而這並不代表雇傭軍團是行蹤飄忽不定的集團，儘管他們確實會在一念之間就更換雇主，多數軍團還是會一次次的續約。以日耳曼將領赫曼・維斯登尼悉（Hermann Vesternich）為例，他駐軍在佛羅倫斯長達二十年（一三五三至七一年與一三八〇年），每次簽約期為四個月[7]，而其他更為出色的雇傭軍指揮官則可以取得長期合約，以較長的簽約期多次續約，如霍克伍德爵士與其英國籍同袍約翰・伯威克（John Berwick）和強尼・利物浦（Johnny Liverpool），就以每年簽約一次的形式受雇，合作雙方都心照不宣會續約到天荒地老。基於相同的原因，短期合約並不代表雇傭軍的金錢報酬偏低，事實上正好相反，由於戰鬥技術極受珍視，指揮官可以要求豐厚的薪資，尤其英國籍指揮官更是如此，有時甚至遠超過城邦最高官員的薪水收入。

在受雇之後，外籍指揮官便會證明自己的能力與忠誠。由於雇傭軍的活動範圍離家遙遠，對於義大利當地也沒有立即產生情感連結，因此指揮官既不會對義大利半島群雄割據的複雜政治涉入過深，也不會為私利據地為王。有些軍團是由遭到故鄉城邦放逐的義大利人領導，和上述原因相同，他們多半對雇主所處的骯髒政治世界敬而遠之，戰爭就只是工作，簡單明瞭，只要現金源源不絕，軍團就願意繼續投入戰場。

偉人：外籍指揮官與雇傭軍紀念像

北義城邦滿心感激早期意外來到當地的外籍雇傭軍指揮官，自然有其理由，而位於佛羅倫斯的聖母百花大教堂，正是這一切的最佳證明。一四三六年，佛羅倫斯貴族就是在此委託保羅．烏切洛繪製大型騎馬像紀念壁畫，向城市內最受人景仰的公僕約翰．霍克伍德爵士〔圖25〕致敬。這幅「氣勢磅礴的精美傑作」[8]不僅令人印象深刻，甚至可說是震懾人心，展現出當時指揮官在自治城市的崇高地位，雖然這幅畫作經過數次搬動[9]，其初衷是讓前來作禮拜的信徒欣賞，這種做法其實頗為罕見。儘管聖母百花大教堂是平民及宗教生活的中心，一般還是被視為「超越」世俗的存在[10]，能夠登上大教堂紀念之列確實是至高無上的榮耀，不過對於一名以揮劍維生的外籍「野蠻」英國人而言，這種紀念形式幾乎已超越信仰。

當然，霍克伍德爵士絕非泛泛之輩，身為地位最高的指揮官，他是當時最出色的雇傭軍之一，正如烏切洛繪製的騎馬像壁畫下方碑文所述，這位「英國騎士」是「當代最具才智的領導者，也是最專業的軍事高手」[11]。霍克伍德出生於英國東南部，曾在英法百年戰爭期間為英王愛德華三世出征法國，從戰場上短暫引退後，又在一三六〇年左右於勃艮第自立門戶為雇傭軍首領[12]，不過一直到與「白軍團」結盟對抗亞維儂教廷，約翰・霍克伍德才真正受到義大利城邦的關注[13]。由於英勇且領導能力出眾，霍克伍德於一三六二年首次受邀加入位於義大利的軍團，接下來數年間，他馬不停蹄的在義大利北部四處為不同雇主征戰，最後在一三七七年「八聖人之戰」（War of the Eight Saints，於一三七五至七八年佛羅倫斯聯合盟軍對抗教廷）最激烈之時[14]，霍克伍德受勸為佛羅倫斯而戰，才終於找到自己真正擅長之處。之後的十七年間，霍克伍德幾乎一直是佛羅倫斯「最有能力的雇傭軍首領，也是全義大利最有成就的軍人」[15]，他領導佛羅倫斯大軍戰勝米蘭，贏得保衛城市自由的「救世主」美名，也被視為佛羅倫斯最忠誠的雇傭軍指揮官，佛羅倫斯甚至賦予霍克伍德公民資格，並且提供優渥津貼，以表達整個城市的感謝之情，當霍克伍德於一三九四年去世時，更獲得國葬禮遇。

烏切洛華麗的紀念像雖然在此之後才完成，卻也再次證明霍克伍德爵士在佛羅倫斯的地位無可取代。

霍克伍德無疑是外籍雇傭軍首領的優秀典範，但他的騎馬畫像正是藝術用於讚揚和歌頌這類人物的典型例子。在居無定所或沒有領地收益的條件下，霍克伍德爵士這一類早期的指揮官，自然不屬於藝術贊助人之流，然而雇傭軍領袖的地位卻又如此崇高，以至於城邦時常委託藝術家透過視覺畫面表達感謝之意。其中一例就是比霍克伍德紀念像更為宏偉的壁畫：《福利亞諾．達．奎多利丘於蒙特馬西圍城之戰》（*Guidoriccio da Fogliano at the Siege of Montemassi*），曾被認為是西蒙尼．馬蒂尼在一三三〇年左右為西恩納市政廳的地圖廳（Sala del Mappamondo）所繪製。

出自烏切洛之手的霍克伍德騎馬像不僅表現出真摯的崇敬，更展現早期指揮官形象的另一面。即使身懷許多令人讚嘆的特質，早期指揮官仍不是美德的典範，事實上，這些雇傭軍首領完全稱不上是正派人物，更絕非烏切洛所描繪的英勇騎士。

霍克伍德的忠誠美名也許會令人對早期指揮官的忠心有錯誤期待，不論是外籍雇傭軍或遭流放的義大利軍人，似乎都對擴張領地不感興趣，卻對金錢深深著迷。

戰火延燒之時，只要價碼夠高，雇傭軍領袖絕對會在轉瞬之間倒戈，這正是霍克伍德於一三七七年首度被延攬至佛羅倫斯麾下的過程。「八聖人之戰」邁入第二年間，教宗格列高里十一世（Pope Gregory XI）與佛羅倫斯最重要的盟軍米蘭達成和平協議，導致反教廷陣線的信心大為動搖，當時各界都預期格列高里十一世會派出旗下最高階的指揮官霍克伍德，直接出戰佛羅倫斯，迅速為戰爭畫上句點；為避免如此駭人的結局降臨，佛羅倫斯以十三萬荷蘭盾賄賂佛霍克伍德，化敵為友⑯。

自治城市和貴族認知到被金錢背叛的危險性後，便願意支付優秀指揮官超乎想像的高額津貼，不分和平或戰爭期間皆是如此，不僅使得雇傭軍沒有二心，也以高價優勢逼退市場中的其他敵對陣營。

即使在非戰亂時期，早期的雇傭軍指揮官仍會動用暴力特權為所欲為，毫無悔意，實際上，這就是所謂的以重度武裝敲詐勒索，而霍克伍德更是箇中高手。一三七九年佛羅倫斯處於和平狀態，因此毋需聘用大量雇傭軍，但霍克伍德領著大批惡徒橫越托斯卡尼鄉間，並威脅要摧殘當地居民，導致佛羅倫斯不得不繼續雇用霍克伍德與其一千「槍」大軍，還以破天荒的價碼簽下合約⑰。以另一個角度而言，高額津貼也可以視作確保雇傭軍行為端正的長期賄賂。

雇傭軍以及其指揮官都是殘暴駭人的角色，對戰爭習以為常、對暴力見怪不怪，即使是「素行較良」的指揮官，生活中仍然充斥著野蠻行徑，行動的粗暴程度也早已超出合理戰略範圍。以十三世紀的雇傭軍指揮官法里納塔・德里・烏貝提（Farinata degli Uberti）為例，對於如此優秀的軍事領袖，文藝復興時期學者李奧納度．布魯尼也不得不承認他「比起保持合宜的文明舉止，更常毫不留情的對付敵人」⑱，不留情的程度可與下個世紀霍克伍德的惡行相提並論：一三七七年，霍克伍德主導殲滅切塞納（Cesena）全城，屠殺平民五千人⑲。文藝復興時期文學對於雇傭軍指揮官有諸多批判，就是因為認知到這項殘酷的事實，一三四四至四五年間的「帕爾馬戰役」聘用日耳曼雇傭軍，詩人佩托拉克就為此悲嘆不已，他不僅控訴外籍士兵「唯利是圖」，輕易從「追隨者」變為「敵人」，更大書特書雇傭軍的「條頓式暴行」[1]，造成無數義大利人枉死⑳。這也難怪，義大利自治城市有多頻繁的豎立雄偉雕像，以紀念雇傭軍指揮官，公共場所就有多少諷刺畫作出現，揭露同一批人物的駭人暴行㉑。

雇傭軍指揮官幾乎是失序和死亡的代名詞，旗下軍團更是全然的逍遙法外，經常在前雇主的領地上恣意攫取洗劫、姦淫擄掠，中飽私囊後留下一片災難與混亂。另一方面，指揮官本身更是有過之而無不及，有些殘忍程度近乎虐待狂，例如馬拉泰斯塔．達．韋魯基奧（Malatesta da Verruchio）[2]為鞏固家族在里米尼地區的統治地位，以殘暴至極的手段暗殺所有敵人，也因此在但丁的《神曲：地獄篇》占有一席之地㉒。馬拉泰斯塔的兒子喬凡尼．馬拉

1 羅馬時代的條頓族（Teutones）因戰場上的殘暴行徑而聞名，此後便用於形容戰爭中的暴行。
2 馬拉泰斯塔家族首位成為里米尼領主的雇傭軍將領，姓名意義為「來自韋魯基奧的馬拉泰斯塔」。

泰斯塔（Giovanni Malatesta）也不遑多讓，當他發現妻子法蘭西斯卡・達・波倫塔（Francesca da Polenta）與親兄弟保羅（Paolo Malatesta）通姦，便用雙手殘殺兩人㉓。

由此看來，烏切洛的霍克伍德紀念像畫又有另一層意義，除了紀念這名率領優質專業軍團的一流指揮官之外，佛羅倫斯也頗為懼怕他。指揮官也許是文藝復興時期的最佳雇傭軍典範，但霍克伍德的紀念像畫卻也展現出軍事偉人不光彩的一面，為紀念而矗立的華麗藝術作品，與其說是證明他的高尚情懷，不如說是反映他在眾人心中種下的恐懼。

惡人：戰爭之皇與贊助之王

霍克伍德隕落之後，不僅當代的指揮官特質產生劇變，雇傭軍將領的道德觀也急轉直下，而就如同文藝復興時期的眾多現象一般，這些轉變將會促使雇傭軍接觸藝術的方式由根本開始變化。

佩德羅・貝魯格特（Pedro Berruguete）所繪製的《費德里科公爵與其子圭多巴爾多肖像》（*Portrait of Duke Federico and his son Guidobaldo*）〔圖26〕原本是為烏爾比諾公爵宮（Palazzo Ducale）公爵臥室所委託製作的畫像，細緻描繪十五世紀最具影響力的雇傭軍指揮官㉔。畫中烏爾比諾公爵費德里科三世・達・蒙特費爾特羅（Federico III da Montefeltro）端坐在高背扶手椅上，身穿全套盔甲，正在閱讀精裝手抄本古籍，兒子則在身旁玩耍。費德里科正是學識淵博的騎士典型，高貴身分毋庸置疑，以鼬毛皮草作為飾邊的深紅披風與其貴族頭銜相稱，同時公爵也隱隱炫耀著騎士精神的象徵：頸部上的白貂勳章墜飾，是由那不勒斯的統治者阿拉貢國王費爾南多一世所授予；右腿的嘉德勳章得自英王愛德華四世；前方壁櫥上則擺有鑲滿珠寶的禮冠，是鄂圖曼蘇丹的贈禮。

貝魯格特以如此形式描繪其贊助人，成功將費德里科光鮮亮麗的指揮官生涯巔峰濃縮在畫布之上[25]，也精準呈現文藝復興時期第二代雇傭軍首領的樣貌。在十五世紀的慘烈戰爭期間，尤其是一四二五至五四年的「倫巴底戰役」中，戰爭的本質產生劇烈變化，不僅交戰變得愈加殘酷，衝突的時間也開始延長，更加中央集權的城邦彼此結盟，也使得整體戰場逐漸擴大規模[26]。「戰爭的藝術」現在演變為「軍事科學」，不論是城邦或貴族，都再也無法依賴組織鬆散、難以信任、四處為家的外籍士兵，聘用雇傭軍已無法應付當前難以預測的危機。於是城邦和貴族開始構思長期的防禦策略，為此他們需要定位明確的軍事單位，不僅設備和訓練更精良，階級制度更嚴謹，且願意近乎永久的保持忠誠、提供服務。

從此新型態的雇傭軍指揮官誕生，其中土生土長的義大利領主所占比例日益增加，通常是年紀較輕的名門之子，為追求更高地位而成為指揮官。由於手中握有大片領地，雅各布・

達・費米（Jacopo dal Verme）、法西諾・卡納（Facino Cane）、以及穆基歐・安探多羅・斯福爾扎（Muzio Attendolo Sforza）之流有充足的備用人力，也有穩定收入培養軍隊，更有能力在戰場上投入充足的兵力。在此情勢下，指揮官與其雇主的關係也產生改變，雇傭軍的價值因為實力和專業程度漸增而提昇，不僅有部份指揮官受指派為終生總督，多數雇傭軍首領也都獲得前所未見的優渥報酬，作為長期效忠的保證。而城邦和貴族支付給優秀指揮官的報酬，已經不是過去傳統的大筆金錢，而是漸漸演變成整座宅邸（有時甚至是整座城鎮），並且授予最高階指揮官貴族頭銜（這種作法在本質上即是所謂的「賜封采邑」㉗）。之所以給予指揮官領地、財富、以及封建身分，是為了提供強而有力的誘因，使雇傭軍保持忠誠並提供良好服務，就另一層面而言，此舉是試圖將雇傭軍團改造為公民軍。

費德里科・達・蒙特費爾特羅可說是上述轉變成果的最佳範例，而他在貝魯格特畫筆下全身穿戴華美服飾的形象，更展現出其所代表的傑出成就。身為圭丹托尼奧・達・蒙特費爾特羅伯爵的子嗣，費德里科首次以雇傭軍身分踏上戰場時年僅十六歲，就此發現自己對戰爭的藝術極具天份，之後在戰場上雖時常困難重重，仍接連大展身手取得勝利。一四六七年的「莫利內拉戰役」（Battle of Molinella），費德里科單槍匹馬從巴托洛梅奧・柯萊奧尼（Bartolomeo Colleoni）領導的威尼斯大軍手中拯救米蘭；費德里科曾試探西吉斯蒙多・潘多爾弗・馬拉泰斯塔的野心，教宗庇護二世因此向他正式表達感謝；一四七二年，費德里科代表佛羅倫斯成功圍攻下沃爾泰拉（Volterra），聲勢從此如日中天。費德里科成為絕不可侵犯的人物，敵方經常寧可支付巨額款項，也不願與其正面交鋒：以一四八〇至八二年對抗費拉拉城的戰爭為例，威尼斯付出八萬荷蘭盾，只求他按兵不動[28]。費德里科因為軍事成就獲得無窮財富、令人稱羨的榮耀頭銜、以及歐洲最高權位者的敬重，一四七四年當雇傭軍生涯接近尾聲，費德里科已高升至爵位、受封名譽主教、任命為教廷軍的總指揮官、且名列當時地位最高的騎士團。

正如貝魯格特畫筆下的形象，費德里科儼然是當代最赫赫有名的傑出將領，彷彿集所有十五世紀雇傭軍指揮官的最佳條件於一身。最早自一四六四年，弗朗切斯科・費勒夫（Francesco Filelfo）[3]之子吉安馬里歐（Giammario Filelfo）便大讚費德里科是新一代的海格力斯（Heracles）[4]，並且以自己所作的史詩《馬提亞朵斯》（*Martiados*）向費德里科致敬，讚揚其近乎神話的軍事英雄地位[29]，而皮耶安東尼・帕特洛尼（Pierantonio Paltroni）[5]也在歌頌費德里科的傳記中再次大書特書此一形象[30]；更甚者，佛羅倫斯人克里斯多福羅・蘭迪諾也在

3 文藝復興時期著名義大利人文學家。
4 希臘神話中半人半神的大力士英雄，最著名的事蹟是完成十二項艱巨任務。
5 烏爾比諾公爵領地中的祕書與理事。

其著作《論嘉瑪道里會士》（*Disputationes Camaldulenses*）中評論，費德里科毫無疑問「堪比古代最出色的領導者」[31]。費德里科逝世後，詩人巴爾達薩雷・卡斯蒂利奧內特別推崇他一直以來身為「義大利之光」的貢獻，卡斯蒂利奧內認為眾人皆知：

> 費德里科富有人文精神且謹慎精明、剛正不阿、慷慨待人、不屈不撓，其高明的軍事能力更是不言自明，不僅勝仗難以計數；具有攻破堅不可摧之地的雄才大略；遠征行動迅速果決；多次以為數不多的軍隊擊潰強大敵軍；一生中也從未在戰場敗下陣，因此費德里科肯定足以與古代英雄相提並論。[32]

確實，費德里科幾乎可說是「當代雇傭軍將領」的活招牌。

除此之外，貝魯格特描繪費德里科閱讀精裝古籍，明顯展現出公爵對於學習和藝術的濃烈興趣，由此看來，藝術家也證明自身的出色觀察力，見證十五世紀時軍事發展如何改變雇傭軍指揮官的文化觀。既然已擁有財富與頭銜，指揮官自然有意穩固以武力取得的社會地位，以藝術為自己加冕值得敬重的光環，為達這項目的，指揮官必須確保藝術作品歌頌自己的強大力量，也要能粉飾這項職業令人質疑的一面。

貝魯格特決定以畫筆紀錄身著全套戰服的費德里科，顯示出雇傭軍指揮官亟欲重塑自身難以動搖的軍事形象，因為他們深知，無論有多麼成功或權力在握，自己的維生方式在眾人眼中還是令人不寒而慄。身為士兵的日子也許稱不上優質，但身為雇傭軍卻是如馬基維利在《君王論》中所述——最好也不過是不可靠的叛徒，最糟則是沉淪為殺戮機器。因此隨著雇傭軍的社會地位提升，指揮官自然希望透過某些方式，翻轉這種有失公允的負面形象。

此時，人文學家對於經典文學的著迷正好成為助力，古代歷史與神話的要角全都是帝王、將領、天神、以及英雄，這些人物絕非沒有任何污點的完人，卻單純因為卓越的力量和戰鬥技能而備受敬重。儘管部份傳說刻意被詮釋為宣揚基督教教義的寓言，但幾乎在所有故事脈絡下，都是強權即公理、展現勇氣等同美德；海格力斯、卡德摩斯（Cadmus）[6]、柏修斯（Perseus）[7]、忒修斯（Theseus）[8]等人物都被人文主義者尊為積極進取的典範，集男子氣概的優點於一身。而哈德良（Hadrian）[9]和圖拉真（Trajan）[10]等羅馬皇帝，以及明君／暴

6　希臘神話中的腓尼基王子，奉父王之命前往尋找遭宙斯誘拐的親妹妹，旅途中依神諭擊敗巨龍並建立底比斯城（Thebes），但也因此遭到一連串報應，最後乞求眾神將自己變為巨蛇。

7　希臘神話中成功取下蛇髮女妖梅杜莎首級的英雄。

8　希臘神話中的雅典王子，因打敗牛頭怪而聞名。

9　羅馬帝國五賢帝之一，倡導人文主義並推廣希臘文化。

10　羅馬帝國五賢帝之一，統治期間羅馬帝國版圖達到巔峰。

君定位有待商榷的尤利烏斯．凱撒（Julius Caesar），則因驍勇善戰而備受推崇。

然而，這類文學的觀眾群相對有限，雇傭軍將領需要吸引更廣大的群眾，於是贊助藝術成了絕佳選擇，指揮官理想中與古代英雄之間的連結將更加顯而易見。

其中最有效也最受青睞的模式是「喪葬藝術」（funerary art），當中最具戲劇性的實例，就屬一四七〇年代巴托洛梅奧．科萊奧尼於家鄉貝加莫（Bergamo）興建的禮拜堂。當時眾人皆知，這項計畫一直是科萊奧尼心中懸而未決的心願，他對建造禮拜堂的渴望實在太過強烈，甚至有傳言科萊奧尼領著大軍進入貝加莫，一舉將緊連聖母聖殿的舊聖器收藏室拆除，避免聖殿的教士會禮堂占據其屬意的紀念碑位址。雖然這則傳說不足為信，不過毋庸置疑的是，科萊奧尼決心透過禮拜堂完美呈現其「德性良好」的特質，並且與御用建築師喬凡尼．安東尼奧．阿瑪迪奧（Giovanni Antonio Amadeo）密切合作，確保建築中的圖像沒有遺漏任何細節，足以鉅細靡遺展現他一身的「美德」[33]。科萊奧尼禮拜堂的正立面尤其壯觀，在大型玫瑰花窗兩側，各飾有一個聖龕，其中的半身像分別是凱撒大帝及圖拉真，其中的隱喻顯而易見：身為「不敗之將」（科萊奧尼的墓誌銘），科萊奧尼的軍事才幹可比凱撒大帝和圖拉真，這兩位偉人無論是道德操守或軍事成就都令人信服，所代表的威信更是為科萊奧尼血腥又駭人的雇傭軍生涯，蓋上一層美麗的偽裝。

要強調自身與古代偉人的相似之處，豎立騎馬像是另一種更細膩的手法。雖然現在位於羅馬卡比托利歐廣場（Piazza del Campidoglio）的馬可・奧里略（Marcus Aurelius）[11]雕像，是目前僅存的完整實例，但這類作品在古代並不罕見，經常用於彰顯特定人物的傑出軍事領導力、豐功偉業、以及正氣凜然，這項傳統在中世紀逐漸沒落，又在文藝復興初期重新崛起，成為頗受歡迎的肖像形式。由於騎馬像會令人聯想到歷史上著名的羅馬皇帝，因而成為最受雇傭軍指揮官青睞的藝術形式，畢竟這群人急於用不切實際的美德面紗粉飾自己。一四七五年，柯萊奧尼留下大筆財產，只為在威尼斯豎立一座自己的騎馬像，而儘管他希望在聖馬可廣場受紀念的夙願最終並未實現，出自安德烈・德爾・韋魯基奧（Andrea del Verrocchio）[12]之手的柯萊奧尼雕像依然在聖若望及聖保祿廣場（Campo SS. Giovanni e Paolo）屹立不搖，不僅氣勢逼人，甚至可說是令人生畏。柯萊奧尼的同袍將領埃拉斯莫・達・納爾尼〔Erasmo da Narni，別稱加塔梅拉塔（Gattamelata）〕也有一座類似但風格相對柔和的雕像，出自多那太羅之手，現立在帕多瓦聖安多尼聖殿（il Santo in Padua）外，此地也是加塔梅拉塔曾作為威尼斯代表短暫統治的城市。

還有其他更加細膩且巧妙的方式，可以將雇傭軍指揮官與古代偉人相互連結，而最熱衷

11 羅馬五賢帝時代的最後一位皇帝，有「哲人王」之稱。
12 義大利著名畫家及雕塑家，達文西與波提切等著名藝術家都是其學生。

此道的人物非費德里科．達．蒙特費爾特羅莫屬。除了委託貝魯格特繪製的作品之外，皮耶羅．德拉．弗朗切斯卡於一四七四年繪製的公爵與公爵夫人雙聯肖像畫更具新意㉞。畫板左側呈現費德里科的畫像，描繪出公爵乘著勝利的馬車，身穿全套盔甲並手執權杖坐在折椅之上，而象徵勝利的化身則捧著桂冠在公爵頭頂上方，「四元德」[13]的擬人角色也現身坐在馬車前端。這幅作品受到古典歷史的深遠影響，巧妙嘗試將「獲勝的」費德里科描繪成古羅馬英雄一脈相承的繼承人，同時強調「勝利」正是公爵德性的最佳證據，畢竟受眾人景仰的羅馬將領也是如此。正如畫作下方的銘文所示：「他雄偉乘於光榮勝利之上——穩健揮舞權杖的同時，其永恆的美德名號頌揚，此人將登上偉大將領之列。」

其次，貝魯格特繪製的費德里科肖像畫還有另一層涵義：雇傭軍指揮官不僅企圖將軍事權力塑造為英雄特質，更急於將其化為值得尊敬的美德，甚至是崇高的德性。想當然爾，這並非易事，以教廷的角度而言，軍事力量唯有呈現在道德崇高的英雄事蹟或聖戰之上，才可視為正當的權力，因此雇傭軍擅長的殺戮自然被歸類於不道德的行徑，這種職業的本質也被貶低為僅是供人聘雇的殺手。早期教廷的神學家更一致譴責，沒有比姦淫、掠奪、凌虐、和謀殺還要嚴重的惡行。

由於雇傭軍完全沒有摒棄野蠻作為的意願，教廷的非難成了重大形象危機的源頭。

暫且不論定期給予教廷和宗教組織的龐大金錢，雇傭軍指揮官體認到，成為「聖軍」是十分便利的手段，可以為自己的惡劣行徑鑲上一層名為敬重的裝飾。當然，成為聖軍不會有任何缺點，教廷長期以來都推崇如聖喬治（St. George）[14]、聖馬丁（St. Martin）[15]和聖尤斯塔斯（St. Eustace）[16]等人物，也讚頌大天使米迦勒（Archangel Michael）[17]的戰鬥技術，只要助長對於上述善戰英雄的崇敬之情，雇傭軍指揮官便能隱晦的讓自己與基督教德性畫上等號，而大眾則會認為，與聖人之列有深厚連結的人物，絕不可能是邪惡的化身。

另一種更為直接的手法，是在宗教氣息濃厚的作品中融入肖像畫，一如當代的商人銀行家，雇傭軍指揮官十分熱衷於讓自己化身為見證人，或是現身在宗教史上著名場景，費德里科．達．蒙特費爾特羅委託皮耶羅．德拉．弗朗切斯卡所作的《蒙特費爾特羅祭壇畫》（*Montefeltro Altarpiece*）〔圖 27〕即是典型例子。在畫作中，聖母瑪利亞與聖嬰基督仍是中

13 眾多美德中最基本也最重要的四大美德，分別為睿智、節制、勇敢、正義。

14 相傳為驍勇善戰的羅馬軍官，因試圖阻止對基督迫害而遭殺害，後於四九四年受封為聖人。傳說中聖喬治曾從惡龍爪下救出少女，因此「屠龍英雄」的形象深植人心。

15 相傳為四世紀初的羅馬軍人，後棄軍隱修並被推選為主教，去世後受天主教封為聖人。傳說聖馬丁仍在從軍時，在一次暴風雪中將軍袍割下贈與乞丐保暖。

16 相傳為羅馬皇帝圖拉真旗下將軍，在狩獵過程見到幻象並從此篤信基督教，最後在一次戰役勝利之後，因拒絕加入感謝羅馬神祇的隊伍，而連同妻兒遭火刑處死。

17 據《聖經》記載，米迦勒在與撒旦的七日之戰中力抗敵軍，並多次積極出戰惡魔與邪靈。

心，眾多偉大聖人則環繞四周，其中並沒有以軍事能力著稱的人物，然而在畫面前方，雙膝跪地的角色正是費德里科本人，全副武裝的公爵將頭盔與臂鎧置於前方地面，儼然是虔誠信徒的最佳典範，如此安排的背後意涵十分明顯：身為職業軍人之外，費德里科更是基督的聖軍；信仰至上。雖然只要對其惡劣事蹟稍有了解，便會認為畫中形象毫無道理可言，但不得不承認的是，這種視覺策略效果奇佳，公爵企圖宣揚的訊息想必也成功傳遍烏爾比諾。

不過在所有以美德包裝殺戮的手法之中，最具效果、也最籠絡人心的媒介，還是純粹、毫無瑕疵的文化。從仿效貴族雇主的行事作風開始，雇傭軍指揮官用盡一切手段，只為替自己增添正義凜然與文明高尚之氣，例如建立完善的宮廷制度，因為宮中的藝文風氣正象徵指揮官夢寐以求的崇高地位，而其中翹楚絕對是費德里科・達・蒙特費爾特羅。

一四四四年費德里科從同父異母的兄長歐丹托尼奧（Oddantonio）手中繼承爵位之後，便將烏爾比諾改造成北義大利最繁榮的文化中心。費德里科稱得上是名經典學者，曾在曼切華於知名人文學家費爾特雷的維多里諾（Vittorino da Feltre）門下學習，他對人文新思潮的興趣也為眾人所知，而從其位於烏爾比諾和古比奧裝飾奢華且高調的書房便能略知一二，費德里科愛書成癡㉟。根據維斯帕西亞諾・達・比斯蒂奇（Vespasiano da Bisticci）[18]的說法，費德里科投入至少三萬枚金幣（多於一般家僕年薪的四千倍），打造僅次於梵諦岡最大的圖書館㊱。費德里科招募知識淵博的學者，使烏爾比諾宮廷成為足以吸引人才的文學重鎮，另外他也善用與克里斯多福羅・蘭迪諾相識的人脈，直接雇用占星學家史皮爾茲詹姆斯（James of Spiers）、費奇諾的友人米德爾堡保羅（Paul of Middelburg）、弗朗切斯科・費勒夫及其子，亦即性情暴躁的桂冠詩人吉安馬里歐，還有眾多文壇後起之秀如薄切里歐・潘多尼（Porcellio Pandoni）、力里歐・第凡內特（Lilio Tifernate）、戈斯蒂諾・弗雷戈索（Agostino Fregoso）、和洛多維科・奧達西歐（Lodovico Odasio）[37]。在眾多人才中，烏爾比諾公爵特別鍾愛演說家，由於安東尼奧・邦菲尼（Antonio Bonfini）的一場拉丁文演說令人激賞不已，費德里科甚至委託尤斯圖斯・凡・根特（Justus of Ghent）作畫以紀念這場演說（現收藏於漢普敦宮）。

也許是受到早年身在曼切華貢扎加宮廷的經驗影響，費德里科對於藝術和建築也頗具鑑賞力，再加上有意效法科西莫・德・麥地奇對於「華麗」的堅持，費德里科毫不吝嗇的以各種形式贊助創作[38]。一四六四年，費德里科委託來自達爾馬提亞（Dalmatian）的建築師路奇安諾・羅拉納（Luciano Laurana）徹底改建公爵宮（之後改由弗朗切斯科・迪・喬吉奧・瑪蒂尼接手），於是文藝復興時期最壯觀華美的宮殿就此誕生[39]。費德里科的新居所幾乎可說是豪奢至犯眾怒的程度，大量收藏當代知名藝術家的作品，其後他本人更成為眾多畫家的長期贊助人，包括皮耶羅・德拉・弗朗切斯卡、保羅・烏切洛、尤斯圖斯・凡・根特、以及佩德

18 文藝復興早期義大利人文主義者和圖書管理員。

羅・貝魯格特。由於公爵宮實在令人嘆為觀止，此後教廷祕書保羅・柯爾泰西（Paolo Cortesi）甚至大讚費德里科為當代最偉大的兩名藝術贊助人之一（另一位即是科西莫・德・麥地奇）[40]。

除此之外，貝魯格特所作的肖像畫還暗中顯露出費德里科公爵極不一般的一面，一如所有現存的雇傭軍指揮官畫像，費德里科的肖像以側面呈現，畫面中僅有左臉可見，鼻子則怪異的扭曲。年少時期費德里科在馬上槍術賽中嚴重受傷，右眼剝離導致臉上留下巨大嚇人的傷疤，由於單眼視野大幅受限，在憂心遭暗中襲擊的考量下，費德里科要求外科醫師將自己的鼻樑敲斷。儘管費德里科從此小心翼翼地在畫作中僅以左側示人，臉上傷疤所透露的性格特徵卻是無所遁形；費德里科確實勇氣過人，但再明顯不過的事實是，他衝動行事且暴力至極，更甚者，費德里科為了避免遭到偷襲無所不用其極，不僅有被害妄想的傾向，更顯現無情冷血的一面，陰謀與刺殺於他不過是日常生活的一部份。

費德里科並非特例，雖然十五世紀雇傭軍指揮官權力日增，涉獵贊助事業也多有進展，但與十四世紀的指揮官相比，這群軍人幾乎在各方面都更為惡劣，說其對藝術的熱情與殘暴程度成正比也不為過。

領地利益、長期雇約、以及日益頻繁的賜封采邑，促使雇傭軍指揮官踏入政治圈。十五世紀的雇傭軍指揮官不僅沒有因為獲得豐厚酬金和獎賞，而與雇主產生更密切的合作關係，反倒成為愈加獨立的政治人物，雖然部份名將如巴托洛梅奧．柯萊奧尼因忠誠聞名於世，但多數指揮官都自認有登上義大利政治賽場的實力，企圖從中大肆為自己謀權得利。

僱傭軍將領的諸多低劣特性更因此一發不可收拾；一直以來，僱傭軍從未真正捨棄打劫掠奪的惡行，費德里科．達．蒙特費爾特羅之流的指揮官更變本加厲，他們深知自己握有無上的影響力，毫無顧慮的操弄權力謀求私利。即使是德性最優良的僱傭軍將領，基本上也都隨時預備要敲詐僱主大賺一筆，佛羅倫斯執政官李奧納度．布魯尼就曾在著作《民兵》（*De militia*）中嚴厲批評此事[41]，一個世紀後，馬基維利也透過《君王論》加以批判：

> 僱傭軍如一盤散沙、渴求權力、毫無紀律、視忠誠為無物；僱傭軍在朋友面前勇猛無比，在敵人面前懦弱不堪；僱傭軍對上帝無所畏懼；僱傭軍對同袍毫不守信；僱傭軍不會戰敗是因不上戰場；和平時期僱傭軍肆虐，戰時則是敵軍肆虐……即使僱傭軍指揮官表現出色，也絕不可信任，因為他們一心急於登上高位，不是透過脅迫身為僱主的你，就是脅迫他人阻撓你。[42]

與前數世紀的僱傭軍將領相比，這類新一代僱傭軍指揮官的野心通常不僅止於金錢。義大利領主曾經出手大方、慷慨解囊，導致自己如今必須以禮相待旗下愈加富有的軍隊將領。

例如一四四一年，米蘭雇傭軍指揮官尼可羅．皮齊尼諾（Niccolò Piccinino）傲慢的要求受封領地皮亞琴察（Piacenza）作為報酬，才願意屈尊參與第四次「倫巴底戰役」，為菲利波．馬利亞．維斯孔蒂（Filippo Maria Visconti）[19]出戰教皇國，勃然大怒的維斯孔蒂公爵直呼：

> 現在這群雇傭軍指揮官已經貪婪至此，戰敗時我們要為敗仗付出代價，而如果獲勝，我們則要卑躬屈膝的滿足指揮官的需求——即使與他們為敵，損失也沒不會如此巨大。米蘭公爵為了打勝仗，居然還得跟自己的軍隊討價還價，自我剝削討軍隊歡心？㊸

然而即使在和平期時期為雇傭軍將領安排核心職位，他們仍舊會以最令人髮指的方式濫用職權。例如於一四一一年，雇傭軍將領安德烈亞．弗泰布拉喬（Braccio da Montone）受教宗約翰二十三世指派，接下波隆那統治權之後，便開始向鄰近的城鎮強迫收取保護費。

然而要是認為雇傭軍將領會滿足於敲詐勒索，那可就大錯特錯了，晉升貴族之列的指揮官固然已擁有領地，卻依舊垂涎更多土地，即便在一片混亂的戰爭時期蠶食義大利大型城邦的邊陲地帶，也絲毫不感愧疚。

確實，這種現象在來自邊境地區的雇傭軍將領中特別顯著，邊境地區即介於米蘭、威尼斯、和教廷利益範圍之間的無主地帶。有時，核心階層會自願將整座城市交到雇傭軍指揮官手中，寄望屈服於指揮官後，可以在永無止境的世仇戰爭中取得雇傭軍的協助，如一四〇七年，羅卡孔特拉達（Rocca Contrada）〔現為位於馬爾凱（La Marche）的阿爾切維亞（Arcevia）市〕歸順安德烈亞．弗泰布拉喬，交換條件便是弗泰布拉喬協助對抗費爾莫（Fermo）。不過大多數的情形下，雇傭軍指揮官早已磨刀霍霍的等著挾持整座城市，或是任意占領看上眼的城鎮，而在聲名狼藉的雇傭軍世族馬拉泰斯塔家族中，卡洛．馬拉泰斯塔（Carlo Malatesta）的兄弟里米尼之狼潘多爾弗，可說是最擅於此道的人物。

十五世紀初，潘多爾弗代表威尼斯出戰後暫時離開戰場，卻攻占屬於教廷的城鎮納爾尼（Narni）與托迪（Todi），並在後續數十年間，一路恣意橫掃科莫（Como）、布雷西亞（Brescia）、和貝加莫，顯然是企圖在雇主門前打造屬於自己的小小王國。相似的事件也發生在一四四七年，米蘭公爵菲利波．馬利亞．維斯孔蒂逝世後，時局動盪不安，儘管當時弗朗切斯科．斯福爾扎（Francesco Sforza）[20]已是米蘭名義上的統帥，但為自保仍當機立斷，取

19 維斯孔蒂家族是中世紀至文藝復興時期的貴族，於一二七七年成為米蘭領主，菲利波．馬利亞．維斯孔蒂是家族中最後一名男性子嗣。

20 義大利雇傭軍首領，在馬利亞．維斯孔蒂去世後成功奪權，取得米蘭公爵的頭銜，開創斯福爾扎家族在米蘭的統治期。

下隸屬米蘭的市鎮帕維亞（Pavia），此時已無所謂神聖與否。

十五世紀雇傭軍指揮官手中的政治自治權日益增加，也滋生出各種政變、陰謀、以及殘暴至極的謀殺行動。雖然雇傭軍指揮官之中也有特別謹守分寸的人物，如巴托洛梅奧．柯萊奧尼和埃拉斯莫．達．納爾尼，不過眾人皆知，軍事將領在追求遠大志向途中，會不計代價剷除一切阻礙。一四四七年菲利波．馬利亞．維斯孔蒂逝世後，弗朗切斯科．斯福爾扎不僅攻占帕維亞，還背叛曇花一現的「黃金布羅西亞共和國」（Golden Ambrosian Republic）[21]，轉而與威尼斯聯手發動政變，迫使米蘭承認其公爵地位，而反對派則隨即遭一網打盡並處決，首級還公開展示於新市政廳（Broletto Nuovo）[22]建築尖刺上作為血淋淋的警告：若有意阻撓弗朗切斯科，便會落得這般下場。

雇傭軍指揮官野心勃勃、思想獨立、又具政治敏感度，早算計好殺出重圍登上權力高峰——但這並非完整的故事。雇傭軍指揮官多半視忠誠一類的人際連結為無物，即使連結建立在血緣之上也一樣，以極盡冷血的手法殺害、監禁、鬥爭家族成員，又或直接奪權篡位，這類事件層出不窮到令人訝異的地步。伊莫拉領主塔戴奧．曼弗雷迪（Taddeo Manfredi）被視為行事溫和，只因為「願意」與統治鄰近地區法恩扎（Faenza）的統治者兼叔父阿斯多二世．曼弗雷迪（Astorre II Manfredi）征戰不休數十年。僅數年之前，皮諾一世．奧德拉菲（Pino I Ordelaffi）直接篡位並監禁叔父西尼巴爾多（Sinibaldo），成功取得弗利（Forlì）的統治權，此後又毒殺表兄弟喬凡尼（Giovanni），也是為達到類似目的。奧利夫奧托．達．菲莫（Oliverotto da Fermo）可說是更駭人的角色，馬基維利甚至還稱其為邪惡典範，奧利夫奧托的野心不容一絲束縛，接收任何人的命令在他眼中都屬「奴性」，儘管他的舅父喬凡尼．福里亞尼（Giovanni Fogliani）當時握有費爾莫的統治權，奧利夫奧托仍無視於他。根據馬基維利的紀錄，奧利夫奧托從戰場回到家鄉的城市後：

奧利夫奧托舉辦一場正式的宴會，並邀請喬凡尼．福里亞尼以及費爾莫的重要人士參與。用餐結束、所有宴會不可或缺的餘興節目也落幕之時，奧利夫奧托開始提及極為嚴肅的話題……而當其他賓客開始依次討論，他突然站起身來，表示茲事體大必須在隱密處談論，接著走入另一處的房間，喬凡尼與其他市民代表則跟隨在後。眾人入座的瞬間，一群士兵從密室中現身，動手刺殺喬凡尼與其他賓客。屠殺告終之後，奧利夫奧托一躍上馬、穿過城鎮、並率兵團團包圍議會廳；議會成員出

21 由於菲利波．馬利亞．維斯孔蒂去世時並沒有留下男性子嗣，於是在斯福爾扎的協助下，米蘭宣佈成立「黃金布羅西亞共和國」。

22 現稱作「理性宮」（Palazzo della Ragione）。

於恐懼而臣服並且聽命成立新政府，最終奧利夫奧托自立為王。[44]

據傳費德里科・達・蒙特費爾特羅與同父異母兄弟的刺殺事件有關，此事之所以值得一談，僅是因為他似乎大費周章的用計達到目的。

為達到遠大的政治目標，採用無情且致命的手段是一回事；近乎虐殺的惡行可就無法相提並論，而雇傭軍將領的暴力與野蠻傾向，似乎與其獨立程度和軍事權力成正比。波隆那暴君喬凡尼・本蒂沃利奧（Giovanni Bentivoglio）就是一例，占星家盧卡・高里柯（Luca Gaurico）只因提出不討喜的預言，便遭到折磨和殺害；同時期的伊維索二世・德里・安圭拉（Everso II degli Anguillara）則是「邪惡又殘酷，殺人如殺羊般容易」。確實如此，伊維索曾：

> 在其宮殿內姦淫臣民的妻女；長期沈溺於不倫通姦，甚至遭指控亂倫，視親生女兒的貞節為無物，經常對兒子處以鞭刑和揮劍要脅。[45]

安德烈亞・弗泰布拉喬更是有過之而無不及，雖然歷史學家麥科爾・馬雷特（Michael Mallett）盛讚其為文藝復興兩大雇傭軍指揮官之一[46]，庇護二世也認為弗泰布拉喬「在交談時和善又迷人」，不過他也觀察到「在其內心深處，只有冷酷無情」：

他一面放聲大笑一面下令，以殘忍至極的酷刑進行折磨和拷問，也十分享受從高塔頂端丟下微不足道的受害者。弗泰布拉喬身在斯波萊托（Spoleto）時，一名信使送來帶有敵意的信件，於是他把信使頭下腳上的扔下大橋；場景移至阿西西，他從廣場高塔抛下三個活生生的人；十八名修士因大膽忤逆，遭到弗泰布拉喬以鐵砧將睪丸打得血肉糢糊。㊼

費德里科．達．蒙特費爾特羅的兇殘行徑也許沒有如此變化多端，但無疑是典型的十五世紀雇傭軍指揮官，利用公共形象隱藏其令人不寒而慄的性格；費德里科身為庶子，通過滿是暴力鮮血的道路，才得以登上烏爾比諾權力巔峰。一四四四年，同父異母的兄長歐丹托尼奧意外遭到憤怒暴民刺殺，二十二歲的費德里科隨即成為伯爵，想當然爾，他宣稱自己和刺殺案毫無關聯，然而不容否認的是，事發當時他正好帶領一群士兵於城外等待，在最佳時機分秒不差、輕而易舉取得歐丹托尼奧前一刻還握在手中的權力，事件從頭到尾都有費德里科的影子，不過他完全不為罪惡感所困。

費德里科並沒有在謀殺親兄後就此收手，反而成了當時最陰險卑劣、也最擅暗箭傷人的人物，在極具迷人風采的表象下，背信棄義於他如第二本能，犯下刺探、毒害、謀殺之罪時皆未曾有半點猶豫。

在其眾多駭人的惡行之中，最驚人的例子莫過於背叛密友與同盟，儘管費德里科曾與科西莫·德·麥地奇串通密謀，之後卻又與思道四世合謀協助帕齊家族暗殺科西莫的孫子羅倫佐，並於一四七八年將佛羅倫斯納入囊中。費德里科利用密碼（直到近代才有專家成功破解）聯繫其遍布義大利的密探與殺手網絡[48]，用計調動六百大軍並安排在佛羅倫斯外待命，一旦內應給麥地奇致命一擊，軍隊便大舉攻城，最後羅倫佐·德·麥地奇純粹是幸運才得以逃過死劫。然而當費德里科遭質疑背叛盟友和涉入此次陰謀，也僅是再次表現出滿不在乎的態度，在他眼裡，雇傭軍指揮官擁有朋友的代價太過高昂，以揮劍維生的他不願死於利刃之下，也不願因為他人死亡而坐立難安，這一切就是費德里科委託貝魯格特繪製肖像以企圖掩蓋的一面。

醜陋之人：瀕臨瘋狂的雇傭軍

若約翰·霍克伍德爵士和費德里科·達·蒙特費爾特羅之流的雇傭軍指揮官是惡人，西吉斯蒙多·潘多爾弗·馬拉泰斯塔就是文藝復興時期最令人毛骨悚然的雇傭軍代表人物，其驚世駭俗的程度無人能及，憑借的正是在當代義大利權力圈與自身獨有心理狀態之間，達到超乎尋常的平衡。

十五世紀的戰爭型態瞬息萬變，造就一代異常果斷且危險的雇傭軍指揮官，這群指揮官統領大批訓練札實、裝備精良的軍隊，不僅被視為戰場上的無價之寶，更搖身成為舉足輕重的政界要角。時局如此發展也導致雇傭軍將領的黑暗面日趨惡化，不乏頭銜與領地，將其野心和貪婪推展至新的境界，報酬獎賞越是豐厚，指揮官就越是暴力無情，普通一點的是惡棍，恣意打劫、詐欺、勒索；惡劣一點則是殘酷的暴君，極盡密謀、毒害、殘殺之能事。

話雖如此，多數雇傭軍指揮官仍會謹守最後底線，費德里科·達·蒙特費爾特羅等人雖然態度強硬、作風蠻橫，不過追根究底終究是生意人，即使他們利用義大利劍拔弩張的政治情勢占盡好處，仍在可容忍的地步，換言之，這群軍事巨頭會在必要時踩下煞車。

因為雇傭軍首領很清楚，自己無法以「殺人狂」的身分在社會中生存、壯大、並占有一席之地，於是他們千方百計的營造出完美形象：具備古代英雄般的英勇、基督教認可的美德、以及豐富的文化涵養。也因為各個城邦心知肚明，與危險人物共事需要採取特別措施，於是指揮官時不時被捧作英雄，純屬精巧的現實政治手段。

這種運作方式有兩大條件，雇傭軍指揮官必須有意願嚴守政治勢力的平衡，並且具備理性的判斷能力；而從所謂的限制到既有贊助模式，也都必須建立在兩大前提之上：透過權力更大的政界人物牽制指揮官，再加上指揮官自律保持理性。然而，西吉斯蒙多·潘多爾弗·

馬拉泰斯塔自認自己就是王法。

西吉斯蒙多是天生的戰士，誕生於雇傭軍指揮官世家，馬拉泰斯塔家族最早可追溯至第八世紀，不過直到一二三九年才首度嶄露頭角，當時西吉斯蒙多的高祖父馬拉泰斯塔・達・韋魯基奧（Malatesta da Verrucchio）成為里米尼執政官。自此之後，馬拉泰斯塔家族的命運便全然奠基於雇傭軍將領才能之上㊾，戰爭成為祖傳事業，家族成員個個英勇機智又野心勃勃，而在一四一七年西吉斯蒙多出生時，馬拉泰斯塔家族已憑借精心布局取得領地，成功穩固在里米尼、佩薩羅（Pesaro）、法諾（Fano）、切塞納、福松布羅內（Fossombrone）、以及切爾維亞（Cervia）的統治地位。

馬拉泰斯塔家族雖是備受敬重的將領，卻也與文藝復興時期雇傭軍指揮官的形象相去不遠：暴力且殘酷。如前所述，但丁在著作中描寫一二八五年喬凡尼・馬拉泰斯塔謀殺妻子與親兄弟的事件，不過事實上這樁慘案根本稱不上是特例，生在馬拉泰斯塔家族，就像同時成為肥皂劇與電影《德州電鋸殺人狂》的角色一樣。馬拉泰斯塔二世・馬拉泰斯塔（Malatesta II Malatesta）號稱「家族毀滅者」（Guastafamiglia）其來有自，他囚禁並罷黜堂兄弟費蘭提諾（Ferrantino）；監禁後謀殺費蘭提諾之子馬拉泰斯提諾・諾維洛（Malatestino Novello）；甚至還故技重施，對費蘭提諾的孫子吉多（Guido）痛下毒手，只為確保大計萬無一失。此外馬拉泰斯提諾・諾維洛在死前已經先下手奪走叔父蘭伯托（Ramberto）的性命，後者則親自手刃表兄弟烏貝托（Uberto）。

西吉斯蒙多身為威尼斯十字軍隊總司令潘多爾弗三世・馬拉泰斯塔（Pandolfo III Malatesta）的庶子，從幼年便見聞習染戰爭的藝術，首次踏上戰場時年僅十三歲，並展現超齡的過人天份，帶領里米尼大軍成功防禦遠親卡洛二世・馬拉泰斯塔（Carlo II Malatesta）的襲擊，兩年後便登上里米尼領主大位。西吉斯蒙多順利踏上雇傭軍指揮官的職業生涯，不久後便成為雇傭軍將領名門中最傑出的一員。綜觀一四三〇年代，年少的西吉斯蒙多受聘於教廷和弗朗切斯科・斯福爾扎，投入一場場戰役，聲勢因此日益高漲，雖然偶有失手，西吉斯蒙多的職業生涯仍一片璀璨。

即使在西吉斯蒙多尚年幼時，也可以看出端倪，將領世家一脈相承的不僅止於軍事才能，家族的惡行更對他的心態造成負面影響，縱然庇護二世對其亂倫和謀殺的指控可能是誇大之詞，但並非無憑無據。一四三四年，仍是青少年的西吉斯蒙多迎娶姪女吉內維拉・埃斯特（Ginevra d'Este），新娘的美貌與門當戶對皆為人稱道，不過兩人血緣關係實在太過接近，引起一陣譁然。接著在一四四〇年，年僅二十一歲的吉內維拉過世，謠傳是遭到失去興趣的西吉斯蒙多毒殺，自此之後類似事件相繼上演。西吉斯蒙多的第二任妻子波利塞娜・斯福爾扎（Polissena Sforza）是弗朗切斯科的私生女，也同樣紅顏薄命，成婚七年後於一四四九年離奇死亡，不久後西吉斯蒙多便與十二歲的伊索妲・德里・阿提（Isotta degli Atti）展開婚外情[50]。種種事蹟也許純屬偶然，但令人心驚膽戰的是，西吉斯蒙多的性情似乎不受理智控制，而是色慾薰心且無比莽撞的自我意識。

私生活波瀾四起之外，西吉斯蒙多在戰場上也益發放縱，即使這無損於其身為指揮官的出色表現，他的真面目卻漸漸顯露：魯莽行事、不可信任、徹頭徹尾的自大狂。

就某方面而言，是西吉斯蒙多在擴張領地近乎狂妄的亮眼成果，造就其如此性格。西吉斯蒙多一心想要統治羅馬涅（Romagna），因此將烏爾比諾視為獵物，對手則是一四四三年成為烏爾比諾伯爵的歐丹托尼奧．達．蒙特費爾特羅。當時年僅十五歲的歐丹托尼奧缺乏政治經驗且資金有限，於是西吉斯蒙多趁虛而入，不僅成功說服天真年少的伯爵相信自己是盟友，更誓言協助烏爾比諾抵禦宿敵米蘭。顯然西吉斯蒙多計畫先讓歐丹托尼奧失去自立能力，再一舉併吞烏爾比諾，這是雇傭軍指揮官的常見技倆，不過西吉斯蒙多太過衝動和自信過剩，根本對祕密行事不屑一顧，幾乎完全沒有掩飾陰謀之意，而歐丹托尼奧同父異母的胞弟費德里科對烏爾比諾另有安排，短時間內便發現自己身陷致命危險之中。隔年，歐丹托尼奧遭暗殺身亡，費德里科順勢即刻接管烏爾比諾，西吉斯蒙多的計謀就此宣告失敗，里米尼之狼不僅因此痛失烏爾比諾，還造就所向披靡的敵手費德里科．達．蒙特費爾特羅，舉世少有人願意與其一戰。後續十四年間，兩名雇傭軍指揮官將多次激烈交戰，震撼羅馬涅和馬爾凱的政局[51]。

另一方面，西吉斯蒙多身為整個文藝復興時期最居心叵測的雇傭軍指揮官，自然樹敵無數，他甚至頗為享受背叛他人的樂趣，彷彿戰爭太平淡無奇，已經無法滿足其偏激虐待狂般的政治手段。庇護二世曾言簡意賅的指出：

西吉斯蒙多曾背叛西西里國王阿方索五世和其子費蘭特（Ferrante）、米蘭公爵弗朗切斯科、威尼斯、佛羅倫斯、以及西恩納，並且一再欺騙羅馬教廷，最終整個義大利已經無人願意取信於他，於是西吉斯蒙多找上法國人，出於對庇護教宗的怨恨，他們選擇與西吉斯蒙多結盟，不過結局與其他貴族一樣悽慘。當屬下問及將來是否會退休平靜度日，進而帶給國家長期和平，西吉斯蒙多回答：「滾開，綳緊你們的神經！只要我還有一口氣，你們就不會有一天好日子過！」[52]

西吉斯蒙多經常置雇主於困窘之境，再一貫跋扈的大肆嘲笑，因此得罪義大利內部各大強權，也與當代一些出色的雇傭軍指揮官互為仇敵，然而西吉斯蒙多實在過於狂妄自大，壓根不將這些問題放在眼裡。一四五九年四月在佛羅倫斯，西吉斯蒙多白白浪費掉改正錯誤的機會，顯然也只是臨時興起的庇護二世有意化解西吉斯蒙多與亞拉岡和西西里國王阿方索五世的緊張關係，但這番好意卻被西吉斯蒙多傲慢回絕，最後各方人士趁機群起攻之。一四五四年當和平終於降臨北義大利，西吉斯蒙多似乎也不在意自己遭刻意排除在《洛迪和約》（Peace of Lodi）之外，一心達到眾人視其為害、無人認其為友之境。西吉斯蒙多的行徑益加極端，樂在施暴的程度更是與日俱增。數年後，庇護二世如此描述西吉斯蒙多：

有如遭到貪婪奴役，伺機掠奪竊盜，為滿足毫無節制的慾望不惜侵害親生女兒與女婿。在青少年時期便經常玩弄新婚妻子；之後更時常如女人般在其他男人身上尋歡作樂，在他眼裡婚姻無所謂神聖。基督教修女與猶太女子都無法逃過他的姦淫；拒絕他的男孩和女孩不是遭到殺害，便是遭到駭人折磨。通常當他成為孩子的教父，會逼迫其母犯下通姦罪，再謀殺丈夫。論冷酷無情沒有任何野蠻之人能與其相比；沾滿鮮血的雙手以極端酷刑懲罰他人，不分無辜或有罪……。壓迫窮人、洗劫富人；寡婦和孤兒都難逃魔爪，在其暴政之下眾人無一倖免，有幸擁有財富、嬌妻、或可愛稚子的男性，經常遭到羅織入罪。他痛恨祭司、鄙視宗教……。他將伊索妲當作其情婦之前有兩任妻子，前後遭到他以暴力或毒藥謀殺……。一次在距離維洛那不遠處，他遇見一名從日耳曼到羅馬參與大赦年的高貴女子，他強暴這名女子（原因是女子十分美麗）後便將她棄置路旁，任憑女子滿身是傷血流不止……。

他滿口謊言、擅於偽裝作假，成天發假誓、設騙局。[53]

此後庇護二世宣佈發起十字聖戰對抗西吉斯蒙多，並且於羅馬公開焚燒其畫像，然而在西吉斯蒙多眼中，一切不過是另一場遊戲。

如此看來，西吉斯蒙多瘋癲異於常人，不知節制為何物，將雇傭軍將領本就不合宜的習性惡化到極限，行動難以預測也毫無道理可言，更不在乎行為是否駭人、魯莽、或危險，西吉斯蒙多只有一種想法：自己所向無敵。

不過，正是因為西吉斯蒙多有近乎瘋狂的決心，追求雇傭軍生涯黑暗面至無人能及之境，才能化身為如此具開創性的藝術贊助人。西吉斯蒙多無疑是當時最令人驚嘆的贊助人，自有一套行事方法，就如同在戰場與政壇技壓其他雇傭軍將領的企圖心，他重新調整既有的雇傭軍指揮官贊助模式，以滿足自身極端的需求。西吉斯蒙多和其他雇傭軍將領一樣，明白具有人文精神的藝術有其重要性，除了可以解決自身職業衍生的社會與道德問題之外，還能在打造「宮廷」文化時發揮關鍵作用。只不過西吉斯蒙多看待事情的角度和他人大不相同，他不僅不為「罪」的概念所困，反而還將「暴力」與「戰爭」視為美德；不因以打仗維生而感到羞恥，還自視半人半神的英雄；更無意以體面的文化涵養掩飾駭人罪行，反倒毫無悔意的營造文藝復興版個人崇拜。

位於里米尼的馬拉泰斯塔教堂（Tempio Malatestiano）透過建築和裝飾設計，在在展露西吉斯蒙多獨樹一格的贊助形式[54]。建築物本身格外震撼人心，這座由萊昂・巴蒂斯塔・阿伯提設計的「聖殿」被眾人譽為「義大利最具代表性的教堂之一」[55]，最初是為歌頌上帝榮光而「花費鉅額打造」的宏偉建築[56]，不過構想還是以向西吉斯蒙多致敬的殿堂為主題。西吉斯蒙多摒棄義大利教堂常見的建築手法，並要求阿伯提選用凱旋門設計，以君士坦丁大帝和羅馬開國君主奧古斯都的紀念拱門為設計範本，他明白由心懷感激的羅馬元老院指揮建造凱旋門，是為紀念重大戰事勝利，不過此舉意不在以古代英雄的形象展現自我，而是宣示自己正是古典時期偉人的化身、帝國的統治者、以及歷史上偉大軍事將領成就的繼承人。西吉斯蒙多無意遮掩職業生涯的明顯缺失，反倒真心頌揚身為雇傭軍指揮官的英勇，不帶一絲羞愧；信徒一踏入馬拉泰斯塔教堂，便會親眼見到紀念其軍事才能的壯觀凱旋拱門，進而對完美近乎神話的指揮官西吉斯蒙多產生崇敬之意。

教堂內部也不遑多讓，尤其是一四五一年委託皮耶羅・德拉・弗朗切斯卡繪製的壁畫，飾於建築正立面的內牆，有別於西吉斯蒙多為歌頌自己和紀念妻子樹立的壯觀墓碑，特別值得一談（圖28）。在壁畫中，西吉斯蒙多在呈坐姿的聖西吉斯蒙德（St. Sigismund）面前跪下禱告，一旁有趴坐的獵犬以及西斯蒙多堡的非寫實畫作。這幅壁畫與其他雇傭軍指揮官委託繪製的藝術品一樣，延續奉獻與虔誠的主題；然而西吉斯蒙多似乎又再一次顛覆傳統，在壁畫表象下隱藏著徹底相反的訊息[57]。

壁畫中最顯眼的特色是西吉斯蒙多崇敬的對象，既不是聖母瑪利亞，也不是基督本身（對手費德里科在《蒙特費爾特羅祭壇畫》中的形象就是如此），而是聖徒，不過對聖人致上敬意的舉動本身並不罕見——例如在同一時期，麥地奇家族正好也興起對「家族」聖徒的崇拜——聖徒的身分以及西吉斯蒙多不太尋常的畫中形象，才是令人好奇之處。在壁畫中，西吉斯蒙多對著聖西吉斯蒙德禱告，這號人物雖耐人尋味，卻是北義大利較為少見的崇拜對象，聖西吉斯蒙德被封為軍人的保護聖徒，在六世紀初於艱困逆境中展現勇氣與剛毅，從此為人所知。除此之外，聖西吉斯蒙德被封為聖徒的過程十分曲折，他在晚年放棄勃艮第的統治權後，成為修士度日，最後因信仰遭火刑處死，但他也曾絞死侮辱其妻和違反規定的親生兒子。更令人感興趣之處是聖西吉斯蒙德的外貌，縱然帽子上方有微弱、扁平的光環，他仍和聖徒的形象相去甚遠；聖西吉斯蒙德坐在王座上，手持球體與權杖，姿態有如國王，不過完全沒有聖人的典型特徵。實際上，畫中聖西吉斯蒙德的樣貌是直接臨摹當代人物肖像：神聖羅馬帝國皇帝西吉斯蒙德，當時西吉斯蒙多．潘多爾弗．馬拉泰斯塔即是為其服務，並受封為騎士。

如此的圖像效果確實不容小覷，一方面，西吉斯蒙多不避諱的崇尚以戰功奠基統治地位，另一方面，又有意展現對神聖羅馬皇帝的敬意，此舉可說是尖銳至極的政治嘲諷，西吉斯蒙多在里米尼的頭銜固然是源自教宗，卻在壁畫中展露對另一強權的絕對忠誠。西吉斯蒙多、聖西吉斯蒙德、以及皇帝西吉斯蒙德三人同名，更強化三位人物之間的關聯：西吉斯蒙多不滿足於成為聖徒和皇帝的虔誠追隨者，還要同時成為兩者的化身，他是勇猛善戰的君王、英勇無畏的典範、完美無缺的統治者、世俗強權的巔峰，只因戰功彪炳遭到不公迫害。虔誠的基督徒形象則無關緊要，這幅壁畫從來就不打算粉飾，甚至直接承認西吉斯蒙多的背德行徑。

說也奇怪，在戈佐利的作品中，西吉斯蒙多的肖像也採用相同的描繪角度，幾乎無人比科西莫．德．麥地奇更了解西吉斯蒙多不忠、冷酷、又危險的性格，不過正是出於相同的原因，老謀深算的銀行家科西莫決定讓西吉斯蒙多成為畫中人物，動機和為約翰．霍克伍德爵士豎立騎馬紀念像的佛羅倫斯貴族如出一轍，然而真正的原因卻又因西吉斯蒙多特異的性格而有微妙差異。科西莫不僅要向敵人展示自己與里米尼之狼的交情，還有種種考量；一四四四年當時，西吉斯蒙多受雇於亞拉岡和西西里國王阿方索五世，負責統領大軍對抗佛羅倫斯，也因此獲得大量金錢報酬，而佛羅倫斯自然為此提心吊膽，不過出於只有當事人自己知道的理由，西吉斯蒙多突然倒戈，事後庇護二世如此記錄：「西吉斯蒙多背信棄義，成了佛羅倫斯的救贖……。[58]」

科西莫並非忘恩負義之人，為感謝里米尼之狼如此擅於暗箭傷人，有意紀念這號人物，但科西莫也打從內心深處畏懼西吉斯蒙多，縱然《洛迪和約》簽訂後，西吉斯蒙多遭到對手回擊，但他仍是危險又難以預測的人物，一念之間就足以夷平托斯卡尼。除此之外，西吉斯蒙多與費德里科・達・蒙特費爾特羅（一四四〇年代曾受雇於佛羅倫斯和米蘭，接著於一四五八年成為教廷雇傭軍）之間的夙怨難解，有波及佛羅倫斯領地的風險，後果可能不堪設想。有鑑於西吉斯蒙多喜怒無常、性情兇惡，科西莫必須設法與其維持良好關係，而只要讓西吉斯蒙多登上戈佐利的壁畫，年邁的銀行家便能清楚昭告天下，自己未來將與里米尼之狼並肩合作。一如西吉斯蒙多大肆吹捧自己身為雇傭軍指揮官的放縱行徑，戈佐利的壁畫栩栩如生映現其令人崇敬又畏懼的氣息。

加萊亞佐・馬利亞・斯福爾扎一不留神，就可能會忽略戈佐利之作《賢士伯利恆之旅》中最後、也最重要的人物，他隱身在科西莫・德・麥地奇後方與眾多臉孔之中，幾乎要消失在喧鬧的大型隊伍中。然而就在遠處的第三排，一臉陰沉、頭戴刺繡紅頭巾的樞機主教，從卜列東和戈佐利肖像身後向前窺視，頭部微微前傾，五官皺起彷彿身體不適，似乎極盡所能避開賞畫者的目光，但即便如此，也不可能會錯認獨一無二、身形矮胖的恩尼亞・席維歐・皮可洛米尼。

科西莫・德・麥地奇委託戈佐利於家族禮拜堂繪製壁畫時，堅持加入恩尼亞的肖像自然有其原因①，恩尼亞作為和藹可親、雍容大度的樞機主教，與極具影響力的眾學者及藝術家同列三王隊列，資格不容質疑。恩尼亞不僅是教廷的明日之星，也是訓練有素的人文學者，精通拉丁文寫作，還曾於一四四二年榮獲桂冠詩人殊榮，著作數量極多並涵蓋各種文類，地理、教育、歷史、戲劇皆有涉獵，此外，恩尼亞是藝術鑑賞家與贊助人，絕頂聰明、飽讀詩書、更對於視覺與文學文化最新潮流瞭若指掌。單純就才能而言，羅馬教廷內無人能與恩尼亞相提並論，如此才智過人的明星人物，正是科西莫期望建立人脈的對象，而儘管壁畫中的肖像未必意在阿諛奉承，仍稱得上是精妙的善意讚賞。

話雖如此，此時期的重大事件卻賦予這幅壁畫更多意涵；一四五八年八月十九日，略顯福態的中年恩尼亞獲選為教宗，名號「庇護二世」象徵其對基督的一心奉獻。戈佐利所作的肖像畫意外成為對新教宗處事開明的肯定，更委婉承認文藝復興時期教廷的文化勢力。

加萊亞佐·馬利亞·斯福爾扎受邀造訪麥地奇里卡迪宮八日後，一四五九年四月二十五日，庇護二世在前往曼切華途中於佛羅倫斯暫做停留，年輕的米蘭伯爵卡雷阿佐見到教宗本人後，理當會發現教宗的形象與戈佐利畫筆下的肖像大相逕庭。

庇護二世並非正直真誠的聖人，而是傲氣逼人的血肉之軀，明顯過胖且因痛風跛腳，他高高在上穩坐宏偉的教宗黃金寶座，身旁圍繞義大利惡行最重大的雇傭軍②。庇護二世的行為也稱不上神聖，有次經過聖加洛（S. Gallo）城門時，他竟要求「羅馬涅的貴族領主與君主」——卡雷阿佐·馬利耶也身在其中，他甚至必須踮起腳尖才能觸碰到教宗椅——親自將其扛在肩上入城，眾人因為重量過重而跌跌撞撞，沿路氣憤不已的發牢騷。西吉斯蒙多·潘多爾弗·馬拉泰斯塔尤其怒不可遏，氣喘吁吁的咕噥：「看看我們這些城主竟淪落至此！」③

庇護二世被高舉入城後，情況依舊沒有好轉，即使科西莫．德．麥地奇有意與強化自家銀行與教廷的長久合作關係④，教宗造訪的主要目的是修補三方關係的裂痕，即西吉斯蒙多．潘多爾弗．馬拉泰斯塔、西西里國王費蘭特、以及費德里科．達．蒙特費爾特羅。這確實是新教宗證明自己為基督教和平使者的絕佳機會，但他絲毫沒有展現出神僕應有的謙和溫順，而是行事魯莽、自我中心、又足以影響權力圈的人物。在這場關鍵的會面中，庇護二世大聲痛罵所有與會人、出言侮辱西吉斯蒙多、最後將責任推卸得一乾二淨，再宣告自己一人便足以實現上帝意志和協助眾人獲得最大利益⑤。

文化活動是佛羅倫斯特別為庇護二世安排的娛樂，但他在這方面的表現還是令人難以恭維，即使懂得欣賞佛羅倫斯著稱的藝術名作，也享受與城中最具涵養的公民談話，但較世俗的樂趣還是較深得其心，庇護二世色慾薰心的看待為歡迎自己所安排的舞蹈及宴會，以猥褻言詞評論佛羅倫斯女性的美貌，徹底沉浸在歌舞昇平之中。庇護二世樂在觀賞舉辦於聖十字廣場（Piazza S. Croce）的馬上槍術賽，現場「下肚的美酒比噴濺的鮮血還多」，讓獅子上場將其他動物撕成碎片的「餘興節目」，也令他印象十分深刻⑥。然而庇護二世從未表示一絲感謝，縱然為娛樂教宗已耗費一萬四千荷蘭盾，他仍尖酸刻薄的抱怨場面不夠奢華，並批評佛羅倫斯人吝嗇小氣⑦；這也難怪科西莫寧可獨坐家中，也不願應付教宗的不滿之情。

雖然看似相互矛盾，但無論是戈佐利所繪製的庇護二世肖像，或是教宗本人專橫跋扈的性格，都反映出教廷涉入藝術不為人知的重要內幕。透過恩尼亞．席維歐．皮可洛米尼的真實性情與職業生涯，不僅能一窺文藝復興時期教廷的核心，更可以了解在文藝復興贊助文化中，宗座廷所扮演的強權角色。由於恩尼亞的生平事蹟稍嫌零亂，最初看似是宗教信仰、文化涵養、與放蕩世俗之間的緊繃拉扯，最終融為清晰而連貫的一體，而如這名最具影響力的教宗所揭示，宗座廷對當代繪畫、雕塑、和建築的貢獻，是一段曲折多變、令人意外的故事，但一切根源並非正直無私且神聖的求知之心，而是無限的個人野心、貪婪的衝動慾望、以及險惡的權力政治。

消失的贊助人

恩尼亞．席維歐．皮可洛米尼誕生於一四〇五年十月十八日，家族原是遭到流放的西恩納貴族，雖不富裕但頗受人敬重。恩尼亞自小生活在瓦爾．迪奧西亞（Val d'Orcia）的小村莊哥西尼亞諾（Corsignano），一個與宗教緊緊相連的世界，每到禮拜日，全家都會參與聖方濟各小教堂的彌撒，專心聆聽牧師解說信仰的基本事項，接著虔誠為教宗的健康禱告。在這裡，宗教、學習、與文化並行不悖，恩尼亞和父親、祖父一樣，透過祈禱文學習基本的拉丁文法，當他還是在乾草堆玩耍的年紀，便已經得知閱讀經典是追求基督教德性的重要一環。之後，恩尼亞進入西恩納大學修習法律，也前往佛羅倫斯精進人文學問，過程中他發現基督的教誨在科盧喬．薩盧塔蒂等名家的文字中展現榮光，也在當代藝術傑作中受到稱頌褒揚。恩尼亞在西恩納與佛羅倫斯的教堂潛心奉獻，抬頭便能仰望最珍貴的信仰，在喬托和杜喬、吉貝爾蒂與馬薩喬等藝術家筆下永垂不朽，也在麥地奇、布蘭卡契、以及斯特羅齊家族的贊助下滋長繁盛。

但即使年輕的恩尼亞醉心於宗教、藝術、以及人文學問之間的緊密連結，卻也注意到其中的漏洞。新教堂如雨後春筍般遍布義大利各處；捐款與遺產湧入資助建立教堂，信徒身邊環繞的盡是無與倫比的精美壁畫與祭壇畫；主教、樞機主教、和教宗的墓碑更是奠下教堂成立的實質基礎，然而令人不解的是，並沒有太多事證顯示教宗與樞機主教積極投入藝術贊助。在羅馬，這種現象甚至更為明顯，幾乎沒有任何事蹟可以證明宗座廷與繪畫、雕塑、及建築有關連。確實，在此時期和恩尼亞同身處「永恆之城」羅馬的訪客，也幾乎無法察覺教廷與藝術圈有任何互動。

文藝復興早期義大利的藝術贊助核心缺了一角，正當世人迫不及待把握機會買下在文化產業的一席之地，宗座廷似乎僅是靜靜看著文藝復興文化的洶湧潮流從眼前經過，而教廷明顯對義大利藝術不感興趣，追根究底是因為在文藝復興早期，教廷長期為空有虛名或混亂情勢所苦。

自一三〇九年起，教宗的居所已不在羅馬，而是法國南部的亞維儂[8]，不過在此穩固勢力後，教廷卻發現從此動彈不得，暫且不論法國王室對宗座廷日益增加的影響力，以及教宗與神聖羅馬帝國間的暴力衝突，羅馬本身也失序到無法掌控的地步，好戰的名門貴族如奧爾西尼與科隆納家族勢力籠罩，全城因為街頭交戰和黑幫般的恐嚇行徑而停滯不前，事態至此僅能以嚴峻形容。一位匿名的羅馬編年史學者觀察道：

> 羅馬城籠罩在痛苦之中……百姓每日爭鬥；搶匪四處流竄；修女遭受侮辱；無處可避難；年幼女孩遭到騷擾和誘拐從事可恥行為；婦女從自家床上被帶離丈夫身邊；外出工作的農工遭到洗劫；……來到聖城洗滌靈魂的朝聖者並未受到保護，反而遭謀殺與洗劫……沒有正義、沒有法律；百姓無處可逃；人人瀕臨死亡；最擅於用劍取得威勢之人幾乎即是公理。[9]

即使羅馬有意從法國政權中解放，也願意與神聖羅馬帝國化解歧見，這座城市對教宗而言仍舊太過危險，根本無法考慮離開亞維儂並終結「巴比倫囚虜期」（Babylonian Captivity）[1]。

最後經過六十年的流亡，一三七六年教宗格列高里十一世終於決定將教廷遷回羅馬，然而此舉卻導致情勢惡化。格列高里教宗於一三七八年逝世之後，樞機主教團迫於壓力必須選出義大利籍繼承者，畏懼在梵蒂岡外集結的憤怒群眾，又無法針對同為樞機主教的候選人達成一致意見，最終主教團遴選出身分曖昧的拿坡里大主教為教宗烏爾班六世（Pope Urban VI）。烏爾班生性安靜、秉持禁慾主義，似乎是理想的教宗人選，但事實上，他受極度危險、逼近發狂的被害情結所苦，出於病態的仇恨情緒，烏爾班以貪污、道德敗壞、以及叛亂等罪行，將推舉其為教宗的多名樞機主教羅織入罪，共六人被關入諾切拉（Nocera）的地牢，並遭受無情凌虐，此後烏爾班甚至開始熱衷於坐在牢房外，一面聆聽六人悽慘的叫聲，一面閱讀日課經本。

逃過一劫的樞機主教忍無可忍，再也無法對烏爾班的行為視而不見，於是前往亞維儂並選出對立教宗，烏爾班導致教廷一分為二[10]，勢不兩立的情況延續近四十年。

恩尼亞自幼就是教廷的一員，對混亂又失序的情勢再熟悉不過；兩名（有一小段時間甚至有三名）教宗彼此爭奪統治權，整個基督教世界幾乎深陷膠著內戰。在教宗與對立教宗互不相讓教廷掌控權的狀態下，歐洲各地分裂成不同的「轄區」，各自效忠不同的教宗，雙方人馬都堅持捍衛自身的合法地位，無人有退讓之意。

宗教大分裂在歷經一連串教會大公會議後才宣告終結，話雖如此，這次事件卻也引發嚴重問題。大分裂結束後，一群稱作「議會至上主義者」（conciliarists）的教會人士認為，賦予教宗過多權力實在太過危險，應該要成立類似教會議會的組織定期開議，並握有重大決議的最終決定權。然而問題就在於，這正是教宗最不希望看到的結果，一四一七年大分裂的紛爭平息之後，馬丁五世（Martin V）與其繼承者不願在掌權後受到任何干涉，更遑論是由歐洲各地鄉村神職人員組成的議會。雙方陣營對彼此的厭惡，使得教廷又再次陷入內戰。

教廷文化生活所象徵的意義非同小可，而即使多年處於巴比倫囚虜期，之後又深受議會至上主義勢力籠罩所苦，在如此的流亡和混亂狀態之中，教廷也從未有過文化空窗期。眾教宗極具洞察力，意識到文藝復興早期的藝術與思想皆產生劇烈變化，因此教廷對急於受雇和晉升的人文大家仍頗具吸引力，數名義大利藝術家也在其中占有一席之地。佩脫拉克即是一例，其人生有很長一段時間都在亞維儂或鄰近地區度過，也因此獲得數筆豐厚報酬[11]。一四〇五至一五年間，李奧納度・布魯尼連續十年擔任教廷祕書[12]；西蒙尼・馬蒂尼也成為亞維儂境內舉足輕重的藝術家[13]，而馬泰奧・喬瓦內蒂（Matteo Giovanetti）之流的藝術家，更為教廷宮殿內的絢麗壁畫增添特殊「義大利」風情[14]。

1 專指教廷遷往亞維儂期間，典故源自西元前以色列人遭巴比倫人征服的歷史。

然而在此時期的義大利，教廷對藝術僅能發揮有限且間接的影響力，在缺乏資源和意願的情形下，教廷無法如商人銀行家和貴族一般投入藝術贊助。勞民傷財的戰事、資金週轉問題、以及長期流亡和分裂狀態，都使得教廷無法挹注大筆資金裝修教堂或宮殿。

尤其是羅馬，因為遭教廷輕忽而陷入絕境，當十五世紀邁入第三十個年頭，議會至上主義可說是盛極一時，而羅馬的處境簡直是不忍卒睹，當時具人文素養的訪客入城之後，無不因眼前疏於管理的慘況感到心驚。在佛羅倫斯人文學家克里斯多福羅・蘭迪諾筆下，奧古斯都的鬼魂眼見自己一手打造的城市淪落至藏污納垢之地，不禁潸然淚下[15]；同為佛羅倫斯出身的文人維斯帕西亞諾・達・比斯蒂奇，則因為親眼見到遊牧牛群占領古羅馬廣場，以及古人雄偉的紀念像崩毀成難以辨認的廢墟，而感到悚然心驚[16]。即使是象徵中世紀教廷地位的建築物，也難逃毀壞的命運；在此時期，教宗位於羅馬的正式座堂拉特朗聖若望大殿（Archbasilica of St. John Lateran）被燒毀兩次（分別於一三〇七與一三六一年），從古典時代以來首次落入徹底疏於維護且破敗的狀態。在日誌作家司特凡諾・因費蘇拉（Stefano Infessura）眼中，羅馬並非佛羅倫斯、米蘭、或威尼斯之流的繁榮城市，而是偷竊與謀殺的溫床，此地的藝術早已凋零沒落[17]。

遠離蠻荒

教廷將近一世紀都處於文化蠻荒狀態，然而當恩尼亞・席維歐・皮可洛米尼以教會新希望之姿嶄露頭角，情勢即將徹底轉變。

恩尼亞尚未受任為牧師之前，就已在「巴賽爾會議」（Council of Basel）成為具領導地位的議會至上主義學家⑱，儘管這類事蹟對於教廷生涯有害無益，不過恩尼亞年少時期對教廷權威的反抗行動，與其無價的文學才氣相比，可說是瑕不掩瑜。短時間內，恩尼亞便與教廷運作有密不可分的關係，短暫服侍教宗尤金四世（Pope Eugenius IV）之後，仕途扶搖直上，一切都要歸功於其舊識托馬索・巴倫圖切利（Tommaso Parentucelli），於一四四七年獲選為教宗尼古拉五世（Pope Nicholas V）。同年，恩尼亞受指派為的里雅斯德（Trieste）主教，接著在一四五一年調往西恩納教區，奉命執行一項又一項重要任務，最終於一四五六年登上樞機主教之位。

恩尼亞迅速躍升至教會巔峰，恰巧遇上教廷復興之時，就政治、地理、以及財政層面而言，教廷終於回到穩健狀態。雖然教會尚未完全脫離窘境，尤金四世仍成功對議會運動斬草除根，終於重建教宗在教廷中不可質疑的領導地位。奠基於此，尤金四世得以在一四四五年帶領教廷回到羅馬，而教廷重返永恆之城後，教宗也因此有機會修補教廷治權在過去所受到的種種傷害。尼古拉五世和其後繼者則徹底擺脫從前的教廷紛爭與分裂，在羅馬持續壯大，不僅重拾教廷義大利中部領地的主控權，更自一三〇八年以來，首次以新改良的教廷官僚體制管理教廷收入。

由於恩尼亞一路平步青雲，人在羅馬的時間也愈來愈長，他也觀察到教廷在各層面的轉變開始產生深遠影響，除了羅馬教廷與城市環境之間的關係外，教廷與藝術之間的互動也受到影響。事實上，此時羅馬迫切需要蛻變；素以「富有學識與才智」[19]聞名的尼古拉五世深知，多年來身陷混亂與放逐狀態，早已重創教廷的名聲，甚至傷損一般信徒的虔誠之心，雖然宗教大分裂終結加上議會至上主義崩解，已使得教廷地位比過去一個半世紀以來都要穩固，但若要修復過去所造成的傷害，教廷顯然必須採取更積極的作為。十五世紀初期，羅馬以令人哀憫的狀態矗立，明顯無法作為重建大眾虔誠信仰的基地；狹窄骯髒的街道與搖搖欲墜的教堂，不禁令人想起過去那些水火不容的對立與毫不神聖的紛爭，是如何一點點腐蝕教廷；殘破的城市散發出頹喪和落敗的氣息，這一切都必須改變。尼古拉五世身為教宗和天主教世界的中心，認為羅馬應當成為足以彰顯教會意義的完美象徵，並且啟發教徒心中對基督教義的熾熱信仰，以及對聖座不可動搖的敬重之心。據傳尼古拉五世在臨終前曾表示：

唯有對羅馬教廷權力起源與發展有所研究的有識之士，才能真切理解教廷的偉大之處，因此，為在未經教化的大眾心中建立扎實穩固的信仰，必須有足以吸引眾人目光之物：獨尊教義的普及信仰將一無所成，僅能培養出膽怯猶豫的信眾。若聖座權威能展露於宏偉的建築、不朽的紀念、以及有如出自上帝之手的見證，信仰便會滋長並一代又一代向下扎根，而全世界也會接受且尊崇此信仰。集品味、美感、以及懾人規模於一身的壯麗建築，會使「聖彼得寶座」[2]的崇高地位立即擢升。⑳

基督教的真義與基督世俗代理人（教宗）的德性，從此一併濃縮於藝術之美當中；而文學、音樂、繪畫、雕塑與建築，也從此化為昭彰教會與其領導人光明面的媒介；羅馬教廷所開拓的新財源，更從此挹注於藝術贊助之途。

事實上在尼古拉五世之前，已有教宗嘗試採用類似策略，引領教廷走上正確方向。一四二七年，藝術家簡提列．德．菲布里阿諾（Gentile da Fabriano）與畢薩內洛（Pisanello）接受委託，以描繪施洗約翰的生平，為拉特朗聖若望大殿的中殿進行裝飾；隔年，馬薩喬與馬索利諾（Masolino）受雇於馬丁五世的家族㉑，完成聖母大殿內的祭壇。約莫同時期，焦爾達

2 位於聖彼得大教堂內的華麗寶座，象徵第一任教宗聖彼得與其繼任者的虔誠與博愛。

諾・奧爾西尼（Giordano Orsini）樞機主教成為人文圈的中心，還在宮殿中打造室內劇場（史上第一座室內劇院），並採用著名藝術家如馬索利諾和保羅・烏切洛的壁畫加以裝飾，其人文學家同好包括羅倫佐・瓦拉、李奧納度・布魯尼、以及波焦・布拉喬利尼[22]。不久之後，教宗尤金四世甚至委託建築師費拉瑞特（Filarete）為聖彼得大教堂裝設全新的銅製大門。儘管上述做法都是教廷邁向藝術贊助的一小步，但卻有些缺乏組織與決心，此時必須採取更加有力的手段，而既然教廷已經取回教宗領地的資源，目光自然得以投向更高、更遠之處。

尼古拉五世著手改造有如一片廢墟的羅馬，要將整座城市化為榮顯教廷的不朽紀念之地，而羅馬作為基督教世界的起點，將成為足以與基督願景匹配的宗教重鎮。尼古拉五世選擇遷往梵蒂岡山之後，重新改建使徒宮（Apostolic Palace）[3]，為老舊的中世紀建築加上全新大型側翼，以應付迅速擴張的教廷規模，同時也設置成套的寬敞隔間，用於接待大使與權貴，教宗寓所東側則增建一座壯觀的新塔樓（遺跡至今仍矗立於原址）。當時舉世聞名的傑出藝術家安傑利科修士[23]，更從佛羅倫斯前來接受教宗召見，為教宗的私人禮拜堂進行裝修，以聖史帝芬與聖勞倫斯的生平為主題[24]，繪製華麗的全景壁畫。現今的梵蒂岡宗座圖書館也是在尼古拉五世在位期間奠下基礎[25]，而此時期另一項更為關鍵的大事，就是教宗委託建築師貝爾納多・羅塞利諾（Bernardo Rossellino），為聖彼得大教堂改建工程繪製設計圖。

然而尼古拉五世的雄心壯志早已超越梵蒂岡，除了著眼於全面翻新整座羅馬城之外心無二想。雖然恩尼亞曾評論，尼古拉五世發起眾多計畫，活著親眼見到完工的成果卻不多[26]，不過藝術家瓦薩里的見解倒是頗為切實：尼古拉五世以正確之道「透過種種建設徹底顛覆羅馬」[27]。維爾戈水道（Acqua Virgine）重獲舊時榮光，為城中心提供乾淨水源，並將水流導向克羅奇費里廣場（Piazza dei Crociferi）上美觀的新渠槽，這項建設正是出自尼古拉五世的首席建築顧問萊昂・巴蒂斯塔・阿伯提之手。在這一波革新浪潮下，與梵蒂岡比鄰的街區博爾戈（Borgo）也歷經大規模改造[28]，於恩尼亞所經之處，搖搖欲墜的建物都已全數拆除，嶄新、雄偉的建築則在教廷贊助之下如雨後春筍般聳立。

這股席捲而來的藝文風潮可不止於教宗本人，凡是尼古拉五世領頭在前，樞機主教便效法在後。一如保羅・柯爾泰西在著作《樞機主教論》（*De Cardinalatu*）中指出，戴上紅帽的主教身負追隨基督典範之責，有義務彰顯自身的崇高地位[29]，而貴為教會的高階統治者，外界對樞機主教的期待便是如群星般點亮教會的天空，仿效有如太陽般閃耀的教宗，並且為永恆之城的文化增添榮光[30]。正因如此，宮殿自然是象徵地位的必備之物，許多出身自顯赫教廷世家或統治階層家族的樞機主教，如科隆納和奧爾西尼的家族成員，都已至少擁有一座位在羅馬市中心且宏偉寬敞的宮殿，在追隨教宗腳步的同時，這群樞機主教也樂得採用最新潮的

3 教宗的正式官邸。

藝術風格，縱情裝修早已富麗堂皇的住所。然而即使是剛就任的樞機主教，例如當時的恩尼亞，也迫於情勢必須租借或新建與其地位相符的住所，還要採用足以令人驚嘆和敬畏的設計加以裝飾，而隨著紅衣主教千方百計想在品味與華美方面勝過同儕，羅馬城內開始出現一座又一座宏大壯觀的宮殿。其中搶得先機的人物，就是前教宗尤金四世的姪甥皮埃特羅・巴爾博（Pietro Barbo）樞機主教，亦即後來的教宗保祿二世（Paul II），他擴建裝修宅邸，且極可能是僱用名建築師阿伯提完成此項工程。尼古拉五世在位四十年間，眾樞機主教群起效之：拉斐爾・瑞阿里奧（Raffaele Riario）主教主導興建今日眾人所知的「文書院宮」（Palazzo della Cancelleria），而這座建築被譽為第一座「真正的」文藝復興宮殿；阿德里亞諾・卡司特雷西・達・卡內托（Adriano Castellesi da Corneto）主教則是委託安德烈・布萊德諾（Andrea Bregno）設計出令人驚嘆的「托洛尼亞宮」（Palazzo Torlonia）；至於多明尼哥・德拉・羅維雷（Domenico della Rovere）主教，更在鄰近梵蒂岡之處開始興修偌大宅邸。而在每一座華美宅第之中，都藏有為數眾多的雕塑經典之作，最值得一提的是，文藝復興當代最新穎的藝術品收藏，義大利各個角落的藝術家全都匯集於此地，以得意之作滿足眾紅衣主教對藝術的渴求。

文藝復興終於完滿真確的降臨，儘管——或者該說是正因為教廷多年來經歷的流亡與混亂狀態，尼古拉五世登基象徵教廷興起、並化身藝術贊助巨擘的起點。尼古拉教宗已經為後繼者確立前方的道路，繼任教宗幾乎無一例外的篤信其「新羅馬」願景，一心追隨在後，而且野心通常都一代更勝一代。歷任教宗全心追求為教會增添榮光和歌頌教廷的崇高地位，不僅無止境的擴建梵蒂岡建築群，更不停歇的重塑羅馬城樣貌。恩尼亞辭世之後，思道四世贊助新禮拜堂的興建工程，後來這座建築便以紀念思道四世命名（亦即西斯廷禮拜堂）；橫跨台伯河（Tiber）的全新大橋也是在其督導下完工；梵蒂岡圖書館在此期間進行大幅擴建；思道四世甚至還開創蒐集古代雕塑作品的教廷新傳統[31]。其繼任者諾森八世委託安東尼奧・波拉約洛（Antonio Pollaiuolo）打造美景宮（Belvedere villa）[32]，而亞歷山大六世則是幾乎窮盡當代每一位知名藝術家之力，美化裝修教宗寓所。至於最令人驚嘆之舉，就出自思道四世的姪甥儒略二世之手，他雇用米開朗基羅彩繪西斯廷禮拜堂的穹頂；委託多納托・伯拉孟特（Donato Bramante）設計連接觀景中庭與使徒宮的兩大迴廊；並且繼承尼古拉五世改建彼得大教堂的偉大夢想，雖然這項計畫最後導致其繼位者利奧十世（即喬凡尼・羅倫佐・德・麥地奇）瀕臨破產。

不過數年前，藝術家還是將羅馬視為文化沙漠，避之唯恐不及，然而教宗重返永恆之城後的遠見，成功讓藝術人才對教廷趨之若鶩，畫家、雕塑家、以及建築師除了嚮往穩定而豐厚的報酬，更不願錯過與當時最具代表性的名家共事，於是紛紛湧入羅馬，寄望能夠接到足以扭轉職業生涯的委託案。實際上，各教宗和樞機主教已開始瘋狂爭奪藝術人才，並且對委託案提出愈加強人所難的要求，只為使羅馬成為基督教世界最閃亮的一顆星；羅馬教廷內無人不竭盡全力網羅優秀藝術家的傑作，無所不用其極只為確保藝術家能為自己服務。例如，米開朗基羅繪製西斯廷禮拜堂穹頂畫的過程中，曾請求教宗允許他回到佛羅倫斯參加聖約翰節（為佛羅倫斯一年之中的重點節日），以下這段與教宗的對話，堪稱是教廷對藝術癡迷至極的最佳證明：

「那麼禮拜堂該如何是好？何時能完工？」教宗問道。

「敬告教宗，我會在能力所及之內盡快完成。」米開朗基羅回答。

於是教宗以手中的權杖敲打米開朗基羅，不停說道：「盡快！盡快！這究竟是什麼意思？我絕對會督促你迅速完工。」

然而當米開朗基羅返家，開始為佛羅倫斯之旅做準備時，教宗立即派遣內侍柯希爾（Cursio）送上五百金幣，要米開朗基羅冷靜後再行動……接著內侍開始為教宗辯白，解釋這筆獎金是特別眷顧和情誼的象徵，由於米開朗基羅對教宗的個性瞭然於心，也對教宗有難以割捨的情感，便對此事一笑置之，畢竟他是占盡利益和優勢的一方，而教宗也會竭盡所能的維持兩人情誼。㉝

在短短數年之內，羅馬迅速搖身一變成為耀眼的文化之都，教堂與宮殿林立，宣示重生後的教廷重視學識涵養且滿懷信心。當恩尼亞・席維歐・皮可洛米尼走過羅馬的街道，抬頭望向身邊一一成形的建築、壁畫、和祭壇，便感到自己身在極具紀念意義的城市，足以與自己珍視的信仰相匹配。此時的羅馬已經可與令人驚豔的佛羅倫斯、米蘭、以及威尼斯相提並論，教會的核心價值以及神職人員的虔敬之心，都因此得以彰顯。

重獲新生的教會有意展現其力量與積極作為，讓恩尼亞身處的嶄新羅馬城漸趨完善，然而教廷的藝術贊助活動日益盛行，可不僅是因為信仰。在每一幅壁畫表面之下，在每一座宮殿立面後方，都潛藏著教廷其他意圖。

尼古拉五世臨終前的一席話，固然塑造出教宗是基督教精神領袖的形象，不過現實情況卻不盡然：教宗同時也在政治圈占有領導者地位。數個世紀以來，教廷都宣稱擁有義大利半島中部大片領地的統治權，通稱為「聖彼得教產」（Patrimony of St. Peter）或簡稱為「教宗領土」（Papal States），權力也長期凌駕於神聖羅馬帝國之上。不過在巴比倫囚虜期與宗教大分裂時期，上述的統治權僅在理論層面上有效，由於領地鞭長莫及，加上不少陣營有意爭地奪權，教宗一直無法實際行使統治權。在此之後，教廷撫平過去的傷口，在羅馬重建穩固地位，此時情勢已經大不相同，教宗堅決重拾世俗權力，不再「只是」上帝在人世間的代理人，同時也是聲望極高的權勢之人，所言即是律法，城邦與貴族都必須效忠於如此至高無上的主宰。而教宗除了是義大利最大領地之一的君主之外，更躍身成為歐洲勢力圈的要角，教廷為鞏固自身地位，必須維護教宗領土邊界和微妙的權力平衡，自然也需要斡旋於戰爭與和平時期，精通國際外交手段，以及領導義大利規模最大的軍隊。

巴比倫囚虜期與宗教大分裂所造成的傷害，促使教宗警覺到改革基督教精神的必要性，然而教廷重返羅馬之後，卻反而轉變為更加「世俗」的組織，重回王公貴族般的地位後，教廷的未來展望無不是以世俗議題為考量。至少在宗教改革以前，眾教宗與樞機主教最關切的問題絕非虔誠修道和禮拜改革，而是稅金、帳目、財產權、外交、軍事活動、以及領地擴張，以維護天主教會健全發展之名，行野蠻至極的冷酷政治手段之實。

正因如此，教廷開始產生轉變，教會生活的各個層面也因而受到影響，教宗與樞機主教的生活、工作、娛樂方式，都不得不顧及教會的現世抱負；樞機主教團的優先事項、處事策略、以及雄心壯志，嚴重向世俗的一端傾斜；而高層神職人員的行事偏好與一般高層官僚相比，現實程度有過之而無不及。確實，「世俗」與「宗教」之間的界線向來若有似無，此時簡直瀕臨崩解，不論是個人或組織都任意在兩者間穿梭，各自心懷叵測、運籌演謀，爾虞我詐屢見不鮮。貪婪無禮且有失神職身分的作為日益嚴重，教廷的角色開始變質，幾乎到了難以辨別的地步。

教廷重返羅馬後參與藝術活動的形式也連帶受到影響，儘管尼古拉五世是真心希望透過藝術重振一般信眾的信念，而數以百計透過委託誕生的教堂、壁畫、以及祭壇藝術品，也都表現出對基督信仰的虔誠之心，然而在教廷贊助藝術以復興宗教的「表面」之下，從文藝復興時期教廷的世俗氣息中，卻也滋長出其他更為黑暗狡詐的企圖。一如銀行家和雇傭軍指揮官利用宗教意象或捐獻贈與，為自己塑造新的形象，掩蓋其職業本質上黑暗的一面，羅馬教廷也利用贊助藝術，達到與基督教信仰完全無關、當代教廷卻無法捨棄的意圖。

精緻的聖人肖像畫作、細膩的聖母瑪利亞雕像、以及彰顯基督聖心的優雅建築，雖然看似輝煌奪目，實則暗藏貪圖享樂的野心、過剩的自我中心主義、以及教會內部特有的腐敗、貪慾、暴力、和喋血事件。而唯有深掘出教廷重返羅馬後引發負面巨變的真相，才能真正讓人們知道這群推動「教廷文藝復興」的人物在心智上有多麼黑暗與醜惡。

宮廷式惡行

教廷在重拾「聖彼得教產」掌控權的同時，也負起治理的重擔，一如其他義大利國家、城邦、或是貴族領地，不過這項責任不只關乎官僚體系、行政管理、以及外交策略。所謂「權威」，意即建構出高於一切的權力文化，教廷若要以強權之姿鞏固教宗領地與制衡其他陣營，就必須塑造出統治權難以撼動的形象，分別向從屬和敵對集團展現其影響力。

文藝復興時期國家的核心即是宮廷生活，而宮廷不僅是握有大權之人集會之處，也是排解紛爭又野心混雜的修羅場，然而宮廷最關鍵的作用，還是展現世俗大權。國王、君主、貴族、甚至部分市鎮，都會費盡心思維護華美絢麗的宮廷，以展示自身的強大力量；而宗座廷則是由教宗寓所和從屬的樞機主教宮廷共同組成，運作模式絕不能遜於其他世俗宮廷，只能更強盛、更出色。宮廷派學者如皮埃特羅．阿雷蒂諾（Pietro Arentino）[4]和保羅．柯爾泰西都曾指出，教宗與樞機主教若希望受到應有的尊重，就必須過著如君主般的生活，而所謂君主般的生活，就是舉手投足間都可比君主的尊絕不凡。

恩尼亞．席維歐．皮可洛米尼接任樞機主教，入住永恆之城後，隨即被捲入宗座廷的非常核心。教會總部的迴廊、梵蒂岡宮[5]的接待室、以及樞機主教團同僚的宅邸，恩尼亞身處的環境盡是宏偉華麗之處。

羅馬教廷的一切只能以壯觀形容，甚至到了折服人心的地步；梵蒂岡宮堪稱是「歐洲最耀眼的治理機構」[34]，而教宗寓所也不遑多讓，寬敞成套的接待室與開闊的庭院，是驚豔外交使節不可或缺的規劃，建築正立面與大門則必須採用大器又新潮的設計。此外，由於有權有勢之人絕對不能展露在破舊狹小門廳用餐、睡眠、或交談的一面，因此即使是「私人」住所（當然就各種意義上一點都不私人），也必須以宏大的規模建造，每一面牆都飾以光彩奪目的壁畫與畫作；每一格壁龕都展示著古代雕塑或最流行的雕刻作品；每一扇窗都以專業技法裝設在極致優雅的窗框中。

宗座廷總是充滿人群的嘈雜聲，並不只是因為教廷長期擔任招待各國重要人士的東道主，也因為宮廷生活的本質就在於維持宮殿的生氣蓬勃，而在永不止息的活動漩渦之中，宮廷主人就是中心。參與其中的每一位成員，住所內都雇有大量侍從，以符合當代偉大君主應有的生活水準，例如嘉禮三世（Callixtus III）逝世後短期內，教宗寓所內的成員至少有一百五十名「領主」和「大臣」，外加八十名僕役，一舉一動都必須受到軍事化的精確管理[35]。

4 文藝復興時期義大利作家。
5 使徒宮的別稱。

基於相同的原因，沒有任何一位自重的樞機主教，會將就於少於一百至一百二十名僕役和隨從的住所，如此龐大的人數也會在主教入城時隨侍在後㊱，如果這種場面還不夠浩大，樞機主教理應向大眾開放住所，大展其慷慨寬宏。正如十六世紀的一份教宗諭令所述：「樞機主教居所應為開放建物，特別為正直與有識之士提供避風港與庇護所，也為落魄貴族與誠實之人敞開大門。」㊲在金字塔上層，尋求資助、封地、或各種好處的請願者，天天不分日夜的成群湧入主教宅邸大門，一心希望貴人能為自己美言幾句或正式邀請自己入宅；但是在金字塔下層，卻有難以計數、貧困潦倒的男男女女，聚集在宅邸門前乞討食物或金錢，而善心的紅衣主教必須盡其所能的給予幫助㊳。

宗座廷最令人驚嘆不已的一點，應該就屬娛樂活動的規模，宮廷追根究底即是飲宴作樂之處。文藝復興時期，曾有無數場比武大賽和鬥牛賽在梵蒂岡宮的觀景中庭舉辦㊴；形形色色的珍奇異獸〔如白象（Hanno）〕在梵蒂岡花園展出；還有舞台耀眼奪目的戲劇定期上演。更令人咋舌之處，則是教宗和樞機主教幾乎不得不定期舉辦異常盛大的宴會，數十道豐盛菜色、無數桶優質美酒、音樂家成群結隊，狂歡直至清晨。例如一四七三年六月，樞機主教皮埃特羅．瑞阿里奧（Pietro Riario）主辦的盛宴中，有超過四十道佳餚，其中包含（令人不明所以的）鍍金麵包與烤熊肉㊵。

這一切也許看來氣派華貴，但打造富麗堂皇的宮廷有其代價，無論羅馬教廷如何費盡心思將如此豪奢的生活水準，合理化是為將敬重與榮耀歸於聖座，一旦沉浸在光鮮亮麗的宮廷生活中，便難以從世俗宮廷的惡習中脫身。在羅馬，宗座廷越是華麗，教廷的道德標準就越是低落。

金錢不僅是最首要的考量，也是最嚴重的罪惡來源，畢竟塑造強權形象需要大量現金。通常樞機主教並沒有左支右絀的困擾，在十六世紀初，雖然差異極大，不過二十五至三十名定居在羅馬的樞機主教，收入通常都落在三千至兩萬杜卡特金幣（ducat）之間（杜卡特金幣當時的幣值與弗洛林金幣約略相等）[41]，然而即使是如此豐厚的津貼，與經營宮廷生活的每日支出相比，仍是相形見絀。

一五四〇年代，人文學家弗朗切斯科．普里尚尼斯（Francesco Priscianese）估計，尼可羅．里鐸斐（Niccolò Ridolfi）樞機主教每年花費六千五百盾（當時盾與杜卡特及弗洛林金幣價值大致相同），以維持住所內有一百名隨從的優質生活水準[42]，然而這項支出僅能負擔基本生活所需，購買、租賃、建造、或維護宅邸都可能花上數千盾，而迫於社會壓力而委託藝術家裝飾居所，更形成龐大額外的負擔。隨著時間過去，樞機主教間的競爭越演越烈，財務壓力如雪球般越滾越大，至十七世紀初期，依據斐迪南多．貢扎加主教（Ferdinando Gonzaga）估算，若年收入低於三萬六千盾，要在羅馬維持紅衣主教應有的生活尊嚴，幾乎是不可能的事，他也不滿的表示，如果無法確保手頭夠寬裕，就只能暫時離開羅馬城[43]。雖然這件實例發生在較後期，卻在在證明幾乎是自教廷重返羅馬的那一刻起，樞機主教便一直處於現金短缺的窘境[44]，歷任教宗的處境也不太理想，亟須仰賴教廷儲備金的紅衣主教即使偶爾可以獲得金援，還是經常捉襟見肘。一五六三年，威尼斯大使吉羅拉莫·索蘭佐（Girolamo Soranzo）曾指出：「部份樞機主教窮困至極，完全不足以維持與其身分應有的生活水準。」[45]

樞機主教迫於保持光鮮亮麗的壓力，不得不竭心盡力增加收入，不論是透過正當或骯髒手段。於是貪婪隨即在教廷大肆蔓延，教會各個高層人士無不沉迷於無止盡的累積教產，再微乎其微或不值一提的利益都不放過。恩尼亞在其回憶錄曾特別提到皮埃特羅·巴爾博這號人物，他不僅是尤金四世的姪甥，後來也獲選為教宗保祿二世，恩尼亞將其比作財迷心竅紅衣主教的始祖，並批評滿腦肥腸的皮埃特羅是「尋求世俗晉升機會的高手」[46]，還進一步形容皮埃特羅是如何在教區牧師逝世後，乘機要求接收位於因普魯內塔（Impruneta）的小型聖母教堂，又是如何在遭到教宗回絕後，掀起一陣驚濤駭浪[47]。一四八四年，佛羅倫斯人文學家巴托洛梅奧·德拉·方特（Bartolomeo della Fonte）也不禁大嘆，當前的教廷「已不再崇尚基督信仰，不再倡導仁愛、虔誠、慈善；更無美德、正直、學識容身之處。」巴托洛梅奧曾問偉大的羅倫佐：「我又何須再提，洗劫竟不必受懲，貪婪與奢侈竟代表榮耀……？」[48]同一日，他與另一名人文學者貝爾納多·魯塞萊（Bernardo Rucellai）通信時也指出，「惡行的漩渦」正在危害羅馬教廷，更直指眾樞機主教是「披著牧羊人偽裝的邪惡之人……正在摧毀誠心追隨紅衣主教的羊群」，因為「其貪慾無度……永無滿足之日。」[49]

羅馬教廷的其他罪行則是有過之而無不及，正因文藝復興宮廷如此奢侈華美，過度耽溺其中的風險向來不容小覷，當權者越是不遺餘力的塑造豪華形象，就越是容易臣服於肉體歡愉的誘惑。詩人卡斯蒂利奧內曾在《廷臣論》道出自己的觀察：「當今統治者都因為邪惡的生活方式而腐敗不堪……要助其領悟真知灼見和邁向美德之途，實為強人所難……。」[50]凡是世俗宮廷為人詬病之處，宗座廷都超出其上，單論奢華程度就已經沒有他處能出其右。

正如巴托洛梅奧的觀察[51]，暴食的原罪舉世皆然，典型例子便是樞機主教暨阿拉斯主教尚．傑佛瑞（Jean Jouffroy）。恩尼亞在其回憶錄也對這號人物有鮮明的描寫，雖然傑佛瑞「有意展現虔誠的一面」，卻是個「漫不經心又造成負面影響的角色」，他難以抗拒一切享樂機會，更因為過度鋪張浪費而產生嚴重的後遺症：

> 傑佛瑞用餐時會因為微不足道的失誤而大發雷霆，將銀製器皿和麵包砸向僕役，即使有重要賓客在場，他在盛怒之下也會將整面餐桌和所有餐點猛擲在地。因為傑佛瑞暴飲暴食不知節制，當酒意正濃時便無法自制。[52]

儘管不是所有樞機主教的行徑都如此荒腔走板，但文藝復興時期的紅衣主教們酒醉與暴食都是頗為常見的失誤，亞歷山大六世正是典型例子之一，即使獲選為教宗後，他仍然習慣定期飲酒至醉爛如泥，雕刻家本韋努托．切利尼就曾如此記錄：「教宗的習慣是一週一次沈浸在暴飲暴食之中，在此之後便會嘔吐不止。」[53]保祿二世也是，由於過於放縱飲食，即使是阿諛奉承至極的畫像，還是難掩其近乎病態的肥胖體型。

另一方面，宗座廷之中最普遍的重大惡行還有「色慾」，而且由來已久。在巴比倫囚虜期，佩脫拉克就對眾主教在情慾層面放浪形骸悲嘆不已，並且譴責亞維儂是罪惡的典型化身。根據佩脫拉克的觀察：「經過一間間房室，妙齡女子與年老男人在其中相互撫摸，而惡魔巴力西卜（Beelzebub）[6]則現身於低吼聲、爐火、與鏡面之中。」[54]然而在教廷回歸羅馬之後，風氣更是每況愈下，成群的交際花在宮殿宅邸內穿梭，貞節誓言被鄙視為笑談，甚至有傳言說恩尼亞最廣為流傳的作品其實是一篇情色小說[55]，而且曾寫過一齣狂野性感的喜劇，名為《克麗西絲》（*Chrysis*）。樞機主教公開與情婦交往則十分常見，流言自然也無可避免的四處散播，內容宛如現代肥皂劇，完全不像是教會應有的形象。恩尼亞記錄下聲名狼藉的紅衣主教傑佛瑞關於其性癖好的趣聞，其行徑堪稱宮廷惡習的最佳示範：

> 他對女性特別有興趣，經常日夜流連於交際花之間，每當羅馬城的婦女見他經過——身材高大、胸口寬厚、臉色紅潤、四肢多毛——都稱他為維納斯的阿基里

斯。一位曾與他共眠的交際花蒂沃利（Tivoli）說，自己簡直是和醉鬼同床；另外一名曾是他情婦的佛羅倫斯女性，居住在鄉村地區，因為不明原因而對他感到憤怒，於是在樞機主教從羅馬教廷出發並經過她家的路途上等待，在紅衣主教經過眼前的同時，她將含在嘴裡許久且混合痰的口水，吐向主教的帽子，從此他再也擺脫不了卑劣通姦犯的稱號。[56]

歷任教宗更是風流情史無數，儒略二世即是一例，不僅膝下有不少子女，也不怎麼費心隱藏這項事實；在這方面名氣更響亮的人物就屬亞歷山大六世，基本上任何會移動的生物，他都能與之同床共枕，較特別的是，外界盛傳他曾發生性關係的對象包括：情婦瓦諾莎·德·卡塔內（Vannozza dei Cattanei）、兩人的女兒盧克雷齊亞（Lucrezia）、以及瓦諾莎的母親，同時還積極發揮到處留下後代的本事。

同性曖昧關係一樣十分常見，甚至可能比異性關係更加常見，由於在宗座廷內同性性行為實在太過普遍，各任教宗間有同性情愫的謠言還演變成諷刺詩文的賣點[57]。至於利奧十世，歷史學家圭恰迪尼寫下如此評語：「他繼任教宗之初，多數人皆認為他是貞潔之人；然

6 惡魔撒旦的別稱，或是另指有「蒼蠅王」之稱的惡魔。

而日後卻發現他毫無節制、且日漸無恥的耽溺於那類歡愉之中，而礙於名節，本人無法明說是何種歡愉。」[58]文中難以言明的歡愉據傳是對年輕男孩的特殊偏好，儒略二世顯然也有同樣的癖好。據說思道四世會給予樞機主教特殊豁免權，在夏季月份可以進行同性性行為，也許是為合理化自己沉溺於這項嗜好，同時避免遭受批評[59]。保祿二世則有過之無不及，不但有諷刺作品描寫他在公共場合擦脂抹粉，更有傳言他死亡時正與侍童發生性關係。

恩尼亞初任樞機主教之時，宗座廷滿是家財萬貫、大權在握的教會人士，徹底沈醉於貪婪、暴食、色慾之中，在這群人物富麗堂皇的宮殿宅底內，藏匿著百般萬種的罪惡，嚴重敗壞羅馬教廷的名聲，尤其在來到羅馬追求文藝夢的人文學家眼中更是如此，各家人文學士都曾大力抨擊文藝復興時期紅衣主教的生活型態。就連羅馬城中的百姓，也認為教廷腐敗至極，教廷宮殿再怎麼光鮮亮麗，「樞機主教」一詞還是淪為羞辱人的穢言，在一部無名氏所作的諷刺作品中有段對話如下：

馬佛里奧：帕斯魁諾，為何你要如此全副武裝！
帕斯魁諾：因為我背上乘著惡魔
這種侮辱令我苦不堪言，
我致命的刀刃就要出鞘。

馬佛里奧：帕斯魁諾，究竟是誰侮辱了你，是哪個崽子？
帕斯魁諾：他是個混帳！
馬佛里奧：究竟是怎麼回事？
帕斯魁諾：你這傻蛋：

我寧可慘死輪下
也不願承受如此污名。

馬佛里奧：他說你是騙子：真是無恥！
帕斯魁諾：比那還糟！
馬佛里奧：小偷？
帕斯魁諾：更糟！
馬佛里奧：戴綠帽？
帕斯魁諾：全世界的男人都能對這種叫罵一笑置之，
然後繼續自在的過活，你這傻瓜。
馬佛里奧：那到底是什麼？偽幣製造犯？褻瀆聖職者？
還是你誘拐小女孩？
帕斯魁諾：馬佛里奧，你簡直是襁褓中的嬰兒：

在所有邪惡之事中最卑鄙的行徑莫過於侮辱人為「樞機主教」！然而污衊我之人絕對逃不過死亡，就算逃到天涯海角也一樣。(60)

話雖如此，縱然當代人對宗座廷的惡習鄙視之至，仍無法抹滅其對重塑教廷藝術贊助活動的重要性。宏偉壯觀又裝修精美的宮殿、古代雕塑、和精緻壁畫，固然是打造文藝復興宮廷不可遺漏的元素，不過委託製作這些藝術品的贊助人，其龐大野心和日常生活早已超越宮廷生活的高水準，自然也超越了尼古拉五世當初所提出的藝文願景。

正因如此，宗座廷的富麗堂皇只不過是假象，使徒宮和附屬建築的宏大規模之下，隱藏著教廷終年短缺現金的事實，以及教廷運行的動力其實是源自狂妄的野心和無盡的貪婪，而教廷寓所牆面上所描繪的聖人與天使，則輕視地看著眼前的眾人恣意沉湎於淫逸酒色之中。若由這個角度看待拉斐爾所繪製的《雅典學院》（*School of Athens*），這幅名畫固然在在顯現教廷的意圖：竭盡所能又鋪張誇耀的自許為人文學術圈的中心，並且鼓勵古典哲學與教父神學並行不悖；但難掩其贊助者是儒略二世的事實，這位好色且可能有同性癖好的教宗，正是因為貪慾驅使而登上權力巔峰。或許可以肯定的是，宗座廷的道德愈是淪喪，對於粉飾自身公共形象的需求就愈是強烈。

另一方面，教宗與樞機主教的藝術品味既不如外界所想像般片面，也不完全能以尼古拉五世的臨終之辭一言蔽之。可比世俗宮廷的地位加上大眾穩固的信仰，讓教廷得以長期維持精心塑造的公共形象，然而俗世如這群教會高層，根本不可能永遠遮掩赤裸裸的慾望而不露破綻。

一如義大利其他地區的世俗宮廷，「宮廷式」行為的副作用通常潛伏於暗影之中，在眾人歡慶享樂的同時悄悄現身；而掩飾宗座廷罪惡生活的各種裝飾用藝術，則漸漸混入了貪婪、暴食、和色慾。例如拉斐爾受委託裝飾紅衣主教碧比耶納（Bibbiena）在梵蒂岡宮的浴室時，委託人便要求他在壁畫上繪製經典神話故事的著名場面，然而這些畫面想必是徹底違反禁慾主義信條，儘管現在原作都已遺失，但可以確定的是，其中一幅畫描繪豐滿的愛神維納斯極為性感的抬起一腿，試圖將腳上的荊棘拔出，另一幅則描繪牧神潘（Pan）正準備對仙女西琳克絲（Syrinx）霸王硬上弓[61]。米開朗基羅也曾經為拉斐爾．瑞阿里奧樞機主教雕刻《酒神》（*Bacchus*）像，堪稱是表現飲酒作樂的傑作。

更加露骨的作品就屬通向法爾內塞宮（Palazzo Farnese）的入口廊道穹頂，在拉斐爾完成設計後由朱利歐．羅馬諾（Giulio Romano）和喬凡尼．達．烏迪內（Giovanni da Udine）等人接手完工。穹頂畫主題是丘比特和賽姬（Psyche）之間的情慾故事，而這面全宮中最優雅的房間穹頂被分為數個版面，以描繪故事中的不同場景，而每一幅畫面都隱隱表現出樞機主教在宮中的日常生活。例如在《眾神的宴會》（*The Banquet of the Gods*）中，美酒如涓涓源水般流動，而眾神與裸著胸口的女神相倚，或是在開滿鮮花的樹冠下親熱，迷人的侍女則在一旁跳舞，眼中燃燒著欲望。而在另一幅場景的角落，墨丘利（Mercury）[7]抬起的手部正上方，更是直接曝露出教廷的品味，靠近邊框的鮮果與綠葉之中，藏有顯而易見且毫不隱晦的詼諧版情慾畫面：一株顯然是陽具狀的植物，深入一顆裂成兩瓣、呈現女性陰部外觀的無花果[62]。這種表現手法當然稱不上細膩，只是避開大眾目光自得其樂，但這就是文藝復興時期教宗與樞機主教、如恩尼亞之流的行事作風。

家族紛爭

恩尼亞早年定居在羅馬時，親眼見證了宗座廷道德敗壞的過程，不過在眾教宗與樞機主教的宏偉宮殿中，恩尼亞眼前的債務危機和酒池肉林，也僅僅是教廷參與藝術贊助的黑暗面之一。羅馬教廷奪回教宗領地的控制權後，除了造成教廷內貪婪、暴食、和色慾等罪行急劇增加外，更導致教宗使用權力的方式產生暗藏危機的變化，而教宗的野心也影響了宗座廷的風氣。

恩尼亞成為樞機主教僅僅兩年後，嘉禮三世逝世，於是他奉命前往參加遴選新任教宗的閉門會議，而就在這場最重要的集會中，羅馬教廷內的政治角力開始浮現檯面。

閉門會議遵循教會的莊嚴傳統召開，看似是極為肅穆的場合，一旦喪禮告終，樞機主教團便會身著最高級的禮服，進入梵蒂岡宮中成套的小型房間，此後主教團會維持祕密隔離狀態，直到最終選舉結果產生。當身後的門一一關上，十八名樞機主教發誓會保密且服從（樞機主教團的其他八名成員無法參與），接著向上祈禱請求指引，最後便開始以最為認真謹慎的態度進行審議。此事過後，畫家平特利吉歐（Pinturicchio）在西恩納皮可洛米尼圖書館（Piccolomini Library）的壁畫上描繪會議經過，畫中呈現的一切都符合高尚得體的禮節，雖然當時有數名樞機主教都是可能的教宗人選，但恩尼亞卻判斷自己勝選已成定數[63]。

事實上閉門會議絲毫不端莊得體，只不過歷經一輪投票，場面就失去控制，由於沒有任何一位候選人獲得明顯多數票，最終人選只能透過協商產生，此時樞機主教團完全沒有考量教宗候選人的虔誠和神聖程度，反而紛紛展開一連串有違神職的政治交易。當無法決定當選人的投票結果一公佈：

7　羅馬神話中為眾神傳遞信息的使者。

財力較雄厚和較具影響力的主教團成員便召見其他成員，為了自己或朋友謀求教宗大位，他們不惜懇切請求、許下承諾、甚至試圖威脅，部份樞機主教無視得體與否、不知害臊的為自身利益卑躬屈膝，宣稱自己有資格登上教宗之位。⑥④

德斯圖特維爾（d'Estouteville）是樞機主教團中最為凶狠且野心勃勃的成員，他與其他樞機主教在茅廁祕密會面，竭盡所能的威逼利誘對方，德斯圖特維爾承諾，任何願意為他投下一票的成員，都可以分配到大量利潤豐厚的領地，甚至還明言，不願支持的人將被解除教職。即使是當時身為教區副祕書長、人人敬畏的紅衣主教羅德里哥．波吉亞（Rodrigo Borgia），也因為恐懼而立即表達支持。

縱然德斯圖特維爾在一四五八年竭盡所能尋求支持，第二輪投票結果卻再次呈現僵局，德斯圖特維爾只獲得六票，而恩尼亞發揮帶有神祕色彩的「說服」技巧，成功取得九票。顯然就算再進行一輪投票，也只會歹戲拖棚，再加上兩位候選人的票數都沒有達到規定的三分之二多數（亦即十二票），樞機主教團決定嘗試採行「同意權」模式，此時眾樞機主教可以重新投票，「批准」另外一位候選人，最終這套模式不但無助於選舉順利進行，反而暴露出成員的行事水準。

羅德里哥．波吉亞眼見德斯圖特維爾的勝選機率偏低，便率先表態改為支持恩尼亞，接著賈科莫・提巴帝（Giacomo Tebaldi）也依樣畫葫蘆，於是恩尼亞只需要再取得一票，就能登上教宗寶座。就在此時，閉門會議成了一場鬧劇：

> 普羅斯佩羅・科隆納（Prospero Colonna）主教決定要為自己爭取宣佈下一任教宗的殊榮，於是起身準備發表自己的投票意向……就在這個瞬間，尼斯（Nicea）與盧昂（Rouen）教區的樞機主教〔分別為貝薩里翁（Bessarion）和德斯圖特維爾〕出聲阻止，嚴厲斥責他轉投恩尼亞的意圖。但普羅斯佩羅仍堅持己見，遭貝薩里翁和德斯圖特維爾以蠻力將他拖出會議室，一人抓住普羅斯佩羅的右手臂，另一人緊抓其左臂不放……兩人決心要斬斷恩尼亞邁向教宗之路。[65]

然而普羅斯佩羅心意已決，就在基督教世界最有威嚴的兩大人物要將他拖出禮拜堂之時，他大聲喊出自己對恩尼亞的支持。恩尼亞的耳邊迴盪著教會成員憤恨揮拳的低沉聲響，還有德斯圖特維爾的絕望哀號，就此成為新任教宗庇護二世。

在這種氣氛下接任教宗實在稱不上是好兆頭，教宗選舉會議不僅不夠格作為基督教行為典範，其暴力、貪腐、憤而鬧事的程度，想必就連現代的橄欖球俱樂部也會為之鄙夷，不過這絕非特例，綜觀文藝復興時期，教宗選舉會議的氣氛向來是怒氣沖天，大吼大叫和拳腳交加都見怪不怪。除此之外，賄賂或所謂「買賣聖職」也是常見惡習，例如巴爾達薩雷·科薩於一四一〇年向喬凡尼·迪比奇·德·麥地奇借款一萬荷蘭盾，只為確保自己能成為對立教宗；教會統一之後，雖然高層一再試圖杜絕教宗選舉會議中買賣聖職的惡習，情況還是日益惡化。與羅德里哥·波吉亞在一四九二年買賣聖職的行徑相比，德斯圖特維爾在閉門會議期間的賄賂簡直是小巫見大巫，據傳成功獲選為西班牙紅衣主教的波吉亞，單是為討好紅衣主教阿斯卡尼歐·斯福爾扎（Ascanio Sforza），就必須每年贈與四頭騾的銀子和價值超過一萬杜卡特金幣的封地[66]。相較於其他的教宗選舉會議，庇護二世的選舉過程其實頗為順暢。

話雖如此，文藝復興時期的教宗選舉會議之所以形成火爆又詭詐的文化，不僅是因為教宗大位在精神上象徵至高名譽，也因為登上教宗寶座，就等同握有無盡財富與政治價值。

教廷遷回羅馬後，便站上足以顛覆義大利權力平衡的地位，理所當然，教宗也成為國際政治的要角，其他國家的算計因為其影響力而蒙上陰影，教宗加入任何同盟或是投入任何一場戰事，都會威脅到義大利半島上各市鎮、王國、以及貴族領地的穩定。除此之外，教宗可以直接干涉個別家族的資產，因此對各國內政的影響也不容忽視，教宗可以指派特定權貴擔任城市的教區牧師，也可以隨時解除其職位，進而決定各家族能否擁有領地；可以隨心所欲賦予他人貴族頭銜；更可以透過分配封地或教會收入，大幅增加或削減各家族的收入。

如果羅馬教廷難以觸及國家大事和家族議題，又或者如果樞機主教本身能得體且正直的行事，並且潛心投入教會的靈性修道，上述的權力也許就不值一提，可惜教廷不是如此，樞機主教也絕非如此。歷任教宗不僅死守家鄉領地的利益，顯然也極為「顧家」，無論是出身名聲顯赫的統治階層，或來自大有可為的新興家族，作風都毫無二致：一踏上教宗寶座，便開始利用教會賦予的至高權力圖利家鄉、中飽鄉親父老私囊（通常都會與「國家」利益掛勾）、並且建立人脈培養個人強權。

想當然爾，任何抱有一絲野心的人，都會對教宗極盡阿諛奉承之事，寄望可以從教宗桌上分到一點掉落的麵包屑，而法國、英國、西班牙、以及匈牙利的國王，加上義大利數一數二的貴族，也都想盡辦法要讓「自己人」獲選為樞機主教。話雖如此，最能看清教宗實為可疑金錢與權力來源的時機，便是裙帶關係衍生出更加貪腐的行徑之時。儘管自中世紀以來，教宗指派親戚成為樞機主教已是積習[67]，文藝復興時期的教宗卻將裙帶關係發揮到極致，指派「姪甥主教」的風氣大行其道。以馬丁五世為例，他不僅為姪甥普羅斯佩羅・科隆納戴上主教紅帽，還運用自身影響力鞏固家族在羅馬的勢力；尤金四世（其本人也是受叔父格列高里十二世拔擢成為樞機主教）任命兩位姪甥進入樞機主教團；嘉禮三世毫不知恥的如法炮製，以致其門徒貝爾納多・羅維里歐（Bernardo Roverio）抨擊他是「用貪腐玷污羅馬教廷的邪惡教皇」[68]；就連備受敬重的尼古拉五世也曾提拔同父異母的兄弟成為紅衣主教。此後數個世紀，此風更是變本加厲，思道四世打定主意要振興尚未為人所知的德拉・羅維雷家族，使之名列義大利最顯赫貴族，因此他內舉親戚進入樞機主教團的惡習，可謂歷代裙帶主義教宗之最。一如馬基維利所說，思道四世是「性情卑鄙邪惡至極之人……史無前例的暴露出教宗可以墮落至何種地步，以及在教宗權威之下隱藏著多少過去的錯誤。」[69]僅僅七年內，思道四世就提拔六名以上的直系親屬入選主教團，而在其逝世後的教宗選舉會議中，有近四分之一出席的主教都是思道四世的人馬。保祿三世也不遑多讓，任命自己的兩名親孫接任樞機主教，當時的拉努喬（Ranuccio）主教年僅十五歲；而亞歷山大六世更是明目張膽的滿足私心，他自己就是嘉禮三世培養的姪甥主教，在位期間共拔擢十名親戚進入主教團，其中包括親生兒子切薩雷．波吉亞（Cesare Borgia）和兩名姪孫。一四四七至一五三四年間，十名教宗中有六位都曾推舉自身的親戚成為樞機主教。

所有的姪甥主教都享有豐厚俸祿和大量領地，可以有效提昇原生家族的勢力與名聲，德拉．羅維雷家族在文藝復興後期之所以繁榮興盛，全都要歸功於家族內多名姪甥主教獲取的大筆財富，當然這一切絕非偶然，此外，據傳受思道四世任命為樞機主教的皮埃特羅．瑞阿里奧，堪稱是全羅馬最富有的人物之一[70]。

但歷任教宗的盤算可不僅只於此，除了在樞機主教團內盡量安插自己人之外，懷有強烈企圖使家族強盛的教宗，早已摩拳擦掌要拉拔教會體制外的親族。宗教大分裂才剛畫上句點不久，馬丁五世便在文藝復興時期大開先例，經由鞏固科隆納家族位於那不勒斯王國的資產，為家人在羅馬敞開權力大門；這股風氣益發極端，即使是馬基維利，也對思道四世如此任人為親的庸俗行為大感震驚[71]。一五〇八年，儒略二世（思道四世的姪甥）出手為姪甥弗朗切斯科・馬利亞・德拉・羅維雷（Francesco Maria della Rovere）穩固烏爾比諾公爵的地位；克勉七世（Clement VII）一手促成私生子亞歷山德羅・德・麥地奇登上佛羅倫斯公爵大位；保祿三世則是為庶子皮埃爾・路易吉・法爾內塞（Pier Luigi Farnese）鋪路，使其從雇傭軍指揮官躍升為帕爾馬公爵。而其中最惡之名就屬亞歷山大六世，根據歷史學家圭恰迪尼的紀錄：

> 亞歷山大六世毫不真誠又毫無羞恥心，既不誠實也不虔誠，更視宗教為無物，卻是貪得無饜、野心過剩之人，……心中能熊慾望只為竭盡所能使眾多子嗣平步青雲。[72]

亞歷山大六世的企圖早已超越歷代教宗毫無節制的野心，一心追求在北義大利建立屬於波吉亞家族的帝國。他指派次子胡安（Juan）擔任教廷衛隊總隊長，並且說服西班牙國王封胡安為甘迪亞（Gandia）公爵；胡安過世後，亞歷山大六世允許庶子切薩雷退出樞機主教團，就任瓦倫提諾公爵並占領羅馬涅；就連女兒盧克雷齊亞也是亞歷山大手中的棋子，經安排三度嫁入義大利名門。

恩尼亞・席維歐・皮可洛米尼也非其中清流，縱然曾誓言保持虔誠與謙遜，其操弄裙帶關係的行徑與當代歷任教宗並無二致，他也同樣寄望自身家族能受益於教廷與日俱增的財富。事實上，恩尼亞擔任教宗初期，有部份行動都是出於對親族的特別待遇，例如將西恩納升級為總教區後，便任命安東尼奧・安德烈・達・莫達內拉－皮可洛米尼（Antonio d’Andrea da Modanella-Piccolomini）為首任大主教，而安東尼奧過世後，又指定外甥弗朗切斯科・托德斯切尼・皮可洛米尼（Francesco Todeschini Piccolomini）為繼任者[73]。接著，恩尼亞作為甫上任的庇護二世，進一步將弗朗切斯科提拔為樞機主教，也一併拔擢尼可羅・福爾泰圭里（Niccolò Forteguerri，庇護二世母親的親戚）和雅各布・阿曼納蒂・皮可洛米尼（Jacopo Ammanati Piccolomini，家族庶系分支領養的子嗣）。他先是讓兩人分別當上泰亞諾（Teano）和帕維亞主教，再高升為樞機主教。不單是如此，庇護二世更安排表兄弟格雷戈里奧・羅利（Gregorio Lolli）擔任心腹祕書[74]，並且指派姪甥尼可羅・安德烈・皮可洛米尼（Niccolò d’Andrea Piccolomini）為羅馬聖天使城堡（Castel Sant’Angelo）指揮官。而最令人咋舌的事件，莫過於庇護教宗派出尼可羅・福爾泰圭里前往那不勒斯進行祕密任務，安排另一名姪甥安東尼奧・托德斯切尼・皮可洛米尼（Antonio Todeschini Piccolomini）的婚事，婚約對象則是費蘭特國王（King Ferrante）的愛女。

考量到教宗擁有無數成就家族的機會，就不難理解為何教廷重返羅馬後，競逐教宗寶座的過程會如此慘烈，如此大位值得奮力一搏，而且由於教宗選舉會議攸關盛衰利害，賄賂甚至暴力都是常見景象。不懷教宗夢的樞機主教實屬特例，而有勝選機會的主教幾乎都會選擇賄賂同僚，縱使並沒有直接證據顯示，一四五八年恩尼亞確實透過金錢誘惑其他樞機主教，但他就任後內舉不避親的行徑，實在令人難以相信他沒有私下收買有利於自己的投票人，以增加登上教宗寶座的機率，進而重振皮可洛米尼家族岌岌可危的財富。

羅馬教廷重新掌控教宗領土，導致教宗濫用權力和教宗選舉風氣敗壞，連帶使得教廷淪為義大利名門貴族的玩物。縱然樞機主教團的規模在文藝復興時期大幅擴張（從一四八五年的二十六人增加至一五一三年的三十二人，一五四九年又擴增至五十四人），再加上歐洲各國君主紛紛要求指定主教人選，因此流動率向來偏高，但相對少數的義大利家族仍然把持著樞機主教團，企圖利用教會及教廷追求自身利益。德拉·羅維雷、波吉亞、麥地奇、法爾內塞等名門，以及有庇護二世庇蔭的皮可洛米尼家族，都在樞機主教團中占有驚人名額，也藉此從教會的金庫中蠶食數百萬弗洛林金幣，這些貴族詐取越多金錢、權力、和影響力，就越是渴望將教宗大位「留在自家」。一四三一至一五六五年間，十八代登基教宗中就有十二位出自五大家族，而歷任教宗中至少有四位（諾森八世、利奧十世、克勉七世、以及庇護四世）與麥地奇家族有直接或間接的血緣關係。庇護二世當選教宗不過是另一次圖謀的開端，掌權者將竭盡所能，將選舉君主制的教廷改造為世襲制。

以上種種轉變，都對宗座廷贊助藝術的形式產生劇烈、難以忽視的衝擊。當時教廷面臨反對派教士薩佛納羅拉的嚴厲抨擊，之後又出現喀爾文與馬丁・路德的反對聲浪，因此教廷的當務之急是展現具備高尚品味和基督美德的一面，儘管其真實面貌絕非如此。另一方面，教廷高層欲透過視覺藝術鞏固家族財富的企圖也漸漸浮現，這群把持羅馬教廷的貴族權力和野心不停膨脹，亟須經由塑造形象確立自身權威，進而捍衛在羅馬和領地的合法地位，於是追求奢華富麗的風氣日漸高漲，如王室般突顯家世背景的作法更是盛行。

最足以彰顯身分的媒介非建築莫屬，而在羅馬教廷中最富有的樞機主教眼中，宮殿宅邸除了是宮廷式娛樂場所外，也是家世顯赫的標誌，因此有必要令人一見到寓所建築，就立刻知曉如此講究的大器作品應歸功於何人。每一座宮殿的主人都會刻意將家徽（或至少以符合身分的氣派題字替代）盡可能展示在最顯眼之處，例如一四九六年拉斐爾・瑞阿里奧樞機主教打造全新宮殿時——亦即今日的文書院宮——不僅要求規模要遠大於羅馬其他建築，還在飛簷刻上紀念題字，昭告天下自己除了擁有這座宮殿，更受到親戚思道四世提拔升上主教高位⑮。一五一五年亞歷山德羅・法爾內塞樞機主教（Alessandro Farnese，後成為教宗保祿三世）也採用類似作法，委託安東尼・達・桑加洛（Antonio da Sangallo）設計宮殿，並下令將家徽展示在新建築（現今的法國駐義大利大使館）壯觀的正立面和主門上方。

由於歷代教宗的正式寓所都是使徒宮，因此需求和樞機主教略有差異，但營造形象的手法可說是更勝一籌。由於歷任教宗都執著於在梵蒂岡留下家族名號，頻頻在城內大興土木，也不放過任何頌揚家族名號的機會，竭盡所能在顯眼地標展示家徽，例如保祿三世就將法爾內塞家族紋章，擺設在皇宮大廳（Sala Regia）正門上方。更甚者，當新建的聖彼得大教堂完工，思道五世為宣示這座建築應歸功於自己，將題字鐫刻在天窗之上；而保祿五世則將自己的教宗王號和家族姓名展示在教堂正立面，試圖獨攬整個興建計畫的功勞[76]。

然而教宗自我紀念的手法不僅限於如此粗糙的題字，巧妙又強勢的作法倒也不少。舉例來說，波吉亞寓所（Borgia Apartments）[8]飾有一系列出自平特利吉歐之手且主題多樣的壁畫，甚至包括以聖母瑪利亞形象呈現的朱莉婭·法爾內塞（Giulia Farnese）肖像，這名女子正是亞歷山大六世的情婦[77]；而由於波吉亞寓所幾乎已經與這個惡名昭彰的家族劃上等號，改朝換代後曾多年無人願意使用。不過其中之最還是西斯廷禮拜堂，雖然多名教宗都曾在此錦上添花，但西斯廷禮拜堂顯然就是德拉·羅維雷家族的聖殿；思道四世下令興建禮拜堂，並且僱用波提切利、吉爾蘭戴歐、以及佩魯吉諾等藝術家，繪製壁畫裝飾內部牆面，而其抱負遠大的姪甥儒略二世〔（即朱利亞諾·德拉·羅維雷（Francesco della Rovere）〕，則委託米開朗基羅繪製穹頂畫，繼續以實質作為歌頌德拉·羅維雷家族的成就。

8 使徒宮內的一組房間。

當教宗出身自亟欲在故土提昇地位的家族，便可能選在羅馬以外地區，展開大規模的建築和藝術裝飾計畫。以庇護二世為例，在其宏大的皮可洛米尼「王朝」興盛計畫中，有一環便是僱用貝爾納多・羅塞利諾徹底改造家鄉哥西尼亞諾[78]，並採用當代最先進的城市設計風格，使得哥西尼亞諾搖身一變成為理想的文藝復興城鎮，足以作為庇護二世卸任後想待的地方。新城鎮上，幾乎每一座主要建築（甚至連市政廳廣場的水井也不例外）都飾有皮可洛米尼家徽，而且各處都建有占地驚人的宮殿，以供皮可洛米尼家族居住。

在羅馬教廷中，還有另一種更直接展現「家族」勢力的方法，亦即巧妙運用肖像畫和紀念畫。一方面而言，第二與第三代教宗是憑借前任教宗的成就，為「後代」累積有形的實力；庇護三世即是一例，他委託平特利吉歐為西恩納主教座堂（Siena Cathedral，現為皮可洛米尼圖書館）繪製華麗的連環壁畫，以聖徒傳形式描繪庇護二世的一生與志業，並且透過紀念銘文明示庇護二世與三世的血緣關係，強調自己繼承了皮可洛米尼家族首位教宗的良好德性[79]。另一方面，歷任教宗都對肖像畫有共同的偏好，亦即與其他家族成員一起出現在畫面中，尤其是也曾擔任過樞機主教的親戚，如此一來，畫中人物企圖壯大家族統治的野心便一覽無遺。一四七七年，美洛佐・達・弗利（Melozzo da Forlì）受委託繪製壁畫，主題是思道四世提名巴托洛梅奧・普拉提納（Bartolomeo Platina）為梵蒂岡圖書館首任館長〔圖29〕，畫面不僅呈現具學者風範的普拉提納屈膝於教宗面前，更囊括教宗四名姪甥的肖像（皮埃特羅・

瑞阿里奧與朱利亞諾・德拉・羅維雷樞機在右，左側則分別是伊莫拉暨弗利領主吉羅拉莫・里亞里奧，以及雇傭軍指揮官喬凡尼・德拉・羅維雷），目前這幅作品收藏於梵蒂岡畫廊。其後，拉斐爾完成著名的利奧十世肖像畫，肥胖又短視近利的教宗身旁，坐著擔任樞機主教的表兄弟朱利奧・迪・朱利亞諾・德・麥地奇（即後來的克勉七世）和路易吉・德・羅西（Luigi de' Rossi）〔圖30〕。而提香（Titian）[9]畫筆下的保祿三世則相貌陰險，畫中衰老的教宗身旁伴有兩名孫子：亞歷山德羅・法爾內塞樞機，以及一臉奉承的奧塔維奧・法爾內塞（Ottavio Farnese），身兼帕爾馬、皮亞琴察、與卡斯楚公爵。

一如貪食、貪婪、和色慾將羅馬各大宮殿化為夜夜笙歌、惡名遠揚的宅邸，宗座廷所贊助的部份藝術品固然震撼人心，卻同樣散發出令人不敢恭維（且毫不神聖）的氣息。文藝復興時期最具代表性的藝術作品之中，如西斯廷禮拜堂、波吉亞寓所、乃至於聖彼得大教堂本身，其實意不在彰顯高層次的理想或深似海的信仰，而是象徵歷任教宗與樞機主教無止境的野心，而正是這股欲望驅使他們憑借教會權力成就家族利益，用一般信徒的捐獻金中飽私囊。宗座廷的宮殿、教堂、和禮拜堂固然富麗堂皇，然而文藝復興時期教廷的另一面，就如恩尼亞在教宗選舉過程中所見到的暴力與賄賂場景一般，黑暗、奸邪、腐敗不堪。

9 本名提齊安諾・維伽略（Tiziano Vecelli），威尼斯畫派代表畫家，英語系國家通常稱呼其為「提香」。

祕密、謊言、殺戮

庇護二世即位不久後便意識到，教宗的生活並非只有尋歡作樂和壯大家族勢力，羅馬教廷也並非自我檢討省思、或遠離外界一切誘惑的聖地，而是義大利政治版圖的中心點。甫上任未幾，庇護二世便迫於情勢，必須面對國際事務的挑戰。

此時新教宗眼前有兩大危機：其一，西西里的爭議未解，在庇護二世獲選為教宗前，嘉禮三世與阿方索五世之間爆發激烈衝突。在外界不明所以的情況下，阿方索五世不僅傲慢要求教宗授予自己西西里的合法王位，還要教會交出安科納（Ancona）和其他教會封地的掌控權。想當然爾，嘉禮三世直接拒絕，並在一四五八年六月二十七日阿方索五世過世後，便宣稱西西里島向來是教宗領地，須將之收復[80]，一直到嘉禮三世亡故，教廷全面入侵西西里的行動才中止。現在庇護二世當政後必須收拾殘局，一方面阿方索五世之子費蘭特希望教宗認可其統治權，一方面教宗有必要在捍衛教會領地的同時，避免引爆戰爭[81]。

其二，教宗領地也出現危機，當教宗選舉會議仍在進行之時，雇傭軍指揮官雅各布．皮奇尼諾（Jacopo Piccinino）趁群龍無首之際，入侵教會位於義大利中部的領土，他以快如閃電的攻擊奪下阿西西、瓜爾多（Gualdo）、和諾切拉，整個溫布利亞大區（Umbria）都籠罩在恐怖統治之中[82]。事態如此緊急，庇護二世亟欲將皮奇尼諾逐出教會的心臟地帶。

實際上這兩大危機是一體兩面，突破瓶頸的唯一途徑就是雙管齊下。為鞏固教宗領地，庇護二世決定與費蘭特協商，此舉不但能排解西西里的紛爭，也能解除阿方索五世引發的一切危險威脅，此外，費蘭特承諾願意協助教宗將皮奇尼諾驅離溫布利亞。眼下唯一棘手之事，就是庇護二世為做出回報，同意調解費蘭特與西吉斯蒙多．潘多爾弗．馬拉泰斯塔之間的夙怨，並且穩定北義大利的局勢。為了處理這道尤其難解的問題，庇護二世於一四五九年春季前往曼切華途中，暫時落腳佛羅倫斯。

登上教宗大位的庇護二世，必須兼顧各地的政治與外交平衡，畢竟牽一髮動全身，只要一處出了差錯，混亂便會如骨牌倒下般接踵而來。話雖如此，庇護二世所面對的困境，實際上正是教廷在整個文藝復興時代都難以迴避的問題：自從教宗返回羅馬並奪回領土，就深陷義大利政治漩渦中無法脫身，宗座廷之所以能成為家族明爭暗鬥和飲酒作樂的場所，即是因為教廷積極投入變化莫測又危機四伏的國際事務中。教宗領土則是一切的關鍵，既然宗座廷的主要收入來自於此，捍衛、維護、以及盡可能的擴張領土，都是首要之務，縱然教宗一職的本質與國家君主有明顯差異，不過出於保衛領地的需求，教宗的言行舉止必須向其他義大利君王看齊，同時也要熟稔外交、國防、產權等議題。唯一的問題是，此時教宗必須具備的政治手腕，已經和當初尼古拉五世對文藝復興教會的期許大相逕庭，當前教會既不是守護虔誠信仰的堡壘，也不足以作為超凡德性的典範。當宗座廷的日常充斥著邪惡、貪污、和道德敗壞之事，羅馬也處處可見最惡劣陰險的行徑，一如永恆之城內事事金玉其外，羅馬教廷事不宜遲的透過藝術贊助，又是掩蓋又是歌頌其腐壞醜陋至極的面貌。

謊言編織的一生

一四五八至五九年間，庇護二世所面對的種種危機之下，潛藏著棘手的威信問題。綜觀文藝復興時代，教宗的至高精神地位在教會內穩如泰山，縱使偶有帕多瓦馬西利亞斯（Marsilius of Padua）之流的學者對此提出質疑。而彷彿意在宣示教宗一脈相承自基督十二使徒第一人，聖彼得大教堂的穹頂刻有基督之言：「你是彼得，我要把教會建立在這磐石上[10]。」如果說教宗的至高宗教地位是奠基於聖經之上，建立世俗權威可就不是如此容易。早在幾世紀前，靈性方濟各會（Spiritual Franciscans）就曾指出，聖經中完全沒有記載基督希望教會擁有任何財產，更遑論位於義大利中部數百萬英畝的土地，事實上，新約《福音書》中有不少篇章如此詮釋：基督教徒有必要保持絕對的貧窮。

除了解經學自成門脈以外，各界也針對聖經提出各種巧妙的論述，教宗更曾經利用這些理論合理化自身的財富與權力，由於《福音書》的內容還是存有歧義，因此基督的言論可依自身立場多方詮釋。不過即使教會在理論上證明可以合法擁有財產，或甚至可以支配世俗權力，聖經中仍然沒有任何內容確實指出上帝曾賦予教宗如此大量土地的實質權利，眼看威信受到質疑，教廷不得不另謀他法。

解答就藏在歷史中。過去有不少重大事件，例如利奧一世擊退阿提拉（Attila）[11]，以及查理大帝獲教宗加冕，都證實教廷有權統治義大利中部，而且地位超越其他任何形式的世俗大權。其中有一份「證據」最具決定性：從中世紀延續至文藝復興時代，歷任教宗的世俗權勢都是建立在〈君士坦丁獻土〉（Donation of Constantine）之上，據傳這份文件是第四世紀初的產物，內文記載君士坦丁大帝在受洗和行堅信禮後，痲瘋病就此痊癒，為表達感謝便將整個羅馬帝國獻給教宗西爾維斯特一世（Sylvester I）。從此以後，外界公認繼任教宗保有帝國主權，只是先將領土的保管職責信託予君主直至今日，不過數年後成為所謂教宗領土的地區則屬例外。

棘手之處在於其實〈君士坦丁獻土〉是於十一世紀前期偽造的文件，文藝復興時期的教

10 彼得（Peter）亦有磐石之意。

11 古代匈人著名的軍事領袖和皇帝，曾多次進攻東羅馬及西羅馬帝國。

宗當然也知道。早在宗教大分裂告終之前，庫薩的尼古拉樞機主教就曾質疑過這份文件的真實性；而一四三九至四〇年間，羅倫佐．瓦拉則憑借哲學專業證明〈君士坦丁獻土〉毋庸置疑是偽造品[83]；恩尼亞成為庇護二世前，也曾書寫短文否定此文件的效力。

然而〈君士坦丁獻土〉的效果實在太過強大，無人願意公開承認這一切是個騙局。文藝復興時期的教宗無視瓦拉的理論，也忽略恩尼亞以此為題的著作，繼續佯裝這份文件是真跡，即使尼古拉五世即位後，教宗詔書大多都避免引用此文內容，但教廷仍不放棄透過視覺作品明示〈君士坦丁獻土〉的真實性，藝術可以賦予虛假的諭令新生命，這是法律和哲學論述都無法達到效果。

而最令人為之驚嘆的例子，就是使徒宮中的君士坦丁大廳（Sala di Costantino）[84]，此處是整組廳房中最大的一間，房中壁畫是儒略二世委託拉斐爾的工作室繪製，意在宣告即便〈君士坦丁獻土〉並非真跡，仍是教廷施政的基礎。透過拉斐爾的門徒朱利歐．羅馬諾、若弗林諾．迪．庫里（Raffaellino del Colle）、以及吉安弗朗切斯科．潘尼（Gianfrancesco Penni）的畫筆，君士坦丁大帝的生平事蹟彷彿是對教會無上權力的肯定，證明教會有權插手俗世事務，尤其是關乎義大利之事。首幅壁畫呈現君士坦丁看見十字架異象，接著在「米爾維安大橋戰役」（Battle of Milvian Bridge）取得勝利，另外兩幅巨大而生動的壁畫，則分別描繪出君士坦丁受洗和假想其獻出國土的畫面。儘管畫中部份人物的衣著符合史實，教宗西爾維斯特一世和神職侍從卻都身著十六世紀早期的禮服，突顯出四世紀的教宗合法地位，已經傳承延續至儒略二世身上。

新教宗寓所的另一座廳房伊利奧多羅廳（Stanza d'Elidoro），也強調相同意涵⑮，其中的連環壁畫是由拉斐爾親自繪製，由君士坦丁的奉獻場景開始延伸，透過描繪其他歷史和偽歷史事件，展現教會世俗權力蘊含的美德與強大。在《驅逐赫利奧多羅斯》（*Expulsion of Heliodorus*）與《擊退阿提拉》（*Repulse of Attila*）兩幅壁畫中，儒略二世與利奧十世分別化身為無神論暴君的對手，成為羅馬的守護者；而《保爾塞那的彌撒》（*Mass at Bolsena*）展現德拉·羅維雷家族史上第二任教宗在十三世紀見證奇蹟，證明教廷所捍衛的信仰是不可動搖的事實；最後一幅壁畫《解救聖彼得》（*Deliverance of St. Peter*）則完美總結一切，畫中「使徒之長」[12]受天使幫助逃離監獄重獲自由，暗示「任何對抗首任基督之代表[13]的蠻力都是徒勞。」⑯

12 意指基督使徒第一人，即聖彼得。
13 在天主教中，教宗被視為基督之代表（Vicar of Christ）。

揮劍求生

教宗宣示領土權的方式固然高明，但維護自身主張需要更加有形的媒介。畢竟眼前危機四伏，教宗領土處處受威脅，遭到強大又充滿敵意的國家覬覦，那不勒斯或法國的侵略更是教宗長期的隱憂；教會位於義大利中部的附庸包括各大城邦和貴族，都有其棘手和難以掌控之處，忠誠顯然無法長久維持；而義大利半島充斥著貪得無厭的雇傭軍指揮官，如雅各布・皮奇尼諾之流，無時無刻不在尋找掠奪或攫取教廷財產的機會。若歷任教宗意圖繼續享有、甚至濫用所謂的聖彼得教產，就必須採取行動避免情勢失去控制。

外交是其中一種解決之道，自從教宗意識到穩定的權力平衡最有利（也最有效益）於維護領地，便開始扮演和平調解人的角色，以求達到理想的安全狀態。尼古拉五世也許是有感於教宗的基督職責逐漸消逝，竭盡心力在戰火不斷的義大利各國之間居中協調，試圖維持穩定且持久的和平狀態，並多次派遣年輕的恩尼亞至米蘭與那不勒斯為緊張情勢降溫[87]。最終的成果《洛迪和約》於一四五四年春季完成簽訂，象徵和平時代的勝利，倫巴底大區漫長血腥的戰事告終，教會長期以來為之所苦的危機於尼古拉五世在位期間畫上句點，而短期內聖彼得教產也似乎也有望保持安全無虞。

話雖如此，教廷對和平的承諾，其實就如同對〈君士坦丁獻土〉的態度一般市儈，目前和平條約有其價值，只不過是因為符合教宗的利益考量，而即便處於不穩定的停戰狀態，尼古拉五世和其繼任者仍積極全副武裝，捍衛來自教宗領地源源不絕的財富。教宗培養軍隊主要是防禦雇傭軍指揮官的攻擊，如嘉禮三世就曾派出喬凡尼・文蒂米利亞（Giovanni Ventimiglia）力抗雅各布・皮奇尼諾的侵略行動[88]，但在此之外，若附庸陣營之中有任何一絲不合作的跡象，教宗也已做好殘暴鎮壓的準備，因此會定期僱用雇傭軍指揮官，以收風聲鶴唳之效，至於樞機主教本身，由於不少成員都遺傳到祖先的軍事才能，也紛紛踏上戰場。庇護二世曾指派姪子尼可羅・佛提圭拉（Niccolò Fortiguerra）樞機帶領教廷軍與費德里科比肩作戰，一同對抗擔任里米尼教區牧師的西吉斯蒙多，據傳這場戰役野蠻的程度令人不寒而慄[89]。類似事件屢見不鮮，思道四世也曾下令橫掃斯波萊托，祭出殺雞儆猴的殘忍手段，嚇阻其他動念脫離教廷掌控的城市[90]。

然而就在教宗忙於捍衛領地的同時，另一種潛在的暴亂卻難以防範：反動勢力正於暗中漸漸成形。身處教宗領地的貴族長期以來受教廷暴政壓迫，紛紛與離鄉背井、已是羅馬好戰高層眼中釘的同謀共商計策。眼前陰謀重重，即使是庇護二世如此德高望重的教宗也難逃危險處境，伊維索・德里・安圭拉（Everso degli Anguillara）曾因維柯（Vico）的統治權與其產生齟齬，於是和雇傭軍將領皮奇尼諾以及佛羅倫斯商人皮耶羅・帕齊共謀，在一四六一年暗殺庇護二世，雖然最終失敗，皮奇尼諾旗下大臣卻宣稱自己發現「只需要少量塗抹於教宗座椅、便能在其入座時奪命的毒藥。」[91]

教廷即便受和平條文約束，也不放過以牙還牙的機會，歷代教宗因而成為詭詐藝術的大師，攸關自身利益時，策劃政變或暗殺都毫不猶豫。雖說庇護二世在這方面相對自制，其後繼者思道四世卻異常熱衷此道，除了義無反顧站在反麥地奇家族的風暴中心，他更是一四七八年恐怖的帕齊陰謀的幕後黑手[92]。

思道四世買下邊界城鎮伊莫拉，並且派任姪子吉羅拉莫．里亞里奧為新市政官後，便著手與帕齊家族和弗朗切斯科．薩爾維亞蒂合謀，企圖將麥地奇家族逐出佛羅倫斯的權力圈，其中正是帕齊家族借款供思道四世買下伊莫拉，薩爾維亞蒂則是出身自與教廷合作的銀行世家，並受思道四世封為比薩大主教。此外，思道四世暗中取得費德里科的支持，獲得六百名士兵參與這項陰謀，儘管教宗本人刻意不參與討論行動細節，卻心知肚明除非採用殺戮手段，否則難以根除麥地奇家族的勢力。計畫於四月二十六日登場，過程簡單明瞭又惡意十足，一切都以死亡為起點，主教座堂[14]的莊嚴彌撒進行至一半時，弗朗切斯科．德．帕齊（Francesco de' Pazzi）與貝爾納多．班第（Bernardo Bandi）在數百名信徒前，將朱利亞諾．德．麥地奇刺死，兩人原本也企圖謀殺朱利亞諾的兄長羅倫佐，但最後只造成後者重傷；在此同時，薩爾維亞蒂和其家族在舊宮集結，意圖控制佛羅倫斯的市政核心，並憑借武力創立新政權。由於羅倫佐・德・麥地奇和其隨從行動敏捷，致使陰謀失敗，最後主謀雅各布・德・帕齊遭擲出窗外，弗朗切斯科・薩爾維亞蒂則在舊宮牆外遭吊死，不過思道四世和其繼任者並未因此知難而退。

《洛迪和約》失效後，教廷投入一連串慘絕人寰的戰事，最後惡化成世人所知的「義大利戰爭」，歷任教宗也因此成為義大利半島情勢動盪的源頭。亞歷山大六世在位期間開啟長達六十年的戰爭，並與那不勒斯結盟對抗米蘭與法國（國王查理八世企圖宣稱那不勒斯王國是自己的領土），同時因為毀滅性的管理失當，導致教宗領土幾乎陷入無政府狀態[93]。不過數年以後，殘暴好戰的儒略二世將目光投向略奪威尼斯位於羅馬涅的財產，與神聖羅馬帝國皇帝、法國國王、以及那不勒斯國王達成協議，血腥的「阿格納德洛戰役」（Battle of Agnadello, 1509）堪稱是教宗野心的重大勝利，但國際情勢也因而日益複雜，演變成法國與教廷宿敵威尼斯聯手抗衡儒略二世；德西德里烏斯・伊拉斯默斯（Desiderius Erasmus）的諷刺作品《儒略遭拒於天國門外》（*Julius exclusus de caelis*），便是在批判這起無謂的爭端。縱然各陣營之間的衝突荒謬又複雜，儒略二世的繼任者利奧十世與克勉七世，仍然意氣風發的接下重擔，這兩任麥地奇家族的教宗軍事才能並不如前人，卻導致義大利戰爭越演越烈，死傷難以

14 亦即位於佛羅倫斯的聖母百花大教堂。

估計。最後戰事徹底失控，一五二七年神聖羅馬帝國皇帝查理五世攻入羅馬，監禁驚嚇不已的克勉七世。

長年不休的戰爭引發一波波混亂，煽動歷任教宗的貪婪之心，使得教宗難以抗拒陰謀詭計的誘惑，而最熱愛邪惡手段的人物，非亞歷山大六世莫屬。即使是馬基維利也以異常苛刻的語彙描寫這位教宗，他在《君王論》如此抨擊亞歷山大六世：

> 他除了欺騙他人以外，從未成就或思考任何事；人人都可能淪為其騙局的受害者。沒有任何人能像他一般，如此慣於吐出令人信服的言詞，或如此輕易發誓證明事物的真實性，此人毫無誠信可言。即使如此，其圈套總是能達到目的，因為他就是精通騙術的大師。[94]

根據馬基維利的觀察，亞歷山大六世對教廷世俗權力的最大貢獻，就是摧毀教會過去支持對象的後代[95]，不過其最為人所知的一面，其實是精通下毒與暗殺等邪惡把戲，雖然很難斷言真實性，但這位教宗的晚年軼事也許最能證明他確實如傳聞般熱衷此道。一五〇三年八月十日，亞歷山大六世與切薩雷．波吉亞一同參加盛大的午宴，東道主是家財萬貫的樞機主教阿德里亞諾．卡斯泰利．迪．卡內托，不過主教在事前已經耳聞，教宗計畫用有毒的果醬謀殺自己，以便接收金錢與財產，而為了搶在教宗之前先發制人，卡斯泰利賄賂原本被買通下毒的男子，要他將致命的果醬改提供給亞歷山大六世與切薩雷。兩日之內，教宗被診斷為病危，切薩雷也身體不適，然而其中顯然出了嚴重差錯，就在亞歷山大六世與病痛搏鬥時（教宗最後死於八月十八日），卡斯泰利發現自己無意中也服下部份毒藥，連日痛苦不堪。

教廷遷返羅馬後，已轉為窮兵黷武的組織，而且不得不與陰謀與殺戮共存，畢竟這是文藝復興時期的戰爭必要手段，種種事蹟都暴露出此時的教廷藏有違背信仰的一面，而教宗本身更是毫無羞恥心可言。若是深究，會發現教宗甚至對自身的殘暴行徑感到些許驕傲，一如透過藝術贊助，在偽造文件〈君士坦丁獻土〉掩上一層可信的面紗，這群大人物也懂得善用視覺藝術，歌頌、讚揚以及合理化自身毫無限度的軍事與陰謀技倆。

這類遮掩事實的作法早有先例，例如在西恩納皮可洛米尼圖書館紀念庇護二世生平的壁畫中，平特利吉歐藉由描繪一整幅場景，表現恩尼亞鼓勵嘉禮三世集結軍隊上戰場的事蹟。同樣地，思道四世顯然無意為其殘暴行徑與可怖陰謀懺悔，反而模仿古代錢幣外觀打造紀念勳章，從此引起一陣新潮流，歷代教宗紛紛效法將自己比作戰功彪炳的羅馬皇帝[96]。

儒略二世在位期間，鼓吹軍事主義和暴虐行事的風氣逐漸達到頂點，儒略二世素有「戰士教宗」（warrior pope）之稱，從不放過任何機會讓自己以軍事強人的形象示人。藝術家瓦薩里曾重述一段往事，米開朗基羅在製作將展示於波隆那的教宗陶像時，與儒略二世展開一段對話，正好揭露教宗對自我形象的真實想法：

當儒略二世看見塑像右手高舉，擺出盛氣凌人的姿勢，便問起手勢的意義是祝福或詛咒，米開朗基羅回答，塑像的目的是告誡波隆那人民謹守分寸，接著他詢問教宗是否該在塑像左手擺上一本書，此時聖座回應：「擺上一把劍吧，我對書一無所知。」[97]

這種對軍事引以為傲的態度，也顯現在儒略二世嘗試經由藝術，使自己的教宗寶座與凱撒大帝的王權在視覺上形成對應。此外，儒略二世也效法思道四世，委託吉安克里斯多福·羅曼諾（Giancristoforo Romano）和克里斯多福羅·卡拉多索（Cristoforo Caradosso）鑄造勳章，記載自己的功績：打造聖彼得大教堂、興建奇維塔韋基亞（Civitavecchia）要塞、以及「捍衛」教會的義大利中部領地[98]。

有例在前，儒略二世的後繼者也時常委託藝術家描繪歷史上著名的勝仗，用以歌頌或合理化教廷的行動或策略。《沃斯提亞戰役》（*The Battle of Ostia*）堪稱是經典範例，由拉斐爾工作室為梵蒂岡的博爾戈火災廳（Stanza dell'incendio del Borgo）一手打造，紀念八四九年利奧四世對抗西西里的撒拉遜人（Saracens）後取得勝利，而這幅作品值得注意之處在於，利奧十世在畫中化身為與自己同名的前任教宗，不僅成功連結麥地奇家族首位教宗與遠古的光榮勝利，也不著痕跡的經由視覺合理化利奧十世的軍事行動。

自從教宗再次踏上羅馬的土地，行徑便日益殘暴野蠻，為滿足私利犧牲無數性命，然而歷任教宗卻也將藝術贊助玩弄於鼓掌之間，美化自身的罪惡與傳聞中的暴行、殺戮、陰謀，宣稱種種行為都是為教會增添榮光的顯耀之舉。想當然一切皆為彌天大謊，而所謂「教廷的文藝復興」，就是這麼一回事。

3

P A R T

文藝復興與世界

THE WORLD OF THE
RENAISSANCE ARTIST

第十章

菲利普與海盜

菲利普．利皮年僅十七歲時便宣誓成為加爾默羅修士，但他並不安於宗教生活[1]，與聖母聖衣聖殿修道院其他冷靜虔誠的弟兄相比，他的靈魂狂放不羈，當所有見習修士都在修習正式入會前的必修例行日課，他卻對此感到煩躁不已。菲利普是個燥動的少年，「他因為厭惡而從不研讀文學……反而……將所有時間都投注在塗塗抹抹，畫遍自己和他人的書本圖片。」[2]即使有機會全神貫注在繪畫之上，他的思緒還是會遠遠飄離狹小的修道院。受到馬薩喬的壁畫啟發，加上發現自己的藝術天份後，菲利普開始考慮徹底拋開狹隘的教區生活，轉而探索寬廣的世界。

邁入十八歲前夕（約莫一四二三年），菲利普下定決心，「為報答各方對自己的稱讚……他大膽拋棄修士身分」[3]並逃離修道院。沒有任何現存資料記錄菲利普到過何處，不過根據瓦薩里的說法，他一路向東冒險，穿過溫布利亞大區，前往充滿魅力又廣闊的亞得里亞海。

話雖如此，菲利普的漫遊精神卻引領他走向出乎意料的遠方。一日，他與幾名友人乘著小船從安科納的海岸出發[4]，度過一段暢快大叫的美好時光，然而這群年輕人並不知道有海盜長期騷擾這一帶水域，一艘摩爾式[1]槳帆船接近後，一行人便遭到鐵鍊捆綁囚禁，帆船越過地中海航向北非海岸，抵達哈夫斯王國（Hafsid，一二二九年至一五七四年統治突尼西亞地區的穆斯林王朝）沙塵遍布的市場，在此俘虜會被當作奴隸販售[5]。

菲利普的一生可謂「命途坎坷」，遠離家鄉又失去所有權利，他被迫在北非的熾熱高溫下忍受粗重勞役，而儘管他已「十分熟識」奴隸主人，還是極度渴望回到佛羅倫斯和過去的生活。即便淪為奴隸，菲利普仍難以壓抑藝術本能。一日，他從火爐中拿起一塊煤炭，在粉刷成白色的牆上作畫，瞬間就完成主人身穿傳統摩爾服飾的等身素描畫像。

其他奴隸發現菲利普的作品後，紛紛趕著向畫中主角報告此事。由於哈夫斯王國的奴隸地位低落，菲利普很有可能會因損毀主人住家牆面而遭到嚴懲，然而他卻因此獲得救贖。事後瓦薩里如此記錄：

1 摩爾人（Moors）是指中世紀伊比利亞半島（今西班牙和葡萄牙）、西西里島、馬爾他、馬格里布和西非的穆斯林居民。

當地不甚了解作畫或繪畫，所以人人都對菲利普的作品和身分感到大吃一驚，於是他從此掙脫束縛自己已久的枷鎖。主人有合法權力指責和懲罰奴隸，但繪畫藝術竟使得他做出相反決定，並且在充斥煎熬與死亡之地，給予其奴隸關愛與自由，堪稱榮耀之事。

菲利普擺脫沈重的私人奴隸工作，此後只需要負責作畫，並透過一幅幅新作博得昔日主人歡心，短時間內即在柏柏爾人（Berber）[2]之中獲得稱頌與尊重。

經過十八個月失去人身自由的日子，菲利普終於可以離開北非海岸，他跳上船、揮別非洲、橫渡地中海，最後登陸那不勒斯；以此為起點，他一步一腳印走遍義大利，返回家鄉佛羅倫斯。不過即使菲利普遠離黑暗大陸的熾烈豔陽，與熱鬧市集的腐臭味就此一別，再也無法聽到喚禮員召集穆斯林禱告的聲聲叫喚，他卻已培養出對異國元素的敏銳觀察力，一直到踏入棺材那一天都是如此。菲利普橫越義大利半島一路向北旅行途中，輕易就能察覺到母國的「異國性」，他早已不是當年的年輕小伙子。

儘管當時年少的菲利普尚未意識到，不過十五世紀的義大利其實蘊含豐富的「國際」特色，而他歷經在北非受困的日子後，再也不會對此視而不見。那不勒斯是地中海一帶宗教、文化、與貿易匯集之處，來自西班牙的摩爾人說著阿拉伯語；渴求知識的學者研讀希伯來文；地方教會則瀰漫東正教神祕主義。佛羅倫斯的「異國風情」則顯然更加濃厚，菲利普重返這座城市之時，佛羅倫斯已成為全世界最重要的交叉路口，在這個蓬勃發展的貿易中心，市集擺滿來自遠東的濃郁香料和柔軟布匹；商人熟知君士坦丁堡、莫斯科、和黎凡特（Levant，泛指土耳其中南部的托魯斯山脈以南、地中海東岸、阿拉伯沙漠以北、以及上美索不達米亞以西的區域）有如自己的家鄉；豪華宅邸內的僕役與奴隸分屬各種宗教與種族；街道和廣場流傳著來自遠方、古怪又迷人的奇聞異事。當菲利普再次踏入聖母聖衣聖殿時，佛羅倫斯的街道上已經擠滿蓄鬍的拜占庭牧師，以及身著鮮艷絲綢長衫的東羅馬帝國高級官員，酒館內人聲嘈雜，充斥著喋喋不休的希臘人和勢力竄升的鄂圖曼土耳其人。

面對寬廣世界的熱鬧氣息，菲利普不但沒有選擇與之斷絕聯繫，反而意識到那不勒斯和佛羅倫斯之流的城市，正有如將全世界陳列在自己眼前的商業中心，遠自世界另一端的人才與思想都在此交會。而隨著菲利普對文化交流的體會更加深刻，他的藝術也漸漸反映出不同社會文化相互交織的親身經驗。

《巴巴多里祭壇畫》（*Barbadori Altarpiece*）〔圖31〕繪於一四三八年，展現出菲利普的思想是如何兼具格局與多元文化。乍看之下，這幅作品不過是十五世紀早期典型的義大利宗教

2 北非地區的閃語系人種。

藝術，畫面中心是聖母瑪利亞站在稍高的平台上，雙手抱著聖嬰基督，聆聽跪著的聖奧古斯丁（St. Augustine）與聖佛萊迪亞諾（St. Frediano）念誦禱詞；左右兩側則有數名天使與小天使。不過仔細深究，便能發現作品中充滿眾多迥異於義大利風格的特色，也許是因為與眾多定期往返該地的佛羅倫斯商人交流，菲利普顯然對當時北歐藝術的發展略知一二；相較於早期的義大利作品，菲利普畫筆下的人物並不是站在生硬的金色塗層前，而是比例均衡、精準呈現的房間，從左側牆面的窗戶還能瞥見鄉村風景，這類創新技巧正是北歐藝術家如揚·范·艾克（Jan van Eyck）的作品特色。更值得一提的是，這幅作品有個迷人之處，不但顯示菲利普對異國風情著迷不已，更證明他深刻理解宗教常規與其他文化如何相互影響：畫中的聖母瑪利亞並非身著簡樸的衣物，而是飾有精緻金邊的藍色披風，飾邊上繡有一連串類似東方文字的神祕符號，雖然這些字母並無特殊意義，只是所謂的「偽阿拉伯字母」（pseudoKufic），但確實有象徵阿拉伯文的作用，也為聖母瑪利亞增添菲利普（他在哈夫斯王國曾遇過真正的阿拉伯人）所認為的道地「東方」氣息，有別於其他人物的「西方」穿著。正是在這一處簡單的細節，菲利普以敏銳、細膩、且極具洞察力的方式，融合了東西方文化。

探索「他者」：文藝復興走向世界

由菲利普・利皮在北非的經歷看來，文藝復興不只是藝術劇烈革新的時期，也是既有世界分野瓦解的時代。

自古代至中世紀後期，歷史遺產、貿易連結、以及地理位置，使得義大利不僅與地中海盆地一帶有密切來往，也與千里之外的地區有所交流。以古典時代作家如普林尼（Pliny）[3]和斯特拉波（Strabo）[4]的作品為例，其中的知識基礎是源自亞歷山大大帝的軍事版圖，橫跨波斯與印度河流域，也源自羅馬帝國遼闊的疆域，從不列顛群島北海岸延伸至奴比亞（Nubia）[5]的熾熱沙漠，更從大西洋沿岸遍及裏海四周。而中世紀的貿易、衝突、以及戰爭，則使得義大利更加親近日漸衰弱的拜占庭帝國，其勢力僅存於義大利半島南部與前拉文納督主教區（Exarchate of Ravenna）[6]，同時期的義大利也開始接觸來自各地的穆斯林，如安

3 蓋烏斯・普林尼・塞孔杜斯（Gaius Plinius Secundus），通常稱作老普林尼，是古羅馬時代的作家、學者、與政治家。
4 古希臘歷史學家暨地理學家。
5 位於埃及南部與蘇丹北部之間的尼羅河沿岸地區。
6 拜占庭帝國位於義大利半島的統治中心。

達魯西亞、西西里、埃及、以及聖地巴勒斯坦，而陌生又冰天雪地的基輔羅斯（Kievan Rus），也是義大利開始有所交流的地區。十三世紀蒙古大軍突如其來展開侵略，心驚膽戰的中世紀義大利卻因此重新取得各地物資，將地理界線擴展至超越想像的地步，而由於「蒙古和平」的盛世到來，橫越中亞直至中國的「香料之路」再次開通，充滿好奇心的探險家如方濟各會修士威廉·魯伯克（Fr. William of Rubruck）和威尼斯人馬可·波羅（Marco Polo），也因此能夠從地球另一端帶回第一手記事。

儘管中世紀的義大利被迫與更遼闊的世界「相連」，傳遞知識的重要途徑在本質上都極不穩定、斷斷續續、且經常牽涉暴力，因此與其他文化的交流充其量就是零碎片段，而中世紀後半對非義大利世界的印象，也僅停留在充斥著奇幻、魔法、和難以置信事物的地域。例如，馬可·波羅的遊記雖然記載不少精準且觀察入微的細節，卻也囊括各種虛構內容，多半是作者本人想像力過剩的產物，而非真正的親身經歷：關於獨角獸、「尾巴長如手掌……粗如狗尾」的男人、滿是鑽石的谷地、以及擁有狗臉的島民等故事⑥，即使是中國萬里長城如此廣為人知的宏偉地標，在其筆下也成了充斥胡亂猜想與神話傳說的場景。這類出自幻想的荒謬紀事其實並不罕見，在想像的世界中，往往都會出現不尋常和難以預料的角色；以祭司王約翰（Prester John）的傳說為例，這位擁有高貴德性與無盡財富的國王，祖先是前往伯利恆的三王之一，可謂東方和撒哈拉沙漠以南非洲的代表性人物，而由於他以虔信基督教聞名，在國際決策場上也占有一席之地⑦。亞歷山大大帝的情史也是一例，在眾多版本的故事中，這名馬其頓國王與近東亞馬遜的皇后是一對情人，曾乘著老鷹挾帶的籠子飛在空中。類似訛傳也出現在十二世紀的地理學家伊德里西（Idrisi）口中，身為西西里國王羅傑二世（Roger II）的御用學者，他曾指出日本盛產黃金，甚至連狗都使用金子製成的項圈⑧；至於約翰．曼德維爾爵士（Sir John Mandeville）則是在早期寫作內容中（八成是虛構的），描述某些異地有大量鳳凰、會哭泣的鱷魚、或是頭部位在胸腔的人種⑨。

相較之下，文藝復興來臨通常被視為徹底擺脫過去數世紀的象徵，儘管從前與其他地域、人種、以及文化的交流並未間斷，十四世紀義大利卻見證知識疆界開始前所未有的擴張，將認知境界推向超乎想像的高度。

義大利人因經典文學的復興，了解到希臘文學的「異國性」及古代學問的大千世界⑩；同時，「其他」種族紛紛湧進義大利半島，尤其是來自西班牙、葡萄牙、以及較後期德國的猶太人，他們不僅為社會經濟提供莫大刺激，也為醫學、語言學、和哲學帶來無窮價值。更值得一提的是，文藝復興時期真正足以大開眼界的管道非旅行莫屬，正因如此，菲利普．利皮的北非海岸冒險可謂是當代精神的展現，而此時的東方，則儼然成為獨特之境的代名詞。早至一三三八年，佛羅倫斯旅行家喬凡尼．德．馬黎諾里（Giovanni de' Marignoli）便成功往返中國，是自馬可．波羅以來第一人，並且代表教宗本篤十二世開啟外交管道，帶回許多有利於商業發展的資訊。此時義大利的貿易對象包括奇里乞亞亞美尼亞王國（Armenian Kingdom in Cilicia）、位於開羅的馬姆魯克王朝（Mamluk Sultanate）、北非的哈夫斯王國、中亞的帖木兒王朝、以及快速壯大的鄂圖曼帝國，隨著接觸益發頻繁，義大利對這些地區的種族、語言、和風俗，也興起更為強烈的求知慾。就在探險家橫越沙漠與大海，追逐新土地和財富的同時，撒哈拉沙漠以南的非洲也開始登上世界舞台，不過最引人注目的突破還是發生在西方。一三一二年，蘭斯洛特・馬羅切洛（Lancelotto Malocello）[7]成功開墾加那利群島（Canary Islands）後，世人紛紛將目光投向太陽西下之處，念頭轉向發現另一條通往中國的海路[11]，最後是由熱那亞人克里斯多福・哥倫布以及其後繼者，揭露大西洋地帶真實、動人又新奇的面貌。過去迷思重重的無知不再，世界漸漸展露出更為豐富細緻的樣貌，超乎所有人想像的遼闊且撼動人心。

歷史學家向來十分強調，從十四世紀以降「異」國知識成長爆增，因而形塑出所謂完整的文藝復興。從這種觀點看來，藝術圈之所以追求自然主義，唯一合理的解釋就是藝術家在現實中，已經對寬闊的世界有更深刻的理解，而自從現代的批判學術萌芽，「文藝復興」的中心思想就一直與「探索」的概念緊密相連。最早可追溯至十八世紀，文學批評家吉歐拉墨・蒂拉博斯基（Giorlamo Tiraboschi）指出，經由探索來拓展學識與商業視野，便是文藝復興時期最重要、也最鮮明的特色[12]；一世紀之後，瑞士歷史學家雅各・布克哈特（Jacob

Burckhardt）跟隨蒂拉博斯基的腳步，提出文藝復興的核心概念即「對世界與人類的探索」[13]。如今，跨文化研究的進展已經徹底解構浪漫主義和啟蒙運動的精神，學者仍然宣稱文藝復興確實是「探索時代」的開端，部份歷史學家如彼得．柏克（Peter Burke）雖然持保留態度，但也不諱言兩者之間確有關聯[14]。

「文藝復興」等同於「探索」這項概念之所以重要，並不是因為兩種現象恰巧發生在同一時期，而是因為探索其他地域和文化對這個時代產生劇烈影響，也因為跨文化交流大幅改變世人對大千世界的態度。在蒂拉博斯基眼中，「發現美洲大陸」的重要性不亞於「發現書籍」或「發現古典時代」，這三大發現共同形塑出當代的自我意識，亦即文藝復興不可或缺的本質。同樣的，布克哈特認為文藝復興個人主義的核心概念，就是突破學識疆界，而儘管部份學者如愛德華．薩伊德（Edward Said）的著作，大書特書文化交流的本質皆相同，但現代多數歷史學家的普遍共識仍是「文藝復興」即「探索」，這些歷史學家認為，文藝復興時代的男男女女之所以意識到自己的獨特身分，正是因為對「他者」有清楚且深刻的理解。

上述想法的立論基礎並不難理解，而且不得不承認的是，這套理論正好符合一般人對文藝復興時代的迷思，儘管當時的社會現實極為殘酷，但一般仍認為發現新大陸帶動了開放與

7 加那利群島中的蘭薩羅特島（Lanzarote）便是以其命名。

容忍的新風氣，並且展現於當代的文學與視覺藝術之上。一派學者認為，文藝復興時期的義大利人漸漸接觸從未見過的人種與文化後，便開始強烈質疑自己對人文先入為主的觀念，面對鄂圖曼帝國的文明、爪哇島民的新奇風俗、以及北美印地安人的陌生習性，原有的沙文主義受到挑戰，取而代之的是覺醒意識：撇除表面差異之後，只剩下舉世皆然、永恆不變的人類本質。這一點不僅促成文藝復興發展出核心概念，亦即人是獨立、有創造力的個體（這種觀念在喬凡尼．皮科．德拉．米蘭多拉的《論人的尊嚴》中展露無疑），更有助於削弱過去數個世紀的迷思與偏見。無論來自何方，人類就是人類；所有人都擁有相同的潛力，足以觸及佛羅倫斯新柏拉圖學派心目中人類成就的至高點。皮科．德拉．米蘭多拉之流的學者甚至進一步猜想，基督教信仰實際上是否和異教的多元文化有諸多相似之處，只是以前從未有人如此思考過。

由此看來，《巴巴多里祭壇畫》和瓦薩里筆下的菲利普．利皮北非冒險，都十分符合前文對文藝復興的詮釋。利皮在畫作中融入偽阿拉伯字母，似乎是為展現自己對穆斯林與黎凡特文化的認識，以及認可基督教與近東傳統之間的共同歷史；聖母瑪利亞身穿別具阿拉伯風格的披風，不僅暗示基督教早期歷史的真正地理脈絡位在何處，更肯定基督教與伊斯蘭教有相同根源。以相同的角度而言，瓦薩里選擇在利皮傳記中記錄其遭綁架至北非哈夫斯王國的經歷，顯然是為證明其他種族的美感判斷力，有助於進一步突顯義大利畫家的天賦，這段故事也透露出作者的信念：「異國性」對於藝術家的生命而言，並非全然的陌生。

相應的例子並不罕見，尤其不少文學作品更是令人印象深刻。最早發生於十四世紀中期，想像力的界限開始擴張，對於其他人種與地域的態度漸漸轉為正向，種種趨勢在薄伽丘的故事集《十日談》中顯而易見。例如在第一冊中，名為亞伯拉罕（Abraham）的猶太人角色突顯出羅馬教會的虛偽，而下一篇故事中，名為麥基洗德（Melchizedek）的基督教富翁，則是成功智取巴比倫蘇丹薩拉丁（Saladin）⑮。越是接近作品後段，薄伽丘的故事背景就越是多元，而故事主角都兼具「異國」和熟悉的一面，可謂整部作品中最引人注目和最戲劇化的角色。於是讀者可以透過故事認識巴比倫蘇丹與阿爾加維國王（King of the Algarve）[8]之間的外交關係；熱那亞城在埃及亞歷山大港的貿易情況；突尼西亞國王的船運收益；以及契丹（Cathay）[9]地區激動人心的日常生活⑯。阿麗貝克和路思提可（請見第五章）香豔刺激的故事，發生在現代突尼西亞的加夫薩（Gafsa），美麗三姊妹的私奔事件則在克里特島走向高潮⑰，這種寫作特色在往後數個世紀更加普遍。

博亞爾多的《熱戀的羅蘭》即是一例，故事從契丹國王的女兒安潔莉卡登場開始，場景

8　阿爾加維現為葡萄牙一大省份。
9　馬可．波羅用於指稱中國北方的詞彙。

設定在查理大帝的宮廷，主要劇情環繞在契丹國王和韃靼人之間的糾葛，以及法蘭克人與摩爾人之間的恩怨；類似例子還包括塔索（Tasso）的《耶路撒冷的解放》（*Gerusalemme Liberata*），作品中基督徒的穆斯林敵人在聖地表現出騎士精神，令人難以忽視。

視覺藝術在這方面的表現也不遑多讓，例如戈佐利的《賢士伯利恆之旅》，畫中不僅對拜占庭宮廷特色有令人驚豔的描繪，也仔細呈現出顯然是非裔族群、身穿制服的僕役角色。另一方面，藝術作品也會改編常見的迷思神話，將有關異域的新知融入其中，像是卡帕多奇亞（Cappadocia）[10]聖喬治的傳說除了流傳於各種基督教傳統中，也牽起東、西方之間的聯繫，畢竟相傳聖喬治消滅惡龍的地點就是在北非利比亞，於是聖喬治肖像漸漸成為藝術作品中的常見媒介，用於表現近東服裝與象徵跨文化交流⑱。比如，一五〇四至〇七年，維托雷・卡巴喬（Vittore Carpaccio）為威尼斯聖約翰禮拜堂作畫，作品主題即是聖喬治的生平，其中幾幅畫面呈現一群戴頭巾的穆斯林身在城市環境，巧妙揉合義大利與「東方」風情。又如出自平特利吉歐之手的《聖凱薩琳之辯》（*Disputation of St. Catherine*），在這幅為梵蒂岡波吉亞寓所聖徒廳（Sala dei Santi）所繪製的作品中，皇帝周圍環繞的人物反映出十五世晚期形形色色的地中海文化，包括希臘、北非穆斯林、以及土耳其，畫面傳達出充滿希望的訊息：探索世界已毫無窒礙。

始終如異？

然而文藝復興並非全然如此，第一印象令人目眩神迷卻不可盡信。將探索與知識等同視之，又將知識與包容劃上等號，確實是很誘人的思考陷阱，但千萬要謹記，這種想法實際上多是出自現代的感性和浪漫想像，而非文藝復興時期的真實樣貌。儘管當時的探索事蹟精彩又豐富，仍沒有客觀原因能解釋為何大量接觸「異國」文化，必定會動搖長期深植人心的偏見，或是衝擊當代的道德標準，人對世界產生強烈求知慾與好奇心的同時，也極有可能懷著無知、仇恨、剝削的態度。文藝復興時期的旅人首次踏上異地時，未必會以天真無邪的眼光觀察四周，反而經常只看到自己想看到的景象，再透過代代相傳的觀念詮釋自己見到的冰山一角。除此之外，旅行家和異國文化之間的互動，時常受限於政治衝突、自身經濟利益、或文化寄生。雖然偶有正確傳達客觀資訊和深刻體會其價值的情況，但誤解仍屢見不鮮，迷思隨著情勢變化產生不同版本，新型態的偏見取代舊有觀念依然層出不窮。正因如此，在看似一片美意和開明思想的藝術作品之下，潛藏著種種令人無比意外又侷促不安的觀點。

10　今土耳其境內，聖喬治的出生地。

無論第一印象為何，利皮的《巴巴多里祭壇畫》和瓦薩里的傳記都並未呈現完整事實：理解仍因無知而流於片面，文化相對論與包容態度也不過是掩飾殘酷偏見和無禮歧視的偽裝。無論利皮對伊斯蘭文化的理解究竟為何，《巴巴多里祭壇畫》似乎沒有展現任何有深度的認同感，聖母披風飾邊上的偽阿拉伯字母固然引人好奇，卻是粗糙且外行的模仿，僅能稱得上是利用膚淺刻板印象唬騙無知之人。以高傲優越的角度看待伊斯蘭文化，在利皮傳記中更是明顯的特色，而瓦薩里筆下的內容，並無其他證據可證實，且其中對文化一知半解的醜化想像，幾乎和跨文化相對論的觀點不相上下。儘管瓦薩里特別刻劃出北非奴隸主具有鑑別美感的能力，卻不停強調伊斯蘭的「野蠻」，以突顯鑑別力在故事中的重要性。事實上，北非一帶的穆斯林社會長年創作出豐富多樣的藝術作品，從陶器、毛毯、建築、書法、到手抄本插畫無所不包，但瓦薩里仍刻意強調哈夫斯王國「不甚了解作畫或繪畫」，甚至將這種誇大荒謬的說法當作傳記架構的重心。瓦薩里的醜化想像源自陳舊的偏見，和利皮採用偽阿拉伯字母的原因如出一轍，而為使敘事手法更加精彩而犧牲事實的心態，簡直令人難以置信。

在利皮和瓦薩里身上，想像力仍然受到陳腐觀念侷限，話雖如此，在各種牽涉到其他文化的藝術創作之中，兩者的作品其實已屬「佳作」。就藝術方面而言，探索的成果大多不堪入目，當義大利藝術家與作家開始與更寬廣的世界密切來往，並且對於不同人種與宗教的作風與習性更感興趣，固執己見的無知、無可救藥的歧視、以及氾濫成災的偏見也隨之越演越烈，而且以前所未見的形式潛匿於藝術與文學之中。

佛羅倫斯是菲利普．利皮度過大半人生與職業生涯之地，也是形塑文藝復興時期對於「他者」態度的環境縮影。作為國際貿易樞紐與重要文化中心，佛羅倫斯是來往已知世界各角落的必經之處，此時這座城市正處於重大改變的陣痛期，而這波改變最終會徹底顛覆當代的知識觀，但在此同時，正因上述的種種因素，文藝復興也成為負面跨文化交流的溫床。

為闡明其中原委，以下每一章節都會討論一例在佛羅倫斯與「異國」人種（猶太人、穆斯林、非洲黑人、以及大西洋文化）接觸的事件，這些實例發生時也是利皮大約完成《巴巴多里祭壇畫》之時。以此作為起點，本書要將文藝復興和更寬廣的世界相互連結，以更加宏觀的文化、社會、以及思想脈絡理解這個時代。利皮所熟悉的佛羅倫斯看似放眼世界，然而揭開面紗後卻會發現，當代藝術與文學看似具備文明與涵養，實則藏有文藝復興極為醜陋的真實面貌。

第十一章

所羅門的罪

所羅門・迪・波拿文圖拉（Salomone di Bonaventura）名聲顯赫，就各方面而言，他都是十五世紀早期托斯卡尼地區極受尊敬的人物①。所羅門總是將家庭擺在首位，既是孝順的兒子，也是溫柔體貼的丈夫，更是令孩子引以為傲的父親，他對兩名年幼兒子寵愛有加，十分重視孩子的教育與身心發展，身為當時有一定地位的人物，他竭心盡力使家人不虞匱乏。一四二二年，所羅門開始與父親一同經商，一段時間後便躍身為事業有成的放款人，其誠實與正直備受客戶與合作對象讚賞。

所羅門的經商範圍主要位於小城鎮普拉托，距離佛羅倫斯約十英哩，每年都必須準時向佛羅倫斯財政機關繳交一百五十荷蘭盾的費用，才能繼續取得營業許可。他只經手完全正當的交易，鮮少造成客戶不滿，雖然所羅門在商場上也有敵手，不過並未造成太多威脅。然而，佛羅倫斯從不乏惡意謠言與暗箭傷人之舉，加上文藝復興時期的商場競爭激烈，四處都瀰漫忌妒和敵對氣氛。

到了一四三九年，所羅門對拓展事業萌生強烈的企圖心，過去利潤持續穩定成長之外，一四三〇年向教廷祕書購入特許權後，營運版圖也擴張至桑塞波爾克羅（San Sepolcro），而現在所羅門正在尋找新商機。財政機關官員已經向所羅門暗示，短期內他將有機會在佛羅倫斯境內開設店面，就在此時，友人亞伯拉罕・達蒂利（Abraham Dattili）突然與他聯繫，希望兩人合夥接受佛羅倫斯政府借貸現金的委託，於是所羅門不假思索立刻答應，畢竟如此大好機會錯過實在可惜。

話雖如此，根據現存的資料判斷，所羅門顯然天生個性謹慎，也許是擔心自己若表現得太過野心勃勃，會導致部份佛羅倫斯人試圖阻撓，所羅門決定採取預防措施，在擬定公司合約時並沒有簽上自己的本名，而是兒子的姓名②。事實上，這麼做可能確實是明智之舉，當時所有的借貸行為都受到嚴格規範，而雖然所羅門尚未在佛羅倫斯取得交易許可，他似乎認為以兒子的名義管理事業，就絕不會有違法之嫌。

前兩年，一切都無往不利，但在一四四一年，所羅門的世界一夕之間分崩離析，原本的計畫看似完美實則不然。毫無預警的情況下，所羅門被押至佛羅倫斯法庭，還遭到誣告犯法，儘管在名義上所羅門的兒子是達蒂利的合夥人，但檢察官指出所羅門才是真正的經營者，由於他仍未獲准在佛羅倫斯進行交易，檢方認為所羅門明顯是違法亂紀。果敢的所羅門嘗試反駁，表示自己從未以真實姓名經手交易，而是透過孩子的名義，因此不曾犯下任何罪行；所羅門深信精準的法條有利於自己，而訓練有素的律師都應會遵循市政法規，顯而易見，這件案子是缺乏實質基礎的構陷之計。

實際上，所羅門徹底誤判情勢[3]，他是否無辜並不重要，審判結果在一開始就已注定。佛羅倫斯政府打定主意要買下城鎮桑塞波爾克羅，因此需要大筆資金，但市政府難以透過合法流程取得足夠數目，於是執政官決定要從富可敵市的代罪羔羊下手，而羅門正是這次事件的犧牲者，法庭唯一的目的即是將他吃乾抹淨。

法官不屑的揮一揮手駁回異議，判決所羅門有罪，必須支付兩萬荷蘭盾的罰金。這筆數目大得驚天動地，三十年前巴爾達薩雷·科薩為了用金錢堆砌通往教宗寶位之路，向喬凡尼·迪比奇·德·麥地奇借款的金額也不過是其二分之一，事實上，這筆罰金簡直只有國王足以負擔。所羅門從此身敗名裂、家貧壁立。

審判結果不脛而走，但幾乎無人對此感到意外，或是因為司法不公而深感不滿。佛羅倫斯執政官李奧納度·布魯尼早已隨時掌握審判進展，也許還暗自對即將併吞桑塞波爾克羅期待不已，而從布魯尼的往來信件中可以得知，他認為所羅門遭判有罪是非常公正的結果[4]。不過這並不表示布魯尼和佛羅倫斯人真心認為所羅門違法，事實上恰好相反，所有人都心知肚明他是因為另一種錯誤而遭到處罰，所羅門唯一犯下的「過錯」就是身為猶太人。

托斯卡尼與猶太人

所羅門・迪・波拿文圖拉雖然成就過人，又遭到不尋常的迫害，但他不過是文藝復興義大利繁榮的猶太人社群中頗為平凡的成員之一，受到成長環境的影響，所羅門自然會期待佛羅倫斯法庭秉持公平正義。自古典時代起，就有猶太人定居在義大利半島，在中世紀各處城市，也都有為數不多但穩定的猶太人人口，當文藝復興揭開序幕，猶太人的數量開始穩定成長，他們被迫離開位於西班牙、葡萄牙、以及（後期的）德國的家園，紛紛前往蓬勃發展的義大利城鎮。尤其是北部，似乎具有特殊的吸引力，波隆那、威尼斯、以及米蘭不僅接納來自阿爾卑斯山另一側的猶太族群，也歡迎來自羅馬和西西里王國的猶太人，截至十五世紀中期，據估計單是在義大利北部就有兩百個以上的猶太社群⑤。

與其他眾多區域如艾米利亞（Emilia）與倫巴底大區相比，托斯卡尼的猶太移民歷史並不是特別悠久，不過也因為大量移民人口而受益，而所羅門的父親極有可能就是在一四〇〇年代早期，隨著大批猶太人遷至托斯卡尼大區的普拉托。商業日益繁榮帶來開拓新事業的無限機會，而十五世紀猶太人所從事的交易，大多都自然而然以托斯卡尼的城市地帶為據點。當所羅門開始踏上放款人的職業生涯之時，已有四百名左右的猶太人在佛羅倫斯自立門戶，而普拉托發展盛況幾乎是不相上下[6]。

猶太人並非義大利人口最多的種族，威尼斯的猶太社群總計約一千人，同時期的教宗領土內則有一萬兩千五百人以上，不過猶太種族仍然是都市社會中特別活躍且蓬勃的群體。在佛羅倫斯，多數猶太人都居住在城內東北部，集中在聖十字聖殿周圍的現代猶太教堂一帶，但也有不少較弱勢的猶太族群落腳於狹窄擁擠的街道，也就是菲利普・利皮曾待過的奧爾特拉諾（Oltr'Arno）修道院附近。猶太人快速地落地生根，以驚人速度與極高效率緊密融入佛羅倫斯的生活，事實上，有位歷史學家曾指出：「到了十五世紀中期，幾乎已經無法分辨猶太人與基督徒的差異，兩種群體的語言相同、住房相仿、穿著風格也如出一轍。」確實，「從德國城市移居義大利的猶太人……對於義大利基督教徒與自己的相似程度大感震驚……。」[7]當然，對職業地位崇高（例如醫學）的猶太人而言更是如此，有些猶太人因為商業成就斐然，甚至足以與佛羅倫斯最富有的銀行家相提並論，這些猶太菁英在文明社會的上層階級成功占有一席之地[8]。即使關於所羅門早期生平的資料有限，也不難斷定他屬於同化極為順利的菁英族群。

猶太人之所以能順利融入義大利北部城市生活，要歸功於他們在文藝復興社會所扮演的關鍵角色。許多定居在佛羅倫斯的猶太人善用當地的商業優勢，踏上投機買賣（尤其是寶石與貴金屬）[9]與借貸放款的職業生涯，這也難怪最早的猶太移民之一以馬內利・班・烏西勒・達・卡梅里諾（Emanuel ben Uzziel dal Camerino）正是經營這兩大事業。尤其是猶太放債人，通常會選在佛羅倫斯外圍地帶開設小型據點，客戶經常源源不絕，由於高利貸法規基本上禁止基督徒收取利息，猶太放債人發揮了必要的經濟功能，此外他們願意在他人不願投入的地區放款，更為托斯卡尼的經濟巨輪提供急需的動能。猶太商人將重要資本投入大大小小的事業，部份人如所羅門便因此飛黃騰達，貸款的規模甚至擴張到足以與知名銀行家匹敵；當教宗馬丁五世需要資金，但基督徒放款人無法滿足其要求時，猶太商人自然成為受召見和請求協助的對象。

不過，猶太社群在義大利地區所扮演的角色，早已超越商業範疇，在佛羅倫斯更是如此。猶太人通常都具備豐富的專業技能，使得他們成為社會中不可或缺的一員，尤其在文藝復興後期，猶太醫師的地位扶搖直上、生意興隆，因為猶太醫學專業訓練需要熟稔阿拉伯與希臘知識體系，在這方面自然勝過非猶太人的同業。在其他地區如曼切華和米蘭，猶太醫師「世家」因為展現出無可取代的價值，世代在宮廷都受到寵愛與敬重，並因此受封職位。

由於猶太族群在義大利生活所扮演的角色如此吃重，即使享有特殊待遇與尊重也不令人意外，這不僅限於商業與贊助範疇，更擴及法律與政治結構。例如，教廷長年來便急於保護羅馬猶太人口的權利與特權，最早可追溯至五九八年，聖大格列高里「公開宣告猶太人「不應因其被賦予特權而遭歧視」[10]，而就是這種信念，促使十三世紀的歷任教宗賦予猶太人羅馬公民權[11]。所羅門與父親開始合夥經商的三年前，亦即一四一九年，教宗馬丁五世採取更積極的作法，公告：

> 任何人皆不得侮辱猶太教堂；不得干涉猶太律法、規定、習俗、以及儀式；亦不得言語攻擊猶太人或其法律義務以外之事；任何人在任何時機皆不得要求猶太人明顯標示其身分……。[12]

羅馬如何對待猶太人，佛羅倫斯通常也會行而效之。雖然猶太人口在佛羅倫斯城鎮屬於極少數，地位卻受到城鎮法規的特別保障，有外交或金融需求時，猶太人也偶爾會受託擔任重要的特設政治職位。相傳有位歷史學家觀察後感動的表示：「以當代標準而言，佛羅倫斯是極具包容力的社會。」[13]另一名學者則樂觀的指出，即使是文藝復興時期邁入尾聲之時，「猶太人仍認為自己受到法律體制保護，在民事法庭可以找到捍衛自身權益的首席辯護律師。」[14]想當然爾，托斯卡尼猶太人對於佛羅倫斯以及聲援自身地位的佛羅倫斯人，都讚譽有加，在後期更是如此；以熱情洋溢的約哈南．阿雷曼諾（Yohanan Alemanno）為例，在他眼中羅倫佐・德・麥地奇就是當代的所羅門王，亦即理想猶太君主的原型⑮。

除了實務考量外，佛羅倫斯之流的城市之所以熱烈歡迎猶太人融入社群，還有不容忽視的文化因素。特別是十五世紀中期，猶太人在非物質生活中的角色日益重要，許多猶太人憑借自身實力成為極具影響力的人文學家，身兼文化交流的中介者以及希伯來知識的傳播者。猶大・梅瑟・里昂（Judah Messer Leon）[2]效法當代諸多學者四處雲遊，並寫下不少重要的亞里斯多德與阿威羅伊哲學著作評論集，代表作則是以修辭為題的論文〈蜂巢之流〉（*Nofet Zufim, The Book of the Honeycomb's Flow*），主要討論拉丁修辭學典範與《摩西五經》相關文獻⑯。而梅瑟・里昂的門生哈南・阿雷曼諾（Johanan Alemanno）不僅針對《妥拉》（*Torah*）[3]寫作出富含卡巴拉思辨的評論集，也是知名的注釋學者；他還曾協助喬凡尼・皮科・德拉・米蘭多拉認識希伯來文化，在此之後米蘭多拉進一步「網羅一群猶太學者，協助其進行宗教融合主義的研究」⑰。

此外，宗教因素也是猶太人為整體社會所接納的一大原因，在文藝復興這齣大戲中，他

1 教宗格列高里一世的別稱。
2 本名猶大・班・杰希勒・羅費（Judah ben Jehiel Rofe），義大利著名拉比暨哲學家。
3 《摩西五經》在猶太教中的名稱。

們稱職扮演同等重要且積極參與的角色，畢竟基督教的信條之一就是基督生為猶太人，且因為自命為「猶太人的王」而遭到迫害。而即使是最不學無術的神學家，也難以否認亞伯拉罕諸教（Abrahamic faiths）[4]的觀點：猶太教與基督教的起源相同，《舊約》中的先知在《妥拉》中也有相應的崇高地位。

十五世紀後期，馬爾西利奧．費奇諾「指出猶太密教經典……與基督教教義如出一轍」，更從不避諱大書特書兩種宗教間的相同之處[i]。而佛羅倫斯人在城市慶祝儀式中，總是大方承認猶太人在基督教傳統的地位，例如一四五四年的聖約翰受洗慶典宴會，戲車表演主題是一連串源自聖經歷史的重要場景，囊括「上帝創世」到「基督復活」，各個場景是由優良市民負責表演呈現，而表演者都必須與其表演的宗教大事記有所關聯；摩西的故事上演時，這名頒布誡令的先知身旁環繞「以色列人民的領袖」，每一位都是由佛羅倫斯當地的猶太人負責扮演⑲。換言之，身在佛羅倫斯的猶太人被賦予和城內基督教團體相同的地位，在佛羅倫斯最引以為傲的慶典中扮演同樣顯著的角色。

如此包容的態度經常透過視覺藝術呈現，尤其在所羅門與菲利普的時代，托斯卡尼地區教堂內的諸多宗教藝術品，在在證實猶太教與基督信仰有共通特點，同時也突顯出兩種社會及律法融合後的文化影響。其中最值得一提的作品主題，就屬「聖母行潔淨禮日並獻基督於聖殿」，這則聖經歷史事件的重要性有兩大層面：首先，這則故事是以獨特的猶太教儀式為中心，與基督教傳統不同的是，所有猶太女性都必須在生產後四十天內，前往聖殿在上帝眼前與孩子一同行潔淨禮，聖母瑪利亞就是為完成稱職猶太母親應盡的義務，而將基督聖嬰帶往聖殿。另一方面，這也是基督生命中極為關鍵的一刻，在雅各．德．佛拉金（Jacobus de Voragine）[5]之流的基督徒眼中，獻出嬰孩的舉動象徵聖母在上帝前表現謙卑、基督遵守舊約律法、以及基督教潔淨禮傳說的起源，亦即後世慶祝聖燭節的緣由⑳。正因為敏銳察覺到這種雙重意義，文藝復興時代的藝術家透過這則故事，突顯出基督在猶太教與基督教之間所扮演的橋樑角色，同時也展現出藝術家對猶太文化習俗極為敏感的一面。確實，這幅場景的基督教意涵必須經由藝術家強調故事中的「猶太元素」，才能得以彰顯。以兩幅非常相似的詮釋畫作而言，雖分別出自安布羅焦．洛倫采蒂〔圖33〕以及喬凡尼．第．保祿（Giovanni di Paolo）之手，不過畫中聖母和聖嬰身旁，都同樣圍繞著出自猶太歷史與儀式的重要人物㉑。站在畫作正中央且正在準備奉獻的人物，是穿著顯眼的大祭司；聖母瑪利亞上方有一座摩西像（聖母左側也畫有摩西像），手中拿著一冊舊約律法；基督上方則畫有小型的約書亞像，在猶太傳統中被視為領袖，其左方的人物是瑪拉基，手握捲軸，宣示自己身為上帝應許之子

4 通稱有共同起源的三大一神教：基督教、伊斯蘭教、以及猶太教。
5 義大利熱那亞第八代總主教，逝世後於一八一六年受教宗封為聖徒。

的角色。至於聖母瑪利亞本身則被賦予明顯的猶太特色，並且以刻意、尖銳的方式展現；在洛倫采蒂的作品中，聖母身著東方風格、滿是刺繡的連衣裙，手中的襁褓巾與猶太朝禱披巾相當類似。更值得注意的是，洛倫采蒂筆下的聖母配戴著耳環，但當代基督徒鮮少有這種習慣，所以耳環明顯是暗示瑪利亞來自猶太社會，而且受到希伯來律法約束，在此同時，基督救世主的身分也因此更為鮮明㉒，於是在視覺藝術展現的包容與接納之中，猶太教與基督教緊緊相互交織。

聖伯爾納定的怒火

儘管承認猶太教與基督教的歷史淵源相同，文藝復興的反猶太根源仍然存在於宗教本質中，對於菲利普．利皮這類信徒而言，基督教源於猶太教這一點還不足以令人敞開心胸：猶太人永遠都是異族。的確，正是因為兩種信仰如此相似，更突顯出猶太人永遠都會是「他者」，雖然猶太教承認基督降臨的事實，卻不承認耶穌是救世主或上帝派來實現舊約律法的人物，就是這項差異造成猶太人與基督徒之間的巨大鴻溝。西恩納的聖伯爾納定有強烈的反猶太思想，他和同為方濟會會士的追隨者，不厭其煩的在佛羅倫斯大教堂講堂上重申，不論猶太教與基督信仰有多少共通點，猶太教就是較為低劣、是歧途、甚至是否定基督神性的異端邪說㉓。這個污點永遠無法磨滅，於是象徵不純正的標記屢屢出現在藝術作品中；以洛倫采蒂所描繪的聖殿為例，華美建築看似呈現猶太教「正向」的一面，但洛倫采蒂的祭壇畫實則意在強調基督降臨，來到人世實現摩西為猶太人制定的舊約律法，而顯然屬於猶太民族的聖母瑪利亞在畫面中格格不入，且與自己的兒子之間有明顯距離，似乎急需將承襲自希伯來文化的「污點」加以潔淨。

在菲利普．利皮之流的基督徒眼中，猶太人的「問題」不只在於否定基督的神性，而在於這個民族肩負基督遭受迫害與死劫的歷史責任。每年復活節季期間，基督徒都會重現「基督受難」的場景，主題環繞在基督遭到猶大背叛，又遭到猶太公會（Sanhedrin）[6]不公不義的定罪；既然是不願相信基督的古代猶太人將上帝之子凌遲致死，在文藝復興時期的基督徒眼中，當代同樣拒絕承認耶穌是基督的猶太人，也必須擔起基督受難的罪責。

話雖如此，猶太教是異端邪說與傳承罪惡的淵藪，不僅是抽象的宗教觀念，猶太「謬誤」的存在本身，更被視為危急基督信仰的威脅，而就是出於這種想法，衍生出更加明目張膽的宗教仇恨。在當代基督徒眼中，猶太教是足以快速感染整個基督教世界的疾病，即便猶

6 羅馬時期猶太人在耶路撒冷的最高議會組織。

太人在金融、文化、以及醫學領域的影響力，就某種角度而言，使得他們成為堪比賣淫女子的「必要之惡」[24]，然而身在基督教社會中的猶太人，最好也不過是可能摧毀信仰正當性的危險分子，最壞則是侵蝕整體社群的惡性腫瘤。早在所羅門・迪・波拿文圖拉遭到迫害之前，這種想法就已長年深根固蒂於其未知「敵人」的腦中。

十五世紀早期，聖伯爾納定和其追隨者滿懷惡意的反猶太傳道引起迴響，佛羅倫斯的人文學家開始認為，應該將尋找正確的心智「療法」視為己任，用以治療猶太「傳染病」，這群學者一面欣然接受城內猶太人的貸款、教育、以及醫療，一面致力於挖掘並根除猶太信仰中的謬誤。即使基督徒人文學家有多麼潛心學習希伯來文，對卡巴拉思想又多麼深感興趣，還是會將猶太教最精深的學問，視為基督教神學中的次要領域，在此同時，這些學者大量學習可以用於以子之矛、攻子之盾的猶太教知識，一邊促進雙方交流，一邊準備進行徹首徹尾的種族迫害。一四五四年，亦即佛羅倫斯貴族鼓勵猶太人參與嘉年華慶祝活動的那一年，吉安諾左・馬奈蒂出版《反猶太人與異教徒》（*Contra Iudeos et Gentes*），毫不避諱利用聖經學針對性攻擊希伯來思想的基本信條，並且試圖說服佛羅倫斯的猶太人改信基督教[25]。在此之後，又有馬爾西利奧・費奇諾在其著作《論基督教》（*De religione Christiana*）中，大量援引猶太經典《塔木德》（*Talmud*）、《猶太傳統》（*Seder 'Olam*）、以及一系列著名的希伯來神學評論集，不過他的目的和馬奈蒂並無二致，都是要以猶太之道還治猶太之身，至少在費奇諾眼裡就是如此。儘管費奇諾的著作論述嚴謹，其中仍滿是偏激辱罵之辭，在在透露出他認為猶太教十惡不赦，並深信為基督教的未來摧毀希伯來信仰是必要之舉。費奇諾指稱猶太人「離經叛道」且難辭其咎，不值得上帝或他人憐憫；因為透過摩西律法，猶太人早已得知基督將前來實現的訓誡；經由預言內容，猶太人也已預先得知基督即將降臨；而眼見因上帝化為耶穌肉身而顯現的種種徵兆，猶太人更是親眼見證了上帝的旨意。

雖然普遍共識認為，針對猶太教的「偏差」大力譴責，多少能防止基督信仰崩毀，並鼓勵猶太人歸附基督教，然而與所羅門同時代的多數人卻深信，猶太教所造成的威脅，遠比表面上所見現象還要複雜難解。聖伯爾納定一再強調，危及基督信仰的源頭並非僅有猶太思想，還有猶太教儀式的特性，這才是更令人惴惴不安的一點；聖伯爾納定更進一步宣稱，猶太人的「不實謊言」會如同真正的疾病一般，經由接觸猶太日常習性開始四處傳染。

即使是文藝復興時期最無知的一般人，也都明白所謂的猶太生活型態，都受到《塔木德》記載的各種複雜儀式規範，其中有不少儀式（尤其是割禮與進食規定）徹底迥異於基督教傳統，而看在不疑有他的基督徒眼裡，種種儀式全都明示著猶太教「不正常」的一面，雖然實際上這些規定都是為保護猶太信仰純正無瑕而設計。

由於猶太人的飲食規定極度嚴格，例如料理與食用肉類的方式都有特別規範，外界迷信若是基督徒不經意向猶太肉販購買肉品，就會有被商家信仰「感染」的風險，正是因為如此，許多城市都有立法確保每種信仰都有各自獨立的肉舖㉖。此外，性關係引發的爭議也不相上下，猶太婚禮儀式步驟嚴謹，加上希伯來文化十分注重潔淨儀式，反而成為猶太人落人口實之處，最後導致完全禁止猶太人與基督徒發生性關係。因這類「犯行」而遭起訴的事件仍屬少見，較知名的例子是穆塞托（Musetto）之子康斯里歐（Consilio）上妓院而被判刑，一次是一四五六年在波隆納，另一次則是一四六七年於盧卡，不過這類司法不公的受害者案例，卻再次證明基督教社會瀰漫著潛在的歇斯底里情緒，非理性的抗拒跨文化混交㉗。

另一方面，猶太教的儀式主義經常遭到刻意曲解，原本就屬非理性的異己之分，又因滿懷惡意的基督徒誇大渲染，而更加偏激過火，最駭人荒謬的流言紛紛出籠，背後挾帶令人極為不安的企圖，而且多數謬論還是透過文學與視覺藝術包裝呈現。

在眾多的荒誕故事之中，較為知名的一則不僅收錄於喬凡尼・維拉尼的著作《新年鑑》（*Nuova Cronica*）內，同時也牢牢記載於保羅・烏切洛的畫作《褻瀆聖體》（*Miracle of the Profaned Host*）〔圖34〕之中，這幅作品是由費德里科・達・蒙特費爾特羅贊助，藝術品本身即是大型反猶太行動的一環。在這則顯然是杜撰的傳說中，猶太放款人被懷疑從附近教堂偷走一小塊聖餅，並且帶回家烹調供家人分食，然而在進行如此褻瀆上帝的惡行之時，他驚愕的發現，聖餅奇蹟似的湧出鮮血，流滿家中整片地板，最後蔓延到街上，路過眾人眼見罪惡之血成河，趕緊呼叫士兵破門而入，最後發現猶太商人和其不敬的家人滿懷恐懼蜷曲在家中。這則故事最早至少可追溯至一二四七年，歐洲各地都有指控猶太人偷吃聖餅的事件，誇大其實後便成為上述的版本，而在整個十四世紀至十五世紀初，偷吃聖餅可謂德國城市生活的鮮明特色。縱使聖餅傳說通篇虛構不實，與所羅門同時代的基督徒仍認為猶太教儀式對基督徒生活所造成的威脅，已經透過這則故事闡明無遺。

對於聖伯爾納定這類反猶太方濟會會士而言，猶太教實在太過危險，因此有必要邊緣化猶太人，以及嚴格區分基督教生活與希伯來傳統，而此舉的嚴重性遠高於禁止跨宗教性關係，或是立法區分各宗教的肉舖。一四二三年，聖伯爾納定在帕多瓦宣講時，發表了以下駭人聽聞的聲明，他深信與猶太教儀式有所接觸後便會面臨種種危險：

> 我聽聞帕多瓦此地有許多猶太人，因此我希望公開說明幾點關於猶太人的事實。第一點，如果你和猶太人一同飲食，就等於犯下原罪；正因猶太人被禁止與我們一同進食，我們也不應該與他們共食。第二點，有病在身之人若想恢復健康，就不該尋求猶太人的治療；因為此舉也是原罪。第三點，千萬不可與猶太人共浴。㉙

聖伯爾納定在北義大利激烈表達對猶太人的怒火，並且和追隨者異口同聲的斷言，不只是基督徒要避免接觸猶太教儀式，還必須清楚標記猶太人的身分，以便基督徒閃避。想當然爾，這並非史無前例的新想法，自從一二一五年的「第四次拉特蘭會議」（Fourth Lateran Council），教會便規定所有猶太人皆須身著可區別身分的服飾[30]，接著於一二五七年，羅馬城的猶太人（醫師與部份受保護的專業人士則是例外）必須依規定穿戴黃色圓形臂章，否則就必須繳納高額罰金，不過早期這類公開猶太人身分的作法並不激烈，也從未嚴格執行。

教廷發現猶太政策無法徹底推行，於是決定不生事擾民，義大利北部的城市大致上也樂見教廷忘卻此事。然而聖伯爾納定與方濟會會士居心不良的傳道，卻讓情勢大為不同，北部城市迅速陷入仇視猶太信仰與儀式的狂潮，急於實施一連串全新的反猶太法令。一四二七年，安科納迫使所有猶太人配戴黃色標誌，應和賈科莫・德拉・瑪卡（Giacomo della Marca）修士的佈道之辭；隨著聖伯爾納定的宣講足跡遍布各處，帕多瓦於一四三〇年起而效之，佩魯賈也在一四三二年實施嚴峻的服裝規定[31]。而在一四三九年，亦即所羅門與達蒂利簽下改變一生的合約那一年，佛羅倫斯接受遊說並引進相同法律，此後又一再重新發布新版法令，一次比一次更加嚴苛[32]。一個世紀之後，彷彿預言二十世紀慘案的駭人氛圍實在太過普遍，就連西斯廷禮拜堂的穹頂弦月窗上，出自米開朗基羅之手的亞米拿達（Amminadab）畫像，也表露出相同的反猶太情節[33]。

滔天大罪

無論所羅門過去多麼與托斯卡尼社會融為一體，每當他踏進佛羅倫斯，還是很難忽略當地針對猶太教的強烈厭惡感，所羅門被迫在左胸前配戴大型的黃色「O」字母，明明白白標示出他是猶太人，即使他不理會羅馬市民的嘲弄，仍遭到明顯歧視。話雖如此，真正導致所羅門最終面臨司法迫害的元兇，是日漸高漲的反猶太情緒，又進化為極度針對性、明目張膽的型態。

如果說文藝復興社會認為，猶太信仰與儀式會隱隱威脅基督教體制的健全，那麼猶太人的商業活動就是顯性危機，將危急基督教社會的穩定。其中借款與放高利貸是最大憂患，雖然令人不解的是，猶太人究竟為何願意借款給對自己滿懷恨意的基督徒[34]，而且歐洲地區歧視猶太放款人的現象，早自中世紀就已存在，即使就十四世紀早期而言，指控猶太人貪得無厭的污衊之辭，也都已是陳腔濫調。在十三世紀，聖湯瑪斯·阿奎那強烈反對高利貸行業，為大規模高利貸禁令奠下宗教層面的基礎（請見第七章與前文），由於猶太社群特別熱衷於放款事業，這類禁令經常成為一波波種族迫害的肇端。法王路易九世（Louis IX）在位期間，至少發生過兩次類似事件，路易九世下令逮捕猶太放款人並查封其財產，用於支付第七次與第八次十字軍東征的費用；而腓力四世（Philip IV）則是在一三〇六年，以基督教反對高利貸事業之名，將所有猶太人逐出王國。不約而同的，英王愛德華一世也頒布《猶太人法令》（Statute of the Jewry），禁止猶太人進行借貸並收取利息的「褻瀆之事」，此後的《驅逐敕令》（Edict of Expulsion）則是基於延續政策的理由而實施。義大利在文藝復興早期，借貸與銀行事業急遽大幅興起，更是加劇外界對猶太人的偏見，同時相關的謠言也甚囂塵上，如猶太人出於宗教或種族仇恨，經由收取高額利息刻意壓榨「良善的」基督徒。

十五世紀初期，賈科莫・德拉・瑪卡、喬凡尼・達・卡皮斯特拉諾（Giovanni da Capistrano）、以及貝爾納爾迪諾・達・費爾特雷（Bernardino da Feltre）之流的方濟會會士，帶頭抨擊猶太人的高利貸事業，也為這波反猶太運動添上一層道貌岸然的荒謬假象。話雖如此，最知名的反猶人物還是西恩納的聖伯爾納定，因為滿懷惡意和滿口惡言而廣為人知，在一次仇恨充斥的講道過程中，他大力譴責「金錢與財富日漸集中」至「越來越少數人的手中」，並且痛罵猶太人是反基督教義、從事高利貸的始祖，與聖伯爾納定的狂熱程度相比，即使是中世紀的反猶人士也相形失色[35]。如此煽惑人心的佈道內容，影響力擴及政治行動，在教會表達支持下，佛羅倫斯的執政高層便有充分理由向猶太放款人開戰，對這些高層而言，猶太商人不是險惡的商業對手，就是導致自己負債累累的債主。省去以偽善粉飾種族政策的步驟，一場政治迫害行動就此上演；一四〇六年，也就是菲力普・利皮誕生同年，義大利貴族頒布新政令，直截了當禁止所有猶太人放款並收取利息，接著在一四三〇年，同一條規定又再次實施，目的是避免「佛羅倫斯的窮人萬劫不復」㊱。

在現實中，這類政令通常沒有實質效果，實施嚴苛的高利貸禁令之後，貴族等同在無意間為自己製造出嚴重的財務危機，沒有猶太商人讓經濟大輪持續運行，信貸供應隨即成為一灘死水，商業機制也因龐大壓力而瀕臨崩解。禁令才頒布沒多久，豁免規定就緊接著實行，允許部份猶太放款人在持有執照的情況下交易，其餘的猶太商人則可以繼續經營無法規限制的事業，當然特定商業行為和產權仍然受到嚴格規範㊲。所羅門便是仰賴這類豁免權，才得以在普拉托建立自己的事業，一四三九年亞伯拉罕．達蒂利與所羅門的兒子之所以能夠合夥，最後導致所羅門惹禍上身，也是因為先取得豁免權。然而反猶情緒的浪潮並沒有因而消退，眾人心中的怨恨反而更加猛烈，而正是如此發自內心對猶太放款人的不滿，為所羅門最終遭到迫害的結局埋下伏筆。

到了後期，即便是如此毫無人性、小題大作的刑罰，也不足以平息大眾對「報復」的渴望，反猶情緒漸漸變得醜陋不堪。一四八八年三月，貝爾納爾迪諾．達．費爾特雷在主教座堂大肆批判高利貸事業，一群年輕人受到煽動，前往鄰近的猶太當鋪發動暴力攻擊，最後事態惡化成暴動，還好經過一番努力便成功壓制㊳。在近乎瘋狂的社會氛圍下，顯然需要採取更為直接且大規模的手段，才能滿足大眾的情緒需求；在吉羅拉莫．薩佛納羅拉聲望極盛時期，「典當行」（monte di pietà）於一四九五年十二月正式成立，堪稱是首個真正有系統的措施，足以將「不潔的」猶太借貸業從此斬草除根[39]。一四六二年，佩魯賈成為首個設立典當行的都市，接著北義大利各大城市也隨之成立名稱相同的組織，佛羅倫斯典當行實際上就是公營借貸機構，負責放款給任何提出申請且具有一定地位的市民。典當行的目標即是一面削弱城內猶太勢力，一面保障信貸的穩定供給，而此舉實在太過成功（姑且如此形容），以至於薩佛納羅拉有機會趁勢挪用對手方濟會的惡毒論調，呼籲直接驅逐所有猶太人口[40]，即使在所羅門遭到迫害的一四四一年，菲利普．利皮之流的藝術家也會認為這種論調不無道理，在他們眼中，為消除猶太高利貸事業這一「污點」而大規模改革，並無不妥之處。

從羞辱、暴力、到種族隔離

十五世紀的佛羅倫斯瀰漫惡意又偽善的反猶情緒，所羅門接受審判並遭定罪只不過是冰山一角，卻也是強而有力的證據，暴露出文藝復興時期對於「他者」的態度，追根究底就是如此冷酷無情。只需要一小步，就會從社會污名化和經濟邊緣化，走向直截了當的種族迫害，許多十五世紀義大利人心中偶然萌生的厭惡感，以及洛倫采蒂與烏切洛透過藝術表現的鄙夷之情，都在短時間內演變成更加令人不寒而慄的現象。

歸功於費爾特雷等方濟會會士的傳道，日益惡化的反猶情節持續蔓延，過去原本就有限的包容態度，已經轉為非威嚇羞辱猶太人不可的惡意，在公開場合病態的凌遲猶太族群，更成為基督徒的「一大樂事」。綜觀整個十四世紀，猶太人從不曾缺席每年的羅馬嘉年華慶祝活動，而且有義務要支付特殊稅款，為基督遭背叛及迫害而贖罪㊶，但進入十五世紀後半之時，反猶情緒高漲，教宗保祿二世因此於一四六六年採以全新手段嘲弄猶太人，作為嘉年華節目的一環。在拉塔路（via Lata）[7]上舉行的五百公尺賽跑節目，最高潮之處是羅馬人可以觀賞特別為猶太人設計的比賽，所有「參賽者」都必須赤腳跑步，並且只能身著像近代T恤一樣單薄的背心，而為確保基督徒觀眾覺得節目有趣，參賽的猶太人經常會在賽前被強迫灌食，導致他們在跑步過程中感到身體不適，甚至可能在途中暈倒。隨著時日過去，嘉年華活動更是推陳出新，娛樂程度大增，到了一五七〇年代，一位英國訪客事後如此記錄：

> 猶太人赤裸裸的奔跑……一路上，羅馬士兵騎著高大的馬匹奔馳在後追趕猶太人，並且手持裝有鋼鐵尖端的刺棒……用以刺傷猶太人的裸露皮膚……接著你會看

7 現稱為科爾索大道（Corso），字面上即是「跑道」之意。

見一百名男孩，手上都拿著數顆柳橙……隨時準備……丟向可憐的猶太人。[42]

令人憂心的是，公開羞辱的惡劣事蹟，其實只是悲劇的前兆。文藝復興時期的反猶太主義有如火藥庫，只需要最微小、最不理性的火花，就能引爆野蠻的地獄火海，單是談論異教儀式和異端信仰，便足以挑起社會敏感的歇斯底里情緒，藏在都市社會表象之下的暴力更是蠢蠢欲動，也許所羅門反而算是幸運的猶太人，畢竟他僅有財富遭到剝奪。十五世紀邁向尾聲之時，偶爾爆發的公開施暴事件，最終還是串聯成有計劃的種族迫害。

一四七五年復活節前夕，即所羅門面臨審判三十四年之後[43]，兩歲的基督徒男孩西蒙在特倫托住家附近失蹤，他的家人瀕臨崩潰，一場尋人大搜索就此展開，復活節週日當天，有人發現小西蒙陳屍在一戶猶太家庭的地窖，於是原本單純的悲劇演變為暴力狂潮。所謂的「血誣」（blood libel）[8]指控在歐洲層出不窮，至少從十二世紀初期就是如此，此外西蒙的父親數日前才參與貝爾納爾迪諾．達．費爾特雷的佈道會，聆聽口若懸河、言詞惡毒的反猶太宣講，他斷定西蒙就是遭到猶太人綁架並殺害，全身血液還被抽乾，用於某種不明的踰越節儀式。城市高層自古以來就對猶太人獻祭殺人的傳說感到畏懼，又對費爾特雷的惡意歧視之辭深信不疑，主管機關很快採信西蒙父親的指控，展開反猶太追捕行動。十八名猶太男子與五名猶太女子接連遭逮捕，並且被冠上獻祭殺人的罪名，之後嫌疑犯面臨連續數個月的駭人折磨，直到再也無法忍受痛苦而「認罪」，其中十三名最後在火刑柱遭活活燒死。

另一方面，小西蒙在事後受封為聖人，教會更極盡所能的助長大眾對西蒙的狂熱信仰，隨即引發一連串同樣針對猶太人的獵巫行動，排山倒海而來席捲整個義大利半島。西蒙的「殉道」與數個世紀前的其他諸多血誣案（多半發生於德國）十分相似，費爾特雷之流的方濟會會士不停向無知大眾灌輸種種恐懼，都經由這樁事件血淋淋上演，而公開對猶太人暴力迫害彷彿因此具有十足的正當性。事實上，這則特倫托悲劇故事經常成為繪畫與插畫的紀念主題，例如甘多費諾・迪・羅雷托・達斯提（Gandolfino di Roreto d'Asti）的《特倫托西蒙殉道》（*Martyrdom of Simon of Trent*），藉此將猶太「異端行徑」，深深烙印在每一名基督徒腦中，並確保基督信仰將反猶主義奉為圭臬；而先發制人的暴力行為，則儼然成為眾人心照不宣的默契。

社會氛圍充斥著徹底排斥、監管、甚至殲滅猶太「威脅」的惡意，一五一六年「康布雷同盟戰爭」（War of the League of Cambrai）[9]期間，義大利最具國際氣息的城市威尼斯宣佈，猶

8 誣指猶太教徒會蒐集基督徒小孩的血液，用於烤製無酵餅和進行踰越節儀式。

9 又名神聖同盟戰爭，是義大利戰爭中的一次主要戰爭。

太人必須受限居住在新隔離區，這是歐洲首見的設施，至今仍屹立不搖，見證超過四百年間從未間斷的迫害行動㊹。種族迫害的趨勢越演越烈，義大利各地的城市紛紛效法威尼斯，一五三三年大批猶太人被逐出那不勒斯；同年猶太新年期間，羅馬公開焚毀所有的《塔木德》典籍；教宗保祿四世則禁止羅馬的猶太人從事任何職業，迫使其成為奴工；而當馬丁・路德煽惑人心的專書《論猶太人與其謊言》（*On the Jews and their Lies*）開始廣為流傳，即使是立場偏向新教的義大利人，也開始大聲疾呼焚燒猶太教堂與摧毀猶太住家。

所羅門・迪・波拿文圖拉踏出舊宮之時，已然身敗名裂，他走進沐浴在文藝復興文化光輝之中的佛羅倫斯，城市內熙來攘往、國際交流頻繁，因為商業活絡而繁榮富裕，四處可見異國移民，更培育出菲力普・利皮之流的藝術家，一群以創作改變世界的人物。除此之外，佛羅倫斯也是強盛領土國義大利的首都，因為猶太人與基督徒間的文化交流而受益甚多，其光鮮亮麗的一面不禁令人目眩神迷；然而一如所羅門的審判所示，在這座城市中，惡意歧視隨著藝術創新的腳步一同滋長，「包容」不過是為滿足基督徒自身利益所立下的一面飾牆。不論像所羅門這類的猶太人為佛羅倫斯做出多少貢獻，仍舊難以擺脫睥睨、輕蔑、以及毫不掩飾的仇恨眼光，猶太人被迫穿戴恥辱的黃色標示；被推向社會邊緣；受到不公不義的惡意迫害。實際上，佛羅倫斯幾乎可謂沈醉於偽善和偏見之中，教堂內一幅幅祭壇畫，將猶太人描繪成怪誕、異樣、又道德淪喪的種族，而在城市修道院的長廊上，擠滿字字推敲希伯來典籍的人文學家，只為讓訛言惑眾的宣講手冊受到更多關注。就另一個角度而言，「反猶主義」可謂文藝復興佛羅倫斯的新興藝術形式。

所羅門這位忿忿不平、瀕臨破產的放款人可能沒想到，自己仍算是文藝復興時期較為幸運的猶太人，儘管他悲嘆自己命運多舛，並暗自咒罵受到毫無人性、不公不義的待遇，但不久之後，他的族人將會面臨羞辱、隔離、追捕、殺害，雖然情勢在十六世紀後期有所波動，但這波迫害規模堪稱義大利史上之最，直到近代法西斯主義興起取而代之。更可悲的是，文藝復興時期的藝術家大展長才，並非是為對此加以譴責，反而是滿心歌頌人類歷史上最可恥的一頁。

第十二章

新月方升

一四三九年夏季，當所羅門．迪．波拿文圖拉剛與亞伯拉罕．達蒂利簽訂合約，展開惹禍上身的事業，而菲利普．利皮也才剛完成大作《巴巴多里祭壇畫》之時，佛羅倫斯顯然正在向伊斯蘭世界招手。城市的街道與廣場上，處處可見與「穆斯林帝國」活絡交流的跡象，五花八門的事物源自西班牙安達魯西亞地區與哈夫斯王國，有些則來自鄂圖曼蘇丹領土和遙遠的韃靼國度。在佛羅倫斯最富之流的華美宅邸中，擠滿來自東方海岸的奴隸與僕役，傳來陣陣異國語言的聲調；聚集在修道院迴廊的人文學家，開始產生學習阿拉伯文學的慾望；《巴巴多里祭壇畫》一類的教堂藝術，早已運用明顯的視覺符號展現伊斯蘭文化。商人自在地講述跨海旅行經歷，足跡遍及亞歷山大港、君士坦丁堡、以及更遙遠之地，深入帖木兒王朝波斯地區塵土飛揚的市集城鎮。最令人難忘的是，市集擺滿五花八門來自遙遠東方的香草與香料，空氣中瀰漫著濃郁的香氣，有來自印尼的丁香、小亞細亞的馬鬱蘭、黎凡特的小茴香籽、阿拉伯的肉桂、應有盡有，即使是更加珍奇的香料，例如華澄茄和「天堂椒」（非洲豆蔻）也能在此一見。

伊斯蘭與西方

十五世紀早期，所有佛羅倫斯人都已意識到義大利半島與新月諸國之間的互動，漸漸培養出豐碩成果。

幾乎自七百年前起，早在利皮的非洲之旅之前，義大利人就已經發覺伊斯蘭不僅是地中海霸主，也是文化與宗教強權。最早可追溯至中世紀，穆斯林信仰向來是歐洲歷史上的關鍵勢力，除了在政治與經濟上扮演重要角色，更被視為異己與分歧的象徵。七一〇年以降，安達魯西亞頻頻向外侵略，使得伊斯蘭文化首度有機會接觸西歐的基督教國家，不過一直到下個世紀，阿拉伯人踏上西西里島之後，穆罕默德追隨者的形象才真正在義大利人的想像之中生根。儘管在安達魯西亞沒落之前，阿拉伯就已開始向西西里島動武，拜占庭帝國分裂才是引發北非穆斯林全面進攻的真正原因，九〇二年的戰事在徹底征服西西里後劃下句點。穆斯林的統治期維持不過一個半世紀，在諾曼人攻占義大利南部後告終，卻在此地留下源遠流長的傳統，對西西里造成深刻影響，因此即使長年處於交戰狀態，西西里的大門永遠為基督教與伊斯蘭文化的真誠交流而敞開。西西里埃米爾國（Emirate of Sicily，亦即諾曼人征服西西里島前，穆斯林在此地建立的王國）瓦解之後，留下大批穆斯林人口，而伊斯蘭文化對當地的影響實在太過深遠，以至於許多基督徒國王不得不學習阿拉伯文，並且長期贊助典型摩爾風格的藝術與建築。義大利沙列諾大學（University of Salerno）醫學院之所以勝過其他學術機構，主因就是阿拉伯學問注入，尤其是阿拉伯文的亞里斯多德評論集，更是使得義大利南部的哲學發展有別於北部。儘管伊斯蘭文化帶來諸多正面影響，義大利社會的輕蔑情緒卻急遽高漲，甚至惡化成恨意，西西里的經歷導致義大利人對穆斯林抱有負面想像，既是文化「他者」，又有急於擴張的傾向。從此，穆斯林是義大利天主教死敵的印象，深深烙印在眾人心中，而義大利位於文化衝突前線的想法，更是受到大眾認同；中世紀的歷史與地理典籍，記載各種偏頗注解，將穆斯林醜化為野蠻異端，視其為完好基督教世界的一大威脅。

不過一直到十字軍東征，義大利人的世界觀才真正受到伊斯蘭世界衝擊；首次東征發起於一〇九五年，目標是從（平心而論頗為包容的）穆斯林手中奪回聖地巴勒斯坦，後續的一波波進攻則意在向義大利人與歐洲諸國國民宣示，與暴力對抗伊斯蘭世界即是虔誠基督徒的使命。各種扭曲事實的傳說開始流傳於世，除了刻意將穆斯林塑造成特定形象，也合理化自身對伊斯蘭教的仇恨。以《羅蘭之歌》（*Song of Roland*）[1]為例，內容寫道：「穆斯林並不敬愛上帝，而是侍奉穆罕默德、崇拜阿波羅。」而《法蘭克人事紀》（*Gesta Francorum*）則誣指穆罕默德只是穆斯林崇拜的眾多神祇之一。有些謠言指稱穆斯林在基督教教堂放置偶像雕像；有些則說穆斯林利用魔法牛引誘基督教徒走上異端；更有些謠傳穆斯林從事各種敗壞道德的性行為；甚至污衊「野蠻的」穆斯林懦弱陰柔，不值得敵方尊重或展現騎士精神[①]。

儘管中世紀基督教無疑對伊斯蘭教抱持負面觀感，文藝復興降臨卻看似帶來新的契機，使得文化交流更具正面意義和實質益處。隨著位於君士坦丁堡的拉丁帝國（Latin Empire）[2]於一二六一年崩解，曾經盛極一時的十字軍思想快速勢微，在喬托只不過是新手畫家的年代，沒有太多人認為可以、或應該將近東視為軍事侵略目標，而倡議像過去一般精銳盡出上戰場的人更是寥寥無幾。無論如何，穆斯林勢力雖然多元且分散，但仍長期占據黎凡特，同時鄂圖曼土耳其開始崛起，儼然是安那托利亞[3]的一大霸權，對於君士坦丁堡更是別有用心。此外，根據中世紀後期的旅行家所見，各支派的穆斯林分別掌控博斯普魯斯海峽（Bosporus）與中國之間的大部份地區，不僅展現出驚人的多元樣貌，軍事與經濟實力也極

1 十一世紀流傳於法蘭西地區的史詩，原是講述查理大帝與巴斯克人之間的戰役，後人在編寫時卻經常將巴斯克人代換為穆斯林或西班牙人。

2 十字軍第四次東征占領君士坦丁堡後所建立的帝國。

3 小亞細亞的別稱。

為強大。此時正逢北義大利海事諸國的銀行業蓬勃發展，終於能成就大規模、遠距離的交易，而為追求利潤，必須以更加成熟的方式理解伊斯蘭國度，達到一定程度的共存共榮，長年下來這一點只會愈加重要。

雖然威尼斯商人與穆斯林世界之間的貿易已有數百年歷史，不過義大利商人一直到十四世紀初才真正發覺，與近東和中東互通有無可以賺進大筆現金。由於在君士坦丁堡和佩拉（Pera）已經設有正式貿易基地，威尼斯和熱那亞的商人特別熱衷於開發進口原物料（金屬、明礬等等）、絲綢、和香料的潛在機會，可以選擇橫跨黑海的海上路線，或是穿過安那托利亞的陸路，同時期的佛羅倫斯及其競爭對手則開始開拓新財源，將完整布料外銷至埃及與黎凡特地區，並且進口穀物與其他有大量需求的糧食。

到了一四八九年，佛羅倫斯產布料有四分之三都是定價合理的布製品，專為需求量漸增的鄂圖曼帝國所設計，這波趨勢自然引起佛羅倫斯商人警覺，如果無法擴張與土耳其的商業交流，至少也必須與其維持穩定的貿易量[2]；一四七〇年在沃爾泰拉發現新的明礬礦源之前，鄂圖曼帝國獨占明礬供應市場，更加突顯其在托斯卡尼布料貿易中所扮演的關鍵角色[4]。另一方面，奴隸也是商業利益的一大來源，鄂圖曼與馬姆魯克王國透過剝削鄰近地區的民族如韃靼人，成為契約奴隸的兩大輸出地[3]。

與伊斯蘭統治地區進行貿易的利潤日漸攀升，吸引佛羅倫斯等大城市展開更加野心勃勃的商業規劃④，而未來數年的政治情勢變化，更進一步加深義大利與東方穆斯林之間的聯繫。一三七五年，馬姆魯克王國攻陷奇里乞亞亞美尼亞王國之後，絲路中最重要的一條路線落入穆斯林手中，於是維繫這條珍貴進口品命脈的唯一方法，就是與伊斯蘭統治者協商⑤。基於相同的道理，由於鄂圖曼土耳其大幅擴張領土，除非與蘇丹保持良好關係，否則根本無法與歐洲東南部、黑海一帶、或黎凡特進行實質貿易；十四世紀邁入尾聲之時，鄂圖曼一統安那托利亞與馬摩拉海（Sea of Marmara），長驅直入巴爾幹半島，並且於一四五三年掌握具指標意義的君士坦丁堡。同樣的，在帖木兒征服大半中亞地區之後，若想認真發掘遠東地區的商機，就必須仰賴與帖木兒王朝之間的正向交流。在任何形式的商業交流中，外交手段都是不可或缺的一環，例如科西莫・德・麥地奇就曾在一四五二年與三名親族共同投資五千荷蘭盾作為貿易資金，因此急於和鄂圖曼宮廷展開協商，以保障自身的貿易優勢，之後科西莫的孫子羅倫佐也煞費苦心的延續這項策略⑥。出於相同的原因，威尼斯和熱那亞都曾在一四五五年派遣大使前往穆斯林統治君士坦丁堡，請求鄂圖曼蘇丹給予明礬礦的開採權，畢竟明礬是紡織貿易不可或缺的原料。

隨著商業發展的步伐加快，知識的重要性也日益增加，在文藝復興初期，熟悉穆斯林世

4 布料染色過程中需使用明礬定色。

界被視為十分關鍵的能力。佩戈洛蒂就曾在著作《貿易實踐》中列出有野心的商人必須著眼之貿易大城，如亞歷山大港、杜姆亞特（Damietta）、阿克迪索立亞（Acri di Soria）[5]、拉亞索德雷米尼亞（Laiazo d'Erminia）[6]、以及多里西迪波西亞（Torisi di Persia）[7]等穆斯林世界中心，並且大篇幅介紹這些城市之間最有利可圖的路線。除此之外，佩戈洛蒂也強調良好的語言知識極具價值，如阿拉伯語、波斯語和韃靼語，上述三種語言人口加總後，是當時義大利本土語言以外最大的語言族群⑦。此後，隨著馬姆魯克和鄂圖曼勢力持續壯大，精準的資訊堪稱是無價之寶，商業利益加上人文學家的好古態度，使得資訊豐富的旅行見聞錄盛極一時，君士坦丁堡失守之前，「有學識之人前往黎凡特旅行並紀錄……所見所聞，是十分普遍的現象」⑧。例如在一四一九年，威尼斯商人尼可羅·達·孔蒂（Niccolò da Conti）造訪大馬士革，並且在當地學習阿拉伯文，以便了解不同的文化與傳統，之後他與阿拉伯商人一同踏上旅途，抵達巴格達和波斯（並且學會當地語言），接著前往東南亞，足跡遍及印度、蘇門達臘、緬甸、以及爪哇，習得大量關於香料貿易與金礦開採的實用知識。後來孔蒂向波焦·布拉喬利尼轉述自身經歷，布拉喬利尼則以文字詳盡記錄，這部作品啟發許多十五世紀的地圖學家，徹底翻新他們對東方地理的了解，天賦異稟的弗拉·毛羅（Fra Mauro）也是其中之一⑨。到了後期，人文旅行家從川流不息演變為洶湧而來，五花八門的旅行見聞錄也成為當時最流行的文學類型，以安科納的賽瑞亞克（Cyriac of Ancona）[8]為例，他曾在鄂圖曼世界為蘇丹工作，返回家鄉後，便以最生動有趣的方式，鉅細靡遺記錄在近東的遊歷⑩，而人類學家瓜里諾·維洛尼塞（Guarino Veronese）、歷史學家喬凡尼·奧里斯帕（Giovanni Aurispa）、弗朗切斯科·費勒夫、修士克里斯多福羅·布隆戴蒙提（Cristoforo Buondelmonti）、法政牧師貝爾納多·米凱洛齊（Bernardo Michelozzi）、以及邦西尼奧雷·邦西尼歐里（Bonsignore Bonsignori）等人物也都曾踏上類似的旅途⑪。

鄂圖曼土耳其占據君士坦丁堡後，導致伊斯蘭世界與義大利諸國產生直接衝突，而軍事交戰通常都會促使兩種文化交流更加頻繁，義大利人在戰場上被迫面對「他者」，而在談判桌上則必定會一睹穆斯林社會的內部運作。雙方衝突爆發，也帶動藝術家與人文學家向東旅行，這種現象在威尼斯與那不勒斯特別明顯，例如為遵守一四七九年的和平協議，威尼斯議會指派藝術家真蒂萊·貝利尼（Gentile Bellini）前往君士坦丁堡，以類似巡迴文化大使的身分交流，貝利尼以畫筆詳細記錄鄂圖曼宮廷的景況，甚至曾為蘇丹穆罕默德二世繪製精美的肖像畫（現典藏於倫敦國家美術館）。另一個類似的例子是，穆罕默德二世與那不勒斯費蘭特

5 現為土耳其的安塔利亞（Antalya）。
6 現為土耳其的阿亞斯（Ayas）。
7 現為伊朗的大布里士（Tabriz）。
8 本名賽瑞亞柯·德·佩茲柯里（Ciriaco de' Pizzecolli）。

國王在戰後締結外交關係，於是一四七五至七八年間，康斯坦佐・德・費拉拉（Costanzo da Ferrara）也獲派執行相似的文化交流任務，在君士坦丁堡完成一系列影響深遠且啟發人心的作品，以及刻畫入微的宮廷人物畫，如《站立的鄂圖曼人》（*Standing Ottoman*）〔圖37〕[12]。另一方面，鄂圖曼宮廷內的衝突與分裂，也能促成雙方人馬更具深度的交流；傑姆・蘇丹（Cem Sultan）謀取同父異母兄弟巴耶濟德二世（Bayezid II）的王位不成，先是遭放逐至羅得島（Rhodes），接著又流落至義大利半島，巴耶濟德二世將傑姆交由教宗諾森八世發落，並定期支付大量費用確保他處於監禁狀態，想不到傑姆卻在羅馬這座基督教大城開啟了一扇引來東方狂熱浪潮的大門[13]。

基督徒與穆斯林時不時的意外接觸，也可能催生出罕見又獨特的文化互動，超越商業與衝突的一切限制。有如呼應菲利普・利皮遭綁架與奴役的經歷，哈桑・伊本・穆罕默德・瓦贊（al-Hasan ibn Muhammad al-Wazzan）是出生於西班牙並在摩洛哥大城菲茲（Fez）長大的穆斯林，不過他更為人所知的名字是利奧・阿非利加努斯（Leo Africanus），十六世紀初，他遭到海盜挾持並淪為贈予教宗利奧十世的禮物。阿非利加努斯在羅馬不僅接受改信基督教的安排，更不吝分享珍貴的第一手觀點，剖析阿拉伯語和原生信仰伊斯蘭教的本質，此外他以超乎常人的細心，為埃迪吉歐・達・維泰博（Edigio da Viterbo）樞機主教將《古蘭經》翻譯為拉丁文，也曾為人文學家阿爾貝托・畢奧（Alberto Pio）將〈保羅書信〉譯為阿拉伯文[14]。

在文藝復興時期，知名度較高的人物往返於東西方之間愈加容易、頻繁，自然也有較為平凡的人才交流，而且重要性不亞於前者。義大利的奴隸交易死灰復燃，反而使得各地的穆斯林在文藝復興義大利人眼中不再如此「異國」，正因征戰與貿易協定引發多次變遷，絕大多數被送往東地中海另一端的奴隸都是穆斯林，而許多北義大利富商大賈家中的穆斯林奴隸，就是經由這條水路引進⑮。儘管奴隸在義大利社會的地位低落，可能阻礙雙方在觀念與習俗層面的種種實質交流，但至少毫無疑問的，只要有伊斯蘭族群的存在，不論其在法律身分為何，多少都能消除一些東方族群過去呈現的神祕形象，也使得義大利社會更熟悉東方的穿著、習性、以及語言。

十四世紀初期以降，貿易、外交、政治、戰爭、甚至是偶然事件，都不約而同將伊斯蘭世界推向前所未見的顯眼高處，尤其是鄂圖曼帝國的文化特別引人注目。穆斯林世界的知識以超乎想像的速度成長，短期內，對近東與中東文化的讚賞態度，便透過文學與視覺藝術一覽無遺，尤其是與東地中海商業連結密切的威尼斯，特別容易接受伊斯蘭文化的浸染，雖然探討文化傳播的精確軌跡並不如預想中容易，卻不難觀察到威尼斯共和國的建築結構之中，明顯融入了穆斯林式建築的形式與精神⑯。在大運河沿岸豪華宅邸的花飾窗格上，在聖馬可廣場震懾人心的室內空間中，都可以發現吸收、同化、以及轉化伊斯蘭藝術結晶的跡象；繪畫方面的轉變也很類似，儘管義大利藝術風格迥異於貝利尼及康斯坦佐・德・費拉拉的肖像作品，卻也越來越有興趣將近東與中東穆斯林的形象，囊括並精準呈現在作品中，可能是鄂圖曼朝臣、馬姆魯克士兵、或是鐵木兒平民。以伯多祿・洛倫采蒂（Pietro Lorenzetti）的作品為例，為西恩納聖方濟各教堂所繪製的壁畫《方濟會會士殉道於塔納》（*Martyrdom of the Franciscans in Tana*），極為詳實描繪出地中海一帶的摩爾人與韃靼人，兩個民族正是在此時期攻占塔納港。之後於一五〇四至〇七年，真蒂萊與喬凡尼・貝利尼共同繪製的《聖馬可於亞歷山大港傳道》（*St. Mark Preaching in Alexandria*）〔圖35〕，雖然有意突顯威尼斯建築之美，卻意外展現出對於穆斯林服裝與傳統的深度鑽研和欣賞。事實上，在更加多樣且細微的視覺藝術元素中，都可以觀察到基督徒與穆斯林文化交流的影響，例如歷史學家麗莎・渣甸（Lisa Jardine）和傑瑞・波頓（Jerry Brotton）出奇大膽且具開創性的研究發現，文藝復興時期的紀念像藝術明顯受到伊斯蘭文化陶染[17]。以開放態度接受伊斯蘭文化的案例中，最耐人尋味且稍令人意外的例子，就屬義大利繪畫中出現東方風格的地毯[18]，自十四世紀以來，隨著與近東和遠東接觸益加頻繁，藝術家開始在作品中融入波斯與土耳其地毯的元素，用以暗示畫中角色地位或事件發生地點，例如卡洛・克里韋利（Carlo Crivelli）的《天使報喜》（*Annunciation*）、皮耶羅・德拉・弗朗切斯卡的《布雷拉聖母》（*Brera Madonna*）、以及羅倫佐・拉多（Lorenzo Lotto）的《聖安東尼的施捨》（*The Alms of St. Anthony*），都畫有各色各樣設計精美的東方風格毛氈，有如印證雙方文化實在且正向的交融。

文明衝擊

文藝復興藝術中的東方穆斯林形象，突顯出知識成長與文化交流的盛況，因此有部份學者斷言，文藝復興對於伊斯蘭世界的負面「東方主義」態度已然瓦解，早期片面的偏見以及薄如紗的包容假象也漸漸消失。實則不然，在開放與同化心態的偽裝之下，潛藏著對伊斯蘭文化的排斥和厭惡，嚴重程度前所未見，事實上，「整體而言文藝復興思想極為敵視穆斯林，比起中世紀有過之而無不及」[19]。

和排斥猶太人的原因並無二致，文藝復興之所以難以接受與穆斯林文化對等交流，最根本的障礙就是宗教，單是這一點，就足以延續和強化長久以來的種族偏見。無論人文學家對伊斯蘭神學的理解是多是少，至少都明白穆斯林不承認基督的神性，而正是這種觀念觸犯了基督徒的中心思想，基於相同的原因，十四與十五世紀的人文學家站在自以為是的立場，指控伊斯蘭教為史上最大異端（與猶太教和阿里烏教派並列），並且抨擊穆罕默德是邪惡、為慾望所驅使的通姦犯，著魔於罪惡與邪說。例如佩托拉克在著作《獨居生活》（*De vita solitaria*）就譴責穆罕默德是「通姦成性的荒淫之人」、「奸邪凶惡、聲名狼藉的強盜」、「屠夫」、「邪惡迷信的始作俑者」、「妖言惑眾」的元兇、以及「眾人皆知的酒色之徒和種種淫慾之罪的教唆犯」[20]。一世紀後，庇護二世發表的言論更加荒唐與嚴厲，毫不留情詆毀伊斯蘭信仰的起源並冠以異端與罪惡之名，庇護教宗不僅一再強調穆罕默德拒絕承認三位一體的信條，更如此斷言：

> 穆罕默德是浸淫在異教邪說與猶太邪道的阿拉伯人，接受聶斯托留和阿里烏異端的教育，他透過色誘富有寡婦累積財產，因為不忠而臭名遠播；更因此吸引一群強盜土匪在側，在這惡徒協助之下，他成為阿拉伯之王。儘管穆罕默德熟知《新約》與《舊約》，卻背離兩者訓誡；厚顏無恥的自稱為先知……他對這原始的國度施予詛咒，說服眾人背棄基督救世主，並改以接受他推崇的新宗教。為達到這項目的，穆罕默德不惜利用魔咒與法術，並准許進行各式各樣難以啟齒的性關係，但這也意謂他可輕易蠱惑普通人，因這群人即是屈服於感官愉悅的奴隸。[21]

穆罕默德在庇護二世和當時的基督徒眼中，不僅是偽先知，更是異教之首、巫師、竊賊、暴君、性異常者，與基督教相背的一切都源於穆罕默德，他就是所有穆斯林都是「十字架的敵人」的鐵證，也暗指先知的罪惡即其信徒的罪惡：譴責一人即是譴責整個族群。

中世紀時期，基督徒與穆斯林共同生存在十字軍國家，促使不少中世紀歷史學家從宗教與世俗層面，仔細研究伊斯蘭歷史，不過文藝復興人文學家對於撰寫穆斯林歷史的興趣，卻遠不及對穆斯林詳細背景的求知慾。十五世紀早期的歷史學家有大量唾手可得的相關知識，但安德瑞亞·畢格利亞（Andrea Biglia）和弗拉維奧·比翁多（Flavio Biondo）等知名學者，卻「毫不重視自己筆下的伊斯蘭歷史敘事是否精準或有歷史誤差」[22]，他們的目標並非做出學術貢獻，而是引起論戰，因此筆下文字幾乎是極端的辱罵。這些學者純粹想利用偽歷史塑造特定的穆斯林形象，尤其是馬姆魯克和鄂圖曼人，污衊這些族群是野蠻人、是次等人類，身上潛藏反文明的特質，生在世間只為帶來殘暴與磨難。文藝復興的人文學家無視於目擊當事人的證言，或是經典著作的見解，反而從中世紀文本中擷取最惡劣的不實說法，再剔除所有公平合理的評論，最後再有如恣意宣洩憎恨般的放大所有負面說辭。正因如此，即使是尼可羅·薩佔迪諾（Niccolò Sagundino）這類曾長期生活在鄂圖曼社會的學者，也會忽略親身經歷，反而將土耳其人描述成天性邪惡、野蠻、殘暴的種族[23]，對當時的人文學家而言，良善的穆斯林並不存在，也從未存在過。

邁向死亡

文藝復興時期的人文學家滿懷熱情渴望，希望重燃十字軍東征的烈焰，嚮往從埃及馬姆魯克王朝手中奪回耶路撒冷。綜觀十四世紀初期，在各種場合一直都有歐洲強權提出重組十字軍的想法，最著名的一次事件，就屬法王腓力四世宣告要以法國交換耶路撒冷，不過人文學家因為和東方交流異常頻繁，很快便成為領頭羊，紛紛鼓吹大眾對穆斯林採取殘忍的報復手段。例如，「維也納大公會議」（Council of Vienne）發表呼籲聲明之後，名為馬里諾・薩努多・托爾塞洛（Marino Sanudo Torsello）的威尼斯商人便於一三二一年晉見教宗約翰二十二世，獻上近期完成的著作《十字架信徒的祕密》（*Liber Secretorum Fidelium Crucis*）。這部作品充斥著偽善的教條與致命的恨意，通篇都在闡述「保護信徒、歸信基督教、毀滅異教、以及奪回並捍衛『聖地』的急迫性……」[24]，而這種論述也成功引起廣大迴響，數年之內，全義大利的人文學家紛紛號召發起新一代遠征，對抗盤踞在「聖城」的伊斯蘭侵略者。最熱衷此道的學者莫過於佩托拉克，雖然錯過前往黎凡特朝聖的機會[25]，他將對伊斯蘭信仰的滿腔怒火宣洩在《獨居生活》中，以極大篇幅呼籲歐洲天主教高層展開十字軍行動，並嚴厲斥責王族權貴對耶路撒冷的苦難視而不見，悲嘆基督信仰的「聖地」遭到「埃及走狗肆無忌憚的踐踏」和

「蹂躪」[26]。實際上，馬姆魯克人對基督徒包容，也對基督教據點頗為尊重，甚至也會向許多據點致敬，佩托拉克卻對於真正的現實渾然不覺，一味鼓動歐洲各國群起組成強大軍力，一舉從聖地抹除伊斯蘭所留下的「污點」，而佩托拉克後繼有人，其仰慕者科盧喬・薩盧塔蒂將這個夢想繼續傳承並發揚光大。薩盧塔蒂將眼界擴展至鄂圖曼帝國以及馬姆魯克王朝，試圖煽動教宗和各國君主發動更加野心勃勃的十字軍遠征，隨著鄂圖曼的版圖穩定擴張至安那托利亞和馬摩拉海一帶，薩盧塔蒂漸漸相信奪回聖地是當務之急，全世界的基督教國家應團結一致，在穆斯林採取下一步行動之前，終結其所造成的威脅；他更提出警告，若再不有所為，十字架的「邪惡」敵人便會迅速撲向義大利[27]。

薩盧塔蒂可謂有先見之明，穆斯林的確不安於現狀，鄂圖曼帝國一路擴張至安那托利亞、近東、以及巴爾幹半島，如此發展隨即導致人文學圈對伊斯蘭的怨恨更為強烈。自中世紀初期以來，首次有如此強大的伊斯蘭國家，可能會威脅西方基督教世界的領土完整性，歐洲遭穆斯林征服的風險更是前所未有之高。一四三九年的佛羅倫斯大公會議，亦即戈佐利以《賢士伯利恆之旅》紀念的事件，可說是促使東方與西方教會和解的最後一搏，希望能藉此形成統一的基督教前線，與土耳其的猛攻強襲抗衡，然而一四五三年君士坦丁堡失守，卻突顯出外在威脅之強大與神學詭辯的徒勞。千年之後，羅馬首位基督徒君王的首都終究還是落入異教徒手中，羅馬帝國最後殘存的遺跡崩塌一地，驚恐的浪潮橫掃義大利半島，而人文學家只有一個念頭：必須、立即、採取行動。過去想洗刷十字軍東征失敗之恥的渴望，進化為更遠大的企圖，亦即不計一切手段徹底摧毀鄂圖曼帝國，否則義大利將是下一個犧牲者。

一四五五年教宗嘉禮三世上任後，幾乎是立即著手「做足萬全準備支援基督教世界，因為在其眼中，基督教世界即將遭到土耳其人摧殘。」為完成這項使命，喬凡尼・達・拿坡里修士（Fra Giovanni da Napoli）、米歇爾・卡爾卡諾（Michele Carcano）、羅伯托・卡拉喬洛・達・雷契修士（Fra Roberto Carraciolo da Lecce）、以及西恩納的聖伯爾納定等傳教士奉命前往義大利各地，「遊說各國君主與人民以基督信仰為名自我武裝，並且貢獻金錢與人力，以支持當前對抗共同敵人的行動」[28]。雖然此舉最終是一場空，但嘉禮三世的繼任者庇護二世繼承這份精神，且熱衷程度更勝前人[29]，庇護二世宣稱「征服者穆罕默德」[9]企圖「一統歐洲」並「粉碎基督的神聖福音與律法」，就是意在團結各個基督教國家，完成征服土耳其人的神聖任務，而正是為開戰此一目的，曼切華大公會議於一四五九年登場[30]。庇護二世再次對王族權貴耳提面命，「一旦匈牙利人敗下陣，德國人、義大利人、乃至於全歐洲都必須臣服，隨著這起災難而來的，必然是基督信仰的崩毀」，教宗盡其所能的說服在座人物，基於緊急宗教理由，必須立即對鄂圖曼土耳其宣戰[31]。

雖然起初義大利的好戰權貴反應冷淡，但此時期的藝術早已與平民大眾心中的惡毒恨意連成一氣。一四三九年，現已不幸毀損的畢薩內洛壁畫《聖喬治與公主》（*St. George and the*

Princess）正值完工，這幅作品專為維洛那的聖安娜斯塔西亞教堂（S. Anastasia）繪製，經由視覺展現出復興的十字軍精神。聖喬治是驍勇善戰的基督教聖人典型，在畫中現身拯救特拉比松（Trebizond）公主，而在一四三〇年代晚期，特拉比松城屬於流亡的科穆寧家族（Komnenoi）的領土，可謂基督教世界最後一座前哨站，很快便受到步步進逼的鄂圖曼土耳其威脅；左右兩面壁畫聯合形成極具衝擊力的警示，暗示義大利基督徒必須盡快出手拯救特拉比松一類的區域，才能在回天乏術之前阻止伊斯蘭的侵略行動。

不過數年後，艾波羅尼歐・迪・喬凡尼（Apollonio di Giovanni）與馬可・德爾・波諾（Marco del Buono）共同繪製精美絕倫的箱匣板裝飾畫《征服特拉比松》（*Conquest of Trebizond*），可能是為佛羅倫斯斯特羅齊家族設計的作品，以土耳其人威脅特拉比松為主題[10]，同樣是為呼應號召採取武力行動，畫中可能還隱含以十字架之名寄望帖木兒大軍的助攻之意[32]。

一四八〇年七月二十八日，一支剛奪下羅得島、超過百艘重裝船艇的鄂圖曼軍隊，對那

9 鄂圖曼帝國蘇丹穆罕默德二世的稱號。

10 此幅作品場景雖設定為特拉比松，畫面卻是鄂圖曼帝國和帖木兒王朝的交戰場景，可能是以一四〇二年兩國之間的安卡拉之戰為概念，最後帖木兒大軍獲勝，稍稍減緩鄂圖曼帝國侵略羅馬帝國的步調。

不勒斯的奧特朗托港（Otranto）發動攻擊，兩週之內全城淪陷，主教與軍隊指揮官遭到對半分屍，約八百名不願改信伊斯蘭教的市民遭到大屠殺。蘇丹穆罕默德二世因為近期戰績斐然而精神大振，有意將奧特朗托當作進攻據點並直取羅馬，恐慌隨之而來，此時基督教面臨真正的危機，一刻都不能再拖延，那不勒斯國王費爾南多迅速集結義大利盟軍反擊，適逢穆罕默德二世於一四八一年五月三日意外死亡，終於收復奧特朗托。從此雙方陣營展開長期苦戰，雖然與鄂圖曼帝國的貿易仍持續進行，且國內事務經常成為採取大型軍事行動的阻礙，義大利諸國與鄂圖曼帝國之間的戰爭仍持續了九十年，最終在一五七一年的「勒班陀戰役」（Battle of Lepanto）中，義大利經過血腥惡戰取得勝利，戰爭才宣告落幕。

經過一次次戰火摧殘，奧特朗托屹立不搖，這座城市的歷史可說是文藝復興對伊斯蘭的態度縮影。八百名拒絕在信仰上妥協的基督徒被尊為殉道者紀念，屍骨封裝在大型玻璃盒中，置於奧特朗托大教堂的主祭壇後方，鄭重警告信徒任由鄂圖曼人胡作非為的下場。更值得注意的是，如此令人毛骨悚然的教堂紀念形式，實際上暴露出難以忽視的事實：儘管義大利與近東長期維持穩定的經濟合作關係，文藝復興基督徒仍時不時企圖打擊伊斯蘭教，更意圖永久消滅穆斯林。縱使鄂圖曼文化富強，縱使伊斯蘭國家對義大利貿易舉足輕重，文藝復興藝術家與人文學者還是認為，穆斯林信仰是基督教世界的重大威脅，更甘願獻出自己的文化能力，供有意向伊斯蘭世界宣戰的人物差遣，可惜在後續數十年間，新一代十字軍東征行動終究淪為口號。

第十三章

人性枷鎖

一四四一年八月二十六日，名為阿爾貝托・達・薩爾泰亞諾（Alberto da Sarteano）的方濟會修士拖著腳步踏進佛羅倫斯，在此之前他銷聲匿跡長達兩年時間，這名五十六歲、生性安靜的流浪漢，通常不會吸引太多目光，在任何情況下，幾乎不會有任何人注意到如此卑微的人經過身旁。然而就在阿爾貝托進入佛羅倫斯城門的那一刻，身邊圍滿滿臉訝異、爭相一探究竟的人群，阿爾貝托以為是因為自己的人文學識以及早年遊歷拜占庭與巴基斯坦，而在佛羅倫斯小有名氣①，但其實吸引眾人的原因並非修士本人，阿爾貝托的旅伴才是令佛羅倫斯人深深著迷的對象；伴隨在他身旁的人物不僅有衣索比亞科普特教會（Copts）[1]代表團，由滿臉鬍鬚的修道院長安東尼領頭，還有兩位來自衣索比亞的非洲黑人。

1 埃及一帶的基督教會。

儘管佛羅倫斯早已「充滿不尋常的面孔與服飾」，阿爾貝托一行人還是成為眾人矚目的對象，深色皮膚的衣索比亞人具有非比尋常的吸引力，一方面，眾人多半以譏諷的心態看待非洲人（曾有人評論非洲人「舉止生硬、怪異」而且「弱不禁風」），另一方面，即使是最具涵養的人文學家也特地奔出家門，只為一睹奇異又陌生的形象走過城市街頭②。

然而，阿爾貝托在此時帶著引人注目的異國旅伴回到佛羅倫斯並非偶然，在之後於城內舉行的大公會議，他與科普特教會和衣索比亞友人，將會一同完成重要使命。早在一四三九年夏季，教宗尤金四世便決定要團結基督教世界，共同對抗鄂圖曼土耳其，並著手號召集結所有基督徒，無論信徒身在何處，於是教宗指派阿爾貝托執行一項重大任務，前往已知世界的邊陲地帶。阿爾貝托的工作包括抵達耶路撒冷以及亞歷山大港，向科普特教會和麥爾基教派宣佈召開大公會議之事，以及探訪傳說中比埃及還要遙遠的基督教聖域，而他被特別交付的差事即是傳信，對象是神祕莫測的人物「祭司王約翰」，以及同樣難以捉摸的「印度群島的湯馬斯」，相傳兩人都是十字架的虔誠追隨者。

儘管阿爾貝托長年在近東遊歷，踏上這一趟旅程前卻無法掌握充分的可靠資訊，當時非洲的一切都是謎，世人對寬闊南方沙漠之外的事物幾乎一無所知，自然也沒有任何人能擔當嚮導的重任，至於該從何處尋找「祭司王約翰」或「印度群島的湯馬斯」，阿爾貝托手中只有極為模糊的提示。

話雖如此，阿爾貝托卻跌破眾人眼鏡，一路勇闖埃及，當時埃及的統治者是馬姆魯克蘇丹薩伊夫阿爾丁．賈科馬克（SayfalDin Jaqmaq），不過阿爾貝托並沒有找到傳說中的人物，無法將尤金教宗的信件送達，卻成功打聽到衣索比亞皇帝札拉．雅各布（Zara Yaqob）的消息，這號人物毫無疑問是虔誠的基督徒，號稱是所羅門王後裔的說法似乎也為真。衣索比亞地區的基督徒多半居住在耶路撒冷，對於大公會議深感興趣，顯然，面對這塊沙漠之外迄今為止仍神祕難解的地域，基督教義大利有機會可鞏固雙方關係。

尤金教宗因為阿爾貝托的成功而大感振奮③，八月三十一日在新聖母大殿以氣派排場正式接見科普特代表團；並在兩天後接待令人好奇的衣索比亞代表，雖然異族的語言難以理解，習慣也頗令人意外，不過這些來自撒哈拉沙漠以南的訪客證明了基督教世界比過去想像中還要寬闊。在這短暫的瞬間，彷彿所有基督教世界的國家——義大利人、希臘人、黎凡特人、埃及人、甚至衣索比亞人——都有可能站在同一陣線，懷抱共同的信仰，並且為擊敗可恨的土耳其人的神聖理念並肩奮鬥。

雖然這次協商並沒有達成長久協議，不過因迷思而產生的障礙已然崩解，也在從未近距離接觸的人種與文化中發現許多共通點。教宗委託費拉瑞特作畫紀念科普特教會與衣索比亞人的來訪，讓這一刻在聖彼得大教堂的銅製大門上永垂不朽④，費拉瑞特觀察入微的描繪出來自他鄉的旅人，兩幅場景精準捕捉撒哈拉沙漠以南非洲人獨一無二的異國特色，也如實呈現尤金教宗視訪客為教會兄弟並殷勤接待；話雖如此，教宗的衣索比亞友人對此事未必有相同的看法。

照亮黑暗大陸

阿爾貝托的冒險旅程與一四四一年衣索比亞人踏入佛羅倫斯，此兩大事件可謂文藝復興和撒哈拉沙漠以南非洲互動的經典例子，而雖然歷史學家經常忽略這一點，不過尤金教宗與衣索比亞的會面，正象徵探索非洲大陸的一大躍進，畢竟在此之前歐洲人對這片大陸僅有模糊的印象。

然而這並不表示在阿爾貝托返鄉之前，義大利人一直對非洲內陸一無所知，事實上，人文圈熱愛研究古典時代與非洲黑人的典型交流方式，義大利人透過希羅多德（Herodotus）的《歷史》（*Histories*）等希臘經典[5]，了解古埃及人曾有繼續向南探索的意圖，而經由羅馬時代的作品，則獲知古代貿易曾接觸地中海沿岸以外的民族[6]。義大利人也並非從未見過非洲黑人，外交活動早已開啟不少管道，義大利諸國先前就曾嘗試聯繫想像中位於遙遠南方的國家；以一二九一年為例，熱那亞派遣大使前往現在的索馬利亞首都摩加迪休（Mogadishu），試圖釐清已失聯多時的韋瓦第（Vivaldi）兄弟身在何處[2]。同樣的，非洲也小心翼翼伸出友善的手；一三〇六年奉衣索比亞皇帝維德曼・阿拉德（Wedem Arad）之命前往西班牙的使節，意外現身在熱那亞，而且興高采烈向好奇的市民訴說家鄉軼事。除此之外，少數撒哈拉沙漠以南的非洲人，實際上已在義大利半島定居數個世紀，由於西西里向來是地中海一帶的主要貿易樞紐，極少部份的非洲人曾受邀進入中世紀宮廷。而在一四三〇年代後期，佛羅倫斯與阿拉伯商人交易頻繁，因此至少特定的有色人種在城市內頗為知名。有些非洲女黑奴則隨著摩爾人與柏柏爾人的足跡，從西班牙和葡萄牙橫渡地中海，到了一四二七年，佛羅倫斯各家的女奴共計約有三百六十名，多數來自高加索地區，但也有一小部份是非洲族裔⑦。

縱使如此，義大利對南方沙漠大陸的認識仍然很有限，除了前羅馬殖民地以外，義大利當代地圖鮮少展現對非洲地理的深度理解，也對尚未發現的事物多寡毫無概念。熱那亞神父喬凡尼・達・卡里尼亞諾（Giovanni da Carignano）曾於一三〇六年繪製波特蘭海圖（portolan chart）[3]，但現已失傳，地圖中埃及尼羅河上游以下的地區完全空白；而出自皮埃特羅・維斯康特（Pietro Vesconte）之手的世界地圖（mappa mundi），則直接假設撒哈拉沙漠以南都是海

2 歐洲探險家，從熱那亞出航向西行進，企圖尋找一條通往印度的航線，但從此渺無音訊。
3 詳實記錄港口與海岸線的航海圖。

洋。當時已知北非沿岸與尼羅河下游附近有聚落，但除此之外，關於大型城鎮的知識非常匱乏，對於非洲內陸的民族更是全無所聞，在阿爾貝托返回佛羅倫斯前，因為無知而造成的空白，多半是透過編造傳聞填補，而非正式專業的訪查。一三六七年，威尼斯人多明尼哥（Domenico）與弗朗切斯科．匹茲加諾（Francesco Pizzigano）共同製作出精美動人的波特蘭海圖，圖中有一條黃金河與尼羅河相接，源頭則位於出自托勒密[4]筆下的「月之群山」（Mountains of the Moon）。為了讓地圖更加精彩生動，這對兄弟擅改傳說中基督徒國王「祭司王約翰」的所在地，據馬可．波羅的描述，祭司王生活在東方，但這份地圖卻標示其位於暗影重重的西非地區，並且指稱其國境內滿地皆黃金，因此人人視黃金為敝屣。即使已邁入一四三〇年代，上述種種傳說仍持續盛行，由此角度看來，尤金四世將信件交付給阿爾貝托的決斷，實際上是基於難辨真假的祭司王傳說，而非有事實根據的資訊⑧。

阿爾貝托與衣索比亞旅伴現身於世人眼前，暗示革新的氣息瀰漫在空氣中，鄂圖曼土耳其在近東蓬勃發展更是一股強大刺激，在宗教層面，為尋找新的基督教盟友，義大利人積極挑戰傳說中的水域，並深究關於尚未涉足之地的知識，不過商業利益隨即取而代之，成為展開探索的最大動機。一四五三年君士坦丁堡陷落嚴重衝擊貿易發展，一方面，通往絲路的陸路處於前所未見的脆弱狀態，從遠東進口香料與原物料的重大交易因此岌岌可危；另一方面，鄂圖曼帝國一手把持伊斯坦堡海峽，徹底阻斷通向高加索的路徑。在此之前，這條貿易路線向來是（實屬非法）奴隸的主要來源，義大利人急切的尋求解決之道，因而大舉向外探索。為尋覓可避開鄂圖曼近東領土、又可航向印度群島的全新海上路線，葡萄牙船員穿過當今的獅子山共和國、迦納、以及西非黃金海岸，不僅發現迄今不為人所知卻物產豐隆的土地，更掌握了出口貴金屬與奴隸的大好機會。唾手可得的商機使得探險意願激增，雖然葡萄牙仍是航海界領導者，但阿爾維塞・卡達莫斯托（Alvise Ca'da Mosto）和安東尼奧托・烏索迪馬雷（Antoniotto Usodimare）等義大利探險家，也紛紛迫不及待地航向大海，一四五五年兩人率領探險隊沿著甘比亞河航行，並於一四五六年發現維德角群島（Cape Verde Islands）。

先前文藝復興義大利對於撒哈拉沙漠以南非洲的認識有限，但直至此時，與非洲大陸和民族的接觸機會或可習得的相關知識，都已不可同日而語；曾踏上陌生地域的旅行家帶回源源不絕的資訊，以非洲為主題的見聞錄大受歡迎，如卡達莫斯托的《航海記事》（*Navigazioni*）等作品更是風行一時[9]。卡達莫斯托的作品難免夾雜一些陳腔濫調的傳說，不過其中的描寫相當絲絲入扣，尤其是從與商業相關的精準觀察特別令人印象深刻；卡達莫斯托發現一條黃金與鹽的雙向貿易路線，連接現為馬利共和國的桑海帝國（Songhay Kingdom）以

4 古希臘羅馬時期作家，同時精通數學、天文、地理、占星，定居於羅馬帝國埃及行政區內的亞歷山大港。

及摩洛哥、突尼西亞、和埃及，他也以繪畫生動記錄市集城鎮如廷巴克圖（Timbuktu）[5]、塔戈哈札（Teghaza）[6]、及瓦丹（Oudane）[7]的乾熱氣候，並清晰描繪出柏柏爾人旅行隊蹣跚地橫越撒哈拉沙漠。此外，卡達莫斯托以同樣入微的觀察力分析沃洛夫王國（Wolof）[8]，首次揭開當地服飾、舞蹈、與耕種方式的神祕面紗，他將異地的地貌與動植物描寫的栩栩如生，無一疏漏的形容塞內加爾和甘比亞的河流、非洲象、河馬、以及幾乎天天有新發現、各色各樣的植物花卉，令讀者眼界大開。

事實上，即使不是旅行家或見聞錄書迷的義大利人，也漸漸開始與撒哈拉沙漠以南的非洲民族有所接觸。阿爾貝托．達．薩爾泰亞諾完成非洲之旅數十年後，義大利眼見「黑奴貿易發展出偌大商機」，認為此事無疑展開了「世界歷史上最令人痛心與可恥的一頁」，然而奴隸貿易卻也是文藝復興義大利人的絕佳機會，可與撒哈拉以南的非洲人近距離接觸⑩。一批批運載奴隸的葡萄牙船隊，日益頻繁的航向利佛諾（Livorno）、威尼斯、和熱那亞港口，於是財力足以買下奴隸的富人便能近距離觀察非洲黑人。縱使教會對蓄奴持保留態度，佛羅倫斯各家銀行仍對人口買賣特別關注，畢竟銀行業向來對潛在獲利機會極為敏感，並且盡可能迅速囤積大批有色人種女奴（偶有男奴），以應付急遽上升的需求。例如，根據卡比尼銀行（Cambini）商務代表喬凡尼．吉德提（Giovanni Guidetti）的報告，一四六一年七月葡萄牙船隻「拿撒勒聖母號」（Santa maria di Nazarette）抵達利佛諾港，載運貨物包括三名黑人女奴，分別名為伊莎貝爾（Isabell）、芭芭拉（Barbera）、和瑪塔（Marta），三人依據外觀的「黝黑程度」，身價約落在八千五百至六千五百西班牙銀幣（reals）不等（相當於高級工匠的年薪），接著女奴依序被送往卡比尼家族、喬凡尼·迪爾·奧比奇（Giovanni degli Albizzi）、以及里多爾福·迪瑟·加布里埃洛（Ridolfo di ser Gabriello）宅邸，負責處理家務雜事⑪。類似交易也出現在一四六四年九月，卡比尼銀行的帳簿記錄，皮耶羅以及朱利亞諾·迪·弗朗切斯科·薩爾維亞蒂（Giuliano di Francesco Salviati）支付大筆金額，以三六·一八密封荷蘭盾（fiorini di suggello）[9]「向本行購買一名黑人……用途為家奴」⑫。到了十五世紀晚期，幾乎每一個有企圖心的經商家族都至少擁有一名黑奴，更精確的說法應該是，義大利貴族寓所內若沒有一定數量的非洲人，便稱不上是完美無缺的宮廷。

5 位於馬利共和國的都市。

6 位於馬利共和國的鹽礦中心地，現已廢棄。

7 位於茅利塔尼亞中部沙漠的小鎮，現多為廢墟。

8 現為塞內加爾。

9 防範偽幣的措施，官方檢驗人員會將荷蘭盾封裝在皮製袋中，以證明貨幣的真實性。

上帝子民

隨著撒哈拉沙漠以南非洲的神祕面紗漸漸飄落，義大利人不得不正視自己對非洲民族的觀感，就此角度看來，阿爾貝托與衣索比亞代表團參與佛羅倫斯大公會議，不僅顯示出文藝復興義大利對非洲內陸的強烈好奇心，更代表眾人已準備好以相當正向的態度迎接非洲人。

阿爾貝托的出訪任務與尤金四世接見衣索比亞人的懇切態度，背後原因昭然若揭，和對待猶太人及穆斯林形成強烈對比，義大利人對於非洲黑人的印象從未受到宗教歧視汙染，事實上情況正好相反，基於一股同為基督徒的友好情感，文藝復興義大利人可說是熱切歡迎撒哈拉以南非洲人。

阿爾維塞・卡達莫斯托之流的旅行家，都曾提及有些非洲國家盛行異教的泛靈信仰，貝南（Benin）即是一例，即使如此，非洲黑人似乎從一開始就經常被冠以上帝子民的稱號，無論是否真的信仰基督教。對於和菲利普・利皮同一代的教會人士而言，非洲人可能的發源地，就是他們同為虔誠基督徒的證明；從挪亞的兒子含（Ham）遭到放逐這則聖經故事開始推敲，義大利人想像他一路從聖地漂泊至非洲，最終在當地定居及結婚生子，義大利人也相信，含的後代就是十五世紀來到佛羅倫斯的衣索比亞人。而由於撒哈拉沙漠以南的民族基本上難以分辨，所有非洲黑人都被視為含的正統後裔，自然也是基督教龐大家族的一分子[13]。

如果挪亞兒子的後裔身分還不足以令人信服，還有其他證據顯示非洲黑人應該被視為正統的基督教同胞。聖經記載的席巴女王（Queen of Sheba）就是典型例子，證明非洲與《舊約》歷史有所關聯；而三王前往伯利恆的故事，更是特別具有重要性，雖然聖經中沒有提及三賢士的姓名或出生地，早期基督徒卻巧妙的填補不足之處，將新命名的卡士帕（Caspar）、梅爾奇奧（Melchior）、以及巴爾達沙（Balthazar），分別連結至已知世界的三個角落，一般認為卡士帕與梅爾奇奧分別來自印度與波斯，巴爾達沙則在非常初期就被視為代表非洲的賢士[14]。例如在第四世紀，聖希辣略（St. Hilary）推測巴爾達沙來自撒哈拉沙漠以南的非洲，於是「黑人賢士」的印象緩慢但穩固的深植人心，到了十四世紀便成為廣為人知的說法。阿爾貝托返回佛羅倫斯之後，義大利人接觸非洲民族的機會明顯增加，同時期的藝術作品也開始加入黑人巴爾達沙的形象，一時蔚為風潮，一如曼特尼亞的作品《三博士來朝》〔圖36〕（*Adoration of the Magi*；此作品的完成日期通常會標示為一四八九年，但實際上完作年份最早可能為一四六二至七〇年間），畫中屈膝的巴爾達沙就是非洲黑人，顯然藝術家和觀賞者都承認其代表性：在廣大的基督教世界中，有色人種有不可取代的地位。

隨著年月過去，非洲黑人是上帝子民的形象只有更加根深蒂固，自十四世紀中期以降，非洲黑人在歷史上實屬基督教家族一員的概念大為盛行，因而促使不少大膽的藝術家與人文學者，在聖經故事中添加更多非洲元素，即使並沒有相關事實可佐證。例如，伊莎貝拉．埃斯特熱愛在曼切華宮廷安插黑人僕役，曼特尼亞似乎是受到妻子愛好的影響，在創作時做出空前創舉，將非洲黑人女僕的角色加入「朱蒂絲斬首赫羅弗尼斯」（Judith's decapitation of Holofernes）的故事中。這幅以鉛筆和墨水繪製的作品於一四九二年二月完成，畫中朱蒂絲的侍女展現出顯眼的非洲特色，而曼特尼亞至少在三件後續作品中，一再重複運用此主題，此後其他藝術家紛紛仿效，科雷吉歐也不例外[15]。朱蒂絲色誘並刺殺亞述將軍赫羅弗尼斯，是自我犧牲的典型模範，因此非洲黑人僕役出現在此經典畫面中，暗示作畫者有意讓有色人種共享這則故事象徵的榮耀，並且再度強調非洲在聖經傳統中的地位。

撒哈拉沙漠以南的非洲人是上帝子民，已經漸漸成為義大利人的共識，教會因而有極具說服力的理由積極向外探索，尋訪新發現的國度，並提倡以正向歡迎的態度對待非洲黑人，不論在非洲本地或義大利境內都一樣。阿爾貝托重返佛羅倫斯後的六十年間，教會對此深信不疑：有色人種與羅馬天主教信仰充分交流，再次證明「黃金時代」已然來臨[16]。

尤金四世一心想團結基督教世界，以及捍衛世界各地基督信仰的完整性，以此為基礎，教會開始無所不用其極尋覓宣揚天主教義的方法，對象則是已知的基督信徒，或被視為「天生」可順服歸化天主信仰的大眾。十六世紀初期，耶穌會創始人聖依納爵．羅耀拉（St. Ignatius of Loyola）有意出訪衣索比亞，鞏固在佛羅倫斯大公會議首度締結的雙方關係，於是短期之內，耶穌會會士便動身前往西非傳訊，有些會士甚至改編教會的訊息內容以配合當地傳統，在當時的氣氛之下，「包容」幾乎被視為成就基督教非洲的先決條件。例如在一五一八年，教宗利奧十世接受葡萄牙國王曼紐一世（King Manuel of Portugal）請願，任命二十三歲的剛果國王庶子多迪迪基·尼其諾·摩曼巴（Ndoadidiki Ne-Kinu a Mumemba）為主教，並且提供一批傳教士供其差遣⑰。即使多迪迪基〔較為人所知的名號是「亨里克」（Henrique）〕因為庶子身分和年紀尚輕，並不符合主教資格，但利奧教宗顯然認為此舉十分明智，不僅指派其為尤蒂卡（Utica）虛銜主教，更派遣神學家團隊輔佐這位年輕主教，直到他達到教會任職法定年齡二十七歲。在利奧教宗眼中，非洲由土生土長的主教服務可謂最佳安排，由此可見教會抱持跨文化的開放態度。

在義大利境內也是如此，由於對非洲黑人固有的宗教親近感，教會採取的鼓勵信教手段相當細膩且大規模，尤其十五世紀初期以降，教會十分重視撒哈拉沙漠以南非洲人受到的牧師關顧服務，尤其是西西里與那不勒斯為數眾多的奴隸與前奴隸⑱，孩童接受受洗；牧師探訪田地、市集、和船塢；到了後期，教會甚至鼓勵黑奴自組宗教團體，一五八四年在墨西拿（Messina）聖馬可教堂成立的組織即是一例⑲。更令人訝異的是，不論是奴隸或曾為奴隸加入宗教團體，都受到熱烈歡迎，最值得一提的例子就屬「黑暗中的」聖本篤（Benedetto 'il moro'），他生在幾乎全是文盲的西西里家庭，家人都是奴隸或解放後的奴隸，二十一歲那年加入方濟會，由於虔心苦行修道（包括定期施以極端的自我鞭身）受到矚目。聖本篤逝世之後，以白人為主的南義大利修士團將其尊為聖人⑳。

在義大利半島上，非洲黑人周遭瀰漫的宗教開放氛圍，時不時會蔓延至其他層面，使得大眾更普遍認知到彼此共通的人性。儘管奴隸或前奴隸身分難免會限制可從事的工作，但非洲黑人通常被視為具備多樣技能，不僅對文藝復興城市中的宮廷生活有諸多貢獻，也十分接近卡斯蒂利奧內等作家歌頌的武德理想，除了發揮長才成為摔角手和潛水伕之外㉑，非洲黑人的馬術與軍事天賦更是為人稱道，而兩者皆是地位與「文明」的象徵。例如在一五五三年，麥地奇家族僱用非洲人「小摩爾」格拉齊科（Grazzico 'il Moretto'）為騎師和侍童，另外一位名為巴斯蒂亞諾（Bastiano）的非洲黑奴則因為武術資質優良，奉命在奧爾特拉諾聖米尼亞託大殿的葡萄牙樞機主教亞梅（Cardinal Jaime）墓前站崗㉒。更值得注意的是一五〇五年的一幅版畫，描繪出一四七六年加萊亞佐・馬利亞・斯福爾扎面臨刺殺危機之時，一名黑人侍童英勇護主（卻是一場徒然）；此外，非洲黑人突出的音樂與舞蹈才能也廣受認可，兩項才藝在宮廷成員之中都屬相當罕見珍貴㉓。

由於非洲黑人與文藝復興義大利的社會關係緊密，血統混合並非嚴重禁忌，即使在城市菁英組成的上流階級也一樣。一五三二年成為佛羅倫斯公爵的亞歷山德羅・德・麥地奇，相傳（且未必純屬謠言）就是教宗克勉七世與非洲黑人女性的親生兒子㉔，亞歷山德羅的諸多肖像畫也不避諱呈現顯著的「非洲」特色，表示自一四四一年阿爾貝托與衣索比亞代表團踏進佛羅倫斯，義大利人對非洲黑人產生的宗教認同感，已經漸漸延伸至其他層面，形塑出普遍接納非洲黑人的社會風氣。

同為人類，但差了一點

相較於猶太人或穆斯林，非洲黑人在各方面所受到的待遇都較為合理，然而文藝復興義大利與撒哈拉沙漠以南非洲的交流，並非只有光明美好的一面。面對阿爾貝托與衣索比亞代表團，圍觀人群一臉訝異、甚至略帶困惑，意謂在此之前的雙方交流，僅有助於社會適當的接納非洲黑人，然而城內受過良好教育的人文學家卻仍然抱持等閒視之的態度，甚至是投以看待實驗樣本般的眼光，在這群學者眼中，非洲黑人依舊是有諸多缺陷的「異族」。

在基督徒同胞與天主教普世合一等冠冕堂皇的說辭之下，實則隱藏著輕蔑鄙視和屈尊俯就的心態。廣義而言，撒哈拉以南的非洲民族是基督教家族的一員，但這並不代表義大利人確實平等對待非洲黑人，實際上，他們不過是被當作體型較高大的幼兒，再加上義大利人文學家認為撒哈拉沙漠以南的文化不足掛齒，非洲黑人多半還是遭冠上未開化野蠻人的形象。

這種觀念承襲自較早期的探險家，雖然這些先行者積極觀察沃洛夫或桑海等國家的社會習俗，但看待撒哈拉沙漠以南非洲時，卻是戴著偏頗歧視的有色眼鏡，而不是站在客觀立場或單純出於興趣。安東尼奧·梅爾方特（Antonio Malfante）在橫越撒哈拉沙漠的遊記中，惡意編造許多關於非洲黑人的事實，他如此描述自己所遇到的非洲人：「完全不識字，生活中也完全沒有書籍。」而發現當地崇尚原始文化時，梅爾方特將之解讀為惡魔的法術，根據他的觀察，當地人都是「經驗豐富的法師，利用線香召喚惡靈。」至於阿爾維塞·卡達莫斯托，則是因為眼見當地民族的「淫蕩」特性，而感到厭惡至極，此外，他對非洲源遠流長的基督教歷史也並非全然崇敬，因為非洲人的「野蠻」行為令他不齒[25]。

這類觀點在義大利也有擁護者，隨著與非洲黑人接觸的次數日漸增長，文藝復興義大利人對非洲人較原始的主張深信不疑，同時又擅自認定雙方在宗教上是同一陣線。各式各樣的刻板印象加諸在有色人種身上，彷彿他們真是未開化的傻子，絕對不可能擁有和多數白人一樣的地位；葡萄牙人有「樂天黑人」一說，將非洲黑人笑口常開的本性與幼稚、野蠻劃上等號，義大利人則有迥異的看法，普遍認為所有撒哈拉沙漠以南的非洲人天性懶散，因此無法成就任何有長久價值的事物。例如一四八〇年的報稅單中，佛羅倫斯人馬堤歐·喬凡尼·瑪丘·斯托齊（Matteo di Giovani di Marcho Strozzi）的多名子嗣記錄道，在手下的眾多奴隸之中，有名黑人女奴「工作表現不佳且毫無價值可言」；他們還指稱：「她懶惰成性，和所有黑人女子一樣。」[26]更令人不安的是，坊間盛傳所有非洲人都道德觀念薄弱，天生無法控制自身的貪婪或性慾，由於卡達莫斯托曾宣稱，在撒哈拉沙漠南方亂倫極為普遍[27]，因此在人文學家眼中，非洲黑人突出的體能與文盲造成的「不文明」，就等同於無法抑制、隨時可能爆發的色慾。當時甚至有人相信，非洲人普遍較為健壯是因為性慾難以排解，僅能嘗試透過節奏感強烈的舞蹈加以宣洩[28]；另外，非洲人偏好配戴黃金耳環，使得世人分外懷疑他們是否和可恨的猶太人有共通點，因為在眾人的印象中，猶太人也同樣對黃金耳環情有獨鍾。

文化劣勢、野蠻成性、和殘暴行徑等負面觀感，嚴重影響非洲人在日常生活所受到的待遇。毫無疑問的，在多數義大利人眼中，黑人與白人基督徒相比，就是「差了一點的人種」，既然如此，有色人種顯然無法獲得任何一點自主或獨立權，無論他們的行為舉止有多麼合宜得體。基於相同的原因，雖然除了巴爾達沙的作品之外，此時期的藝術中經常出現非洲黑人角色，卻僅限於輔助或次要人物，以曼特尼亞的畫作為例，多幅描繪朱蒂絲斬首赫羅弗尼斯的作品中，有相當值得注意的一點，屬於被動角色的女僕是黑人，但應該也是相同族裔的朱蒂絲卻不是以黑人形象呈現；戈佐利的《賢士伯利恆之旅》也採用類似手法，整幅畫面中唯一的黑人臉孔，是在麥地奇座騎旁嬉戲奔跑、看來弱不禁風的侍童。這類毫無自主權的角色，在在暗示「天生」就比較優越的人種可以、也應該隨心所欲對待黑人，於是黑人女奴經常淪為主人性騷擾或性侵的對象，但遭到怪罪的卻總是受害者而不是加害者。

事實上，因為文化與道德低劣這類負面觀感，而受到最大衝擊的層面是非洲黑人的法定身分。在文藝復興義大利，有色人種可能是自由人，也有可能不是，然而有色人種「天生」野蠻的迷思廣為流傳，導致大眾深信這些民族多少「天生」就是奴隸，再加上柏拉圖與亞里斯多德的蓄奴思想盛行，導致人文學家、律師、以及神職人員都贊同，黑暗大陸的未開化社會原本就注定要由文明白人統治。無論同為基督徒的親近感多麼強烈，文藝復興與撒哈拉沙漠以南非洲之間的交流，還是框限在天生為奴的種族歧視之下。

教會雖明文禁止基督徒蓄奴，不過神學家很快便說服自己，撒拉沙漠以南的非洲人實屬特例，因為這些人種天性即是如此。阿爾貝托帶著衣索比亞代表團返回佛羅倫斯僅經過十二年，尼古拉五世發表詔書《特別事項》（*Dum diversas*），試圖調停西班牙與葡萄牙之間的紛爭，當時兩國正在為新發現的地域爭奪統治權，而在這份適用範圍無遠弗屆的命令中，尼古拉教宗宣佈兩國國王有絕對權力可侵略其他國度，也可減少任一領土內的總人口並使之為奴，且不受基督教義規範。儘管這份詔書在庇護二世上任後即遭廢止，之後卻又起死回生，而且內容更加泯滅人性，後續一連串的詔書可謂在實質上迫使非洲人永生永世為奴，而長達數個世紀之久的蓄奴制度，人類史上最駭人且邪惡的一頁，就是由此開始；無可否認的，文藝復興時期的開放，正是助長人類最惡毒一面的元兇。

令人熱情高漲的大公會議落幕後，阿爾貝托與衣索比亞旅伴踏出佛羅倫斯，此時的他確實有資格感到心滿意足。無論本人是否有意識到，阿爾貝托的任務實際上是拓展文藝復興世界的疆界，並且打破迷思與神話所造成的隔閡。在人文層面，他加深眾人對撒哈拉沙漠以南非洲的理解，同時也為世世代代的探險家奠下基礎，促進義大利與全然陌生國度的實質交流；另外，阿爾貝托也感到無比欣喜，因為基督教世界似乎在一夕之間更加壯大。

目前並沒有文字紀錄可佐證衣索比亞代表對義大利之旅的看法，不過他們未必會和義大利人一樣興奮，即使享有豪華規格的待遇，衣索比亞代表肯定會因為眼見非洲同胞被迫為奴，而感到驚愕萬分，也會因為街道上投向自己的輕蔑眼光，而感到沮喪不已。衣索比亞人與義大利人同為基督徒，但顯然沒有被平等視之。向義大利白人學習和貿易往來等誘因，也許曾經讓衣索比亞代表有所期望，當然也難免會感到恐懼與焦慮，雖然最終他們因為同為基督徒而放下這些擔憂，不過可以肯定的是，當初衣索比亞代表轉身離開佛羅倫斯後，應該要盡快回國警告同胞，義大利瀰漫著什麼樣的恐怖氣氛；包容與接納都是假象，也許衣索比亞代表曾如此猜想：若文藝復興從未嘗試接觸任何一處的非洲人，歷史也不至於走到這一步。

第十四章

美麗新世界

菲利普・利皮即將完成《巴巴多里祭壇畫》之時，並未意識到自己正站在歷史分界點之上，此刻正是人類史上數一數二關鍵的冒險探索時代。儘管過去一個世紀以來，文藝復興義大利與希伯來、伊斯蘭、以及非洲黑人文化的接觸益發頻繁，義大利的世界觀卻即將全面崩毀，因為此後一連串跌破眾人眼鏡的航海冒險，將會永遠且徹底的改變整個地球。約莫五十多年之內，大西洋航線會在世人眼前展開，接著會有一位義大利航海家，踏上無人能想像得到的美洲大陸海岸。

儘管逐漸成形的探險行動規模大得超乎想像，卻沒有對文藝復興時期的文化想像造成太多衝擊。一四三〇年代晚期以來，面對新發現的未知國度，義大利人的好奇心顯得意興闌珊，當時證明神祕新島嶼存在的確鑿證據，幾乎都沒有流傳至義大利半島，再加上自認智慧高人一等，導致義大利人對大西洋世界的期待偏低。多數人都不願相信，探險家除了發現已知領域的新路線以外，還有可能發現更具開創性的事物，幸運的話，也許古典史籍模糊描述的不知名小島，可以因此留下更詳實的紀錄，也許與東方貿易的新途徑會因此開啟，但不可能有更多進展；義大利人深信，即使未知世界真有意料之外的事物，一切文明的產物早已在眼前。

基於無人能敵的自信，人文學家樂於歌頌航海先驅的英雄之舉，但面對新發現的土地與民族時，眼中卻只剩下迷信和鄙夷。另一方面，菲利普·利皮之流的藝術家甚至沒有注意到，人類的命運正在改變，除了地圖學以外，十四或十五世紀的藝術幾乎不見大西洋世界的蹤跡，彷彿是故意忽略所有的航海冒險事件一般。

事後看來，也許這就是文藝復興最令人驚訝、也最異於常理的特色。在梳理這段故事的過程中，有一點事實越來越清晰，與位在西方大海、超乎想像的土地與民族接觸後，文藝復興的男男女女終於露出真面目：在理智上有多麼矛盾，在文化上又多麼犬儒。

展眼界

一三〇〇年以前，大西洋並沒有引起世人的強烈興趣，僅有在提及遠東貿易時才會成為話題。雖然古典時代的老普林尼與聖依西多祿（Isidore of Seville），曾語帶模糊的記錄非洲海岸之外有島嶼散布，北歐史詩也曾提到一處稱作「文蘭」（Vinland）的神祕地區，但義大利人不願浪費時間研究這些顯然是假想的傳說。在義大利人眼裡，大西洋是空無一物的水域，分隔歐洲與中國、爪哇和「西攀格」（Cipangu；即日本），這種觀念十分普及，從精心繪製卻錯誤連連的當代地圖便可窺知一二。早在十三世紀，馬可・波羅就篤定指出，如果從葡萄牙向西航行，到達中國前一定會先經過西攀格島①；而每當中世紀作家提及分散在大西洋的島嶼，例如「七城之島」（Isle of the Seven Cities）[1]，都假設這些島嶼只不過隸屬於廣大卻少有人知的印度東部群島，也就是香料的原產地②。此時義大利人對「印度」群島的印象，仍停留在狗頭人與黃金河，渾然不覺未知世界存在超乎想像的事物。

原本意在尋找通往印度的海路，卻反而促成更多探索大西洋世界的行動，文藝復興尚未開花結果之時，便已經有人動念開始尋覓與東方貿易的新途徑。最早可追溯至一二九一年，威尼斯兄弟凡迪諾（Vandino）與烏戈里諾・韋瓦第（Ugolino Vivaldi），帶領兩艘大型帆船出航，希望沿著摩洛哥海岸抵達印度③，雖然最後整支船隊消失得無影無蹤，盛行航海的國家卻因為首度見到一絲可能性，而顯得更加野心勃勃。十四世紀的曙光乍現，更加積極的作為也漸漸出籠，熱那亞水手蘭斯洛特・馬羅切洛於一三一二年發現蘭薩羅特島，重要性堪稱劃時代的分水嶺④。儘管蘭斯洛特的旅程並未成功開啟眾人期盼的印度航線，卻證實未知世界不如古代與中世紀傳說所述，而是擁有無人料想得到的可能性。之後一三四一年組織完善的加那利群島遠征，使得世人更加確信大西洋不是空洞一片，肯定有新世界存在，而既然神佑群嶼（Fortunate Isles，加那利群島的別稱）有居民，意謂新世界一定也有其他民族。

菲利普．利皮完成《巴巴多里祭壇畫》之時，海格力斯之柱（Pillars of Hercules）[2]以西的探險行動正如火如荼展開，同時鄂圖曼土耳其在絲路施加前所未見的阻礙，海上冒險勢在必行，而當眾人持續盼望東方新航線開通，也漸漸發現大西洋比想像中更加繁忙且繁榮，是前兩個世代作夢也想不到的程度⑤。此時航海界的領導者是西班牙與葡萄牙，不過義大利也開始投入遠程海上探險，每天都有發現新陸地等令人振奮的消息，排山倒海湧入佛羅倫斯。一四一八至一九年間，若昂．貢薩爾維斯．扎爾科（João Gonçalves Zarco）發現聖港島（Porto Santo）和馬德拉（Madeira）；短短八年後，迪亞哥．達．席爾瓦（Diego da Silves）於一四二七年發現亞速群島（Azores），並且繼續朝向非洲西方外海航行⑥。此後數年間，葡萄牙的航海家亨利王子（Henry the Navigator）把目光投向在新領土獲取資源，數次派出探險隊記錄各個

1　七城之島又被稱作「安提利亞」（Antilia），基本上是虛構的群島，據傳位於西非加那利群島與亞洲之間的大西洋，並且有逃離穆斯林西班牙的基督徒在此定居。
2　形容直布羅陀海峽高聳的兩側。

島嶼的詳細資訊，並且在合適情況下，以葡萄牙王國之名在當地建立永久的貿易據點。一四〇二年，尚・德貝當古（Jean de Béthencourt）和戈迪菲・德拉薩萊（Gadifer de la Salle）首度登上加那利群島，後續一百年間探索行動從未停歇，而全面征服加那利群島也象徵積極遠征的大門敞開，各國無不朝著有商業利益與軍事優勢之地直奔而去。

一四九二年冬季，一位默默無名的熱那亞船長成功橫越大西洋，世界從此徹底改變。雖然克里斯多福・哥倫布最初還無法確定眼前的新大陸究竟是何處，但十月十二日早晨他還是登陸「聖薩爾瓦多」（San Salvador）[3]，並且在十月二十八日成為首位踏上古巴的歐洲人。暫且不論哥倫布一開始對地理的錯誤認知和胡亂猜測，他確實開闢了通往新世界的航線，全面深入美洲探險的大門也因此完全敞開，之後於一四九三至九四年，哥倫布再次啟航，發現當今的牙買加、波多黎各、以及小安地列斯群島。三年後，喬瓦・卡博托（Zuan Chabotto）登上紐芬蘭，接著在十五世紀最後一年，哥倫布、阿隆索・德・奧赫達（Alonso de Ojeda）、以及佛羅倫斯人亞美利哥・維斯普奇（Amerigo Vespucci），開始深入探索神祕的南美洲，到了十六世紀即將來臨之際，大西洋已是名副其實的冒險暨探索超高速公路。

消息傳千里

以重要性與規模而言，從十四世紀初期一路延續至十六世紀的海上探險，完全超越了人類首次的登月任務，儘管現代人對於當時歐洲人的驚嘆之情，可能難以感同身受。正因如此，「探索」被視為整體文藝復興不可或缺的一環，也就不怎令人意外，直至今日，布克哈特對於航海時代影響的看法，仍然能引起特別的共鳴，這位瑞士歷史學家寫道：「一而再、在而三，」並且如此評價哥倫布：

> 我們對這位大名鼎鼎的熱那亞人無比欽佩，他渴望、尋覓、最後發現一片全新大陸，他也是首位有資格這麼說的人物：「世界不如人類所想得那麼寬廣。」⑦

超乎想像的新視界一一開展，而年年都有從未見過的民族現身眼前，整個世界與人文圈漸漸展露出截然不同的一面，雖然中介者通常是航海大國葡萄牙與西班牙，不過從威尼斯到

3 當初哥倫布究竟在哪裡登陸，至今仍未有定論，唯一可確定的是，哥倫布將當地命名為「聖薩爾瓦多」。

那不勒斯的義大利人，都十分熱衷於吸收關於新發現的新知，之後這股趨勢蔓延整個義大利半島，從人文學家和學者的寫作中便可略知一二。

即便在發現馬德拉與亞速群島之前，尤其是十四世紀的佛羅倫斯人，就已經對外海國度與民族有十足的求知慾。而根據歷史學家彼得·柏克的觀察，自始自終，義大利人都「扮演極為關鍵的角色」，不僅對「探索的過程」有所貢獻，也身負「傳播訊息」的重任[8]。以航海探險家尼可羅·達·雷科（Niccolò da Recco）的經歷為題材，薄伽丘寫作出刺激的冒險故事《加那利群島》（*the De Canaria*），詳細描述島民的異國服飾、社交組織、農耕方法、以及音樂傳統[9]。較後期的佩脫拉克也對發現新國度感到興致勃勃，在著作《獨居生活》中特別加入一段關於加那利島民習性的附記[10]，其消息來源似乎是一名「出身高貴、繼承西班牙和法國皇室血統的男士」，據推測可能是路易斯·德·拉·塞爾扎（Luis de la Cerda）[4]。以上兩部作品顯然出於濃厚興趣，精準、有時甚至稍嫌學究的詳加記錄新地域，對於令人驚嘆又好奇的大西洋地帶，也表現出有關地形學與人類學的強烈求知慾。

菲利普·利皮在世期間，來自加那利和亞速群島的資訊傳遞速度之快，進一步激發出世人吸收確切新知的興趣。由此看來，尤金四世指派兩名教會法律師〔安東尼奧·穆齊·達·普拉托韋基奧（Antonio Minucci da Pratovecchio）與安東尼奧·羅塞利（Antonio Roselli）〕參加巴賽爾會議，探詢加那利島民未來的法律定位，顯然是忙於確認當地人的宗教與社會習性[11]。此外，詳盡記載德貝當古和德拉薩萊遠征加那利的作品，尤其是同行教會人士勒韋里耶（Le Verrier）和邦蒂爾（Bontier）的遊記《加那利群島》（*Le Canarien*），在歐洲各地廣為流傳，充分滿足日漸著迷於大西洋新世界的學術圈。

利皮逝世之後，學術圈求知慾有增無減，而面對義大利人渴求新知的強烈欲望，幾乎各方面的資訊都變得極為豐富。甚至在哥倫布尚未登陸聖薩爾瓦多之前，人文學家波利齊亞諾就曾迫不及待的致信葡萄牙國王，報告「新陸地、新海域、新世界的發現」，可想而知，當哥倫布發現新大陸的消息傳回義大利，眾人肯定是欣喜若狂[12]。十六世紀還尚未來臨，第一手遊記早已開始流傳，先是以手抄本形式複製，後則採用精裝印刷本大量出版，哥倫布的旅遊記事短期內傳遍各地；維斯普奇的自述見聞錄大受歡迎；佛羅倫斯人喬凡尼·達·韋拉扎諾（Giovanni da Verrazzano）的探險記錄以北美海岸為主，也同樣備受好評[13]。接著就連第二手遊記也蔚為風行，甚至可能比資訊量紮實的第一手來源更受青睞，從海外席捲而來熱潮的可見一斑，維斯普奇的關鍵書信[5]公諸於世不久後，義大利史學家皮特·馬特·德安吉拉（Pietro Martire d'Anghiera）便出版大量以美洲探險為題的作品，較知名的著作為《數十年間》

4　西班牙王國的梅錫納塞利公爵。

5　維斯普奇曾在兩封書信中提出美洲是新大陸的論點，當時包括哥倫布在內的多數人都誤認為美洲是亞洲東部。

（*Decades*）和《新世界》（*De orbe novo*），部部皆是推廣新世界資訊的重要媒介。無獨有偶，威尼斯官員巴蒂斯塔・拉穆西奧（Gianbattista Ramusio）也發表多卷《航海與旅遊》（*Delle Navigationi et Viaggi*），滿足世人對美洲風土民情愈加挑剔的求知慾，而此系列書籍經常被譽為名副其實的地理學首部現代作品。在當時，人人都想知道世界究竟有多大。

受到種種新發現的激勵，地圖學家如保羅・達爾・波佐・托斯卡內利（Paolo dal Pozzo Toscanelli）與喬凡尼・瑪竇・康達里尼（Giovanni Matteo Contarini），趕緊著手修正自己的地圖作品，用更精準的圖像呈現瞬息萬變的世界[14]，另一方面，人文學家競相以合適的經典文學形式，歌頌當代探險家的「英雄」事蹟。例如在一五八九年，朱利歐・切薩雷・斯特拉（Giulio Cesare Stella）迫於情勢，必須將部份尚未完成的《哥倫布傳》（*Columbeis*）送印，才能阻絕搶先上市的盜版作品；《哥倫布傳》是首部以彷維吉爾史詩形式描寫哥倫布遊歷的作品[15]，如果說古代戰士和航海士的故事值得傳頌，那麼拉近世界距離的幕後功臣，難道不足以獲得至高無上的榮耀？

隱形世界

渴望了解新發現是人性，但這不表示好奇心成功拓展了當代人的想像視野，至少事實並不如現代歷史學家所推測般美好。事實上，文藝復興探險家發揮巨大文化影響力的說法，是現代人以「科學」創新為本的價值觀加以詮釋，而非當時藝文界的真正現實。發現大西洋世界固然是驚天動地的大事，不過利皮前一代與後一代的藝術家，並不是人人都對西方新大陸著迷不已。

馬羅切洛、達・席爾瓦、德貝當古、哥倫布、以及維斯普奇的冒險事蹟，多少還是會以視覺表現的形式流傳於義大利本土。印刷術普及後，地理著作、編年史、第一手與第二手遊記，多數都是在義大利境內出版，通常不僅會收錄一系列的細密地圖，也會透過插畫展示一些作工精緻的木版或雕版畫。例如在拉穆西奧出版的《航海與旅遊》第三卷，除了收錄異國植物如玉米和大蕉葉的詳細示意圖，也囊括在地獨有工具的圖片，像是鑽木取火的用具。話雖如此，這些有關新世界的視覺圖像，一般鮮少被視為專業的表現藝術。此外，這些圖畫幾乎都不是來自第一手觀察，畢竟藝術家並不是海上探險的必要人員，而且成品通常是道聽塗說加上胡思亂想拼湊而成，重點在於讓讀者大飽眼福，而不是記錄任何有意義的資訊。更糟的是，許多收錄在遊記中的木刻版畫其實是取自其他印刷作品，大多數根本與新世界毫不相關；於是在早期的維斯普奇書信印刷版〈第四次航行〉（*Quattuor Navigationes*），插畫呈現維斯普奇遇見一群當地食人族，他們正忙著砍下人類四肢當作晚餐食材，而其他文本經常搭配的插畫則是美國原住民乘著浴缸划行，或是內陸水道有人魚居住⑯。

基本上就是如此陳腔濫調的胡亂塗鴉在市面上廣為流傳，除了最外行的木雕工匠以外，沒有人在乎來自大西洋彼端的任何事物，近乎整個文藝復興時期，海格力斯之柱以西的國度完全無法在藝術圈引起任何形式的迴響，即使是最有心的鑑賞家，想尋覓關於加那利、亞速群島、甚至美洲的文藝復興繪畫和雕塑，也只會是一場徒勞。一直到十六世紀中期，才有零星的異國文物飄洋過海，成為部份較知名貴族的收藏品，然而還是不足以打動任何一位義大利藝術家，使他們提起筆刷、炭筆、或鑿子為新世界留下紀念。西班牙編年史家貢薩洛・費南德斯・德・奧維耶多・伊・巴爾德斯（Gonzalo Fernández de Oviedo y Valdés）注意到此事，就曾感嘆才華洋溢的達文西或觀察力敏銳的曼特尼亞，都不願在帆布上記錄任何「美洲風情」⑰。世界上沒有任何一個地區、任何一類文化、任何一種民族曾遭到藝術圈如此漠視，即使猶太人、穆斯林、和非洲黑人飽受歧視與仇恨，也並未被排除在十五至十六世紀的繪畫之外。坦白而言，假若只有文藝復興知名藝術家的作品可作為證據，航海大發現簡直有如從未發生。

毫無價值、不配為人

如果說猶太人、穆斯林、和非洲黑人所遭受的駭人待遇，讓文藝復興開放與包容的金字招牌蒙上一層陰影，那麼文藝復興藝術家徹底漠視大西洋世界，便令人更加質疑「探索」是否真是形塑當代風氣的重要一環，畢竟文藝復興素有積極求知與熱愛學習之名。文藝復興藝術家究竟有沒有意識到，人類已經在汪洋大海跨出重要一步，實在值得深入探究，即使文藝復興與「他者」的互動向來落得一塌糊塗，也應該試圖釐清其中原委。

然而要解釋為何特定現象沒有發生，是相當冒險的過程，因為所謂的證據根本不存在。儘管顯而易見的，文藝復興藝術家完全忽視航海探險的成果，但缺乏大西洋世界相關的視覺藝術，反而令人難以探究為何藝術家抱持無視的態度。話雖如此，即使不容易取得決定性證據，此時期有兩大趨勢似乎能夠提供令人信服的解釋，說明為何藝術家的觀念狹隘至極。

其一和文藝復興時期最重視的層面脫不了關係：金錢。現金主宰一切的風氣比當今社會還要嚴重，而正如前幾章所述，藝術家追隨贊助人給予的金錢利益，就如同餓壞的小狗追逐載滿肉品的餐車。事實上文藝復興義大利的考量非常簡單：海上探險可能隨時劃上休止符，雖然從新世界流入的大量金銀礦，幫助整個歐洲大陸熬過之後數個世紀的毀滅性戰爭，但通往大西洋的實驗之旅並未帶來大量錢潮。這並不表示義大利人從未試圖開拓財源，例如熱那亞人從十五世紀以降就開始積極贊助葡萄牙與西班牙探險隊，部份原因是為反制威尼斯人在地中海東部漸增的勢力⑱。另外，早期也有一些橫跨大西洋的船隊有佛羅倫斯探勘人員隨隊，喬凡尼・達・恩波利（Giovami da Empoli）即是一例，一五〇三至〇四年他聽令於銀行家雇主，首次前往未知世界探尋是否有利可圖⑲。話雖如此，站在義大利各大貿易中心的立場，開通大西洋諸島和初步探勘美洲內陸，並未催生出任何龐大的金錢利益，唯一例外是貸款給加泰隆尼亞探險家，並且收取高得嚇人的利息。儘管西非的沿海領地帶來源源不絕的財富⑳，加那利、亞速群島、新命名的「西印度群島」、以及美洲似乎都只是貧瘠之地，即使是透過伊比利半島的葡、西強權進行間接貿易（實際上新世界已遭到兩國瓜分），新世界也無法為佛羅倫斯、羅馬、和米蘭市場創造太多實質價值。直到十六世紀，有利可圖的跡象才逐漸浮出，而像佛羅倫斯銀行家盧卡・吉拉爾迪（Luca Giraldi）這類的人物，也才漸漸有意從新世界大撈一筆㉑。在此同時，所謂的文藝復興已經進入尾聲，既然贊助人對大西洋世界興趣缺缺，不見金錢誘因的藝術家也顯得興味索然。

文藝復興藝術獨缺「探索」元素的可能原因是金錢，也許顯得悲觀世俗，但第二個可能原因，可就令人感到更加不安。利皮那一代的義大利人對金錢無比執著，卻完全不願意對新事物敞開心胸，除非受到積極的外力強迫。

追根究底，地理大發現、客觀知識、以及文化相對論環環相扣，不過是現代人的想像。一如前幾章所述，當文藝復興義大利人與其他民族交流，吸收新知的角度其實相當主觀，而且通常都無助於培養出自我反省的包容態度，與之後啟蒙時代的個人大不相同。如果說文藝復興義大利人對於異族有任何更深入的了解，也只有粉飾歧視和加深仇恨的效果，而發現大西洋世界後，這種無處可藏的傾向更是變本加厲。

探險家對於大西洋新世界的觀察，根本不是第一手且未經竄改的客觀資訊來源，而是「有如一座高嶺上的小建物，而高嶺是由傳聞、謠言、陳腔濫調、以及代代相傳的神話堆疊而成」[22]，實際上毫無價值與貢獻可言。問題不僅出在探險家帶回的零碎實用資訊，經常被迫加上神話色彩，只因改編作者寧可相信自己的想像力，也不願轉述第一手消息，更因為探險家本身在尋訪新陸地時，也樂得戴上神話、傳說、以及赤裸裸歧視的有色眼鏡。於是大量「雜七雜八」的典故，從陳舊過時的地理經典讀物、中世紀傳說、到口耳相傳的迷信，都成了探險家與改編作者的靈感來源。話雖如此，在虔誠信奉天主教的歐洲，宗教意識太過盛行也許才是最大屏障，將大部分關於西方新世界與民族的知識阻擋在外。事實上，宗教偏見確實導致加那利群島與美洲原住民無法被視為真正的「人」，更遑論被視為有文明素養。

一方面，義大利人向來隱隱覺得未知地域滿是怪物，若不是外觀奇醜無比，就是心理的「人性層面」極為貧乏，和富有人性的所有歐洲人完全不同，畢竟聖經中記載大洪水之前地球上有各種怪異巨人和嚇人生物，令人不禁猜想也許有些怪物在災難中倖存，棲息在遙遠的西方陸地。另一方面，即使前所未見的民族通過「生理或生物人類學」的考驗，也不表示他們自然有資格被視為人類的一員，以特定觀點解讀《創世記》的前段章節，可能導致文藝復興的基督徒認為，人性就是必須符合一套僵化的生活型態標準。雖然判斷異族的「人類狀態」時，「社會人類學證據」是主要標準之一，亦即考量「行為、舉止、與科技發展」等層面，但歷史學家大衛·阿布拉菲亞（David Abulafia）觀察到，任何背離「文明」生活常規的行為，都可能被當作表面上看似人類、但實則是「非人」生物的證據，令人痛恨的異端猶太人與穆斯林尚有靈魂，非人生物卻連兩者都不如[23]。在如此嚴苛的標準之下，任何新文化都難以受到包容與接納，更精確的說，任何原住民都不可能向文藝復興探險家證明自己的人性，除非人在石造別墅門前；身著流行歐洲服飾；口說流利拉丁文。

雖然薄伽丘有如走在時代前端，試圖將加那利島民化為類似田園詩歌中的主角，不受義大利城市生活的罪惡沾染[24]，不過文藝復興對於大西洋各地民族的普遍態度，仍然不意外的負面至極。不論是親身經歷的說辭或第二手轉述似乎都一味強調大西洋世界原住民是未開化的異教徒和野蠻的非人類，例如佩托拉克罕見的與友人薄伽丘意見相左，不願多費一筆一墨，直接將加那利島民歸類為不值得基督徒關注的民族，雖然佩托拉克指出，加那利島民在某些層面上可謂他推崇的「獨居生活」典型，但他對「神佑群嶼」居民的觀察如下：

行為舉止毫無教養可言，與粗暴的野獸幾無二致，行動多是出於天生直覺而非理性抉擇；並非真正嚴守獨居生活的價值，而是在荒野中與野獸或族人一起遊蕩。㉕

如此評價顯然並不肯定加那利島民有一絲「人性」，然而與下列的惡言相比，前者還顯得較為溫和。一四三六年，葡萄牙國王杜阿爾特一世（King Duarte of Portugal）致信尤金四世，試圖說服教宗將加那利群島的專屬權交至自己手上，為達到目的，葡萄牙國王想盡辦法渲染當地人有如動物般的野蠻天性，藉此合理化自身迫使全數島民為奴的作為。如果加那利島民對文明生活最基本的規則（金工、造船、寫作）一竅不通，還不足以證明他們不具備基督教所謂的人類本性，杜阿爾特一世甚至堅稱，當地人是沒有任何法治觀念的「準野人」，且「如野生動物般住在鄉野」㉖。

有過之而無不及，維斯普奇的遊記與杜阿爾特一世的信相比，雖然不到公開辱罵的程度，但這段第一次前往美洲的航行紀錄，在本質上卻以更加苛刻的觀點描寫當地原住民，任何一點可以稱得上是「人性」的表現，都被維斯普奇以不屑一顧的態度摧毀殆盡：

他們在飲食上展現出最野蠻的習性：事實上，他們不在固定時間用餐，而是隨心所欲的進食，不論日夜；用餐時他們橫臥在地上，不使用桌巾或餐巾，對於亞麻織品或其他布料一無所知；食物盛裝在自製的土盆內，或是以半顆葫蘆當作容器……在性交方面，他們不需負擔任何法律義務，實際上，男性只要有意便可以擁有多名妻子，事後也可以任意休妻，完全不會被視為不義或恥辱，而女性也享有與男性相同的權利。男性並不善妒，卻十分耽於肉慾，女性更是如此，我曾在無言以對的情況下，（我以自尊證明）親眼看見他們滿足自身飢渴性慾的諸多把戲。

用餐時間不定、未使用亞麻桌巾、性別平等、以及自由戀愛，在今日看來似乎並不是判斷人類本性的終極標準，但對於維斯普奇這類自小受到佛羅倫斯薰陶的都市人而言，美洲原住民確實是野蠻的象徵，甚至有嚇人的獸性，因此也不禁令人懷疑，維斯普奇是否刻意在說辭中添加對其他種族的偏見（引文挪用對伊斯蘭一夫多妻制的批判即是典型例子），只為讓自己的觀點更具說服力。不僅只於此，維斯普奇認為有必要強調，自己所遇見的美洲原住民全都缺乏人性，因此又簡短補充說明原住民的宗教（或反宗教）習慣：

就我等觀察，此民族之中無人重視宗教律法，既非猶太人也非穆斯林；他們遠遠不如異教徒或邪教徒，因不見他們舉行任何獻祭儀式，亦無任何特殊集會地點或崇拜禮堂。既然此民族的生命全然荒廢於愉悅之事，我稱之為享樂貪圖主義。㉗

維斯普奇竭盡斥罵之能事，畢竟在其同時期的佛羅倫斯人眼中，如此荒淫無度的原住民，遠比猶太人或穆斯林更加令人作嘔；沒有信仰的民族不配稱為人類。

一直到十六世紀晚期，亦即在大西洋世界為義大利北部城市帶來實質金錢利益之前，如此負面的社會風氣，自然也導致菲利普．利皮之流的藝術家無意將加那利島民或美洲原住民納入作品中。文化毫無相似之處；明顯藐視文明生活常規；以及明目張膽唾棄任何形式的宗教，這些民族因此不被視為人類，也遭到所有「自重的」文藝復興藝術家忽略，而利皮八成就是其中之一。相較於猶太人、穆斯林、與非洲黑人，大西洋的民族與土地完全不值得藝術圈著眼，前三者雖然深受駭人歧視所苦，但至少還被視為具有值得深掘的根本人性，然而大西洋民族遭到忽視，其實是遭受最惡形式的貶低與歧視，更甚者，正是這種毫不掩飾的惡劣態度，縱容「文明的」歐洲人在未來數年大肆掠奪新世界，卻無須負起責任，更導致未來數個世紀，新世界的民族因為歐洲人的任意妄為，而被迫為奴、遭到虐待、甚至面臨屠殺。

劃時代的地理大發現於十五世紀加速進展，然而對此嗤之以鼻的大有人在，面對令人眼界大開的大西洋世界，這種態度正好揭露了多數文藝復興義大利人的真實想法。海上探險其實並未帶來開明的新時代，也並非從求知慾與好學精神為出發點，更沒有引起前所未有的自我反省與探索風氣，反而導致社會瀰漫著超乎想像的負面氛圍。義大利人心封閉，在人性的邊界築起層層高牆，而整個新世界的民族則被貶低得一文不值，排除在人類之外；一直以來，海上探險的代表人物被捧作英雄，而在藝術史上最與世隔絕、默不作聲的時代，其駭人、過分的暴行得以成功掩飾。

這一切之所以值得一提，是因為在文藝復興醜陋的歷史中，大西洋民族只不過是眾多遭受極端、可怖歧視的受害者之一。文藝復興並非崇尚包容與理解的時代，而是剝削與掠奪，單是在佛羅倫斯的短短數年，在這座孕育文化創新、賦予整個時代輝煌光輝的城市，所羅門・迪・波拿文圖拉親眼見到首波令人深感不安的暴力反猶太主義正在興起；阿爾貝托・達・薩爾泰亞諾揭開表面之下早期對撒哈拉沙漠以南非洲的壓迫；菲利普・利皮則是對恐伊斯蘭浪潮不疑有他，同時點頭默許摧殘大西洋地帶。文藝復興也許是文化交流頻繁前所未見的時代，然而在菲利普之流的藝術家眼中，任何人都是可以貶低的對象，所有的異族雖然遭受種種不公待遇，但除了在畫作中被「賜予」配角角色，不可能獲得更多補償。出自菲利普・利皮等人物之手的藝術，與其說是突顯這個號稱具備「現代性」時代的榮光，倒不如說是隱藏了文藝復興醜陋至極的一面。

終章

鏡與窗

在萊昂・巴蒂斯塔・阿伯提的眾多成就之中，對於文藝復興時期最重要、最歷久不衰的貢獻，就是他提出的繪畫理論：理想的畫作應該要能栩栩如生的展示現實世界，掛在牆上時甚至可能被誤認為「敞開之窗」（finestra aperta）①。阿伯提認為，畫家的技術優劣取決於是否能說服觀賞者，眼前所見事實上並非圖像，而是真實世界。

阿伯提一心追求精進透視法，而這套理論正是支撐文藝復興藝術的基礎；而阿伯提在《論繪畫》（*De Pictura*）大力宣揚透過直線透視法創造出立體效果，正是文藝復興藝術的獨特之處，不僅能夠模仿古典雕塑的完美型態，更足以描摹真正的大自然。文藝復興藝術以前所未有的方式，結合令人屏息的古典主義與撼動人心的自然主義，造就出絕美氛圍。

阿伯提將繪畫視為「敞開之窗」，不僅對視覺藝術有深遠影響，也是塑造文藝復興形象的一大功臣。面對文藝復興時期任何一件偉大的藝術品，不論是無名氏的《理想之城》或皮耶羅·德拉·弗朗切斯卡的《受鞭刑的基督》（*The Flagellation of Christ*），米開朗基羅的《多尼圓形畫》（*Doni Tondo*）或達文西的《蒙娜麗莎》，很容易就會令人誤以為自己其實正透過一扇窗，觀賞文藝復興的真實樣貌，並且不禁將這些傑作所激發出的崇敬讚嘆之情，投射在阿伯提之流的名人身上。

然而「敞開之窗」理論最值得注意的一點，其實在於一切都只是錯覺。技術高超的藝術家也許能讓觀賞者誤以為繪畫是通往現實之窗，繪畫終究只是繪畫，藝術品並不是呈現出世界的真實樣貌，而是藝術家與贊助人理想中的世界樣貌，一個虛構的世界。

阿伯提眼中的完美藝術家，其實不過是優秀的幻象大師，然而這並不表示視覺藝術無法成為一扇窗，無法展示文藝復興時期的樣貌；恰恰相反，在美感表象的背後，形塑藝術家想像力的社會及世界隱隱顯露，經由作品的構圖、畫面、細節，當時的情境與風氣都展露無疑。正是透過藝術，文藝復興的真實面貌才顯得更加清晰，這個時代並非只有純潔無瑕的美好，而是充斥著性、醜聞、苦難；城市處處可見墮落與不平等，街道滿是妓女和不正派的神職人員；豪門宅邸則是誘惑、病態仇恨、不軌密室交易、以及各種陰謀的溫床；最具代表性的藝術贊助人則是渴求權力的腐敗銀行家、遊走理智邊緣的殺人魔雇傭軍將領、以及追逐金錢與大權的俗世教宗，將藝術家當作傀儡般控制。這也是個其他民族與文化遭到無情踐踏的時代，不僅反猶太與恐伊斯蘭情緒高漲，發現新世界後，偏見與歧視更演變為難以察覺的極端惡意。如果透過阿伯提之窗看向文藝復興，展露的一面無疑醜陋至極。

雖然這些觀點迥異於眾人對文藝復興的普遍印象，但意不在加以撻伐，也不代表菲利普・利皮、米開朗基羅、佩托拉克、以及薄伽丘等人的藝文成就不值得重視。正好相反，透過了解文藝復興社會生活真實而醜惡的一面，才有可能更深入的欣賞其輝煌的一面，儘管文藝復興在許多層面並不值得讚賞，甚至令人感到不悅，但藝術家與文學家生在充滿恐懼、苦難、歧視、與偏狹的時代，還能夠創作出如此傑作，直至今日仍令人大嘆其才華與美感，確實是相當不可思議的成就。由此看來，文藝復興時代甚至更具激勵人心的特質；如果這個時代推展文化的要角是天國諸神，那麼追求崇高理想也僅是理所當然，並無特別驚人之處；然而揭開這個時代醜陋的真面目後，當代人對完美與理想的追求，以及夢想創造出超越以往且更美好、更耀眼的事物，反而更加令人感動。換言之，比起站在奧林帕斯山頂的天神以雲朵造出天使，身在陰溝底的人類不放棄仰望星空，才真正撼動人心。

若視覺藝術是展現文藝復興真實面貌的一扇窗，這個偉大時代的文化也可以是當今世界的一面鏡，此時就該從歌頌過去，轉向詰問現在。

「醜陋」文藝復興最令人訝異的一點，除了科技發展亮眼之外，就是和現代世界並無二致。相較於六百年前的義大利，現代的苦難顯然足以與之相提並論，街道上仍然罪惡橫行，城市廣場依舊是姦淫、搶劫、與謀殺犯行的聚集地；政治人物同樣腐敗墮落、老奸巨猾；傭兵集團在特定地區同樣猖獗；銀行家同樣仰賴不當利益富可敵國；而雖然當今的教宗已經明顯優於眾前任者，梵蒂岡從不乏陰謀論與性醜聞。更甚者，狹隘觀點、偏見歧視、病態仇恨、和不平等從未減少，貧窮依然隨處可見；種族歧視依然充斥日常生活；國與國之間的仇恨仍日漸增長；文化互動流於表面，實則暗藏根深蒂固的刻板印象與偏見無知。

文藝復興的醜惡促使贊助人和藝術家追求更高尚的目標，相較之下，當今世界卻過分安於毫無創造力且枯燥單調的現狀。即使科技發展幫助人類達到空前高度，人的渴望卻從未真正超越實用主義，目光也從未投向更加美好、更加完美的境界。事實上，現代瀰漫著自我滿足又庸庸碌碌的氛圍，文化發展因為自視甚高而停滯不前，美感與卓越則被刻意漠視。

歷史的教訓向來隱晦難解，必須以極為謹慎的態度看待，不過手握文藝復興這面鏡子，再照向現代世界的面貌，令人不禁意識到這次教訓非學不可，而且事態緊急。無論當代生活有多麼糟糕透頂，千萬要避免誤以為物質匱乏必然會衍生出庸俗的文化、不假掩飾的醜惡、或難以實現的理想；其實不然，夜晚越是黑暗，人類越是焦急冀望黎明的曙光，也越是殷切渴望以美好驚奇的事物填滿黑夜。如果醜聞、苦難、腐敗無法根絕，更應該轉而在世上發揮不屈不撓、耀眼出色的創造力，將地球改造為活生生、會呼吸的美好象徵。如此一來，六百年後當人類回顧這個時代，才會讚嘆如此奇蹟竟可能實現。簡而言之，夢想不該凋零；世界盼望新一代文藝復興已久。

致謝

這本書之所以能成書，源自於長期以來對於義大利文藝復興歷史的熱愛，以及花費無數日子在世界各地的圖書館裡，埋首於灰塵滿布的書本之間，仔細尋找和閱讀的結果。但是，這本書同時也來自於某樣更基本的事物。儘管學術研究無庸置疑的充滿啟發性，但是對我而言，朋友與家人們的期待和鼓勵讓我深切明瞭這時期的真實刺激為何，並讓我看清「醜陋」文藝復興所蘊含的無限可能性。如果沒有許多漫長談話，沒有歡笑與眼淚，沒有近年來的愛與悲傷，我根本不會構思這本書，更遑論出版。我非常感謝那些擁有深厚仁慈心的人，感謝他們多次聆聽我的分享傾訴。

家人一直是我的支柱，給我極大力量和支持，他們也是我源源不絕的靈感來源。克里斯（Chris）與英格里德・李（Ingrid Lee）、我的兄弟皮爾斯（Piers）、辛道・史蓋羅（Shindo Scarrott）、喬（Joe）、蘇菲（Sophie）與安娜・愛德華斯（Anna Edwards），以上的人可能不知道，這本書的完成和出版都要感謝他們。

我覺得自己很幸運，擁有人人都想要、最親愛、最仁慈的朋友們：詹姆斯・歐康納（James O'Connor）、彼特・派波爾德（Pit Péporté）、柯莉絲汀娜・羅伊特斯季爾德（Christina Reutersköld）、亞歷山大・米勒（Alexander Millar）、路克・霍登（Luke Houghton）與提姆・史坦利（Tim Stanley）。他們用極大的耐心閱讀這本書的初稿，也與我多次討論晦澀難懂的細節，且總是以無比溫暖的心與我討論。他們的建議與忠告無價，書中的每頁都蘊含著他們的智慧。最重要的是他們陪伴我走過最黑暗的時光：當我身處看似綿延無盡的隧道時，他們點了盞燈在隧道的盡頭等我。他們讓我了解真正的友誼為何，這對我來說非常的重要。

我非常幸運有機會在寫書期間與盧森堡大學和華威大學合作，也很幸運地有機會能與研究文藝復興的知名學者討論書中的論點要素。我特別感謝史帝芬・包爾德（Stephen Bowd）的協助。過去數年來，他幫助我擴展對於這時期的理解，他提供的幫助勝過任何人；我還要感謝路克・迪茲（Luc Deitz），他嚴謹的學術態度與陪伴都讓我備受鼓舞。我也要感謝保羅・賴（Paul Lay），儘管他並非專門研究文藝復興時期，但他對「公眾」歷史的熱忱、擅長抓住學術寫作與通俗寫作的平衡，成為我最重要的典範。

在《文藝復興並不美》出版的過程中，我非常感謝能與許多優秀人才合作。黎安達・迪・萊歐（Leanda de Lisle）是第一位「輕推」我，要我繼續進行這計畫的人，後來因著她的引薦，讓這本書的出版計畫能成功進行。我要感謝在凱柏與蘭德版權經紀公司（Capel &

Land）的瑞秋．康威（Rachel Conway）和羅曼尼．馬斯特（Romily Must），他們總是以無比的細心、耐心和驚人的效率處理事情；在藍燈出版社（Random House）期間，我非常榮幸能與威廉．湯瑪遜（William Thomas）和柯瑞黎．杭特（Coralie Hunter）編輯共事，兩位編輯都有著無可比擬的技巧與品味。與他們的討論時光，總是令人開懷愉快，而他們的意見更讓我受益良多。也因著他們的關係，讓準備文本的過程十分愜意。對一位作家來說，他們是夢寐以求的編輯，無法再找到比他們更善體人意或更友善的編輯了。最後但同樣重要的是我的文學經紀人喬吉娜．凱柏（Georgina Capel），沒有任何文字能表達我對她的感謝。她獨特非凡的體貼以及極度專業的態度成了督促我的力量，也成為支持我的無價資源。同時，她時常的鼓勵與無限的寬容精神，讓這個計畫從開始到最終付梓都是件樂事。

附錄 A

麥｜地｜奇｜家｜族

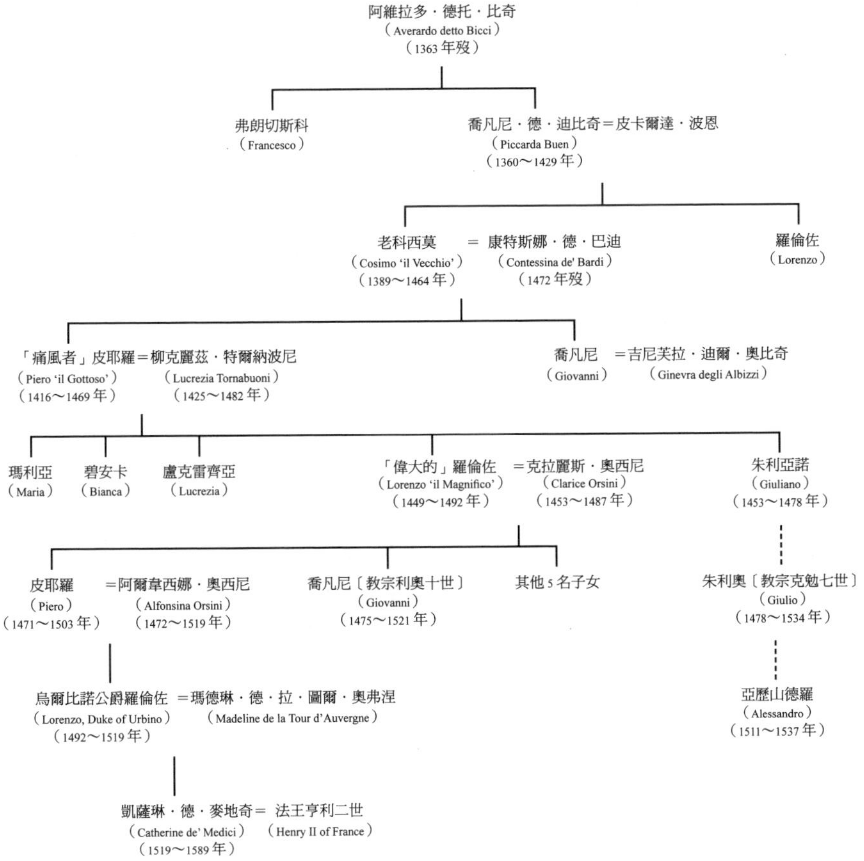

阿維拉多・德托・比奇
（Averardo detto Bicci）
（1363 年歿）
弗朗切斯科
（Francesco）
喬凡尼・德・迪比奇＝皮卡爾達・波恩
（Piccarda Buen）
（1360～1429 年）
老科西莫
（Cosimo ‘il Vecchio’）
（1389～1464 年）
＝ 康特斯娜・德・巴迪
（Contessina de' Bardi）
（1472 年歿）
羅倫佐
（Lorenzo）
「痛風者」皮耶羅＝柳克麗茲・特爾納波尼
（Piero ‘il Gottoso’）
（1416～1469 年）
（Lucrezia Tornabuoni）
（1425～1482 年）
喬凡尼
（Giovanni）
＝吉尼芙拉・迪爾・奧比奇
（Ginevra degli Albizzi）
瑪利亞
（Maria）
碧安卡
（Bianca）
盧克雷齊亞
（Lucrezia）
「偉大的」羅倫佐
（Lorenzo ‘il Magnifico’）
（1449～1492 年）
＝克拉麗斯・奧西尼
（Clarice Orsini）
（1453～1487 年）
朱利亞諾
（Giuliano）
（1453～1478 年）
皮耶羅
（Piero）
（1471～1503 年）
＝阿爾韋西娜・奧西尼
（Alfonsina Orsini）
（1472～1519 年）
喬凡尼〔教宗利奧十世〕
（Giovanni）
（1475～1521 年）
其他 5 名子女
朱利奧〔教宗克勉七世〕
（Giulio）
（1478～1534 年）
烏爾比諾公爵羅倫佐
（Lorenzo, Duke of Urbino）
（1492～1519 年）
＝瑪德琳・德・拉・圖爾・奧弗涅
（Madeline de la Tour d’Auvergne）
亞歷山德羅
（Alessandro）
（1511～1537 年）
凱薩琳・德・麥地奇＝ 法王亨利二世
（Catherine de' Medici）
（1519～1589 年）
（Henry II of France）

附錄 B

文｜藝｜復｜興｜時｜期｜教｜宗

亞維儂教廷時期

克勉五世（Clement V）	1305～1314 年
約翰二十二世（John XXII）	1316～1334 年
尼古拉五世（Nicholas V）	1328～1330 年
本篤十二世（Benedict XII）	1334～1342 年
克勉六世（Clement VI）	1342～1352 年
諾森六世（Innocent VI）	1352～1362 年
烏爾班五世（Urban V）	1362～1370 年
格列高里十一世（Gregory XI）	1370～1378 年

宗教大分裂時期

【羅馬地區】

烏爾班六世（Urban VI）	1378～1389 年
波尼法爵九世（Boniface IX）	1389～131404 年
諾森七世（Innocent VII）	1404～1406 年
格列高里十二世（Gregory XII）	1406～1415 年
馬丁五世（Martin V）	1417～1431 年

【亞維儂地區】

克勉七世（Clement VII）	1378～1394 年
本篤十三世（Benedict XIII）	1394～1423 年

【比薩地區】

亞歷山大五世（Alexander V）	1409～1410 年
約翰二十三世（John XXIII）	1410～1415 年

重｜返｜羅｜馬｜時｜期

教宗	原名	
尤金四世（Eugenius IV）	加布里埃爾・孔杜爾莫（Gabriele Condulumer）★格列高里十二世姪甥	1431～1447 年
費利克斯五世（Felix V）	薩伏依伯爵阿梅迪奧（Amadeo of Savoy）	1440～1449 年
尼古拉五世（Nicholas V）	托馬索・巴倫圖切利（Tomaso Parentucelli）	1447～1455 年
嘉禮三世（Callixtus III）	阿爾方索・德・博爾哈（Alfonso de Borja）	1455～1458 年
庇護二世（Pius II）	恩尼亞・席維歐・皮可洛米尼（Aeneas Sylvius Piccolomini）	1458～1464 年
保祿二世（Paul II）	皮埃特羅・巴爾博（Pietro Barbo）★尤金四世姪甥	1464～1471 年
思道四世（Sixtus IV）	弗朗切斯科・德拉・羅韋雷（Francesco della Rovere）	1471～1484 年
諾森八世（Innocent VIII）	喬瓦尼・巴蒂斯塔・西博（Giovanni Battista Cibo）	1484～1492 年
亞歷山大六世（Alexander VI）	羅德里克・利安索爾・德・博爾哈（Roderic Llançol de Borja）★嘉禮三世姪甥	1492～1503 年

庇護三世 （Pius III）	弗朗切斯科・托德斯奇尼・皮科洛米尼 （Francesco Todeschini Piccolomini） ★庇護二世姪甥	1503 年
儒略二世 （Julius II）	朱利亞諾・德拉・羅維雷 （Giuliano della Rovere） ★思道四世姪甥	1503～1513 年
利奧十世 （Leo X）	喬凡尼・羅倫佐・德・麥地奇 （Giovanni di Lorenzo de' Medici） ★諾森八世親戚	1513～1521 年
阿德里安六世 （Adrian VI）	阿德里安・弗洛里岑・博延斯 （Adriaan Florenszoon Boeyens）	1522～1523 年
克勉七世 （Clement VII）	朱利奧・迪・朱利亞諾・德・麥地奇 （Giulio di Giuliano de' Medici） ★利奧十世表親	1523～1534 年
保祿三世 （Paul III）	亞歷山德羅・法爾內塞 （Alessandro Farnese）	1534～1549 年
儒略三世 （Julius III）	喬瓦尼・瑪利亞・奇奧奇・德・蒙蒂 （Giovanni Maria Ciocchi del Monte）	1550～1555 年
才祿二世 （Marcellus II）	馬切洛・切爾維尼・德里・斯帕諾奇 （Marcello Cervini degli Spannochi）	1555 年
保祿四世 （Paul IV）	喬瓦尼・皮埃特羅・卡拉法 （Giovanni Pietro Carafa）	1555～1559 年
庇護四世 （Pius IV）	喬瓦尼・安傑洛・麥地奇 （Giovanni Angelo Medici） ★利奧十世與克勉七世遠親	1559～1565 年

作｜者｜注｜解

前言

① Giovanni Pico della Mirandola, 'Oration on the Dignity of Man'; trans. by E. Livermore Forbes in E. Cassirer, P. O. Kristeller, and J. H. Randall Jr., eds., *The Renaissance Philosophy of Man* (Chicago, 1948), 223-54, here 223.

② Pico, 'Oration'; trans. Livermore Forbes, 225.

第一章

① Giorgio Vasari, *Lives of the Artists*, trans. G. Bull, 2 vols. (London, 1987), 1:332. Vasari, *Lives*, 1:418.

② Vasari, *Lives*, 1:331; W. Wallace, *Michelangelo: The Artist, the Man, and His Times* (Cambridge, 2010), 53, n.4.

③ Vasari, *Lives*, 1:332.

④ Ascanio Condivi, *Michelangelo: Life, Letters, and Poetry*, trans. G. Bull (Oxford and New York, 1987), 72-3.

⑤ Vasari, *Lives*, 1:332.

⑥ Condivi, *Michelangelo*, trans. Bull, 72.

⑦ 米開朗基羅家族宣稱能追溯至「古老的貴族血統」，但顯然只是他們的妄想。Wallace, *Michelangelo*, 36; cf. Michelangelo Buonarroti, *Il Carteggio di Michelangelo*, ed. P. Barocchi and R. Ristori, 5 vols. (Florence, 1965-83), 4:249-50.

⑧ 也就是羅倫佐·德·麥地奇。

⑨ 我們能在西恩納城看到一些藝術家服務於地方政府的有趣例子。杜

喬・迪・博尼塞尼亞（1255/60-1318/19）似乎是 1289 年西恩納人民議會的一員，他的名字於 1292 和 1295 年與其他兩個公民團體相關聯。同樣地，西蒙尼和多納托・馬蒂尼於 1340 年 2 月 8 日被選為教廷的代表。同個城市也能看到有著極高社會地位的人變成藝術家的例子。例如，巴爾托洛梅奧・布爾加里尼（d.1378）名列畫家公會裡出生貴族的畫家名單，而他的家族先前才因社會地位晉升而被禁止擔任公職。H. B. J. Maginnis, *The World of the Early Sienese Painter* (Philadelphia, 2001), 76-82.

⑩ M. V. Schwartz and P. Theis, 'Giotto's Father: Old Stories and New Documents,' *Burlington Magazine* 141 (1999), 676-77.

⑪ Maginnis, *The World of the Early Sienese Painter*, 46-7.

⑫ 請特別參考 A. Martindale, *The Rise of the Artist in the Middle Ages and Early Renaissance* (London, 1972).

⑬ P. L. Rubin, *Giorgio Vasari: Art and History* (London, 1995), 292-3; J. Larner, *Culture and Society in Italy, 1290-1420* (London, 1971), 305; Maginnis, *The World of the Early Sienese Painter*, 80-81.

⑭ Larner, *Culture and Society*, 279-80; Maginnis, *The World of the Early Sienese Painter*, 80.

⑮ 關於藝術家和贊助人之間合約關係的精彩討論，請參考 E. Welch, *Art and Society in Italy 1350-1500* (Oxford, 1997), 103-130.

⑯ Cellini, *Autobiography*, 130.

⑰ P. Barocchi, ed., *Scritti d'arte del cinquecento*, 3 vols. (Milan and Naples, 1971-77), 1:10.

⑱ Michelangelo, verse 83, ll.1-4; trans. from *Poems and Letters*, trans. A. Mortimer (London, 2007), 23.

⑲ 針對李奧納多進行肛交行為的指控，請參考 L. Crompton, *Homosexuality and Civilization* (Cambridge MA, 2006), 265; G. Creighton and M. Merisi da Caravaggio, *Caravaggio and his Two Cardinals* (Philadelphia, 1995), 303, n.96; R. Wittkower and M. Wittkower, *Born Under Saturn: The Character and Conduct of Artists: A Documented History from Antiquity to the French Revolution* (New York, 2006), 170-1

⑳ 關於切利尼性生活的詳細討論，請參考 P. L. Rossi, 'The writer and the man –

real crimes and mitigating circumstances – *il caso Cellini*,' in K. Lowe and T. Dean, eds., *Crime, Sexual Misdemeanour and Social Disorder in Renaissance Italy* (Cambridge, 1994), 157-83. 值得注意的是 1543 年切利尼也被指控與某位名叫卡特琳娜的女性進行肛交: Cellini, *Autobiography*, 281-3.

㉑ Cellini, *Autobiography*, 91, 128-9.

㉒ 請參考 C. Grey and P. Heseltine, *Carlo Gesualdo, Musician and Murderer* (London, 1926).

㉓ J. Burckhardt, *The Civilization of the Renaissance in Italy*, trans. S. G. C. Middlemore (London, 1995), 87, 90-1.

㉔ 布克哈特對於「發現個人」的看法已受到相當多的質疑。用來質疑的重要論點請參考 H. Baron, 'Burckhard's *Civilization of the Renaissance* a Century after its Publication,' *Renaissance News* 13 (1960): 207-22; Macginnis, *The World of the Early Sienese Painter*, 83-113; M. Baxandall, *Painting and Experience in Fifteenth-Century Italy* (Oxford, 1972); B. Cole, *The Renaissance Artist at Work from Pisano to Titian* (London, 1983); A. Thomas, *The Painter's Practice in Renaissance Tuscany* (Cambridge, 1995); M. Becker, 'An Essay on the Quest for Identity in the Early Italian Renaissance,' in J. G. Rowe and W. H. Stockdale, eds., *Florilegium Historiale: Essays Presented to Wallace K. Ferguson* (Toronto, 1971), 296-308; W. Stedman Sheard and J. T. Paoletti, eds., *Collaboration in Italian Renaissance Art* (New Haven, 1978); M. M. Bullard, 'Heroes and their Workshops: Medici Patronage and the Problem of Shared Agency,' *Journal of Medieval and Renaissance Studies* 24 (1994): 179-98; A. Guidotti, 'Pubblico e private, committenza e clientele: Botteghe e produzione artistica a Firenze tra XV e XVI secolo,' *Richerche storiche* 16 (1986): 535-50.

㉕ S. Greenblatt, *Renaissance Self-Fashioning. From More to Shakespeare* (Chicago, 1984).

㉖ S. Y. Edgerton, *The Renaissance Rediscovery of Linear Perspective* (New York, 1975)' E. Panofsky, 'Die Perspektive als symbolische Form,' *Vorträge der Bibliothek Warburg* 1924-5 (1927): 258-330. 潘諾夫斯基對於文藝復興線性透視的看法，請參考 C. Landauer, 'Erwin Panofsky and the Renascence of the Renaissance,' *Renaissance Quarterly* 47/1 (1994): 255-81, esp. 265-6; K. P. F. Moxey, 'Perspective, Panofsky, and the Philosophy of History,' *New Literary History* 26/4 (1995): 775-86.

㉗ H. Wohl, *The Aesthetics of Italian Renaissance Art: A Reconsideration of Style* (Cambridge, 1999); 也請參考 C. R. Mack 的評論, *Renaissance Quarterly* 53/2 (2000): 569-71.

㉘ 關於此關聯性，請參考 E. H. Gombrich, 'From the revival of letters to the reform of the arts,' in D. Fraser, H. Hibbard, and M. J. Lewine, eds., *Essays in the History of Art Presented to Rudolf Wittkower* (London, 1967), 71-82; R. Weiss, *The Renaissance Discovery of Classical Antiquity* (New York, 1969); B. Rowlands Jnr., *The Classical Tradition in Western Art* (Cambridge MA, 1963).

㉙ E. Panofsky, *Renaissance and Renascences*, 9; M. Baxandall, *Giotto and the Orators: Humanist Observers of Painting in Italy and the Discovery of Pictorial Composition, 1350-1450* (Oxford, 1971); C. E. Gilbert, *Poets Seeing Artists' Work: Instances in the Italian Renaissance* (Florence, 1991).

㉚ Dante, *Purg.* 11.91-6.

㉛ R. W. Lee, 'Ut Pictura Poesis: The Humanistic Theory of Painting,' *Art Bulletin* 22/4 (1940): 197-269, 199-200; E. Hazelton Haight, 'Horace on Art: Ut Pictura Poesis,' *The Classical Journal* 47/5 (1952): 157-62, 201-2; W. Trimpi, 'The Meaning of Horace's Ut Pictura Poesis,' *Journal of the Warburg and Courtauld Institutes* 36 (1973): 1-34; W. K. Ferguson, 'Humanist views of the Renaissance' *American Historical Review* 4 (1939): 1-28; M. L. McLaughlin, 'Humanist concepts of Renaissance and Middle Ages in the tre- and quattrocento,' *Renaissance Studies* 2 (1988): 131-42.

㉜ Petrarch, *Africa*, 9.451-7;佩脫拉克完整的史詩作品參考 *Africa*, ed. N. Festa, Edizione Nazionale delle Opere di Francesco Petrarca (Florence, 1936). 關於此段落最經典的詮釋仍是 T. E. Mommsen, 'Petrarch's Conception of the "Dark Ages",' *Speculum* 17 (1942): 226-42. 然而，孟森的解讀受認可到哪種程度仍有疑慮：請參考 A. Lee, 'Petrarch, Rome, and the "Dark Ages," in P. Prebys, ed., *Early Modern Rome, 1341-1667* (Ferrara, 2012), 9-26, esp. 14-17.

㉝ Marsilio Ficino, *Opera Omnia*, (Basel, 1576; repr. Turin, 1962), 944 (974); trans. in A. Brown, *The Renaissance*, 2nd ed. (London and New York, 1999), 101.

㉞ Leonardo Bruni, *Le Vite di Dante e di Petrarca*, in H. Baron, *Humanistisch-philosophische Schriften* (Berlin 1928), 66; trans. from. D. Thompson and A. F. Nagel, eds. and trans., *The Three Crowns of Florence. Humanist Assessments of Dante, Petrarca and Boccaccio* (New York, 1972), 77; 關於布魯尼對佩脫拉克和但丁的看法，請參考 G. Ianziti, *Writing History in Renaissance Italy. Leonardo Bruni and the Uses of the Past* (Cambridge MA and London, 2012), 177-8.

㉟ Matteo Palmieri, *Vita civile*, ed. G. Belloni (Florence, 1982), 43-4; trans. in Brown, *The Renaissance*, 102.

第二章

① 米開朗基羅從小就認識弗朗切斯科・葛蘭奇。他們一同在多明尼哥・吉爾蘭達的工作室學習，也一同就讀貝爾托多・迪・喬凡尼的學校，請參考 Vasari, *Lives*, 1:330. 接下來，弗朗切斯科依照羅倫佐・德・麥地奇所託替聖馬可完成數項作品，然後前往羅馬協助米開朗基羅在西斯汀教堂的畫作。

② 除了現存的作品（主要為青銅雕塑作品），貝爾托多・迪・喬凡尼在世時的作品很少被保存下來。從瓦薩里的評論裡可得知，貝爾托多早在 1491 年的前幾年早已身染重病。在米開朗基羅抵達之際，他已無法繼續進行工作。他陪伴飽受痛風之苦的羅倫佐・德・麥地奇前往名叫貝格尼・迪・墨爾巴（Bagni di Morba）的地方進行水療，這件事是無庸置疑的，然而我們不禁更傾向把此當作兩人之間連結的象徵。1491 年 12 月 28 日，他於羅倫佐的別墅裡過世，享年約 51 歲，然而，所有跡象都指出在此之前他早已飽受病痛折磨，果真如此的話，馬薩喬於《聖彼得的影子治癒病患》裡描繪的景象呼應了貝爾托多的情況。

③ 關於義大利北部城邦國家起源的研究，請參考 D. Waley, *The Italian City-Republics*, 3rd ed. (London, 1988); P. Jones, 'Communes and despots; the city state in late-medieval Italy,' *Transactions of the Royal Historical Society* 5th ser., 15 (1965): 71-96; idem, '*The Italian City-State: From Commune to Signoria* (Oxford, 1997); J. K. Hyde, *Society and Politics in Medieval Italy. The Evolution of the Civil Life, 1000-1350* (London, 1973); L. Martines, *Power and Imagination. City-States in Renaissance Italy* (London, 1980).

④ 關於此趨勢的探索，兩個具代表性卻截然不同的研究方向: H. Baron, *The Crisis of the Early Italian Renaissance* , rev. ed. (Princeton, 1966); Q. Skinner, *The Foundations of Modern Political Thought*, 2 vols. (Cambridge, 1978). 雖然這些資料極具閱讀價值，但閱讀時仍要注意，它們各自有爭議之處，而學術界的爭論仍熱烈持續進行。

⑤ 關於此主題實用且易懂的介紹可見於 D. Norman, ed., *Siena, Florence, and Padua. Art, Society and Religion 1280-1400*, 2 vols. (New Haven and London, 1995), esp. 2:7-55.

⑥ 1 夸脫約 946 毫升。

⑦ G. A. Brucker, *Renaissance Florence* (Berkeley, Los Angeles and London, 1969), 51.

⑧ F. Franceschi, 'The Economy: Work and Wealth' in J. M. Najemy, ed., *Italy in the Age of the Renaissance 1300-1550* (Oxford, 2004), pp.124-44, here, p. 129.關於佛羅倫斯經濟長期實力，特別是 14 世紀中期危機後的時期，學者對此有相當熱切的爭論。但根據多方不同的證據衡量後顯示，16 世紀中期之前的商業活動並沒有特別顯著或持續的衰退。關於佛羅倫斯經濟史，有趣且相當細微貼近的觀點，請參考 R. A. Goldthwaite, *Private Wealth in Renaissance Florence: A Study of Four Families* (Princeton, 1968).

⑨ R. Black, 'Education and the emergence of a literate society,' in Najemy, ed., *Italy in the Age of the Renaissance*, 18-36, here, 18.

⑩ Brucker, *Renaissance Florence*, 29.

⑪ Bruni, 'Panegyrics'; Kohl and Witt, ed., *The Earthly Republic*, 139.

⑫ 同上，140.

⑬ Ugolino Verino, *De illustratione urbis Florentiae*, extract from S. U. Baldassarri and A. Saiber, eds., *Images of Quattrocento Florence. Selected Writings in Literature, History, and Art* (New Haven and London, 2000), 208-12, here 210.

⑭ Giovanni Rucellai, *Zibaldone*, ed. A. Perosa, 2 vols. (London, 1960), 1:60; trans. in Baldassarri and Saiber, eds., *Images of Quattrocento Florence*, 73.

⑮ Ugolino Verino, *Ad Andream Alamannum de laudibus poetarum et de felicitate sui saeculi*; trans. in Baldassarri and Saiber, eds. *Images of Quattrocento Florence*, 94.

⑯ L. Martines, *Scourge and Fire. Savonarola and Renaissance Italy* (London, 2007), 103.

⑰ 現存證據的缺乏使得比較 14 世紀和 16 世紀價格和工資全面性的研究幾乎無法進行。然而，有足夠的資訊可以清楚觀察到非技術性工人的實際工資有普遍往下的趨勢。請參考 R. A. Goldthwaite, *The Economy of Renaissance Florence* (Baltimore, 2009), 570-74; C. M. de La Roncière, 'Poveri e povertà a Firenze nel XIV secolo,' in C.-M. de la Roncière, G. Cherubini, and G. Barone, eds., *Tra preghiera e rivolta: le folle foscane nel XIV secolo* (Rome, 1993), 197-281; S. Tognetti, 'Prezzi e salari nella Firenze tardomedievale: Un profile,' *ASI* 153 (1999): 263-333.

⑱ G. Brucker, ed., *The Society of Renaissance Florence: A Documentary Study* (New York, 1971), 214-18, docs. 102-4.

⑲ Vasari, *Lives*, 2:42. 根據維斯帕西諾・德・畢斯提契，科西莫捐贈如此大

量的金錢是因為他急於彌補用不道德方式累積財富這件事。Brucker, *Renaissance Florence*, 108. 在多明尼哥·達·克瑞拉修士（Domenico di Giovanni da Corella）的眼中，科西莫比國王還慷慨。Domenico di Giovanni da Corella, *Theotocon*, extract trans. in Baldassarri and Saiber, eds., *Images of Quattrocento Florence*, 246-51, here 250.

⑳ Verino, *De illustratione*, trans. in Baldassarri and Saiber, eds., *Images of Quattrocento Florence*, 210.

㉑ Corella, *Theotocon*, trans. in Baldassarri and Saiber, eds., *Images of Quattrocento Florence*, 250.

㉒ Q. at R. Trexler, *Public Life in Renaissance Florence* (Ithaca and London, 1980), 190.

㉓ 關於薩佛納羅拉生平和職涯極佳的調查，請參考 Martines, *Scourge and Fire*; and, more recently, D. Weinstein, *Savonarola. The Rise and Fall of a Renaissance Prophet* (New Haven and London, 2011).

㉔ Vasari, *Lives*, 1:227.

㉕ Ascanio Condivi, *Vita di Michelangelo Buonarroti*, ed. G. Nencioni (Florence, 1998), 62 ; M. Hirst, *Michelangelo*, vol. 1, *The Achievement of Fame* (New Haven and London, 2011), 25-6.

㉖ 關於圍攻聖馬可的生動描述，請參考 Martines, *Scourge and Fire*, 231-43.

㉗ Michelangelo, verse 267, ll.7-9; trans from *Poems and Letters*, trans. Mortimer, 56.

㉘ Vasari, *Lives*, 1: 160.

㉙ 同上，1: 123.

㉚ Text q. at Baldassarri and Saiber, eds., *Images of Quattrocento Florence*, 63.

㉛ Hirst, *Michelangelo*, 7.

㉜ Trans. quoted at Brucker, *Renaissance Florence*, 40-1.

㉝ W. J. Connell and G. Constable, 'Sacrilege and Redemption in Renaissance Florence: The Case of Antonio Rinaldeschi,' *Journal of the Warburg and Courtauld Institutes* 61 (1998): 63-92.

㉞ Brucker, *The Society of Renaissance Florence*, 156-7.

㉟ 此報告的翻譯見 Brucker, *The Society of Renaissance Florence*, 190, doc. 89.

㊱ Antonio Beccadelli, *The Hermaphrodite*, ed. and trans. H. Parker (Cambridge MA, 2010), 108-11; II, xxxvii, ll. 9-18, 21-32. 儘管已刪除最嚇人的幾行詩，此詩事實上是貝卡德里最溫和、最克制的詩作之一。

㊲ 授予創建妓院文件的翻譯可見於 Brucker, *The Society of Renaissance Florence*, 190, doc. 88.

㊳ Petrarch, *Sen.* 11.11; trans. in Francis Petrarch, *Letters of Old Age. Rerum Senilium Libri I-XVIII*, trans. A. S. Bernardo, S. Levin, and R. A. Bernardo, 2 vols. (Baltimore and London, 1992), 2:414-5.

㊴ Brucker, *Renaissance Florence*, 29-30.

㊵ Petrarch, *Sen.* XIV, 1; trans. in Kohl and Witt, ed., *The Earthly Republic*, 35-78, here, 52.

㊶ 佛羅倫斯的稅籍資料指出，奧爾特拉諾的聖佛萊迪亞諾區域平均年租金在 1 至 2 枚弗洛林之間。Brucker, *Renaissance Florence*, 25.

第三章

① Francesco Guicciardini, *Storie fiorentine*, ed. R. Palmarocchi (Bari, 1931), 94; trans. A. Brown, 'The Early Years of Piero di Lorenzo, 1472-1492: Between Florentine Citizen and Medici Prince,' in J. E. Law and B. Paton, eds., *Communes and Despots in Medieval and Renaissance Italy* (Farnham, 2011), 209-222.

② 關於米開朗基羅的逃離，請參考 Hirst, *Michelangelo*, 21-2.

③ Michelangelo, *Carteggio*, 1:9.

④ 同上，1:8.

⑤ Hirst, *Michelangelo*, 44.

⑥ Goldthwaite, *Economy of Renaissance Florence*, 576.

⑦ Vasari, *Lives*, 1:322.

⑧ 同上，2:167.

⑨ 同上，1:197.

⑩ 關於此主題出色的概述，請參考 Goldthwaite, *Economy of Renaissance Florence*, 204ff.

⑪ 要找到現代版等同於弗洛林價格的東西是件難事。佛羅倫斯不僅使用多種類不同的硬幣（以銀和金製成），硬幣的相對價值也隨著時間波動，弗洛林本身的購買力也在數世紀之間經歷相當大的變動。Goldthwaite, *Economy of Renaissance Florence*, 609-14. 我們僅可能估算（非常粗略的）價值。1 枚弗洛林黃金平均內含約 3.53 公克的黃金。以現今每公克約 51 美金的價格估計，每枚弗洛林的價格約等同於 180 美金。然而，弗洛林的購買力其實高出很多。雖然有許多種類不同的比較點能拿來使用，但非技術性建築工人平均每日的薪資是不甚滿意卻很方便的比較基準點。（請參考 Goldthwaite, *Economy of Renaissance Florence*, 613 and R. A. Goldthwaite, *The Building of Renaissance Florence: An Economic and Social History* [Baltimore, 1980], 436-7） 1450 年當時的薪資約是一天 10 個蘇幣（soldi），也就是約等同一天 0.12 個弗洛林，與現今最低薪資約每天 58 美金相比較之下，我們可以合理假定 15 世紀中期，勞動市場的弗洛林購買力約相當於 493 美金。

⑫ Goldthwaite, *Economy of Renaissance Florence*, 74-5.

⑬ 同上，308-9.

⑭ Rucellai, *Zibaldone*, 1:62; trans. in Baldassarri and Saiber, eds., *Images of Quattrocento Florence*, 75.

⑮ Hirst, *Michelangelo*, 132-3.

⑯ Franceschi, 'The Economy: Work and Wealth', 141.

⑰ D. Herlihy and C. Klapisch-Zuber, *Les Toscans et leurs familles* (Paris, 1978), 295.

⑱ 關於佛羅倫斯社會裡較低階的社經階層，請參考 S. K. Cohn, Jr., *The Laboring Classes in Renaissance Florence* (New York, 1980).

⑲ Brucker, *Renaissance Florence*, 61-2.

⑳ 請參考 J. C. Brown and J. Goodman, 'Women and Industry in Florence,' *Journal of Economic History* 40/1 (1980): 73-80.

㉑ Brucker, *Renaissance Florence*, 26.

㉒ Goldthwaite, *Economy of Renaissance Florence*, 362-3.

㉓ Wallace, *Michelangelo*, 140-1.

㉔ 翻譯自 Brucker, *The Society of Renaissance Florence*, 235.

㉕ 同上。

㉖ 同上，236.

㉗ 同上，237-8.

㉘ 同上，239.

㉙ 此處，與米開朗基羅同為藝術家的人所處位置有些曖昧不明。雖然在1501 到 1505 年之間，與他一同進行雕刻案子的人們裡，有些人或是在工會結構裡有棲身之所，或是全然身處於工會之外，然而米開朗基羅卻身處於令人好奇的位置上。當時的佛羅倫斯尚未有藝術家工會，最接近的組織是聖路加協會（Compagnia di San Luca），皮耶羅・迪・科西莫是其中一位成員。該協會主要為俗世兄弟會，與工會不同。直到 16 世紀晚期，成立藝術學院(Accademia del Disegno)，藝術家才聚集在同一組織的屋頂之下。也許因為米開朗基羅地位的模糊不清，他並非任何一個工會的成員。M. A. Jack, 'The Accademia del Disegno in Late Renaissance Florence,' *Sixteenth Century Journal* 7/2 (1976): 3-20. For the foundation of the Accademia, see, for example, K.-E. Barzman, *The Florentine Academy and the Early Modern State* (Cambridge, 2000), 23-59.

㉚ 關於索德瑞尼的生平和職涯，請參考 R. Cooper, 'Pier Soderini: Aspiring Prince to Civic Leader,' *Studies in Medieval and Renaissance History*, n.s. 1 (1978): 67-126.

㉛ 對此時期佛羅倫斯政治最清楚的概述也許仍是 H. C. Butters, *Governors and Governmnet in Early Sixteenth-Century Florence, 1502-1519* (Oxford, 1985).

㉜ 雖然瓦薩里注意到索德瑞尼於復興這計畫裡扮演關鍵角色，赫斯特對他的說法仍抱持懷疑。Vasari, *Lives*, 1:337; Hirst, *Michelangelo*, 43.

㉝ 洛倫采蒂的濕壁畫，其政治意義引起相當多學者的興趣，也成為激烈爭論的主題。最重要的兩種詮釋為: N. Rubinstein, 'Political ideas in Sienese art: the frescoes by Ambrogio Lorenzetti and Taddeo di Bartolo in the Palazzo Pubblico,' *Journal of the Warburg and Courtauld Institutes* 21 (1958): 179-207; Q. R. D. Skinner, 'Ambrogio Lorenzetti: the artist as political philosopher,' *Proceedings of the British Academy* 72 (1986): 1-56.

㉞ Gregorio Dati, *Istoria di Firenze dall'anno MCCCLXXX all'ano MCCCV*, ed. G. Bianchini (Florence, 1735), IX; trans. in Baldassarri and Saiber, eds., *Images of Quattrocento Florence*, 44-54, here 48.

㉟ 馬基維利於 1489 年 6 月 19 日被任命為第二內閣大臣。馬基維利於此時期佛羅倫斯政府裡扮演的角色，請參考 S. Bertelli, 'Machiavelli and Soderini,' *Renaissance Quarterly* 28/1 (1975): 1-16; N. Rubinstein, 'The Beginning of Niccolò Machiavelli's Career in the Florentine Chancery,' *Italian Studies* 11 (1956): 72-91.

㊱ Brucker, *Renaissance Florence*, 268.

㊲ 請參考 J. Najemy, *Corporation and Consensus in Florentine Electoral Politics, 1280-1400* (Chapel Hill, 1982), 301-18, esp. 305-6; see also D. Kent, 'The Florentine *Reggimento* in the Fifteenth Century,' *Renaissance Quarterly* 28/4 (1975): 575-638, here 612.

㊳ 譯自 Baron, *The Crisis of the Early Italian Renaissance*, 419.

㊴ Najemy, *Corporatism and Consensus*, 180-1; G. A. Brucker, *Florentine Politics and Society, 1343-1378* (Princeton, 1963), 213.

㊵ Q. at Najemy, *Corporatism and Consensus*, 203.

㊶ 但丁在《神曲：地獄篇》將亦敵亦友的菲利波・阿傑提打入臭氣沖天的冥河，並以此為樂。Dante, *Inf.* 8.32-63.

㊷ 對於麥地奇政權最經典的研究仍屬 N. Rubinstein, *The Government of Florence under the Medici (1434 to 1494)* (Oxford, 1966); note also J. Hale, *Florence and the Medici. The Pattern of Control* (London, 1977).

㊸ Aeneas Silvius Piccolomini, *Commentaria*, II; trans. from *Secret Memoirs of a Renaissance Pope. The* Commentaries *of Aeneas Silvius Piccolomini, Pius II*, trans. F. A. Gragg, ed. L. C. Gabel (London, 1988), 101.

㊹ 對於帕齊陰謀最新也是最易閱讀的描述是 L. Martines, *April Blood: Florence and the Plot Against the Medici* (London and New York, 2003).

㊺ 譯自 Baldassarri and Saiber, eds., *Images of Quattrocento Florence*, 69-71, here 70.

㊻ 相關引文翻譯見於 Baldassarri and Saiber, eds., *Images of Quattrocento Florence*, 103-14.

㊼ Girolamo Savonarola, *Trattato circa il reggimento e governo della città di Firenze*, ed. L.

Firpo (Turin, 1963)；對於薩佛納羅拉政治觀點的概論簡介，請參考 Martines, *Scourge and Fire*, 106-10; G. C. Garfagnini, ed., *Savonarola e la politica* (Florence, 1997); S. Fletcher and C. Shaw, eds., *The World of Savonarola: Italian elites and perceptions of crisis* (Aldershot, 2000).

㊽ Najemy, *Corporatism and Consensus*, 323.

㊾ 雖然在 1498 到 1512 年間並沒有任何的政治「叛徒」被處決，然而在帕齊陰謀（1481 年處決 3 人）之後，薩佛納羅拉居處於高峰之時（1497 年處決 6 人），以及索德里尼下台，麥地奇家族回歸之後，被標上「叛國」而處以死刑（而非處以罰款或流放）的頻率明顯攀升。對於此主題極出色的研究，請參考 N. S. Baker, 'For Reasons of State: Political Executions, Republicanism, and the Medici in Florence, 1480-1560,' *Renaissance Quarterly* 62/2 (2009): 444-78.

㊿ 請參考 Brucker, *The Society of Renaissance Florence*, 93-4, doc. 45.

51 Verino, *De illustratione urbis Florentiae*, II; 譯自 Baldassarri and Saiber, eds., *Images of Quattrocento Florence*, 241-3, here 241-2.

52 第三會會友一般指認同某修會宗旨的週邊組織、贊助者。

53 Vasari, *Lives*, 1:214, 216.

54 例如 Giovanni Boccaccio, *Decameron*, 3.3.

55 同上，3.8.

56 同上，1.4.

57 Brucker, *Renaissance Florence*, 180-1.

58 同上，176.

59 Goldthwaite, *Economy of Renaissance Florence*, 370.

60 同上，368.

61 D. Hay, *The Church in Italy in the Fifteenth Century* (Cambridge, 1977), 10.

62 N. Ben-Aryeh Debby, 'Political Views in the Preaching of Giovanni Dominici in Renaissance Florence, 1400-1406,' *Renaissance Quarterly* 55/1 (2002): 19-48, q. at 36-7.

⑥③ 同上，Q.,40.

⑥④ Martines, *Scourge and Fire*, 103.

第四章

① Vasari, *Lives*, 1:338, amended.

② M. Kemp, ed., *Leonardo on Painting* (New Haven and London, 1989), 39.

③ Vasari, *Lives*, 1:173.

④ 同上，1:186-7.

⑤ E. S. Cohen and T. V. Cohen, *Daily Life in Renaissance Italy* (Westport CT and London, 2001), 54.

⑥ D. Herlihy and C. Klapisch-Zuber, *Tuscans and Their Families: A Study of the Florentine Catasto of 1427* (New Haven, 1985).

⑦ J. Kirshner, 'Family and marriage: a socio-legal perspective,' in Najemy, ed., *Italy in the Age of the Renaissance*, 82-102, here 90.

⑧ Michelangelo, *Carteggio*, 1:7-8; trans. Wallace, *Michelangelo*, 25.

⑨ Vasari, *Lives*, 1:278.

⑩ Michelangelo, *Carteggio*, 1:140-1.

⑪ R. Hatfield, *The Wealth of Michelangelo* (Rome, 2002), 207.

⑫ G. Brucker, 'Florentine Voices from the *Catasto*, 1427-1480,' *I Tatti Studies* 5 (1993): 11-32, here 11-13, 31.

⑬ 從 1497 年夏天開始，洛多維科時常接受事業成功的二兒子的經濟資助：Hirst, *Michelangelo*, 32, 95, 101, 108-9, 128-33, 180-3. 然而，證據顯示洛多維科不僅一點都不了解米開朗基羅的作品，米開朗基羅也對父親不友善的態度感到忿忿不平。例如，1512 年底，米開朗基羅曾以忿恨的口氣抱怨，儘管自己過去整整 15 年為家人付出勞力，他卻從未曾收到一句感謝。從信件的上下文可清楚得知，他的怒氣主要針對的就是洛多維科：同上，109. 在 1521 到 1522 年之前，兩人關係交惡，使他們最終因金錢爆發爭吵：同上，180-1.

⑭ Michelangelo, *Carteggio*, 1:88.

⑮ Petrarch, *Fam.* 7.11.4.

⑯ 關於佩脫拉克對友誼的看法，請參考 A. Lee, *Petrarch and St. Augustine: Classical Scholarship, Christian Theology, and the Origins of the Renaissance in Italy* (Leiden, 2012), 229-75.

⑰ 關於文藝復興時期對於友誼的普遍看法，請參考 R. Hyatte, *The Arts of Friendship. The Idealization of Friendship in Medieval and Early Renaissance Literature* (Leiden, 1994).

⑱ Boccaccio, *Decameron*, 10.8.

⑲ I. Origo, *The Merchant of Prato. Francesco di Marco Datini, 1335-1410* (New York, 1957); Trexler, *Public Life in Renaissance Florence*, 131-58.

⑳ Lapo Mazzei, *Lettere di un Notaro a un Mercante del secolo XIV, con alter Lettere e Documenti*, ed. C. Guasti, 2 vols. (Florence, 1880), 1:62, 67.

㉑ 同上，1:248.

㉒ 同上，1:163, 169, 393.

㉓ 同上，1:7.

㉔ 同上，1:148, 184.

㉕ Petrarch, *Fam* 19.4.「萊利烏斯」的綽號證明了佩脫拉克與里洛・迪・皮耶洛・史戴芬諾・托賽堤的緊密連結。西庇阿（Scipio Africanus）與蓋烏斯・萊利烏斯的友誼為歷史上聞名，並被視為理想典型的模範，西賽羅在《論友誼》〔*De amicitia*，有時又稱為《萊利烏斯》（*Laelius*）〕裡大肆歌頌。佩脫拉克取材兩人的關係並用於自己的敘事詩《阿非利加》（*Africa*）裡。

㉖ Vasari, *Lives*, 1:290.

㉗ 同上，1:276.

㉘ Giovanni Boccaccio, *Decameron*, 6.5; trans. G. H. William, 2nd ed. (London, 1972), 457.

㉙ Vasari, *Lives*, 1:421.

㉚ 請參考 Welch, *Art and Society*, 103-30.

㉛ Vasari, *Lives*, 1:185.

㉜ W. E. Wallace, 'Manoeuvering for Patronage: Michelangelo's Dagger,' *Renaissance Studies* 11 (1997): 20-26.

㉝ Cellini, *Autobiography*, trans. Bull, 377.

㉞ Vasari, *Lives*, 1:180.

㉟ 值得將整段落引用：「美好的希望鼓勵著我：季索，希望你能用和善的話語滋養我的心。市政官和稅務官常常欺騙我，讓我因而咳到吐膽汁。你來的正好，因為我的怒氣已沸騰，我的心因受邪惡擾動而開始盛怒。我沒辦法忍耐那些正義與虔誠禁止我忍受的事。挨餓不該被容忍。為什麼我要提及窮人無法避免蔓延的致命疾病？王子頒布值得支持的命令，然而他安排負責財政的人卻拒絕執行命令。他們說：『先離開，等等再來。』『你將收到付款，按照你的勞務給付的津貼將會給你。』我因此先離開，再回去。然後，再一次，我像個傻瓜，一天去個兩三回。」Francesco Filelfo, *Odes*, IV.2, II.1-16, ed. and trans. D. Robin(Cambridge MA and London, 2009), 229-31.

㊱ Vasari, *Lives*, 1:97-8.

㊲ 同上，1:339.

㊳ Wallace, *Michelangelo*, 91.

㊴ Michelangelo, *Carteggio*, 1:145; trans. from Michelangelo, *The Letters of Michelangelo*, trans. E. H. Ramsden, 2 vols. (London and Stanford, 1963), 1:82.

㊵ Q. at Wallace, *Michelangelo*, 46.

㊶ Michealangelo, *Carteggio*, 1:153; q.v. Wallace, *Michelangelo*, 46.

㊷ Vasari, *Lives*, 1:228.

㊸ 同上，1:229.

㊹ 同上，1:320.

㊺ Giovanni Boccaccio, *Famous Women*, ed. and trans. V. Brown (Cambridge MA and London, 2001), pref., 9.

㊻ 在 1587 年到 1588 年間的威尼斯，有 4600 位男孩和僅有 30 位主要來自於上層階級的女孩就讀該城市的學校。M. E. Wiesner, *Women and Gender in Early Modern Europe* (Cambridge, 1993), 122-3.

㊼ Vasari, *Lives*, 1:104.

㊽ 請參考 Brucker, *The Society of Renaissance Florence*, 32-3.

㊾ 同上，34-5.

㊿ Francesco Barbaro, *On Wifely Duties*, trans. in Kohl and Witt, ed., *The Earthly Republic*, 189-228, here 192.

51 同上，215.

52 同上，215-20.

53 同上，208.

54 Vasari, *Lives*, 2:100.

55 Barbaro, *On Wifely Duties*; Kohl and Witt, ed., *The Earthly Republic*, 202.

56 Matteo Palmieri, *Vita civile*, ed. F. Battaglia (Bologna, 1944), 133.

57 Barbaro, *On Wifely Duties*; Kohl and Witt, ed., *The Earthly Republic*, 196.

58 同上，194.

59 Boccaccio, *Decameron*, 10.10.

60 Franco Sacchetti, *Il Trecentonovelle*, ed. E. Faccioli (Turin, 1970), 233.

61 最經典的介紹這主題的也許仍是 M. Rocke, 'Gender and Sexual Culture in Renaissance Italy,' in J. C. Brown and R. C. Davis, eds., *Gender and Society in Renaissance Italy* (Harlow, 1998), 150-70.

62 該主題也造成不小的學術爭論，對於此主題實用的概述，請參考 S. K. Cohn Jr., 'Women and Work in Renaissance Italy,' in Brown and Davis, eds., *Gender and Society*, 107-27; J. C. Brown, 'A Woman's Place was in the Home: Women's Work in Renaissance Tuscany,' in M. W. Ferguson, M. Quilligan, and N. J. Vickers, eds., *Rewriting the Renaissance. The Discourses of Sexual Difference in Early Modern Europe* (Chicago and London, 1986), 206-24.

63 Michelangelo, *Carteggio*, 5:92-3.

64 Filelfo, *Odes*, III, 3, ed. and trans. Robin, 175-7.

65 Brucker, *The Society of Renaissance Florence*, 180-1.

66 請參考路卡・蘭杜奇的描述，節錄於 Baldassarri and Saiber, eds., *Images of Quattrocento Florence*, 276-83, esp. 277.

67 Giovanni Gioviano Pontano, *Baiae*, I, 4, II.3-10; trans. R. G. Dennis (Cambridge MA and London, 2006), 13.

68 R. A. Goldthwaite, 'The Florentine Palace as Domestic Architecture,' *American Historical Review* 77/4 (1972): 977-1012, here 995.

69 Goldthwaite, 'The Florentine Palace,' 1005, fig. 8.

70 同上，1004-5.

71 ASF Carte Riccardi, no. 521, fol. 26r; q. at Goldthwaite, 'The Florentine Palace,' 983, n.13.

72 請參考 S. Cavallo, 'The Artisan's *Casa*,' in M. Ajmar-Wollheim and F. Dennis, eds., *At Home in Renaissance Italy* (London, 2006), 66-75.

73 Hatfield, *The Wealth of Michelangelo*, 65ff.

74 Kent, 'An Accountant's Home,' 451.

75 請參考 K. Albala, *Eating Right in the Renaissance* (Berkeley, 2002).

76 Kent, 'An Accountant's Home,' 453; L. R. Granato, 'Location of the Armoury in the Italian Renaissance Palace,' *Waffen und Kostumkunde* 24 (1982): 152-53.

77 Vasari, *Lives*, 1:187.

78 S. Fermor, *Piero di Cosimo. Fiction, Invention and* Fantasia (London, 1993), 14. 有趣的是在 1504 年初，為了決定將米開朗基羅的《大衛》擺放的適當地點而召開會議，皮耶羅是該委員會的一員.

79 M. Hirst, 'Michelangelo in 1505,' *Burlington Magazine* 133/1064 (1991): 760-66, here762.

80 Michelangelo, *Carteggio*, 1:19.

81 Michelangelo, *Carteggio*, 1:9; trans. Wallace, *Michelangelo*, 26.

⑧② Vasari, *Lives*, 1:430.

⑧③ Michelangelo, verse 5, ll. 1-4; *Poems and Letters*, trans. Mortimer, 3:「由於這份工作，我得了甲狀腺腫——倫巴底大區糟糕的水質導致農民染上，在那裡或是在其他國家——因為我的肚子已經被擠到和我的下巴相抵」。

⑧④ Michelangelo, *Carteggio*, 2:7-8.

⑧⑤ Michelangelo, verse 267, ll. 34-45; *Poems and Letters*, trans. Mortimer, 57.

⑧⑥ Michelangelo, verse, 267, lll.10-12; trans. from Wallace, *Michelangelo*, 175.

⑧⑦ Hirst, *Michelangelo*, 252-3.

⑧⑧ Vasari, *Lives*, 1:197.

⑧⑨ 同上，2:271.

⑨⓪ Cellini, *Autobiography*, trans. Bull, 217.

⑨① Brucker, *The Society of Renaissance Florence*, 47-9.

⑨② Cellini, *Autobiography*, trans. Bull, 16-7.

⑨③ 同上，71-2.

⑨④ 同上，147-54, 347-8.

⑨⑤ Q. at J. Arrizabalaga, J. Henderson, and R. French, *The Great Pox: The French Disease in Renaissance Europe* (New Haven, 1997), 205-6.

⑨⑥ 關於瘟疫和其他疾病對於該時期最低社經階層的影響，請參考 A. G. Carmichael, *Plague and the Poor in Renaissance Florence* (Cambridge, 1986).

⑨⑦ S. K. Cohn Jr., 'The Black Death: End of a Paradigm,' *American Historical* Review 107/3 (2002): 703-38, here 725.

⑨⑧ Vasari, *Lives*, 1:276.

⑨⑨ Cellini, *Autobiography*, trans. Bull, 45-6.

⑩⓪ Vasari, *Lives*, 1:320.

⑩① 同上，1:216.

⑩② Rocke, 'Gender and Sexual Culture in Renaissance Italy,' 157; J. A. Brundage, *Law, Sex, and Christian Society in Medieval Europe* (Chicago, 1987), 492.

⑩③ Rocke, 'Gender and Sexual Culture in Renaissance Italy,' 163.

⑩④ Mario Filelfo, *Epithalamion pro domino Francisco Ferrario et Constantia Cimisella*, MS Vat. Apost., Chig. I VII 241, fols. 140v-143r, here fol. 141v; trans. from A. F. D'Elia, 'Marriage, Sexual Pleasure, and Learned Brides in the Wedding Orations of Fifteenth-Century Italy,' *Renaissance Quarterly* 55/2 (2002): 379-433, here 411.

⑩⑤ Pontano, *Baiae*, I, 13, II.1-10; trans. Dennis, 39.

⑩⑥ Rocke, 'Gender and Sexual Culture in Renaissance Italy,' 161; M. Rocke, *Forbidden Friendships: Homosexuality and Male Culture in Renaissance Florence* (New York, 1996), 118-20.

⑩⑦ Beccadelli, *The Hermaphrodite*, 1.5, esp. II.1-2, trans. Parker, 11：「當我的烏莎想要被幹，她爬上我的陽具。我扮演她的角色，她也演我的。」不幸的是用這樣的姿勢，貝卡德里擔心他的陽具無法應付烏莎顯然無法被滿足的性慾。

⑩⑧ Beccadelli, *The Hermaphrodite*, 1.14, II.1-2; trans. Parker, 21.

⑩⑨ 請特別參考 Pontano, *Baiae*, II.29; trans. Dennis, 166-7.

⑪⓪ Q. at Wallace, *Michelangelo*, 110.

⑪① Rocke, 'Gender and Sexual Culture in Renaissance Italy,' 151.

⑪② Domenico Sabino, *De uxorem commodis et incommodis*, MS Vat. Apost., Chis. H IV 111, fols. 108v-117v, here, fol. 110v; trans. from D'Elia, 'Marriage, Sexual Pleasure, and Learned Brides,' 407.

⑪③ Cristoforo Landino, *Xandra*, II.13; trans. from Cristoforo Landino, *Poems*, trans. M. P. Chatfield (Cambridge MA and London), 105.

⑪④ Landino, *Xandra*, II.24, I.2; *Poems*, trans. Chatfield, 125.

⑪⑤ Boccaccio, *Decameron*, 7.2.

⑪⑥ Boccaccio, *Decameron*, 7.2; trans. McWilliam, 494.

⑪⑦ Boccaccio, *Decameron*, 6.7.

⑪⑧ Boccaccio, *Decameron*, 6.7; trans. McWilliam, 464.

⑪⑨ Boccaccio, *Decameron*, 2.5; 9.5; 書中角色麥當娜・依安科菲歐瑞（Madonnna Iancofiore）類似妓女，但卻更像是誘人的騙子。

⑫⓪ R. Davidsohn, *Storia di Firenze*, 8 vols. (Florence, 1956-68), 7:616-17; J. K. Brackett, 'The Florentine Onestà and the Control of Prostitution,' *Sixteenth Century Journal* 24/2 (1993); 273-300, here 277.

⑫① G. Rezasco, 'Segno delle meretrici,' *Giornale Linguistico* 17 (1980): 161-220, here 165.

⑫② 關於此行政局處歷史的出色概述，請參考 Brackett 'The Florentine Onestà'.

⑫③ R. Trexler, 'La Prostitution Florentine au XVe Siècle: Patronages et Clientèles,' *Annales ESC* 36 (1981): 983-1015, here, 985-88.

⑫④ Brackett, 'The Florentine Onestà,' 287, n.64.

⑫⑤ 在 1416 年，巴托洛梅奧・迪・羅倫佐試圖販賣他的妻子史黛拉給一名叫契科的妓院老闆，而被定罪。請參考 Brucker, *The Society of Renaissance Florence*, 199-201.

⑫⑥ 請參考 R. S. Liebert, *Michelangelo: A Psychoanalytic Study of His Life and Images* (New Haven, 1983); J. M. Saslow, '"A Veil of Ice between My Heart and the Fire": Michelangelo's Sexual Identity and Early Constructions of Homosexuality,' *Genders* 2 (1998): 77-90; J. Francese, 'On Homoerotic Tension in Michelangelo's Poetry,' *MLN* 117/1 (2002): 17-47.

⑫⑦ D'Elia, 'Marriage, Sexual Pleasure, and Learned Brides,' 409.

⑫⑧ D. Owen Hughes, 'Bodies, Disease, and Society,' in Najemy, ed., *Italy in the Age of the Renaissance*, 103-23.

⑫⑨ Q. at Trexler, *Public Life in Renaissance Florence*, 381.

⑬⓪ 授予權力建立暗夜局的規定見於 Brucker, *The Society of Renaissance Florence*, 203-4, doc. 95.

⑬① 對於此案例的法庭紀錄見於 Brucker, *The Society of Renaissance Florence*, 204-5, doc. 96.

⑬② Rocke, *Forbidden Friendships*, 4.

⑬③ Sabino, *De uxorem commodis et incommodis*, fol. 115 r; trans. D'Elia, 'Marriage, Sexual Pleasure, and Learned Brides,' 408.

⑬④ J. K. Brackett, *Criminal Justice and Crime in Late Renaissance Florence, 1537-1609* (Cambridge, 1992), 131.

⑬⑤ 關於柏拉圖學院過往歷史上的爭論，請參考此篇筆鋒銳利的文章 J. Hankins, 'The Myth of the Platonic Academy of Florence,' *Renaissance Quarterly* 44/3 (1991): 429-47.

⑬⑥ 關於此主題，請參考 A. Maggi, 'On Kissing and Sighing: Renaissance Homoerotic Love from Ficino's *De amore* and *Sopra Lo Amore* to Cesare Trevisani's *L'impresa* (1569),' *Journal of Homosexuality* 49/3-4 (2005): 315-39.

⑬⑦ Rocke, *Forbidden Friendships*, 171.

第五章

① 關於謝奇尼，請參考 C.L. Frommel, *Michelangelo und Tommaso dei Cavalieri* (Amsterdam, 1979), 14-15; Michelangelo, *Carteggio*, 3:419-20.

② 雖然無法十分確定謝奇尼是否刻意讓米開朗基羅和托馬索・迪・卡瓦列利見面，現存的證據顯示這是很可能的，因為米開朗基羅和托馬索能相遇的時間其實很短。我們並不清楚他們第一次見面的時間為何，但只可能發生在米開朗基羅抵達羅馬（介於 1532 年 8 月中到 9 月中之間，當時有一封信提及他正在羅馬）到 1533 年 1 月 1 日之間，因為在 1533 年 1 月此時間點之際，兩人的關係已經日益澎湃。華勒斯認為他們由共同朋友介紹認識的推測，因著以上證據變得非常可能為真 (Wallace, *Michelangelo*, 177)。能將兩人介紹認識的人裡，最可能的就是謝奇尼。謝奇尼的確是米開朗基羅在羅馬期間最親近朋友之一，而在他遇見米開朗基羅之前，已結識卡瓦列利（謝奇尼認識卡瓦列利可能是透過樞機主教尼閣・里鐸斐，因為謝奇尼為里鐸斐家族成員之一）。然而，最明顯的證據是謝奇尼被稱為是兩人共同的朋友，並且在若干場合上，也被稱為是兩人的中間人，這兩個稱號更加強了此推測：他用富有深意的方式促成兩人的友誼，這理當讓他得到兩人的信任 (Michelangelo, *Carteggio* 3:443-4; 4:3)。

③ 關於卡瓦列利家族的收藏，請參考 Hirst, *Michelangelo*, 261; E. Steinmann and H. Pogatscher, 'Dokumente und Forschungen zu Michelangelo, IV, Cavalieri-Dokumente,' *Repertorium für Kunstwissenschaft* 29 (1906): 496-517, here 502-4.

④ 從米開朗基羅後期詩作的基調可以明顯看出，但不論如何，都與該時期羅馬貴族所受的教育相符。關於羅馬貴族的教育請參考 P. Grendler, *Schooling in Renaissance Italy: Literacy and Learning, 1300-1600* (Baltimore, 1989);

A. Grafton and L. Jardine, *From Humanism to the Humanities: Education and the Liberal Arts in Fifteenth- and Sixteenth-Century Europe* (Cambridge MA, 1986); C. W. Kallendorf, ed. and trans., *Humanist Educational Treatises* (Cambridge MA and London, 2002); 也請參考 Baldessare Castiglione, *The Book of the Courtier*, IV; trans. G. Bull, new ed. (London, 1976), 291, 306.

⑤ Michelangelo, *Poems*, letter no. 30.

⑥ Hirst, *Michelangelo*, 260.

⑦ Guido da Pisa, *Expositiones et Glose super Comediam Dantis*, ed. V. Cioffari (Albany, 1974), 4: "Ipse enim mortuam poesiam de tenebris reduxit ad lucem."

⑧ Wallace, *Michelangelo*, 41.

⑨ 關於 Landino's *Comento...sopra la Comedia di Danthe Alighieri poeta fiorentino* (1481), 請參考 S. Gilson, *Dante and Renaissance Florence* (Cambridge, 2005), 163-230.

⑩ Hirst, *Michelangelo*, 23.

⑪ Michelangelo, *Poems*, nos. 248 and 250.

⑫ 對於但丁作品的反應，請參考 S. A. Gilson, *Dante and Renaissance Florence* (Cambridge, 2005).

⑬ 此事件發生的日期僅記載於薄伽丘的但丁傳記，但自此卻成為「傳統」。對於富爾柯．德．波帝納里的家裡舉辦派對一事也同樣能從其他證據推測而來：但丁從未提起碧翠絲的家族姓氏，薄伽丘只有指出慶祝會是在她家舉辦。

⑭ Dante Alighieri, *La Vita Nuova*, II; trans. B. Reynolds, rev. ed. (London, 2004), 3.

⑮ Dante, *La Vita Nuova*, II; trans. Reynolds, 4.

⑯ Dante, *La Vita Nuova*, III; trans. Reynolds, 5.

⑰ Dante, *La Vita Nuova*, III, sonnet 1; trans. Reynolds, 6.

⑱ Dante, *La Vita Nuova*, XII; trans. Reynolds, 14.

⑲ Dante, *La Vita Nuova*, XIV; trans. Reynolds, 18-20.

⑳ Dante, *La Vita Nuova*, XVIII; trans. Reynolds, 24-5.

㉑ J. Pope-Hennessy, *Paradiso. The Illuminations to Dante's Divine Comedy by Giovanni di Paolo* (London, 1993), 35.

㉒ Michelangelo, *Carteggio*, 3:53-4.

㉓ 卡瓦列利的評論見於 Michelangelo, *Carteggio*, 3:445-6.

㉔ 米開朗基羅回到羅馬後如何回應托馬索的嘲弄，請參考：Michelangelo, *Carteggio*, 4:26.

㉕ 雖然米開朗基羅最可能參考引用的出處顯然是奧維德，但提提俄斯的神話卻有許多不同種的出處：Ovid, *Met.* 4.457-8; Virgil, *Aen.* 6.595-600; Lucretius, *De rerum nat.* 3.984-94; Homer, *Od.* 11.576-81. 然而，令人好奇的是提到強暴勒托的罪僅出現在荷馬的作品。米開朗基羅為了讓當作禮物的雙幅畫作有一致性，必須點出提提俄斯的罪行。因此，我們顯然能合理推測他可能直接或間接知悉荷馬的作品。

㉖ 日期可見於佩脫拉克擁有的「維吉爾詩集手抄稿」（所謂的「安博思的維吉爾」〔'Ambrosian Virgil'〕空白頁的題詞與後期詩作裡。）值得注意的是佩脫拉克後來將 1327 年 4 月 6 日當作是聖週五，這是錯誤的認知（儘管是刻意這樣做的）：事實上是復活節。Petrarch, *Canzoniere*, poems 3, 211; text in *Petrarch's Lyric Poems. The* Rime Sparse *and Other Lyrics*, trans. and ed. R. M. Durling (Cambridge MA and London, 1976), 38-9, 364-5.

㉗ Petrarch, *Fam.* X.3; E. H. Wilkins, *Life of Petrarch* (Chicago, 1961), 8.

㉘ Petrarch, *Posteritati* (*Sen.* XVIII.1); text in *Prose*, ed. G. Martellotti, P. G. Ricci, E. Carrara, and E. Bianchi (Milan and Naples, 1955), 2-19, here 8-10.

㉙ 1533 年莫里斯・謝維提出(N. Mann, *Petrarch* [Oxford, 1984], 58)佩脫拉克的蘿拉就是蘿拉・德・諾維斯(Laura de Noves, 1310-48)。雖然此說法被廣泛接受，甚至被廣為引用，卻未曾有決定性的證據.

㉚ Petrarch, *Canzoniere*, poem 30, ll.19-21; ed. Durling, 86-7.

㉛ Q.v. Petrarch, *Canzoniere*, poem 3, ll.4, 9-11; ed. Durling, 38-9.

㉜ 請參考 Petrarch, *Canzoniere*, poem 35; ed. Durling, 94-5.

㉝ Petrarch, *Canzoniere*, poem 52; ed. Durling, 122-3.

㉞ Petrarch, *Canzoniere*, poems 125, l. 9; 129, l.1; ed. Durling, 238-9, 264-5.

㉟ 請注意 Petrarch, *Canzoniere*, poem. 29, l.36: "Da me son fatti i miei pensier diveri" ("my thoughts have become alien to me"); ed. Durling, 84-5.

㊱ Petrarch, *Canzoniere*, poem 129, ll.40-7; ed. Durling, 266-7.

㊲ Petrarch, *Secretum*, I; text in *Prose*, 22-215, here 30.

㊳ 佩脫拉克對於在《宗教休閒》(*De otio religioso*，'On Religious Leisure')裡同樣的情懷提出總結，並解釋「沒有什麼想法比想到自己的死亡更實用，也沒有什麼比『注意生命盡頭，你將不會犯下永世的罪』更具有目的性。」Petrarch, *De otio religioso*, II, 3; Latin text ed. G. Rotondi (Vatican City, 1958), 78, ll.12-14; trans. from Petrarch, *On Religious Leisure*, ed. and trans. S. S. Schearer (New York, 2002), 110; quoting *Ecclesiasticus* 7:40.

㊴ Marchione di Coppo Stefani, *Cronaca fiorentina*, *Rerum Italicarum Scriptores* 30.1 (Città di Castello, 1927), 230, r. 635.

㊵ Petrarch, *Fam.* 7.10.

㊶ Petrarch, *Canzoniere*, poem 268, l. 4.

㊷ Petrarch, *Canzoniere*, poem 272; trans. Durling, 450 (adapted).

㊸ Petrarch, *Camzoniere*, poem 142.

㊹ Castiglione, *The Book of the Courtier*, IV; trans. Bull, 340-2.

㊺ Michelangleo, *Poems*, no. 72, ll.5-7.

㊻ 同上，no. 58.

㊼ 同上，no. 72, ll.12-14.

㊽ 同上，no. 98, ll.12-143.

㊾ Boccaccio, *Decameron*, 1.*pr*, trans. William, 7.

㊿ 同上，15.

51 C. Muscetta, *Giovanni Boccaccio*, 2nd ed. (Bari, 1974), 147; E. H. Wilkins, *A History of Italian Literature*, rev. ed. (Cambridge MA and London, 1974), 106.

52 Boccaccio, *Decameron*, 4.2; trans. William , 304.

53 同上，312.

54 Boccaccio, *Decameron*, 3.10; trans. William, 276.

55 同上，276-7.

56 同上，279.

57 關於此歌曲的討論，請參考 W. F. Prizer, 'Reading Carnival: The Creation of a Florentine Carnival Song,' *Early Music History* 23 (2004): 185-252. 歌詞與翻譯請參考同上，185-7.

58 Lorenzo de' Medici, *Poesie*, ed. I. Caliaro, 2nd ed. (Milan, 2011), 261：「青春擁有的美貌，但卻如此短暫！讓想開心過日的人，開心過日，因為明日之事永遠無絕對。」Bartolomeo Facio, *De hominis excellentia*; 英文譯文見於 C. Trinkaus, *In Our Image and Likeness. Humanity and Divinity in Italian Humanist Thought*, 2 vols. (Chicago, 1970), 1:227.

59 Bartolomeo Facio, De hominis excellentia; trans. q. at C. Trinkaus, *In Our Image and Likeness. Humanity and Divinity in Italian Humanist Thought*, 2 vols. (Chicago, 1970), 1:227.

60 有證據顯示馬奈帝最早於 1449 年完成部分的〈人類的尊嚴與卓越〉，一般認為此作品最終版本來自 1452 年馬奈帝擔任大使之際，與西西里國王阿方索五世的討論而來。儘管阿方索五世已讀過巴托洛梅奧．法西奧的〈人類的卓越〉，他顯然對作者相當不滿，並要求馬奈帝書寫回應該作者。馬奈帝開心應允，並於 1452 年底或是 1453 年初完成推翻法西奧論點的回應。關於馬奈帝生活和職涯，請參考 Martines, *The Social World of the Florentine Humanists*, 131-8.

61 Giannozzo Manetti, *De dignitate et excellentia hominis*; trans. Trinkaus, *In Our Image and Likeness*, 1:245.

62 關於布蘭多里尼，請參考 E. Mayer, *Un umanista italiano della corte di Mattia Corvino, Aurelio Brandolino Lippo* (Rome, 1938).〈論人類生活狀況與忍受身體病痛對話錄〉(*Dialogus de humanae vitae conditione et toleranda corporis aegritudine*) 是布蘭多里尼住在布達佩斯時寫成，他將此書獻給匈牙利國王馬提亞斯·科維努斯。此書相當受歡迎，從 1498 年起印刷了數次。

63 Aurelio Lippo Brandolini, *Dialogus de humanae vitae conditione et toleranda corporis aegritudine*; trans. at Trinkaus, *In Our Image and Likeness*, 1:302-3 (amended).

64 Manetti, *De dignitate et excellentia hominis*; trans. Trinkaus, *In Our Image and Likeness*, 1:254-5 (amended).

⑥⑤ 瓦拉有個令人挫折的習慣：他會持續修改、更新作品，他的論文似乎從未有最終版。〈論愉悅〉(*De voluptate*)也不例外。此論文最初於 1431 年寫成，隨後持續修正，過了些年又以〈論真與偽善〉(*De vero falsoque bono*)為題重新發行。接下來的內容，我只會提到原版的〈論愉悅〉。文本能見於（附有德語翻譯對照）Lorenzo Valla, *Von der Lust oder Vom wahren Guten*, ed. E. Keßler (Munich, 2004). 為了方便，此版本自此後稱為「凱斯勒《色慾》」("Keßler, *Lust*")。研究瓦拉生平與職涯的經典資料仍屬 S. I. Camporeale, *Lorenzo Valla: Umanesimo e Teologia* (Florence, 1971).

⑥⑥ 就爭論積極生活與冥想生活的背景之下，對於瓦拉論文的地位易懂且完整的討論能見於：L. Panizza, 'Active and Contemplative in Lorenzo Valla: The Fusion of Opposites,' in B. Vickers, ed., *Arbeit, Musse, Meditation. Betrachtungen zur* Vita Activa *und* Vita contemplativa (Zurich, 1985), 181-223.

⑥⑦ Valla, *De voluptate*, 2.28.2; Keßler, *Lust*, 210; cf. Aristotle, *Nicomachean Ethics*, 1097b, 1-4.

⑥⑧ Valla, *De voluptate*, 2.28.3; Keßler, *Lust*, 210.

⑥⑨ Valla, *De voluptate*, 2.28.5; Keßler, *Lust*, 212.

⑦⓪ Michelangelo, *Poems*, no. 83.

⑦① 米開朗基羅的故事源自奧維德的《變形記》，可能來自他最熟知的 1490 年義大利文翻譯版。Ovid, *Met.* 10.143-66；關於米開朗基羅對於奧維德的了解，請參考 Wallace, *Michelangelo*, 41; Hirst, *Michelangelo*, 17.

⑦② 關於米開朗基羅與佛羅倫斯新柏拉圖主義者之間的關係，生動且概要的簡介，請參考 E. Panofsky, *Studies in Iconology: Humanistic Themes in the Art of the Renaissance*, new ed. (New York and Evanston, 1962), 171-230 ('The Neoplatonic Movement and Michelangelo').

⑦③ 請參考 Hankins, 'The Myth of the Platonic Academy'.

⑦④ Marsilio Ficino, *Theologia Platonica*, 10.7；此書剩下的部分也很值得仔細閱讀；請參考 Ficino, *Platonic Theology*, trans. M J. B. Allen, ed. J. Hankins, 6 vols. (Cambridge MA, 2001-6), 3: 106-96.

⑦⑤ Giovanni Pico della Mirandola, *Heptaplus*, ed. E. Garin (Florence, 1942), 188; trans. from E. H. Gombrich, 'Icones Symbolicae: The Visual Image in Neo-Platonic Thought,' *Journal of the Warburg and Courtauld Institutes* 11 (1948): 163-92, here 168.

⑯ 請參考 Ficino, *Theologia Platonica*, 2.2; Pico della Mirandola, *Oration on the Dignity of Man*, trans. Livermore Forbes.

⑰ P. O. Kristeller, *Renaissance Thought and the Arts*, new ed. (Princeton, 1990), 94.

第六章

① 描述斯福爾扎的內容來自教宗庇護二世, *Commentaries*, II.26; vol. 1, ed. M. Meserve and M. Simonetta, (Cambridge MA and London, 2003), 1:311.

② 加萊亞佐・馬利亞・斯福爾扎由官方派去護送教宗庇護二世，一路從佛羅倫斯到曼托瓦，教宗在該地召開會議，對厄圖曼土耳其人進行宗教戰爭。庇護二世 8 天後抵達佛羅倫斯，當日為 1459 年 4 月 25 日。斯福爾扎抵達佛羅倫斯的描述可見於弗朗切斯科・費拉瑞特(Francesco Filarete)的《儀式書》（*Libro cerimoniale*）；相關部分的翻譯在 Baldassari and Saiber, eds., *Images of Quattrocento Florence*, 77-82.

③ 我們無法確定 1459 年 4 月 17 日科西莫・德・麥地奇在哪個房間接待加萊亞佐・馬利亞・斯福爾扎。根據宮廷慣例，位於一樓的豪華公共空間應該是最適合接待如此高貴的訪客，然而兩人即將進行的協商卻很可能促使科西莫選擇在宮殿裡較小、較私密的私人禮拜堂接待。本章將說明他的政治地位如何在小禮拜堂裡發揮出色效果。

④ E. H. Gombrich, *The Story of Art*, 15th ed. (London, 1989), 256.

⑤ 關於三王禮拜堂的裝飾，請參考 R. Hatfield, 'Cosimo de' Medici and the Chapel of His Palace,' in F. Ames-Lewis, ed., *Cosimo "il Vecchio" de' Medici, 1389-1464* (Oxford, 1992), 221-44.

⑥ 至少從 1390 年開始，「賢士幫會」（Compagnia de' Magi）在每年主顯節時都會組織壯觀的遊行隊伍穿梭城市。此節慶的盛大慶祝聚焦於肯定政治與社會的團結。自 15 世紀 20 年代中期起，麥地奇家族在這些場合裡擔綱重要的角色。E. Muir, 'Representations of Power,' in Najemy, ed., *Italy in the Age of the Renaissance*, 226-45, here 228; Trexler, *Public Life in Renaissance Florence*, 298, 401-3, 423-5; R. Hatfield, 'The Compagnia de' Magi,' *Journal of the Warburg and Courtauld Institutes* 33 (1970): 107-61.

⑦ J. M. Najemy, *A History of Florence, 1200-1575* (Oxford, 2008), 330. 佛羅倫斯充滿這樣的例子，例如：馬薩喬於《聖三位一體》描繪兩位贊助人緊靠在

聖約翰與聖母瑪利亞身旁。兩人的身分無法確定，然而據信可能是勒茲家族(Lenzi family)或是貝堤家族(Berti family)的一員。關於兩人身分近期的討論，請參考 R. M. Comanducci, '"L'altare nostro de la Trinità": Masaccio's *Trinity* and the Berti Family,' *Burlington Magazine* 145 (2003): 14-21.

⑧ Najemy, *History of Florence*, 330.

⑨ Trans. q. at C. Hibbert, *The Rise and Fall of the House of Medici* (London, 1979), 97-8.

⑩ Petrarch, *Sen.* 14.1; trans. in Kohl and Witt, eds., *The Earthly Republic*, 74-6.

⑪ Niccolò Machiavelli, *The Prince*, xxi; trans. G. Bull (London, 1961), 70-7.

⑫ Castiglione, *The Book of the Courtier*, I; trans. Bull, 90.

⑬ Castiglione, *The Book of the Courtier*, I; trans. Bull, 96-7.

⑭ Vasari, *Lives*, 1:164-5.

⑮ Muir, 'Representations of Power,' 228.1.

⑯ Pius II, *Commentaries*. II.28; ed. Meserve and Simonetta, 1:317.

⑰ 請參考 Muir, 'Representations of Power'.

⑱ 同上，228.

⑲ 描述此過程的經典記述仍屬 Jones, 'Communes and Despots'; idem, *The Italian City-State*; Waley, *The Italian City-Republics*; Hyde, *Society and Politics in Medieval Italy*; Martines, *Power and Imagination.* 儘管書裡的詮釋引起嚴正的質疑，讀者仍可從書裡前幾章獲益良多 Skinner, *The Foundations of Modern Political Thought.*

⑳ Muir, 'Representations of Power', 227.

㉑ 對於公共建築的概念與設計實用的介紹，請參考 C. Cunningham, 'For the honour and beauty of the city: the design of town halls,' in Norman, ed., *Siena, Florence and Padua*, 2:29-54.

㉒ 洛倫采蒂的壁畫向來是持續激烈議論的主題。經典的解讀仍屬 Rubinstein, 'Political Ideas in Sienese Art'; idem, 'Le Allegorie di Ambrogio Lorenzetti nella Sala della Pace e il pensiero politico del suo tempo,' *Rivista Storica Italiana* 109 (1997): 781-802; Skinner, 'Ambrogio Lorenzetti: The Artist as Political Philosopher'; idem, 'Ambrogio Lorenzetti's *Buon governo* Frescoes: Two Old Questions, Two New

Answers,' *Journal of the Warburg and Courtauld Institutes* 62 (1999): 1-28.

㉓ Pius II, *Commentaries.* II.28; ed. Meserve and Simonetta, 1:319.

㉔ Q. at G. Lubkin, *A Renaissance Court: Milan under Galleazzo Maria Sforza* (Berkeley, Los Angeles, and London, 1994), 87.

㉕ Lubkin, *A Renaissance Court*, 102. 關於斯福爾扎家族贊助藝術更廣泛的資訊，請參考 E. S. Welch, *Art and Authority in Renaissance Milan* (Yale, 1996).

㉖ Lubkin, *A Renaissance Court*, 102f.; P. Merkley and L. L. M. Merkley, *Music and Patronage in the Sforza Court* (Turnhout, 1999).

㉗ Niccolò Machiavelli, *Florentine Histories*, 7.33; trans. L . F. Banfield and H. C. Mansfield, Jr. (Princeton, 1990), 313:「加萊亞佐好色又殘暴；好色與殘暴的例證頻繁出現，令人恨他恨之入骨。他玷汙貴族女子還不夠，還將之公諸於世。他無法滿足於殺人，除非能用酷刑方法殺死對方。他無法逃脫殺死母親的惡名，因為他沒想到只有他的母親在世，他才是王子一事。他對待母親的態度，讓她動了退隱的念頭，想要退隱到位於克雷莫納的莊園。前往該地的路上，她突然生病，後來就過世了，馬上有很多人斷定是她兒子命人殺她。」

㉘ 關於加萊亞佐·馬利亞·斯福爾扎的怪癖，請參考 M. Simonetta, *The Montefeltro Conspiracy: A Renaissance Mystery Decoded* (New York, 2008), 9-16.

第七章

① C. S. Gutkind, *Cosimo de' Medici: Pater Patriae, 1389-1464* (Oxford, 1938), 124.

② 請參考 Hale, *Florence and the Medici*, 23-4, 31-2.

③ J. F. Padgett and C. K. Ansell, 'Robust Action and the Rise of the Medici, 1400-1434,' *American Journal of Sociology* 98/6 (1993): 1259-1319, here 1262.

④ Najemy, *History of Florence*, 265; 也請參考 R. de Roover, *The Rise and Decline of the Medici Bank, 1397-1494* (New York, 1966), 35-70.

⑤ Rucellai, *Zibaldone*, 1:62; trans. in Baldassarri and Saiber, eds., *Images of Quattrocento Florence*, 75.

⑥ 麥地奇家族的家徽支持此說法。儘管映襯著金黃色背景的七顆紅球可

能象徵藥片，但它們更可能代表傳統當鋪的標誌：錢幣。

⑦ Francesco Balducci Pegolotti, *La Pratica della mercatura*, ed. A. Evans (Cambridge MA, 1936), 287-92.

⑧ G. A. Brucker, 'The Medici in the Fourteenth Century,' *Speculum* 32/1 (1957): 1-26, here, 3.

⑨ 請參考，例如 E. S. Hunt and J. M. Murray, *A History of Business in Medieval Europe, 1200-1500* (Cambridge, 1999), 63-7; P. Spufford, 'Trade in fourteenth-century Europe,' in M. Jones, *The New Cambridge Medieval History*, vol. vi, *c.1300-c.1415* (Cambridge, 2000), 155-208, here 178.

⑩ 以下的描述將此時期極為複雜的改變以極度簡潔的方式呈現。對於這些發展的歐洲背景更完整的描述，請參考 R. de Roover, *L'évolution de la lettre de change (XIVe-XVIIIe siècles)* (Paris, 1953); P. Spufford, *Money and Its Use in Medieval Europe* (Cambridge, 1988). 特別關於佛羅倫斯的面向，請參考 Goldthwaite, *The Economy of Renaissance Florence*, 408-83.

⑪ 關於聖方濟各對此主題的觀點最出色也最易讀的介紹仍屬 M. D. Lambert, *Franciscan Poverty. The Doctrine of the Absolute Poverty of Christ and the Apostles in the Franciscan Order, 1210-1323* (London, 1961).

⑫ 請參考 H. Baron, 'Franciscan Poverty and Civic Wealth as Factors in the Rise of Humanistic Thought,' *Speculum* 13 (1938): 1-37.

⑬ Poggio Bracciolini, *De avaritia*; trans. in Kohl and Witt, *The Earthly Republic*, 241-89.

⑭ Landino, *Xandra*, 2.3; *Poems*, trans. Chatfield, 72-3.

⑮ Hunt and Murray, *A History of Business*, 70-1; 對於此概念簡短又廣泛的調查，請參考 C. F. Taeusch, 'The Concept of "Usury": the History of an Idea,' *Journal of the History of Ideas* 3/3 (1942): 291-318.

⑯ St. Thomas Aquinas, *Summa Theologiae* II-II, q.78, a.1; trans. from St. Thomas Aquinas, *On Law, Morality, and Politics*, ed. W. P. Baumgarth and R. J. Regan S.J. (Indianapolis, 1988), 199.

⑰ 請參考 R. de Roover, 'The Scholastics, Usury, and Foreign Exchange,' *Business History Review* 41/3 (1967): 257-71.

⑱ Bracciolini, *De avaritia*; Kohl and Witt, *The Earthly Republic*, 247.

⑲ Dante, *Inf.* 17.1-78.

⑳ 請特別注意 J. Le Goff, *The Birth of Purgatory*, trans. A. Goldhammer (Chicago, 1984).

㉑ Boccaccio, *Decameron*, 1.1.

㉒ 請參考 A. D. Fraser Jenkins, 'Cosimo de' Medici's Patronage of Architecture and the Theory of Magnificence,' *Journal of the Warburg and Courtauld Institutes* 33 (1970): 162-70, here 162-3.

㉓ Brucker, *Society of Renaissance Florence*, 52-56, here, 55.

㉔ G. Leoncini, *La certosa di Firenze nei suoi rapporti con l'architettura certosina* (Salzburg, 1980), 213; Welch, *Art and Society in Italy*, 191.

㉕ F. W. Kent, 'Individuals and Families as Patrons of Culture in Quattrocento Florence,' in A. Brown, ed., *Language and Images of Renaissance Italy* (Oxford, 1995), 171-92, here 183; Welch, *Art and Society in Italy*, 193.

㉖ 請參考 B. Kempers, *Painting, Power and Patronage. The Rise of the Professional Artist in Renaissance Italy*, trans. B. Jackson (London, 1994), 74-7, 182-92.

㉗ Najemy, *History of Florence*, 325.

㉘ 同上。

㉙ 請參考 K. A. Giles, 'The Strozzi Chapel in Santa Maria Novella: Florentine Painting and Patronage, 1340-1355,' Unpublished PhD Dissertation, New York University, 1977.

㉚ 關於競技場禮拜堂建築環境實用的討論，請參考 J. Stubblebine, ed., *Giotto: The Arena Chapel Frescoes* (New York and London, 1969), esp. 72-4; C. Harrison, 'The Arena Chapel: patronage and authorship,' in Norman, ed., *Siena, Florence and Padua*, 2: 83-104, here, 88-93.

㉛ 「大赦狀」的翻譯及隱修教堂修士的抱怨：Stubblebine, *Giotto*, 105-7.

㉜ 請參考 E. H. Gombrich, 'The Early Medici as Patrons of Art,' in E. F. Jacobs, ed., *Italian Renaissance Studies* (London, 1960), 279-311.

㉝ Brucker, 'The Medici in the Fourteenth Century,' 1.

㉞ 同上，6.

㉟ 請參考 E. S. Hunt, *The Medieval Super-Companies: A Study of the Peruzzi Company of Florence* (Cambridge, 1994).

㊱ D. Abulafia, 'Southern Italy and the Florentine Economy, 1265-1370,' *Economic History Review* 33 (1981): 377-88.

㊲ 1 里拉(A *lira a fiorino*)約等於 0.69 弗洛林。Najemy, *History of Florence*, 113-5; in general, Hunt, *The Medieval Super-Companies.*

㊳ 關於賽里斯托里家族，請參考 Najemy, *History of Florence*, 312-13; S. Tognetti, *Da Figline a Firenze. Ascesa economica e politica della famiglia Serristori (secoli XIV-XVI)* (Figline, 2003).

㊴ Najemy, *History of Florence*, 263.

㊵ 關於接著發生的事，請參考 G. Holmes, 'How the Medici became the Pope's Bankers,' in N. Rubinstein, ed., *Florentine Studies* (Evanston, 1968), 357-80.

㊶ 對於科西莫掌管時期的麥地奇銀行，最經典的研究仍屬 de Roover, *The Medici Bank.*

㊷ Najemy, *History of Florence*, 264-5.

㊸ Rucellai, *Zibaldone*, 1:61; trans. in Baldassarri and Saiber, eds., *Images of Quattrocento Florence*, 74.

㊹ 關於這些人物，請參考 H. Gregory, 'Palla Strozzi's Patronage and Pre-Medicean Florence,' in F. W. Kent and P. Simmons, ed., *Patronage, Art and Society in Renaissance Italy* (Oxford, 1987), 201-20; H. Saalman, 'Tommaso Spinelli, Michelozzo, Manetti, and Rosselino,' *Journal of the Society of Architectural Historians* 25/3 (1966): 151-64; 關於建造聖十字聖殿的帕齊小禮拜堂，請參考 P. Sanpaolesi, *Brunelleschi* (Milan, 1962), 82ff.

㊺ 關於布魯內萊斯基參與聖羅倫佐教堂計畫，以及他成功説服喬凡尼·迪·比奇·德·麥地奇金援此計畫，請參考 Vasari, *Lives*, 1:161-2.

㊻ 請參考 C. Elam, 'Cosimo de' Medici and San Lorenzo,' in Ames-Lewis, ed., *Cosimo "il Vecchio" de' Medici*, 157-80.

㊼ 15 世紀的佛羅倫斯人皆知悉聖羅倫佐教堂與麥地奇家族的連結。請參考弗朗切斯科·亞伯提尼對於此教堂的描述在他的《如詩畫般的佛羅倫斯城紀實：雕像與畫作》(*Memoriale di molte statue et picture sono nella inclyta ciptà di Florentia*，1510), 此文本見於 Baldassarri and Saiber, eds., *Images of Quattrocento Florence*, 218-19.

⑱ 請參考 B. L. Ullman and P. Stadter, *The Public Library of Florence: Niccolò Niccoli, Cosimo de' Medici and the Library of San Marco* (Padua, 1972).

⑲ 關於巴迪亞修道院，請參考 A. Leader, *The Badia of Florence: Art and Observance in a Renaissance Monastery* (Bloomington and Indianapolis, 2012).

⑳ 請參考 H. Saalman and P. Mattox, 'The First Medici Palace,' *Journal of the Society of Architectural Historians* 44/4 (1985): 329-45.

51 數字來自於 Goldthwaite, 'The Florentine Palace as Domestic Architecture,' 993.

52 Rucellai, *Zibaldone*, 1:118; trans. from Goldthwaite, 'The Florentine Palace as Domestic Architecture,' 991.

53 Vasari, *Lives*, 2:35-6. 1494 年皮耶羅二世・德・麥地奇逃離佛羅倫斯之後，法國國王查理八世進入佛羅倫斯城，他直覺地住進麥地奇里卡迪宮。這一點都不令人感到意外，因為它是唯一能提供給君王居住，足夠壯麗雄偉的私人宅邸。

54 Vasari, *Lives*, 2:43.

55 Coluccio Salutati, *De seculo et religione*, ed. B. L. Ullman (Florence, 1957). 對於此作品的介紹，請參考 R. G. Witt, *Hercules at the Crossroads. The Life, Works, and Thought of Coluccio Salutati* (Durham N.C., 1983), 195-208.

56 Bartolomeo Facio, *De vitae felicitate*; trans. q. at Trinkaus, *In Our Image and Likeness*, 1:201.

57 Fraser Jenkins, 'Cosimo de' Medici's Patronage of Architecture,' 162-3.

58 同上，162. 以下段落要感謝 Fraser Jenkins 的作品.

59 Leon Battista Alberti, *Opera volgari*, vol. 1, *I libri della famiglia, Ceno familiaris Villa*, ed. C. Grayson (Bari, 1960), 210.

60 請參考，例如 L. Green, 'Galvano Fiamma, Azzone Visconti and the Revival of the Classical Theory of Magnificence,' *Journal of the Warburg and Courtauld Institutes* 53 (1990): 98-113.

61 目前學者間的共識是發展完備的「偉大理論」在 1950 年代間出現於佛

羅倫斯，也就是加萊亞佐・馬利亞・斯福爾扎來訪之際。請參考 Fraser Jenkins, 'Cosimo de' Medici's Patronage of Architecture'; Gombrich, 'The Early Medici as Patrons of Art'; D. V. Kent, *Cosimo de' Medici and the Florentine Renaissance* (New Haven, 2000); J. R. Lindow, *The Renaissance Palace in Florence: Magnificence and Splendour in Fifteenth-Century Italy* (London, 2007), esp. 1-76. 然而，近來有建議提到此理論首次出現蹤跡，能在數十年之前安東寧諾・皮耶羅齊的講道內容裡察覺。請參考 P. Howard, 'Preaching Magnificence in Renaissance Florence,' *Renaissance Quarterly* 61/2 (2008): 325-69.

62 Timoteo Maffei, *In magnificentiae Cosmi Medicei Florentini detractores*; trans. from Fraser Jenkins, 'Cosimo de' Medici's Patronage of Architecture,' 166.

63 請參考 Lindow, *The Renaissance Palace, passim.*

64 Giovanni Gioviano Pontano, *I tratti delle virtue sociali*, ed. F. Tateo (Rome, 1965), 234-42; trans. q. at Welch, *Art and Society*, 221-3.

65 Brucker, *Renaissance Florence*, 137.

66 一位不具名的佛羅倫斯傳記家觀察到，那些由「權貴」選入袋子裡的人士「是非常忠於政權」，此處的「政權」指的是統治的貴族，而非抽象概念的執政團。*Cronica volgare di anonimo fiorentino*, ed. E. Bellondi (Città di Castello, 1915-18), 35; trans. Najemy, *History of Florence*, 183.

67 Giovanni Cavalcanti, *Istorie Fiorentine*, ed. F. Polidori, 2 vols. (Florence, 1838), 1:30.

68 請參考 S. A. Epstein, *Genoa and the Genoese, 958-1528* (Chapel Hill and London, 1996), 194-211, 221-27, 242-53.

69 Najemy, *Corporatism and Consensus*, 323.

70 Najemy, *History of Florence*, 161, 173-4, 184; *Corporatism and Consensus*, 272.

71 Cavalcanti, *Istorie Fiorentine*, 1:28-9.

72 Bruni, *Panegyric*; trans. from Kohl and Witt, ed., *The Earthly Republic*, 158.

73 Q. C. Hibbert, *The Rise and Fall of the House of Medici* (London, 1979), 40-1.

74 Najemy, *History of Florence*, 255-6.

75 關於 1427 年整體新式財產稅的研究，請參考 Herlihy and Klapisch-Zuber, *Les Toscans et leurs familles.*

⑯ Najemy, *History of Florence*, 259; L. Martines, *The Social World of the Florentine Humanists, 1390-1460* (Princeton, 1963), 365-78.

⑰ A. Molho, *Florentine Public Finances in the Early Renaissance, 1400-1433* (Cambridge MA, 1971), 157-60.

⑱ Najemy, *History of Florence*, 261.

⑲ D. Kent, *The Rise of the Medici: Faction in Florence, 1426-1434* (Oxford, 1978), 352-7.

⑳ 描述源於 A. Molho, 'Cosimo de' Medici: *Pater Patriae* or *Padrino*?' *Stanford Italian Review* 1 (1979): 13-14.

81 Q. at Hibbert, *The Rise and Fall*, 48.

82 關於《三博士來朝》與畫中的人物，請參考 R. Hatfield, *Botticelli's Uffizi 'Adoration'. A Study in Pictorial Content* (Princeton, 1976), 68-110; R. A. Lightbown, *Sandro Botticelli*, 2 vols. (London, 1978), 2:35-7.

83 Vasari, *Lives*, 1:226.

第八章

① Pius II, *Commentaries*, II.32; ed. Meserve and Simonetta, 1:327. 529。

② Pius II, *Commentaries*, II.32; ed. Meserve and Simonetta, 1:329。

③ Pius II, *Commentaries*, II.32; ed. Meserve and Simonetta, 1:329。

④ M. Mallett, *Mercenaries and their Masters: Warfare in Renaissance Italy*, new ed. (Barnsley, 2009), 15-16。

⑤ 此號人物亦出現在薄伽丘的故事集中，四處兜售偽幣。Boccaccio, *Decameron*, 6.3。

⑥ 請參考 Mallett, *Mercenaries and their Masters*, 25ff。

⑦ W. Caferro, 'Continuity, Long Service, and Permanent Forces: A Reassessment of the Florentine Army in the Fourteenth Century,' *Journal of Modern History* 80/2 (2008): 219-51, here 230 (Table 1)。

⑧ Vasari, *Lives*, 1:101。

⑨ 關於壁畫的遷移歷史，請參考 M. Meiss,'The Original Position of Uccello's *John Hawkwood,' Art Bulletin* 52 (1970): 231。

⑩ 相較於聖十字聖殿，聖母百花大教堂幾乎沒有存放任何逝世人物的紀念像，除了多明尼哥・迪米凱利諾（Domenico di Michelino）的壁畫《但丁於佛羅倫斯城門前》（*Dante Before the City of Florence*）以外，教堂旁喬托鐘樓的建築師喬托・迪・邦多納（Giotto di Bondone），以及馬爾西利奧・費奇諾是唯二在此立有紀念碑的人物，其他逝世紀念碑皆是聖徒或高層神職人員（例如教宗尼古拉二世和德範十世）。到了 15 世紀，世俗之人不應在教堂內立碑紀念的風氣漸長：萊昂・巴蒂斯塔・阿伯提對於此事的論點堪稱最具代表性，關於阿伯提的看法，請參考 W. J. Wegener, 'That the practice of arms is most excellent declare the statues of valiant men: the Luccan War and Florentine political ideology in paintings by Uccello and Castagno,' *Renaissance Studies* 7/2 (1993): 129-67, here 136。

⑪ 值得一提的是，霍克伍德在義大利最為人所知的名號是「喬凡尼・阿庫托」（Giovanni Acuto），紀念名號則是拉丁文「約拿・阿庫特斯」（Ioannes Actus），這些銘文稱號都有特殊的典故，詳情可參考 H. Hudson, 'The Politics of War: Paolo Uccello's Equestrian Monument for Sir John Hawkwood in the Cathedral of Florence,' *Parergon* 23/2 (2006): 1-28, here 25。

⑫ 關於其職業生涯的討論，請參考 W. Caferro, *John Hawkwood: An English Mercenary in Fourteenth-Century Italy* (Baltimore, 2006)。

⑬ 關於霍克伍德與教廷間的戰爭與英勇事蹟，在夫華薩（Froissart）的著作中都有諸多討論。Jean Froissart, *Chronicles*, trans. G. Brereton (London, 1978), 282-3。

⑭ 關於霍克伍德在 1377 年受雇於佛羅倫斯的資料，請參考 Caferro, 'Continuity, Long Service, and Permanent Forces', 224-5。

⑮ Caferro, 'Continuity, Long Service, and Permanent Forces,' 224。

⑯ Najemy, *History of Florence*, 151-2。

⑰ 這段事蹟記載於 Marchionne di Coppo Stefani, *Cronaca Fiorentina*, 345。另請參考 Caferro, 'Continuity, Long Service, and Permanent Forces,' 226。

⑱ Leonardo Bruni, *Historiarum florentini populi libri XII*, II.72; trans. from Bruni, *History of the Florentine People*, ed. and trans. J. Hankins, 3 vols. (Cambridge MA, 2001-7),1:183。另請參考 Ianziti, *Writing History in Renaissance Italy*, 132-3。

⑲ Mallett, *Mercenaries and their Masters*, 40-1。

⑳ Petrarch, *Canz.* 128, ll. 17-38; trans. Durling, 257-9。以佩脫拉克詩作〈我的義大利〉（Italia mia）為脈絡的討論，請參考 T. E. Mommsen, 'The Date of Petrarch's Canzone Italia Mia,' *Speculum* 14/1 (1939): 28-37。

㉑ 馬利特（Mallett）明確的指出，「在佛羅倫斯領主宮（Palazzo della Signoria）的牆上，經常出現雇傭軍指揮官遭鐵鍊捆綁倒吊的諷刺畫，1428 年尼可洛・皮齊尼諾就曾成為諷刺畫主角……而在威尼斯，遭殃的並不是總督宮（Doge's Palace），而是里阿爾托（Rialto）公家妓院的牆面……。」Mallett, *Mercenaries and their Masters*, 94-5。

㉒ Dante, *Inf.* 27.44-6。

㉓ Dante, *Inf.*, 5.73-142。關於此事件的討論請參考 T. Barolini, 'Dante and Francesca da Rimini: Realpolitik, Romance, Gender,' *Speculum* 75/1 (2000): 1-28。

㉔ 有一說是此肖像畫其實出自尤斯圖斯・凡・根特之手。

㉕ 關於費德里科的生平，請參考 W. Tommasoli, *La vita di Federico da Montefeltro,* 1422-1482 (Urbino, 1978); R. de la Sizeranne, *Federico di Montefeltro capitano, principe, mecenate*, 1422-1482, ed. C. Zeppieri (Urbino, 1972)。

㉖ 根據馬利特的經準觀察，「軍團的影響力逐漸式微，主因是 14 世紀後期義大利政治結構更加有組織。」Mallett, *Mercenaries and their Masters,* 51。本段落的其餘內容要歸功於馬利特的獨到觀察。

㉗ 那不勒斯王國似乎是這類做法的先行者，1412 年於巴西利卡塔大區，國王拉迪斯勞（King Ladislaus）將弗朗切斯科・斯福爾扎（穆基歐・安探多羅之子）封為特里卡里科（ricarico）侯爵，但此現象在北義大利也相當常見。教廷經常將教區牧師的頭銜，賦予服務表現優秀的神職人員，或是最有可能背叛教廷的人物，里米尼的馬拉泰斯塔就是因此獲得神職的最佳例子；同樣的，米蘭維斯孔蒂家族以及後期的斯福爾扎家族，都會定期給予雇傭軍指揮官頭銜與財產。其中特別有趣的例子就屬馬拉泰斯塔事件，請參考 P. J. Jones, 'The Vicariate of the Malatesta of Rimini,' *English Historical Review* 67/264 (1952): 321-51。

㉘ C. H. Clough, 'Federigo da Montefeltro's Patronage of the Arts, 1468-1485,' *Journal of the Warburg and Courtauld Institutes 36* (1973): 129-44, here 130。

㉙ G. Zannoni, 'I due libri della Martiados di Giovan Mario Filelfo,' *Rendiconti della R.*

Accademia dei Lincei: Classe di Scienze Morali, Storiche e Filologiche ser. 5, 3 (1895): 650-71；另請特別參見 657-9。關於小費勒夫與費德里科的互動，請參考 Clough, 'Federigo da Montefeltro's Patronage of the Arts,' 133-4。

㉚ Pierantonio Paltroni, *Commentari della vita e gesti dell'illustrissimo Federico Duca d'Urbino*, ed. W. Tommasoli (Urbino, 1966)。

㉛ Cristoforo Landino, *Disputationes Camaldulenses*; q. at Simonetta, The Montefeltro Conspiracy, 51。

㉜ Castiglione, *The Book of the Courtier*, trans. Bull, 41。

㉝ 關於此禮拜堂其他功能的詳細研究，請參考 G. Knox, 'The Colleoni Chapel in Bergamo and the Politics of Urban Space,' *Journal of the Society of Architectural Historians* 60/3 (2001): 290-309。另請參見 R. Schofield and A. Burnett, 'The Decoration of the Colleoni Chapel,' *Arte Lombarda* 126 (1999): 61-89; F. Piel, *La Cappella Colleoni e il Luogo della Pietà in Bergamo* (Bergamo, 1975); J. G. Bernstein, 'Patronage, Autobiography, and Iconography: the Façade of the Colleoni Chapel,' in J. Shell and L. Castelfranchi, eds., *Giovanni Antonio Amadeo. Scultura e architettura del suo tempo* (Milan, 1993), 157-73。

㉞ 關於雙聯畫的討論，請參考 Kempers, *Painting, Power and patronage*, 235-7。

㉟ 關於其書房請參考 P. Remington, 'The Private Study of Federigo da Montefeltro,' *Bulletin of the Metropolitan Museum of Art* 36/2 (1941): 3-13; M. Fabiański, Federigo da Montefeltro's "Studiolo" in Gubbio Reconsidered. Its Decoration and Its Iconographic Program: An Interpretation,' *Artibus et Historiae* 11/21 (1990): 199-214。

㊱ Kempers, *Painting, Power and Patronage*, 360, n. 7; Clough, 'Federigo da Montefeltro's Patronage of the Arts,' 138。

㊲ Clough, 'Federigo da Montefeltro's Patronage of the Arts,' 131-7。

㊳ 關於費德里科對建築的熱愛，請參考 L. H. Heydenreich, 'Federico da Montefeltro as a building patron,' in *Studies in Renaissance and Baroque Art presented to Anthony Blunt on his 60th Birthday* (London, 1967), 1-6。

㊴ 關於公爵宮的歷史，請參考 P. Rotondi, *The Ducal Palace of Urbino: its Architecture and Decoration* (London, 1969)。

㊵ K. Weil-Garris and J. F. d'Amico, 'The Renaissance Cardinal's Ideal Palace. A

Chapter from Cortesi's "De cardinalatu",' in H. A. Millon, ed., *Studies in Italian Art and Architecture, Fifteenth through Eighteenth Centuries* (Rome, 1980), 45-123, here 87。

㊶ 關於《民兵》一書，請參考 C. C. Bayley, *War and Society in Renaissance Florence: The De Militia of Leonardo Bruni* (Toronto, 1961); P. Viti, '"Bonus miles et fortis ac civium suorum amator": La figura del condottiero nell'opera di Leonardo Bruni,' in M. del Treppo, ed., *Condottieri e uomini d'arme dell'Italia del Rinascimento* (Napels, 2001), 75-91。

㊷ Machiavelli, *The Prince*, xii; trans. Bull, 38-9。關於雇傭軍將領的類似評論也出現在 Machiavelli, *The Art of War*, 1; Discourses, 2.20。

㊸ Mallett, *Mercenaries and their Masters*, 105。

㊹ Machiavelli, *The Prince*, viii; trans. Bull, 28-9。

㊺ Pius II, *Commentaries*, II.12; ed. Meserve and Simonetta, 1:253。

㊻ Mallett, *Mercenaries and their Masters*, 66。

㊼ Pius II, *Commentaries*, II.18; ed. Meserve and Simonetta, 1:273。

㊽ Simonetta, *The Montefeltro Conspiracy*。

㊾ 關於整個馬拉泰斯塔家族的研究，請參考 P. J. Jones, *The Malatesta of Rimini and the Papal State* (Cambridge, 1974)。

㊿ 西吉斯蒙多於 1456 年迎娶伊索妲，據紀錄兩人共育有 4 名子女，其中一女安多尼雅（Antonia）因為通姦而遭丈夫斬首。然而，伊索妲並非西吉斯蒙多的唯一情婦，據傳他在世期間曾與數十名女性發生關係，不過唯一知名的一位是凡娜塔・德・托斯基（Vannetta dei Toschi）。

51 M. G. Pernis and L. Schneider Adams, *Federico da Montefeltro and Sigismondo Malatesta: The Eagle and the Elephant* (New York, 1996)。

52 Pius II, *Commentaries*, II.32; ed. Meserve and Simonetta, 1:329。

53 Pius II, *Commentaries*, II.32; ed. Meserve and Simonetta, 1:327-9。

54 教堂的經典學術研究就屬 C. Ricci, *Il Tempio Malatestiano* (Milan and Rome, 1925)。

55 Vasari, *Lives*, 1:210。

⑯ 完整的希臘文銘文寫到：「西吉斯蒙多．潘多爾弗．馬拉泰斯塔，潘多爾弗之子，勝利之神，在義大利戰爭勝過眾人且克服最可怖的危險，為紀念其謹守分寸且極為英勇的完成任務，在此關鍵時刻他終得所求，耗費巨資打造此聖殿榮耀永生的上帝與這座城市，並留下永世流傳之虔誠美名。」翻譯自 M. Aronberg Lavin, 'Piero della Francesca's Fresco of Sigismondo Pandolfo Malatesta before St. Sigismund: **ΘΕΩΙ ΑΘΑΝΑΤΩΙ ΚΑΙ ΤΗΙ ΠΟΛΕΙ**,' *Art Bulletin* 56/3 (1974): 345-74; here 345。

⑰ 關於此作品最近期且有趣的重新審視，請參考 Aronberg Lavin, 'Piero della Francesca's Fresco of Sigismondo Pandolfo Malatesta'。

⑱ Pius II, *Commentaries*, II.32; ed. Meserve and Simonetta, 1:331。

第九章

① 關於恩尼亞的傳記討論，請參考 R. J. Mitchell, *The Laurels and the Tiara: Pope Pius II, 1458-1464* (London, 1962) 與 G. Paparelli, *Enea Silvio Piccolomini. L'umanesimo sul soglio di Pietro*, 2nd ed. (Ravenna, 1978)。

② 關於後續內容，請參考 R. C. Trexler, *The "Libro Cerimoniale" of the Florentine Republic by Francesco Filarete and Angelo Manfidi* (Geneva, 1978), 76-7; Baldassarri and Saiber, eds., *Images of Quattrocento Florence*, 79-80。

③ Pius II, Commentaries, II.26; ed. *Meserve and Simonetta*, 1:311。

④ G. Holmes, 'Cosimo and the Popes,' in Ames-Lewis, ed., *Cosimo "il Vecchio" de' Medici*, 21-31。

⑤ Pius II, Commentaries, II.32; ed. *Meserve and Simonetta*, 1:327-35。

⑥ Pius II, Commentaries, II.31; ed. *Meserve and Simonetta*, 1:327。

⑦ 同上；Trexler, *The "Libro Cerimoniale" of the Florentine Republic,* 78。

⑧ 關於後續內容，請參考 G. Mollat, *The Popes at Avignon, 1305-1378*, trans. J. Love (London, 1963); Y. Renouard, *The Avignon Papacy 1305-1403*, trans. D. Bethell (London, 1970)。

⑨ Anonimo Romano, *The Life of Cola di Rienzo*, trans. J. Wright (Toronto, 1975), 40。

⑩ 關於宗教大分裂緣由的詳細討論，請參考 W. Ullmann, *A Short History of the*

Papacy in the Middle Ages, rev. ed. (London, 1974), 279-305; idem, *The Origins of the Great Schism: A Study in Fourteenth-Century Ecclesiastical History*, repr. (Hamden, CT, 1972)。

⑪ 關於佩脫拉克定居於亞維儂或鄰近地區的詳細資料，請參考 Wilkins, *Life of Petrarch*, 1-5, 8-24, 32-9, 53-81, 106-27；關於其俸祿和其他神職收入來源，可參考 E. H. Wilkins, 'Petrarch's Ecclesiastical Career,' *Speculum* 28/4 (1953): 754-75。

⑫ 關於布魯尼在羅馬教廷的職業生涯，請參考 *The Humanism of Leonardo Bruni: Selected Texts, trans. G. Griffiths, J. Hankins, and D. Thompson* (Binghamton, NY, 1987), 25-35; G. Gualdo, 'Leonardo Bruni segretario papale (1405-1415)', in P. Viti, ed., *Leonardo Bruni, Cancelliere della Repubblica di Firenze* (Florence, 1990), 73-93。

⑬ 有關馬蒂尼的生平與藝術家生涯，最完整的著作為 A. Martindale, *Simone Martini* (Oxford, 1988)。

⑭ F. Enaud, 'Les fresques du Palais des Papes d'Avignon,' *Les Monuments Historiques de la France* 17/2-3 (1971): 1-139; M. Laclotte and D. Thiébaut, *L'école d'Avignon* (Tours, 1983)。

⑮ Landino, *Xandra*, II.30; *Poems*, ed. Chatfield, 136-9。

⑯ Vespasiano da Bisticci, *Vite di uomini illustri del secolo XV*, ed. P. D'Ancona and E. Aeschlimann (Milan, 1951), 20。

⑰ Stefano Infessura, *Diario della città di Roma*, ed. O. Tommasini (Rome, 1890)。

⑱ 恩尼亞甚至編寫巴賽爾會議的歷史沿革，欲藉此實現其致力追求的議會至上主義理想。Aeneas Sylvius Piccolomini, *De gestis Concilii Basiliensis commentariorum libri II*, ed. D. Hay and W. K. Smith (Oxford, 1967)。此版本以簡單易懂的方式，說明恩尼亞對議會至上思想的貢獻。

⑲ Pius II, *Commentaries*, I.28; ed. Meserve and Simonetta, 1:139。

⑳ Trans. in P. Partner, *Renaissance Rome*, 1500-1559 (Berkeley, 1976), 16。

㉑ Welch, *Art and Society*, 242-3。

㉒ W. A. Simpson, 'Cardinal Giordano Orsini († 1438) as a Prince of the Church and a Patron of the Arts,' *Journal of the Warburg and Courtauld Institutes 29* (1966): 135-59;

R. L. Mode, 'Masolino, Uccello, and the Orsini Uomini Famosi,' *Burlington Magazine 114* (1972): 369-78。

㉓ Vasari, *Lives*, 1:198。

㉔ Vasari, *Lives*, 1:203。值得注意的是，安傑利科修士原本是接受尼古拉教宗的前任教宗尤金四世委託，不過禮拜堂最後定名為「尼古拉教堂」（Niccoline Chapel），另關於安傑利科此時期在羅馬完成的藝術品，可參考 C. Gilbert, 'Fra Angelico's Fresco Cycles in Rome: Their Number and Dates,' Zeitschrift für Kunstgeschichte 38/3-4 (1975): 245-65。

㉕ A. Grafton, ed., *Rome Reborn. The Vatican Library and Renaissance Culture* (Washington and New Haven, 1993), 3-46。

㉖ Pius II, *Commentaries*, I.28; ed. Meserve and Simonetta, 1:139。

㉗ Vasari, Lives, 1:209。

㉘ T. Magnuson, 'The Project of Nicholas V for Rebuilding the Borgo Leonino in Rome,' *Art Bulletin* 36/2 (1954): 89-115。

㉙ Cortesi, *De cardinalatu*。

㉚ 近期有歷史學家如此表示：「樞機主教必須維持崇高之姿……事實上是塑造羅馬形象的計畫一環，這項有組織的長遠計畫將使羅馬成為教宗領土的首都，同時也成為基督教世界的首都……因此，打造眾多衛星宮廷的目的，就是為宗座廷增添大器形象，而宗座廷的實質與象徵地位也確實因而大幅提昇……。」G. Fragnito, 'Cardinals' Courts in Sixteenth-Century Rome,' *Journal of Modern History* 65/1 (1993): 26-56, here 37-8。

㉛ 思道四世重金改造文藝復興羅馬的傳奇事蹟，請參考 F. Benzi, *Sixtus IV Renovator Urbis: Architettura a Roma 1471-1484* (Rome, 1990); idem, ed., *Sisto IV. Le arti a Roma nel primo rinascimento* (Rome, 2000); J. E. Blondin, 'Power Made Visible: Pope Sixtus IV as Urbis Restaurator in Quattrocento Rome,' *Catholic Historical Review* 91 (2005): 1-25; M. Miglio et al., ed., Un Pontificato ed una città: Sisto IV (1471-1484) (Vatican City, 1986); L. Egmont, *Sixtus IV and Men of Letters* (Rome, 1978)。

㉜ Vasari, *Lives*, 2:76。

㉝ Vasari, *Lives*, 1:361。

㉞ Partner, *Renaissance Rome*, 118。

㉟ 同上。

㊱ Fragnito, 'Cardinals' Courts', 40。

㊲ 引用自 *Supernae dispositionis arbitrio* (1514), text in G. Alberigo et al., eds., *Conciliorum Oecumenicorum Decreta*, repr. (Bologna, 1973), 618-9; trans. in Fragnito, 'Cardinals' Courts', 33。

㊳ 關於教廷待客之道，請參考 M. C. Byatt, 'The Concept of Hospitality in a Cardinal's Household in Renaissance Rome,' *Renaissance Studies 2* (1988): 312-20。

㊴ Partner, *Renaissance Rome*, 119。

㊵ J. Dickie, *Delizia! The Epic History of the Italians and their Food* (New York, 2008), 65。

㊶ Partner, *Renaissance Rome*, 137。

㊷ 同上，138。

㊸ Fragnito, 'Cardinals' Courts', 42, n.51。

㊹ D. S. Chambers, 'The Economic Predicament of Renaissance Cardinals,' *Studies in Medieval and Renaissance History 3* (1966): 289-313。

㊺ Q. at Fragnito, 'Cardinals' Courts', 41, n.50。

㊻ Pius II, *Commentaries*, I.34; ed. Meserve and Simonetta, 1:173。

㊼ Pius II, *Commentaries*, II.8; ed. Meserve and Simonetta, 1:239。

㊽ Bartolomeo Fonzio, *Letters to Friends*, II.4.7; ed. A. Daneloni, trans. M. Davis (Cambridge MA and London, 2011), 81。

㊾ Fonzio, *Letters*, II.5.5-6; ed. Daneloni, trans. Davis, 87。

㊿ Castiglione, *The Book of the Courtier*, IV; trans. Bull, 288。

(51) Fonzio, *Letters*, II.5.5-6; ed. Daneloni, trans. Davis, 87。

(52) Pius II, *Memoirs of a Renaissance Pope*, VII, XII; trans. Gragg, ed. Gabel, 218, 356-7。

(53) Cellini, *Autobiography*, 228。

54 Petrarch, *Canz.* 136, ll. 1-11; trans. Durling, 280。

55 E. J. Morrall, Aeneas Sylvius Piccolomini (Pius II), *Historia de duobus amantibus,' Library*, 6th ser., 18/3 (1996): 216-29。

56 Pius II, *Memoirs of a Renaissance Pope*, XII; trans. Gragg, ed. Gabel, 357。

57 Partner, *Renaissance Rome*, 203。

58 Q. at R. F. Aldrich and G. Wotherspoon, eds., *Who's Who in Gay and Lesbian History* (London, 2000), 264。

59 M. D. Jordan, *The Silence of Sodom: Homosexuality in Modern Catholicism* (Chicago, 2000), 118。

60 G. A. Cesareo, *Pasquino e Pasquinate nella Roma di Leone X* (Rome, 1938), 168-9; trans. in Partner, *Renaissance Rome*, 204.。

61 關於梵蒂岡宮的浴室裝飾，請參考 Jones and Penny, *Raphael*, 192-3。

62 同上，184-5。

63 Pius II, *Commentaries*, I.36; ed. Meserve and Simonetta, 1:179：「……當時常見說法是，西恩納的恩尼亞將會成為教宗，沒有任何人的聲望高於他。」

64 同上。

65 Pius II, *Commentaries*, I.36; ed. Meserve and Simonetta, 1:197。

66 在圭恰迪尼對 1492 年閉門會議的紀錄中，波吉亞買賣聖職的規模可見一斑：「在諾森八世的寓所，瓦倫西亞的羅德里哥·波吉亞獲選為教宗。身為嘉禮三世的外甥，羅德里哥在米蘭貴族盧多維科（Ludovico Sforza）與蒙西尼奧爾·阿斯卡尼奧·斯福爾扎（Monsignor Ascanio Sforza）的支持下，晉升教宗大位，代價則是賦予後者神聖羅馬帝國副首相之頭銜。然而，羅德里哥登上教宗之位的主要手段還是賄賂，利用金錢、職位、封地、承諾，竭盡權力與資源拉攏與收買樞機主教團的選票，堪稱一樁荒謬又令人髮指的醜聞，作為其未來駭人行事與作為的開端再適合不過。」Francesco Guicciardini, *Storie Fiorentine,* X；翻譯自 Francesco Guiccciardini. *History of Italy and History of Florence*, trans. C. Grayson, ed. J. R. Hale (Chalfont St. Giles, 1966), 13。

67 姪甥主教的先例似乎是於本篤八世在位期間出現，而在教廷重返羅馬之前，最偏好裙帶關係的主教無疑是克勉六世，他提拔至少 11 位親戚成為樞機主教，其中 6 名還是在同一日受到拔擢。

68 Pius II, *Commentaries*, II.7; ed. Meserve and Simonetta, 1:235。

69 Machiavelli, *Florentine Histories*, 7.23; trans. Banfield and Mansfield, 301。

70 I. F. Verstegen, ed., *Patronage and Dynasty: The Rise of the Della Rovere in Renaissance Italy* (Kirksville, MO, 2007)。

71 Machiavelli, *Florentine Histories*, 7.23; trans. Banfield and Mansfield, 301：「思道四世與皮耶羅和吉羅拉莫同住，據傳兩人都是其親生骨肉……教宗從安東尼奧・奧爾德拉菲（Antonio Ordelaffi）手中奪走弗利城，不顧奧爾德拉菲家族世世代代都是弗利統治者的事實，整座城市交給吉羅拉莫。如此野心勃勃的行事風格，使得義大利統治階層不得不更加敬重教宗，無不竭盡所能與思道四世為友，這也是為何米蘭公爵將親生女兒卡特琳娜（Caterina）嫁給吉羅拉莫，並且將從塔戴奧・德里・阿里多西（Taddeo degli Alidosi）手中強奪而來的伊莫拉城，作為嫁妝雙手奉上。」

72 Francesco Guicciardini, *Storia d'Italia,* I.2; trans. from Guiccciardini. *History of Italy and History of Florence*, trans. Grayson, ed. Hale, 90。

73 值得一提的是，庇護二世當選教宗之後，皮可洛米尼家族持續贊助歷任西恩納大主教達 139 年之久（1458-1597）。而在 1628 至 1671 年間，又有兩名皮可洛米尼家族成員登上教宗高位。

74 事實上，庇護二世極度不信任宗座廷的眾多成員，因此只願意將秘書職賦予雷戈里奧・羅利和雅各布・阿曼納蒂・皮可洛米尼。請參考 Pius II, *Commentaries*, II.6; ed. Meserve and Simonetta, 1:233。

75 關於文書院宮的資料，請參考 M. Daly Davis, "Opus isodomum' at the Palazzo della Cancelleria: Vitruvian Studies and Archaeological and Antiquarian Interests at the Court of Raffael Riario,' in S. Danesi Squarzina, ed., *Roma centro ideale della cultura dell'antico nei secoli XV e XVI* (Milan, 1989), 442-57。

76 天窗底座的題字為：「獻給聖彼得之榮光。教宗思道五世題字於 1590 年，在位第五年。」（S. Petri gloriae Sixtus P.P. V. A. M. D. XC. Pontif. V.）。教堂正立面的題字則是：「以資紀念宗徒之長。教宗保祿五世波格賽題字於 1612 年，在位第七年。」（In honorem principis apost. Paulus V Burghesius Romanus Pont. Max. an. MDCXII Pont. VII.）。

⑰ Vasari, *Lives*, 2:82-3。

⑱ N. Adams, 'The Acquisition of Pienza, 1459-1464,' *Journal of the Society of Architectural Historians* 44 (1985): 99-110; idem, 'The Construction of Pienza (1459-1464) and the Consequences of Renovatio,' in S. Zimmerman and R. Weissman, eds., *Urban Life in the Renaissance* (Newark, 1989), 50-79。關於庇護二世的決策過程，請參考 Pius II, *Commentaries*, II.20; ed. Meserve and Simonetta, 281-2。

⑲ Vasari, Lives, 2:81：「在圖書館門上的巨大畫作……平特利吉歐描繪庇護三世登基的畫面，並且創作多幅以其生平事蹟為題的作品，下方則寫有：『西恩納之庇護三世，庇護二世之姪甥。於 1503 年 9 月 21 日合法獲選為教宗後，於 10 月 8 日完成加冕。』（Pius III Senensis, Pii II nepos, MDIII Septembris XXI apertis electus suffragiis, octavo Otobris coronatus est.）。」

⑳ Guicciardini, Storia d'Italia, I.3; *History of Italy and History of Florence*, trans. Grayson, ed. Hale, 94; Machiavelli, Florentine Histories, 6.36; trans. Banfield and Mansfield, 272-3。

㉑ Pius II, *Commentaries*, II.3, 5; ed. Meserve and Simonetta, 1:218-23, 226-29。

㉒ Pius II, *Commentaries*, II, 4; ed. Meserve and Simonetta, 1: 222-29。

㉓ Lorenzo Valla, *De falso credita et ementita Constantini donatione*, ed. W. Setz, *Monumenta Germaniae Historica, Quellen zur Geistesgeschichte des Mittelalters 10* (Weimar, 1976); idem, *The Treatise of Lorenzo Valla on the Donation of Constantine,* ed. and trans. C. B. Coleman (New Haven, 1922; repr. Toronto, 1993)。

㉔ Jones and Penny, *Raphael*, 239-45。大廳中的壁畫是在拉斐爾去世後才完工，當時在位教宗是儒略二世的繼任者利奧十世。

㉕ 關於伊利奧多羅廳的裝修計畫，請參考相當實用的簡介資料 R. Jones and N. Penny, *Raphael* (New Haven and London, 1983), 113-32。

㉖ Jones and Penny, *Raphael*, 118。

㉗ Machiavelli, *Florentine Histories*, 6.14, 32; trans. Banfield and Mansfield, 244, 267; Pius II, Commentaries, I.18-20; ed. Meserve and Simonetta, 1:78-99。

㉘ Machiavelli, *Florentine Histories*, 6.34; trans. Banfield and Mansfield, 269。

㉙ Pius II, *Memoirs of a Renaissance Pope*, XII; trans. Gragg, ed. Gabel, 353。

㉚ Machiavelli, *Florentine Histories*, 7.31; trans. Banfield and Mansfield, 309-10。

⑨① Pius II, *Memoirs of a Renaissance Pope*, XI; trans. Gragg, ed. Gabel, 305-6。

⑨② 關於帕齊陰謀，描述最為生動的就屬 Martines, *April Blood*。關於與費德里科的祕密交易，請參考 Simonetta, The Montefeltro Conspiracy。

⑨③ 根據圭恰迪尼的看法，亞歷山大六世實際上「對於法國滿懷強烈仇恨」。Storia d'Italia, I.17; *History of Italy and History of Florence*, trans. Grayson, ed. Hale, 181。

⑨④ Machiavelli, *The Prince*, XVIII; trans. Bull, 55。

⑨⑤ Machiavelli, *Florentine Histories*, 1.30; trans. Banfield and Mansfield, 42。

⑨⑥ R. Weiss, *The Medals of Pope Sixtus* IV, 1417-1484 (Rome, 1961)。

⑨⑦ Vasari, *Lives*, 1:349。

⑨⑧ R. Weiss, 'The Medals of Pope Julius II (1503-1513),' *Journal of the Warburg and Courtauld Institutes* 28 (1965): 163-82。

第十章

① 關於利皮的傳記討論，請參考 G. Marchini, *Filippo Lippi* (Milan, 1975); R. Oertel, Fra Filippo Lippi (Vienna, 1942)。

② Vasari, *Lives*, 1:214。

③ 同上，1:215。

④ 後文內容皆參考 Vasari, *Lives*, 1:215。

⑤ 尤其在文藝復興進入尾聲之時，這類擄人事件並不罕見，請參考 R. C. Davis, *Christian Slaves, Muslim Martyrs: White Slavery in the Mediterranean, the Barbary Coast, and Italy, 1500-1800* (New York, 2003)。

⑥ Marco Polo, *The Travels of Marco Polo*, trans. R. Latham (London, 1958), 256, 272-3, 258。

⑦ V. Slessarev, *Prester John: the Letter and the Legend* (Minneapolis, 1959)。

⑧ D. Abulafia, *The Discovery of Mankind. Atlantic Encounters in the Age of Columbus* (New Haven and London, 2008), 24。

⑨ 同上，25; *John Mandeville, The Travels of John Mandeville*, trans. C. W. R. D. Moseley (Harmondsworth, 1983)。

⑩ 例如十四世紀早期，佩托拉克向萊昂提烏斯・皮拉圖斯（Leontius Pilatus）學習希臘文，雖然是勇敢之舉卻注定失敗，後來科盧喬・薩盧塔蒂也效法投入皮拉圖斯門下，不過同樣以失敗收場。由於義大利和衰弱的拜占庭帝國有緊密聯繫，再加上後期一群來自東方的學者，學習希臘文一夕之間變得相當容易。著名學者來訪義大利，如約翰・阿爾吉羅波洛斯（John Argyropoulous）、曼努埃爾・赫里索洛拉斯（Manuel Chrysoloras）、泰多羅・加薩（Teodoro Gaza）、以及主教貝薩里翁（Cardinal Bessarion），使得薩盧塔蒂的門生首次有機會能直接研讀希臘文學，尤其是李奧納多・布魯尼、馬爾西利奧・費奇諾、以及喬凡尼・皮科・德拉・米蘭多拉等人。A. Pertusi, *Leonzio Pilato tra Petrarca e Boccaccio* (Venice and Rome, 1964); B. L. Ullman, *The Humanism of Coluccio Salutati* (Padua, 1963), 118-24; Witt, *Hercules at the Crossroads*, esp. 252-3, 302-9; J. Monfasani, *Byzantine Scholars in Renaissance Italy: Cardinal Bessarion and Other Émigrés* (Aldershot, 1995); J. Harris, Greek Émigrés in the West, 1400-1520 (Camberley, 1995)。

⑪ 關於此主題的實用入門資料，請參考 F. Fernández-Armesto, *Before Columbus: Exploration and Colonisation from the Mediterranean to the Atlantic, 1229-1492* (London, 1987)。

⑫ G. Tiraboschi, *Storia della letteratura italiana, 9 vols.* (Venice, 1795-96), 5-6: passim; see P. Burke, *The European Renaissance: Centres and Peripheries* (Oxford, 1998), 18。

⑬ Burckhardt, *The Civilisation of the Renaissance in Italy*, trans. Middlemore, 183-231。

⑭ Burke, *The European Renaissance*, 209-20。

⑮ Boccaccio, *Decameron*, 1.2; 1.3。

⑯ 同上，2.7; 2.9; 4.4; 10.3。

⑰ 同上，3.10; 4.3。

⑱ 雅各・德・佛拉金的著作《黃金傳說》（*Legenda Aurea*）是以聖喬治傳說為主軸，然而其在這方面的重要性仍不應高估：Jacobus de Voragine, *The Golden Legend: Readings on the Saints*, trans. W. G. Ryan, 2 vols. (Princeton, 1993), 1:238-42。關於聖喬治傳說在文藝復興藝術所扮演的角色，入門討

論參考 L. Jardine and J. Brotton, *Global Interests: Renaissance Art between East and West* (London, 2000), 16-20。

第十一章

① 後續事件可參考 A. Gow and G. Griffiths, 'Pope Eugenius IV and Jewish Money-Lending in Florence: The Case of Salomone di Bonaventura during the Chancellorship of Leonardo Bruni,' *Renaissance Quarterly* 47/2 (1994): 282-329。

② Gow and Griffiths, 'Pope Eugenius IV and Jewish Money-Lending in Florence,' 308。

③ 關於所羅門遭到起訴，有諸多不同的詮釋解讀，本書主要是參考 Gow and Griffiths, 'Pope Eugenius IV and Jewish Money-Lending in Florence'，但也建議讀者參考 A. Panella, 'Una sentenza di Niccolò Porcinari, potestà di Firenze,' *Rivista Abruzzese di Scienze, Lettere ed Arti 24* (1909): 337-67; U. Cassuto, *Gli Ebrei a Firenze nell'età del Rinascimento* (Florence, 1918)。

④ Gow and Griffiths, 'Pope Eugenius IV and Jewish Money-Lending in Florence,' 311。

⑤ A. Milano, *Storia degli ebrei in Italia*, (Turin, 1963), 109-46。

⑥ M. A. Shulvass, *The Jews in the World of the Renaissance*, trans. E. I. Kose (Leiden, 1973), 22, 27。

⑦ D. Owen Hughes, 'Distinguishing Signs: Ear-Rings, Jews and Franciscan Rhetoric in the Italian Renaissance Cities,' *Past and Present* 112 (1986): 3-59, here, 16。

⑧ 根據學者雷納塔・塞格瑞（Renata Segre）的觀察：「猶太人社會的菁英如銀行家、醫生等等，是最能融入周遭世界的族群。」R. Segre, 'Banchi ebraici e monti di pieta,' in G. Cozzi, ed., *Gli ebrei a Venezia, secoli XIV-XVIII* (Milan, 1987), 565-70, q. at C. Vivanti, 'The History of the Jews in Italy and the History of Italy,' *Journal of Modern History* 67/2 (1995): 309-57, here 340。

⑨ 同上，139。

⑩ Q. at Owen Hughes, 'Distinguishing Signs,' 294。

⑪ S. Simonsohn, *The Apostolic See and the Jews: History* (Toronto, 1991), 403; Owen Hughes, 'Distinguishing Signs,' 291。

⑫ Simonsohn, *The Apostolic See and the Jews: History*, 69; S. Simonsohn, *The Apostolic*

See and the Jews: Documents 1394-1464 (Toronto, 1991), doc. 596; Owen Hughes, 'Distinguishing Signs,' 295。關於馬丁五世對猶太人的普遍態度，請參考 F. Vernet, 'Le pape Martin V et les Juifs,' *Revue des Questions Historiques* 51 (1892): 373-423。

⑬ Brucker, *The Society of Renaissance Florence*, 240。

⑭ V. Corlorni, *Judaica Minora. Saggi sulla storia dell'Ebraismo italiano dall'antichità all'età moderna* (Milan, 1983), 503; q. at Gow and Griffiths, 'Pope Eugenius IV and Jewish Money-Lending in Florence,' 285。

⑮ Shulvass, *Jews in the World of the Renaissance*, 334-5。

⑯ Judah Messer Leon, *The Book of the Honeycomb's Flow*, ed. and trans. I. Rabinowitz (Ithaca, 1983)。如想近一步了解以文藝復興修辭學為題的猶太著作，可由以下入門資料著手： I. Rabinowitz, 'Pre-Modern Jewish Study of Rhetoric: An Introductory Bibliography,' *Rhetorica* 3 (1985): 137-44。

⑰ Owen Hughes, 'Bodies, Disease, and Society,' 116。

⑱ P. O. Kristeller, Renaissance Thought and the Arts, new ed. (Princeton, 1990), 64。

⑲ Owen Hughes, 'Bodies, Disease, and Society,' 112; Matteo Palmieri, *Liber de temporibus*, ed. G. Scaramella (Città di Castello, 1906), 172-3。

⑳ Jacopo da Voragine, *The Golden Legend*, trans. G. Ryan and H. Ripperbar, 2 vols (London, 1941), 1:150。

㉑ 兩幅作品的原創作地點皆是在西恩納，現則分別典藏於佛羅倫斯烏菲茲美術館與西恩納國立博洛尼亞美術館。

㉒ 關於此祭壇畫及其隱含意義的完整討論，請參考 Owen Hughes, 'Distinguishing Signs,' *passim*, but esp. 3-12。

㉓ 關於聖伯爾納定反猶太主義的研究，請參考 F. Mormando, *The Preacher's Demons: Bernardino of Siena and the Social Underworld of Early Renaissance Italy* (Chicago and London, 1999), ch. 4。

㉔ Owen Hughes, 'Bodies, Disease, and Society,' 110-17。

㉕ 關於《反猶太人與異教徒》的簡介，請參考 Trinkaus, *In Our Image and Likeness*, 2:726-34。

㉖ T. Dean, *Crime and Justice in Late Medieval Italy* (Cambridge, 2007), 149。

㉗ Dean, *Crime and Justice*, 146-9。

㉘ 關於烏切洛之作的詳細討論，請參考 D. E. Katz, 'The Contours of Tolerance: Jews and the Corpus Domini Altarpiece in Urbino,' *Art Bulletin* 85/4 (2003): 646-61; eadem, *The Jew in the Art of the Italian Renaissance* (Philadelphia, 2008), ch. 1。

㉙ S. Bernardino of Siena, *Opera omnia*, ed. Collegio S. Bonaventura, 9 vols. (Florence, 1950-65), 3:362; trans. from Owen Hughes, 'Distinguishing Signs,' 19。

㉚ S. Grayzel, *The Church and the Jews in the XIIIth Century* (Philadelphia, 1933), 60-70, 308-9。

㉛ Owen Hughes, 'Distinguishing Signs,' 20; D. Pacetti, 'La predicazione di S. Bernardino in Toscano,' *Archivum Franciscanum historicum* 30 (1940): 282-318。

㉜ 1463 年的佛羅倫斯法規顯示出義大利對於此事有多麼嚴肅看待：「行政官考量到為數眾多的猶太人定居佛羅倫斯，卻少有猶太配戴標誌，因此造成巨大混亂，難以辨別猶太人與基督徒……此法規即是為矯正此不理想的狀態，法規頒布後每一名十二歲以上的猶太人，不論男女，不論是否列名於佛羅倫斯交易許可，不論是否為佛羅倫斯居民，皆須在佛羅倫斯城內配戴『O』標誌。此黃色『O』標誌應配戴於左胸外衣之上的顯眼處；標誌周長至少須達一尺，寬度則為一隻手指的厚度。若未配戴此標誌，且有兩名證人目擊，每次須繳納 25 里拉之罰金……。」Brucker, *The Society of Renaissance Florence*, 241-2, doc. 118。

㉝ B. Wisch, 'Vested Interests: Redressing Jews on Michelangelo's Sistine Ceiling,' *Artibus et Historiae* 24/48 (2003): 143-72。

㉞ 尤其令人聯想到莎士比亞的《威尼斯商人》（*The Merchant of Venice*，III, iii, ll.122-7）對白：「好先生，您上星期三啐過我，又一回您管我叫狗。為了報答您這些好意，我得借給您錢？」

㉟ Owen Hughes, 'Bodies, Disease, and Society,' 119。

㊱ Brucker, *The Society of Renaissance Florence,* 240-1, doc. 117。

㊲ 例如限制猶太人不得擁有超過 500 弗洛林金幣（之後提高為 1000 弗洛林金幣）的財產，且僅能在有抵押物的情況下借貸放款。F. R. Salter, 'The Jews in Fifteenth-Century Florence and Savonarola's Establishment of a Mons Pietatis,' *Historical Journal* 5/2 (1936): 193-211, here 197。

㊳ Q.v. Luca Landucci, *Diario fiorentino dal 1450 al 1516*, ed. I. Del Badia (Florence, 1883), 54。

㊴ Najemy, *History of Florence*, 396-7; Salter, 'The Jews in Fifteenth-Century Florence'。

㊵ L. Polizzotto, *The Elect Nation: The Savonarolan Movement in Florence, 1494-1545* (Oxford, 1994), 35-7。

㊶ F. Clementi, *Il carnevale romano nelle cronache contemporanee dale origini al secolo XVII* (Città di Castello, 1939); M. Boiteux, 'Les juifs dans le Carneval de la Roma moderne (XV -XVIII siécles),' *Melanges de l'École Française de Rome 88* (1976): 745-87。

㊷ Q. at Wisch, 'Vested Interests,' 153。

㊸ 關於後續事件請參考 R. Po-Chia Hsia, *Trent 1475: Stories of a Ritual Murder Trial* (New Haven, 1992)。

㊹ 關於威尼斯隔離區的背景知識，請參考 R. Finlay, 'The Foundation of the Ghetto: Venice, the Jews, and the War of the League of Cambrai,' *Proceedings of the American Philosophical Society* 126/2 (1982): 140-54。

第十二章

① D. Carleton Munro, 'The Western Attitude Towards Islam during the Period of the Crusades,' *Speculum* 6/3 (1931): 329-43。更廣泛的討論可參考 R. W. Southern, *Western Views of Islam in the Middle Ages* (Cambridge MA, 1962); N. Daniel, *Islam and the West: the Making of an Image* (Edinburgh, 1960)。

② Franceschi, 'The Economy: Work and Wealth,' 130。

③ 有關奴隸貿易發展與特性的有趣觀點，可參考 I. Origo, 'The Domestic Enemy: The Eastern Slaves in Tuscany in the Fourteenth and Fifteenth Centuries,' *Speculum* 30/3 (1955): 321-66。

④ Goldthwaite, *The Economy of Renaissance Florence*, 180-4。

⑤ Hunt and Murray, *A History of Business*, 180。

⑥ Goldthwaite, *The Economy of Renaissance Florence*, 183; F. Babinger, 'Lorenzo de' Medici e la corte ottomana,' *ASI* 121 (1963): 305-61。

⑦ Pegolotti, *La Pratica della Mercatura*, ed. Evans, esp. 14-19, 21-3。

⑧ E. Borstook, 'The Travels of Bernardo Michelozzi and Bonsignore Bonsignori in the Levant (1497-98),' *Journal of the Warburg and Courtauld Institutes* 36 (1973): 145-97, here 145。

⑨ Poggio Bracciolini, *De l'Inde: les voyages en Asie de Niccolò de Conti,* ed. M. Guéret-Laferté (Turnhout, 2004)。關於弗拉・毛羅的地圖學經歷，可參考 P. Falchetta, *Fra Mauro's World Map* (Turnhout, 2006)。

⑩ Cyriac of Ancona, *Later Travels*, ed. and trans. E. W. Bodnar (Cambridge MA, 2004)。

⑪ E. Borstook, 'The Travels of Bernardo Michelozzi and Bonsignore Bonsignori in the Levant (1497-98),' *Journal of the Warburg and Courtauld Institutes* 36 (1973): 145-97, here 145 and passim。

⑫ 關於康斯坦佐在君士坦丁堡的作品，請參考 Jardine and Brotton, *Global Interests*, 32, 40-1，不過需要特別注意這份文獻的部份內容，文中並沒有進一步論述為何鄂圖曼二世肖像紀念章「一致被視為鄂圖曼藝術製品，卻又繼承西歐藝術傳統」，至於如何定義「一致被視為鄂圖曼藝術」，也未有明確解釋。

⑬ J. Freely, *Jem Sultan: The Adventures of a Captive Turkish Prince in Renaissance Europe* (London, 2004)。

⑭ F. Trivellato, 'Renaissance Italy and the Muslim Mediterranean in Recent Historical Work,' *Journal of Modern History* 82/1 (2010): 127-55, here 146-8; N. Zemon Davis, *Trickster Travels: A Sixteenth-Century Muslim across Worlds* (New York, 2006)。

⑮ 關於此主題最簡單明瞭的入門資料就屬 Origo, 'The Domestic Enemy'。

⑯ D. Howard, *Venice and the East: The Impact of the Islamic World on Venetian Architecture, 1100-1500* (New Haven, 2000); C. Burnett and A. Contadini, eds., *Islam and the Italian Renaissance* (London, 1999)。

⑰ Jardine and Brotton, *Global Interests*, 132-85。

⑱ D. King and D. Sylvester, eds., *The Eastern Carpet in the Western World from the 15th to the 17th Century* (London, 1983). 或參考 R. E. Mack, *Bazaar to Piazza: Islamic Trade and Italian Art*, 1300-1600 (Berkeley and London, 2002)。

⑲ N. Bisaha, *Creating East and West: Renaissance Humanists and the Ottoman Turks* (Philadelphia, 2004), 19。

⑳ Petrarch, *De vita solitaria*, Z II, iv, 6; P II, ix; *Prose*, 496 ; trans. Zeitlin, 247-8. Latin text for the *De vita solitaria*, ed. G. Martellotti, *Prose*, 286-593；英文版翻譯：Life of Solitude, trans. J. Zeitlin, (Illinois, 1924)。後續引用《獨居生活》的內容會註明大部份是參考下列哪一份文本：Jacob Zeitlin(Z)的譯本，或 Martellotti in Prose(P)的部份章節，同時也會註明出自 *Prose* 版本（*Prose*）的頁數，或是於必要時標註 Zeitlin 譯本(trans. Zeitlin)相關段落的頁數。如想了解佩托拉克如何在寫作中討論此主題，請參考條理分明又啟發人心的入門文獻：N. Bisaha, 'Petrarch's Vision of the Muslim and Byzantine East,' *Speculum* 76/2 (2001): 284-314。

㉑ Pius II, *Commentaries*, II.1; ed. Meserve and Simonetta, 1:211。

㉒ M. Meserve, *Empires of Islam in Renaissance Historical Thought* (Cambridge MA, 2008), 239。

㉓ 同上，107。

㉔ C. J. Tyerman, 'Marino Sanudo Torsello and the Lost Crusade: Lobbying in the Fourteenth Century,' Transactions of the Royal Historical Society, 5th ser., 32 (1982): 57-73, here 57。

㉕ 佩托拉克痛恨飄洋過海旅行，因此拒絕踏上長途旅程，然而佩托拉克仍然寫出前往聖地的指南。Francesco Petrarca, *Itinerario in Terra Santa*, ed. F. Lo Monaco (Bergamo, 1990)。

㉖ Petrarch, *De vita solitaria*, Z II, iv, 4; P II, ix; Prose, 492-4; trans. Zeitlin, 245。

㉗ Ullman, *The Humanism of Coluccio Salutati*, 79。

㉘ Machiavelli, *Florentine Histories*, 6.33; trans. Banfield and Mansfield, 269。關於巡迴傳教士的佈道內容，請參考 J. Hankins, 'Renaissance Crusaders: Humanist Crusade Literature in the Age of Mehmed II,' *Dumbarton Oaks Papers* 49 (1995): 111-207, esp. 111-24。

㉙ 關於庇護二世對於土耳其人的態度，最詳盡的研究無疑就屬 J. Helmrath, 'Pius II und die Türken,' in B. Guthmüller and W. Kühlmann, eds., *Europa und die Türken in der Renaissance* (Tübingen, 2000), 79-138。

㉚ Pius II, Commentaries, II.1; ed. *Meserve and Simonetta*, 1:211。

㉛ Pius II, *Memoirs of a Renaissance Pope*, III; trans. Gragg, ed. Gabel, 113。

㉜ 關於這幅箱匣板裝飾畫，請參考 E. Callmann, *Apollonio di Giovanni* (Oxford,

1974), 48-51, 63-4。至於以箱匣板裝飾藝術為題的廣泛討論，請參考 C. Campbell, *Love and Marriage in Renaissance Florence: The Courtauld Wedding Chests* (London, 2009)。

第十三章

① F. Biccellari, 'Un francescano umanista. Il beato Alberto da Sarteano,' *Studi francescani* 10 (1938): 22-48; idem, 'Missioni del b. Alberto in Oriente per l'Unione della Chiesa Greca e il ristabilimento dell'Osservanza nell'Ordine francescano,' *Studi francescani* 11 (1939): 159-73。

② Q. at R. C. Trexler, *The Journey of the Magi: Meanings in History of a Christian Story* (Princeton, 1997), 129。

③ E. Cerulli, 'L'Etiopia del sec. XV in nuovi documenti storici,' *Africa Italiana* 5 (1933): 58-80; idem, 'Eugenio IV e gli Etiopi al Concilio di Firenze nel 1441,' *Rendiconti della R. Accademia dei Lincei*, Classe di Scienze Morali 6/9 (1933): 346-68; S. Tedeschi, 'Etiopi e copti al concilio di Firenze,' *Annuarium historiae conciliorum* 21 (1989): 380-97; J. Gill, *The Council of Florence* (Cambridge, 1959), 310, 318, 321, 326, 346。

④ 關於費拉萊特的紀念浮雕作品，請參考 K. Lowe, '"Representing" Africa: Ambassadors and Princes from Christian Africa to Italy and Portugal, 1402-1608,' *Transactions of the Royal Historical Society* 6/17 (2007): 101-28。

⑤ Herodotus, *Histories*, 4.42-3。

⑥ E. M. Yamauchi, ed., *Africa and Africans in Antiquity* (East Lansing, 2001); L. A. Thompson and J. Ferguson, Africa in Classical Antiquity: Nine Studies (Ibadan, 1969)。

⑦ C. Klapisch-Zuber, 'Women servants in Florence (fourteenth and fifteenth centuries),' in B. Hanawalt, ed., *Women and Work in Preindustrial Europe* (Bloomington, 1986), 56-80, here 69。

⑧ E.g. Slessarev, *Prester John: the Letter and the Legend*。

⑨ 英文版翻譯：G. R. Crone, ed., *The Voyages of Cadamosto* (London, 1937)。

⑩ Abulafia, *The Discovery of Mankind*, 91。

⑪ 後續事件請參考 S. Tognetti, 'The Trade in Black African Slaves in Fifteenth-Century Florence,' in T. F. Earle and K. J. P. Lowe, eds., *Black Africans in Renaissance Europe* (Cambridge, 2005), 213-24, here 217-18。

⑫ 同上，218。

⑬ Abulafia, The Discovery of Mankind, 95; J. Schorsch, *Jews and Blacks in the Early Modern World* (Cambridge, 2004), 17-49。

⑭ 後續內容請參考此出色的研究：P. H. D. Kaplan, *The Rise of the Black Magus in Western Art* (Ann Arbor, 1985)。

⑮ P. H. D. Kaplan, 'Isabella d'Este and black African women,' in Earle and Lowe, eds., *Black Africans in Renaissance Europe*, 125-54。

⑯ J. W. O'Malley, 'Fulfilment of the Christian Golden Age under Pope Julius II: Text of a Discourse of Giles of Viterbo, 1507' *Traditio* 25 (1969): 265-338, esp. 323-5。

⑰ T. Filesi, 'Enrico, figlio del re del Congo, primo vescovo dell'Africa nero (1518),' *Euntes Docete* 19 (1966): 365-85; C-M. de Witte, 'Henri de Congo, évêque titulaire d'Utique (+ c.1531), d'après les documents romains,' *Euntes Docete* 21 (1968): 587-99; F. Bontinck, 'Ndoadidiki Ne-Kinu a Mumemba, premier évêque du Kongo (c.1495-c.1531),' *Revue Africaine de Théologie* 3 (1979): 149-69。

⑱ 關於此主題的實用入門資料，請參考 N. H. Minnich, 'The Catholic Church and the pastoral care of black Africans in Renaissance Italy,' in Earle and Lowe, eds., *Black Africans in Renaissance Europe*, 280-300。

⑲ 同上，296。

⑳ L. M. Mariani, San Benedetto da Palermo, il moro Etiope, nato a S. Fratello (Palermo, 1989); G. Fiume and M. Modica, eds., *San Benedetto il moro: santità, agiografia e primi processi di canonizzazione* (Palermo, 1998)。

㉑ K. Lowe, 'The stereotyping of black Africans in Renaissance Europe,' in Earle and Lowe, eds., *Black Africans in Renaissance Europe*, 17-47, here 34。

㉒ 同上，33。

㉓ Castiglione, *The Book of the Courtier*, I; trans. Bull, 96。

㉔ 關於亞歷山德羅身世的討論，請參考 J. Brackett, 'Race and rulership: Alessandro de' Medici, First Medici duke of Florence, 1529-1537,' in Earle and Lowe, eds., *Black Africans in Renaissance Europe*, 303-25。

㉕ Q. at Abulafia, *The Discovery of Mankind*, 94。

㉖ J.-P. Rubiés, 'Giovanni di Buonagrazia's letter to his father concerning his participation in the second expedition of Vasco da Gama,' *Mare liberum* 16 (1998): 87-112, here 107; trans. q. at Lowe, 'The stereotyping of black Africans,' 28。

㉗ Crone, ed., *The Voyages of Cadamosto*, 89。

㉘ Lowe, 'The stereotyping of black Africans,' 35。

第十四章

① Marco Polo, *Travels*, trans. Latham, 243-4; see also Abulafia, *The Discovery of Mankind*, 24-7。

② R. H. Fuson, *Legendary Islands of the Ocean Sea* (Sarasota, 1995), 118-19。

③ G. Moore, 'La spedizione dei fratelli Vivaldi e nuovi documenti d'archivio,' *Atti della Società Ligure di Storia Patria*, new ser., 12 (1972): 387-400。

④ C. Verlinden, 'Lanzarotto Malocello et la découverte portugaise des Canaries,' *Revue belge de philologie et d'histoire* 36 (1958): 1173-1209; Abulafia, The Discovery of Mankind, esp. 33-9。

⑤ 關於後續段落所涵蓋的主題，請參考更完整的研究如 Fernández-Armesto, *Before Columbus*。

⑥ 相關概述請參考 J. H. Parry, *The Age of Reconnaissance: Discovery, Exploration and Settlement, 1450-1650*, new ed. (London, 2000), 146-8。

⑦ Burckhardt, *The Civilisation of the Renaissance in Italy*, trans. Middlemore, 184。

⑧ Burke, *The European Renaissance*, 210。

⑨ M. Pastore Stocchi, 'Il De Canaria boccaccesco e un "locus deperditus" nel De insulis di Domenico Silvestri,' *Rinsascimento* 10 (1959): 153-6；關於這份文本的深入探討，可參考 Abulafia, *The Discovery of Mankind*, 36-41; D. Abulafia, 'Neolithic meets medieval: first encounters in the Canary Islands,' in D. Abulafia and N. Berend, eds., *Medieval Frontiers: Concepts and Practices* (Aldershot, 2002), 255-78。

⑩ Petrarch, *De vita solitaria*, Z II, vi, 3; P II, xi; Prose, 522-4。

⑪ R. Williams, *The American Indian in Western Legal Thought: the Discourses of Conquest* (Oxford and New York, 1990), 71-2。

⑫ Q. at Burke, *The European Renaissance*, 210。

⑬ 三位人物的著述都收錄在 L. Firpo, ed., *Prime relazioni di navigatori italiani sulla scoperta dell'America. Colombo – Vespucci – Verazzano* (Turin, 1966)。

⑭ 關於托斯卡內利，請參考 S. Y. Edgerton, Jr., 'Florentine Interest in Ptolemaic Cartography as Background for Renaissance Painting, Architecture, and the Discovery of America,' *Journal of the Society of Architectural Historians* 33/4 (1974): 275-92。康達里尼－羅塞利諾地圖（Contarini-Rosselli map）是首個囊括美洲的地圖作品，唯一的現存版本目前典藏於大英圖書館。

⑮ 關於《哥倫布傳》請參考 H. Hofmann, 'La scoperta del nuovo mondo nella poesia neolatina: I 'Columbeidos libri priores duo' di Giulio Cesare Stella,' *Columbeis III* (Genoa, 1988), 71-94; idem, 'Aeneas in Amerika: De 'Columbeis' van Julius Caesar Stella,' *Hermeneus* 64 (1992): 315-22。

⑯ 關於此主題的有趣入門文獻，可參考 D. Turner, 'Forgotten Treasure from the Indies: The Illustrations and Drawings of Fernández de Oviedo,' *Huntington Library Quarterly* 48/1 (1985): 1-46。

⑰ Burke, *The European Renaissance*, 212; G. Olmi, *L'inventario del mondo: catalogazione della natura e luoghi del sapere nella prima età moderna* (Bologna, 1992), 211-52。

⑱ Hunt and Murray, *A History of Business*, 181, 221。

⑲ Goldthwaite, *Economy of Renaissance Florence*, 159。

⑳ 同上，146。

㉑ 同上，159-60; V. Rau, 'Um grande mercador-banqueiro italiano em Portugal: Lucas Giraldi,' in V. Rau, *Estudos de história* (Lisbon, 1968), 75-129。

㉒ S. Greenblatt, 'Foreword', in F. Lestringant, *Mapping the Renaissance World* (Berkeley, 1994), xi。

㉓ Abulafia, *The Discovery of Mankind*, 14-18。

㉔ 同上，36-41。

㉕ Petrarch, *De vita solitaria*, Z II, vi, 3; P II, xi; *Prose*, 524; trans. Zeitlin, 267。

㉖ J. Muldoon, *Popes, Lawyers and Infidels: the Church and the Non-Christian World, 1250-1500* (Liverpool, 1979), 121; q. at Abulafia, The Discovery of Mankind, 86-7。

㉗ 原文為 Firpo, ed., P*rime relazioni di navigatori italiani*, 88；英文譯文源自 Brown, *The Renaissance*, 122

終章

① Leon Battista Alberti, *De pictura*, 1.19; ed, C. Grayson (Rome, 1975), 55。

參考書目

本書參考書目，請見：

https://goo.gl/CGGyDM

Painting List

畫｜作｜列｜表

1. 馬薩喬，《聖彼得的影子治癒病患》，佛羅倫斯，聖母聖衣聖殿，布蘭卡契小堂。達志影像提供。
2. 無名氏，《理想城市》，烏爾比諾，馬爾凱國家美術館。達志影像提供。
3. 菲利皮諾・利皮，《聖母子與聖人們》，佛羅倫斯，聖靈教堂。The Bridgeman Art Library 提供。
4. 桑德羅・波提切利，《三博士來朝》，佛羅倫斯，新聖母大殿。佛羅倫斯， 烏菲茲美術館。The Bridgeman Art Library 提供。
5. 喬久內，《老婦人的畫像》，威尼斯，學院美術館。達志影像提供。
6. 皮耶羅・迪・科西莫，《西蒙內塔・韋斯普奇的肖像》，尚蒂利，孔代博物館。達志影像提供。
7. 桑德羅・波提切利，《一個年輕女人的肖像》，法蘭克福，施泰德藝術館。達志影像提供。
8. 桑德羅・波提切利，《朱蒂絲的歸來》，佛羅倫斯，烏菲茲美術館。達志影像提供。
9. 多米尼哥・基蘭達奧， 《聖母的誕生》，佛羅倫斯，新聖母大殿，托納波尼禮拜堂。達志影像提供。
10. 桑德羅・波提切利，《年輕男子畫像》，華盛頓特區，國家藝廊。達志影像提供。
11. 弗朗切斯科・德拉・科薩，《四月》，費拉拉，斯齊法諾亞宮。達志影像提供。
12. 米開朗基羅，《法厄同的墜落》，溫莎城堡，皇家典藏。達志影像提供。
13. 米開朗基羅，《提提俄斯的懲罰》，溫莎城堡，皇家典藏。The Bridgeman Art Library 提供。
14. 安東尼奧・德爾・波雷奧洛，《阿波羅與黛芙妮》，倫敦，國家美術館。達志影像提供。

15. 格拉爾多迪・喬凡尼・德爾・弗拉，《愛與貞潔的爭鬥》，倫敦，國家美術館。Getty Image 提供。
16. 米開朗基羅，《劫持蓋尼米得》，麻薩諸塞州，劍橋，福格藝術博物館，哈佛大學藝術博物館。達志影像提供。
17. 貝諾佐・戈佐利，《賢士伯利恆之旅》（東面牆），佛羅倫斯，麥地奇里卡迪宮，三王禮拜堂。達志影像提供。
18. 莫瑞納斯・范・雷默斯威瑞，《外匯兌換商與他的妻子》，馬德里，普拉多博物館。達志影像提供。
19. 菲利皮諾・利皮，《西奧菲勒斯之子復活與聖彼得登基》，佛羅倫斯，聖母聖衣聖殿，布蘭卡契小堂。達志影像提供。
20. 多米尼哥・基蘭達奧，《驅逐約阿希姆》，佛羅倫斯，新聖母大殿，托納波尼禮拜堂。
21. 多米尼哥・基蘭達奧，《天使對撒迦利亞示現》，佛羅倫斯，新聖母大殿， 托納波尼禮拜堂。達志影像提供。
22. 保羅・烏切洛，《聖羅馬諾戰場中的尼可羅・達・特倫提諾》，倫敦，國家美術館。達志影像提供。
23. 保羅・烏切洛，《貝爾納爾迪諾・德拉・卡爾達落馬》，佛羅倫斯，烏菲茲美術館。達志影像提供。
24. 保羅・烏切洛，《聖羅馬諾之戰米凱萊托的反擊》，巴黎，羅浮宮。達志影像提供。
25. 保羅・烏切洛，《約翰・霍克伍德爵士騎馬像紀念畫》，佛羅倫斯，聖母聖衣聖殿。達志影像提供。
26. 佩德羅・貝魯格特，《費德里科公爵與其子圭多巴爾多肖像》，烏爾比諾， 馬爾凱國家美術館。達志影像提供。
27. 皮耶羅・德拉・弗朗切斯卡，《蒙特費爾特羅祭壇畫》，米蘭，布雷拉畫廊。達志影像提供。
28. 皮耶羅・德拉・弗朗切斯卡，《西吉斯蒙多・潘多爾弗・馬拉泰斯塔向聖西吉斯蒙德跪下禱告》，里米尼，馬拉泰斯塔教堂。達志影像提供。
29. 美洛佐・達・弗利，《思道四世提名巴托洛梅奧・普拉提納為梵蒂岡圖書館首任館長》，梵蒂岡，梵蒂岡畫廊。達志影像提供。
30. 拉斐爾，《利奧十世與其表兄弟朱利奧・迪・朱利亞諾・德・麥地奇和路易吉・德・羅西肖像畫》，佛羅倫斯，烏菲茲美術館。達志影像提供。

31. 菲利普・利皮，《巴巴多里祭壇畫》，巴黎，羅浮宮。The Bridgeman Art Library 提供。
32. 安布羅焦・洛倫采蒂，《聖殿奉獻》，佛羅倫斯，烏菲茲美術館。達志影像提供。
33. 保羅・烏切洛，《褻瀆聖體》，烏爾比諾，馬爾凱國家美術館。達志影像提供。
34. 康斯坦佐・德・費拉拉，《站立的鄂圖曼人》，巴黎，羅浮宮。

    版權所有©RMN-Grand Palais (musée du Louvre) / Michèle Bellot / Dist. Seven Apex Co., Ltd.
35. 真蒂萊和喬凡尼・貝利尼，《聖馬可於亞歷山大港傳道》，米蘭，布雷拉畫廊。達志影像提供。
36. 安德烈亞・曼特尼亞，《三博士來朝》，佛羅倫斯，烏菲茲美術館。達志影像提供。

文藝復興並不美 二版

那個蒙娜麗莎只好微笑的荒淫與名畫年代

The Ugly Renaissance

Sex, Disease And Excess In An Age of Beauty

大寫出版 知道的書 Catch On 書號 HC0080R

著 者 亞歷山大 · 李（Alexander Lee）
譯 者 林楸燕、廖亭雲
行銷企畫 廖倚萱
業務發行 王綬晨、邱紹溢、劉文雅
總編輯 鄭俊平
發行人 蘇拾平

出版 大寫出版
發行 大雁出版基地 www.andbooks.com.tw
地址：新北市新店區北新路三段 207-3 號 5 樓
電話：(02)8913-1005 傳真：(02)8913-1056
劃撥帳號：19983379 戶名：大雁文化事業股份有限公司

二版一刷 2023 年 11 月
定　價 800 元

ISBN 978-626-7293-16-4

國家圖書館出版品預行編目（CIP）資料

文藝復興並不美：那個蒙娜麗莎只好微笑的荒淫與名畫年代
亞歷山大 李（Alexander Lee）著；林楸燕、廖亭雲 譯
二版 | 臺北市：大寫出版社出版：大雁文化事業股份有限公司發行，2023.11
592 面；15*21 公分（知道的書 Catch On；HC0080R）
譯自：The Ugly Renaissance：Sex, Disease And Excess In An Age of Beauty
ISBN 978-626-7293-16-4（平裝）
1.CST: 文藝復興 2.CST: 文化史 3.CST: 義大利
745.25　　112014593